U0885809

Jiaotong Hangye Biaozhun Huibian

交通行业标准汇编

·交通工程、公路管理、绿化环保卷·

本 社 汇 编

人 民 交 通 出 版 社

内 容 提 要

本书是《交通行业标准汇编》之交通工程、公路管理、绿化环保卷。它收录了2007年底前发布的、目前在用的交通工程、公路管理、绿化环保方面的交通行业标准共29种。

本书是从事公路管理、交通工程设计与施工、绿化环保专业的从业人员必备的工具书。

图书在版编目（CIP）数据

交通行业标准汇编. 交通工程、公路管理、绿化环保卷／人民交通出版社编. —北京：人民交通出版社，2008.11

ISBN 978-7-114-07488-2

Ⅰ. 交… Ⅱ. 人… Ⅲ. ①交通工程－标准－汇编－中国②交通运输管理－标准－汇编－中国③公路－绿化－标准－汇编－中国 Ⅳ. U-65 F502 U418.9

中国版本图书馆CIP数据核字（2008）第183286号

书　　名：交通行业标准汇编·交通工程、公路管理、绿化环保卷·
著 作 者：本社汇编
责任编辑：夏　迎
出版发行：人民交通出版社
地　　址：（100011）北京市朝阳区安定门外外馆斜街3号
网　　址：http://www.ccpress.com.cn
销售电话：（010）59757969，59757973
总 经 销：北京中交盛世书刊有限公司
经　　销：各地新华书店
印　　刷：北京市密东印刷有限公司
开　　本：880×1230　1/16
印　　张：27.5
字　　数：740千
版　　次：2009年4月第1版
印　　次：2009年4月第1次印刷
书　　号：ISBN 978-7-114-07488-2
印　　数：0001—2000册
定　　价：80.00元
（如有印刷、装订质量问题的图书由本社负责调换）

目　录

第一部分　公路管理

第二部分　交通工程

第三部分　绿化环保

第一部分　公路管理

ICS 03.220.20
R07
备案号：

JT

中华人民共和国交通行业标准

JT/T 132—2003
代替 JT/T 132—2000

公路数据库编目编码规则

Cataloguing and coding rules for the highway database

2003-08-27 发布　　2003-12-01 实施

中华人民共和国交通部 发布

公路数据库编目编码规则

1 范围

本标准规定了公路及相关信息的分类原则、编码规则、代码结构和分类代码。

本标准适用于公路数据库及相关信息系统对公路基础信息资源的采集、处理与交换。

2 规范性引用文件

下列文件中的条款通过本标准的引用而成为本标准的条款。凡是注日期的引用文件,其随后所有的修改单(不包括勘误的内容)或修订版均不适用于本标准。然而,鼓励根据本标准达成协议的各方研究是否可使用这些文件的最新版本。凡是不注日期的引用文件,其最新版本适用于本标准。

GB 917.1—2000　公路路线标识规则　命名编号和编码
GB 917.2　公路路线标识规则　国道名称和编号
GB/T 919　公路等级代码
GB/T 920　公路路面等级与面层类型代码
GB/T 2260　中华人民共和国行政区划代码
GB 5768　道路交通标志和标线
GB/T 11708　公路桥梁命名编号和编码规则
GB/T 18731—2002　干线公路定位规则
JT/T 301　公路交叉分类与编码规则
JT/T 412　国道主要控制点代码

3 分类原则

本标准各代码项主要以有关国家标准、交通行业标准为依据，按公路管理及其公路数据库基础信息资源的主要指标与数据规划进行分类。分类方法分别采用了线分类法、面分类法和混合分类法。

4 基本编制规则

4.1　本标准规定的编目编码内容包括:项目名称、规则、代码结构和代码表。

4.2　各代码项大多数给出编码规则、代码结构和分类代码(编号)表;少数代码项仅给出编码规则,其代码部分采用已颁布的国家、交通行业标准,部分可由各省、自治区、直辖市公路主管部门按本标准规定的规则自行编制。

4.3　各代码结构中的中国行政区划代码均采用 GB/T 2260 的规定。

4.4　编码方法采用字母标识码、数字码和字母数字混合码三种形式。

5 编码规则与分类代码

5.1　路线概况类

5.1.1　公路行政等级代码

5.1.1.1　规则:采用 GB/T 919 的规定。

5.1.1.2　代码:见表 1。

表1 公路行政等级代码

代码	名称	代码	名称	代码	名称
G	国道	X	县道	Z	专用公路
S	省道	Y	乡道		

5.1.2 路线代码

5.1.2.1 规则:采用 GB 917.1 规定的命名编号和编码规则。国道名称和编号采用 GB 917.2 的规定;省道、县道、乡道和专用公路名称和编号应按 GB 917.1—2000 第3、4、5章规定的原则命名和编号。

5.1.2.2 编码方法

a) 国道编号

国道编号以省、自治区、直辖市行政区域为范围编制系列顺序号。系列顺序号第一位标识符采用 GB/T 919 规定的公路行政等级代码"G";第二位"0、1、2、3"分别标识国道的主干线、省会放射线、北南纵线和东西横线;第三、四位应按这四个系列对应编制两位数字顺序号。

b) 省道编号

省道的编号以省、自治区、直辖市行政区域为范围编制系列顺序号。系列顺序号第一位标识符采用 GB/T 919 规定的公路行政等级代码"S";第二位"1、2、3"分别标识省道的省会放射线、北南纵线和东西横线;第三、四位应按这三个系列对应编制两位数字顺序号。

省道的环城线编号需要与放射线编号加以区别时,可编入第二位标识为"1"的编号系列中的某一特定编号区间。

c) 县道编号及代码

原则上以地区(地市)级行政区域为范围编制顺序号,也可按省级行政区域为范围编制顺序号。第一位标识符采用 GB/T 919 规定的公路行政等级代码"X",第二、三、四位编制数字顺序号。

一条县道跨越多个地区或县级行政区时,为保证其编号及其代码的惟一性,应按两种方法区别编码:当一条县道跨越同一地区的不同县镇时,该县道代码结构中的县道编号不应改变,只可相应改变其不同的县级行政区划代码,统计时仍视为一条县道;一条县道跨越多个地区的县级行政区时,应在全省(自治区、直辖市)或地区的县道代码序列中单列一编码区间加以标识,该编码区间内的县道代码结构中,一条县道编号不变,但地区级或县级行政区划代码可以根据实际跨越不同地区的情况改变,统计时也应视为一条县道。

d) 乡道编号及代码

原则上以县(县级市)级行政区域为范围编制,也可按省级行政区域为范围编制。第一位标识符采用 GB/T 919 规定的公路行政等级代码"Y",第二、三、四位编制数字顺序号。

一条乡道跨越多个地区或县级行政区时,为保证其编号及其代码的惟一性,应参照 c)县道编号及代码的条文第二段所提示的两种方法区别编码,分别统计。

e) 专用公路编号

原则上以省级行政区域为范围编制。公路行业管理养护的专用公路需要与其他行业管理养护的专用公路加以区别时,其编号可分别编入全省(自治区、直辖市)编号系列中的不同区间。

f) 编码示例

路线的编码方法及示例见附录B。

5.1.2.3 代码结构:

```
G(S/X/Y/Z)×××   ××××××
      |            |
      |            └──行政区划代码
      |
      └───────────────路线编号
```

5.1.2.4 代码:国道主干线名称和编号见表2,一般国道名称和编号见表3。

表2 国道主干线名称和编号

编 号	国道主干线全称	简 称	途经省级行政区划代码
G010	同江—三亚	同三线	23,22,21,37,32,31,33,35,44,46
G020	北京—福州	京福线	11,12,13,37,32,34,42,36,35
G030	北京—珠海	京珠线	11,13,41,42,43,44
G040	二连浩特—河口	二河线	15,36,61,51,53
G050	重庆—湛江	渝湛线	50,51,52,45,44
G015	绥芬河—满洲里	绥满线	15,23
G025	丹东—拉萨	丹拉线	21,13,12,11,13,15,64,62,63,54
G035	青岛—银川	青银线	37,13,14,61,64
G045	连云港—霍尔果斯	连霍线	32,34,41,61,62,65
G055	上海—成都	沪蓉线	31,32,34,42,51,50
G065	上海—瑞丽	沪瑞线	31,33,36,43,52,53
G075	衡阳—昆明	衡昆线	43,45,53

表3 一般国道名称和编号

编 号	国 道 全 称	简 称	途经省级行政区划代码
G101	北京—沈阳	京沈线	11,13,21
G102	北京—哈尔滨	京哈线	11,13,12,21,22,23
G103	北京—塘沽	京塘线	11,13,12
G104	北京—福州	京福线	11,13,12,37,32,34,33,35
G105	北京—珠海	京珠线	11,13,12,37,41,34,42,36,44
G106	北京—广州	京广线	11,13,37,41,42,43,44
G107	北京—深圳	京深线	11,13,41,42,43,44
G108	北京—昆明	京昆线	11,13,14,61,51,53
G109	北京—拉萨	京拉线	11,13,14,15,64,62,63,54
G110	北京—银川	京银线	11,13,15,64
G111	北京—加格达奇	京加线	11,13,15,23
G112	北京环线	京环线	11,12,13
G201	鹤岗—大连	鹤大线	23,22,21
G202	爱辉—大连	爱大线	23,22,21
G203	明水—沈阳	明沈线	23,22,15,21
G204	烟台—上海	烟沪线	37,32,31
G205	山海关—深圳	山深线	13,12,37,32,34,33,35,44
G206	烟台—汕头	烟汕线	37,32,34,36,44
G207	锡林浩特—海安	锡海线	15,13,14,41,42,43,45,44
G208	二加浩特—长治	二长线	15,14
G209	呼和浩特—北海	呼北线	15,14,41,42,43,45
G210	包头—南宁	包南线	15,61,50,51,52,45
G211	银川—西安	银陕线	64,62,61
G212	兰州—重庆	兰渝线	62,50
G213	兰州—磨憨	兰磨线	62,51,53
G214	西宁—景洪	西景线	63,54,53

表3(续)

编　号	国道全称	简　称	途经省级行政区划代码
G215	红柳园—格尔木	红格线	62,63
G216	阿勒泰—巴仑台	阿巴线	65
G217	阿勒泰—库车	阿库线	65
G218	伊宁—若羌	伊若线	65
G219	叶城—拉孜	叶孜线	65,54
G220	北镇—郑州	北郑线	37,41
G221	哈尔滨—同江	哈同线	23
G222	伊春—哈尔滨	伊哈线	23
G223	海口—榆林(东)	海榆(东)线	46
G224	海口—榆林(中)	海榆(中)线	46
G225	海口—榆林(西)	海榆(西)线	46
G227	西宁—张掖	西张线	63,62
G228	台湾环线	(资料暂缺)	71
G301	绥芬河—满洲里	绥满线	23,15
G302	珲春—乌兰浩特	珲乌线	22,15
G303	集安—锡林浩特	集锡线	22,21,15
G304	丹东—霍林河	丹霍线	21,15
G305	庄河—林西	庄林线	21,15
G306	绥中—克什克腾旗	绥克线	21,15
G307	歧口—银川	歧银线	13,14,37,61,64
G308	青岛—石家庄	青石线	37,13
G309	荣城—兰州	荣兰线	37,13,14,61,64,62
G310	连云港—天水	连天线	32,37,34,41,61,62
G311	徐州—西峡	徐峡线	32,34,41
G312	上海—霍尔果斯	沪霍线	31,32,34,41,42,61,62,64,65
G314	乌鲁木齐—红旗拉甫	乌红线	65
G315	西宁——莎车	西莎线	63,65
G316	福州—兰州	福兰线	35,36,42,61,62
G317	成都—那曲	成那线	51,54
G318	上海—聂拉木	沪聂线	31,32,33,34,42,51,54
G319	厦门—成都	厦成线	35,36,43,50,51
G320	上海—瑞丽	沪瑞线	31,33,36,43,52,53
G321	广州—成都	广成线	44,45,52,51
G322	衡阳—友谊关	衡友线	43,45
G323	瑞金—临沧	瑞临线	36,44,45,53
G324	福州—昆明	福昆线	35,44,45,52,53
G325	广州—南宁	广南线	44,45
G326	秀山—河口	秀河线	50,52,53
G327	连云港—荷泽	连荷线	32,37
G328	南京—海安	宁海线	32
G329	杭州—沈家门	杭沈线	33
G330	温州—寿昌	温寿线	33
注:G226、G313路线编号作废。			

5.1.3 公路技术等级代码

5.1.3.1 规则:采用 GB/T 919 的规定。

5.1.3.2 代码:见表 4。

表 4 公路技术等级代码

代码	名称	代码	名称	代码	名称
0	高速公路	2	二级公路	4	四级公路
1	一级公路	3	三级公路	5	等外公路

5.1.4 路肩类型代码

5.1.4.1 规则:根据路肩是否加固而划分的类型代码。

5.1.4.2 代码:见表 5。

表 5 路肩类型代码

代码	名称	代码	名称	代码	名称
0	无路肩	1	土路肩	2	硬路肩

5.1.5 公路管理养护单位代码

5.1.5.1 规则:根据公路管理机构与养护单位(简称“公路管养单位”)的行业性质和隶属关系进行分类。其中:

a) 单位分类码在交通系统内按不同的管理部门划分类别,在交通系统外按不同的行业划分类别;

b) 隶属关系代码既表示公路管养单位上下级之间单一的隶属关系,又用以区别在相同行政区划内存在两个或两个以上的同级单位,且有相同隶属关系的公路管养单位;由各省级公路管养单位结合实际建制情况自行编制;

c) 单位序号根据单位分类和隶属关系编制相应系列的顺序号,从 01 编至 99;可由省级或省以下各级公路管养单位自行编制,省级公路主管部门核定;

d) 行政区划代码反映各级公路管养单位管辖区的行政级别,应按照公路管养单位的注册地确定行政区划代码;

e) 公路管养单位的编码方法及示例见附录 A。

5.1.5.2 代码结构:

```
××  ×  ××  ××××××
│   │  │     └──────────行政区划代码
│   │  └────────────────单位序号
│   └───────────────────隶属关系代码
└───────────────────────管养单位分类代码
```

5.1.5.3 代码:见表 6。

表 6 公路管理养护单位代码

代码	名　称	代码	名　称
10	交通厅局系列	33	独资高速公路公司
11	交通厅(局、处、科、站)	34	国有(集体)高等级公路公司
20	公路局系列	35	股份制高等级公路公司
21	公路局(分局、总段、段)	36	独资高等级公路公司
30	高速(高等级)公路公司系列	40	城市道路管理部门系列
31	国有(集体)高速公路公司	41	市政工程局(管理处)
32	股份制高速公路公司	50	生产建设兵团系列

表 6(续)

代码	名 称	代码	名 称
51	生产建设兵团公路管养单位	73	林场(园林部门)专用公路管养单位
60	武装警察系列(交通行业直管)	74	矿山专用公路管养单位
61	武警公路管养单位(交通行业直管)	75	油田专用公路管养单位
70	专用公路管养单位系列	76	水利专用公路管养单位
71	农垦专用公路管养单位	90	其他公路管养单位
72	边防部队(大队、中队)专用公路管养单位	91	其他道路管养单位

5.1.6 交叉口代码

5.1.6.1 规则:采用 JT/T 301 的规定,公路交叉口代码应根据编码规则以其所在省级行政区划的路线为基础,自路线起点至终(止)点顺序编制。

5.1.6.2 代码结构:

```
G(S/X/Y/Z)×××  F××××  ×  ××××××
                                  └── 行政区划代码
                          └────────── 扩充位(未扩充前充"0")
                  └────────────────── 交叉口编号
     └─────────────────────────────── 路线编号
```

5.1.7 交叉种类代码

5.1.7.1 规则:采用 GB/T 919 的规定。

5.1.7.2 代码:见表 7。

表 7 交叉口交叉种类代码

代 码	名 称	代 码	名 称
GG	国道与国道交叉	SY	省道与乡道交叉
GS	国道与省道交叉	SZ	省道与专用公路交叉
GX	国道与县道交叉	XX	县道与县道交叉
GY	国道与乡道交叉	XY	县道与乡道交叉
GZ	国道与专用公路交叉	XZ	县道与专用公路交叉
SS	省道与省道交叉	YY	乡道与乡道交叉
SX	省道与县道交叉	YZ	乡道与专用公路交叉
注:两条以上相同或不同行政等级的公路交叉时,组合代码不宜超过 4 位。			

5.1.8 交叉形式代码

5.1.8.1 规则:参照 JTJ 011 规定的路线交叉设计分级与类型进行分类。

5.1.8.2 代码:见表 8。

表 8 交叉口交叉形式代码

代 码	名 称	代 码	名 称
10	公路与公路平面交叉	17	环形平面交叉
11	T 形平面交叉	18	折角式平面交叉
12	Y 形平面交叉	19	其他形式的平面交叉
13	十字形平面交叉	20	公路与公路立体交叉
14	X(斜)形平面交叉	21	喇叭形立体交叉
15	错位平面交叉	22	菱形立体交叉
16	多岔平面交叉	23	环形立体交叉(迂回式)

表 8(续)

代码	名称	代码	名称
24	完全苜蓿叶形立体交叉	41	上跨铁路立体交叉
25	部分苜蓿叶形立体交叉	42	下穿铁路立体交叉
26	Y 形立体交叉	50	公路与管线平面交叉
27	喇叭形加 Y 形立体交叉	60	公路与管线立体交叉
28	分离式立体交叉	70	公路与城市道路平面交叉
29	其他形式的互通立体交叉	80	公路与城市道路立体交叉
30	公路与铁路平面交叉	90	公路与其他设施交叉
40	公路与铁路立体交叉		

5.1.9 绿化状况代码

5.1.9.1 规则:参照 JTJ 073—96 第 10 章的规定进行分类。

5.1.9.2 代码:见表 9。

表 9 绿化状况代码

代码	名称	代码	名称
1	不可绿化	3	可绿化已绿化
2	可绿化未绿化	9	其他

5.1.10 绿化种类代码

5.1.10.1 规则:参照 JTJ 073—96 第 10 章的规定进行分类。

5.1.10.2 代码:见表 10。

表 10 绿化种类代码

代码	名称	代码	名称
1	乔木	6	草坪(草皮)
2	灌木	7	小型园林(树林)
3	花卉(花圃)	8	多层立体绿化
4	果树	9	其他
5	绿篱		

5.2 路基类

5.2.1 路基横断面形式代码

5.2.1.1 规则:参照 JTG B01 并结合当地地形设计的路基横断面形式。

5.2.1.2 代码:见表 11。

表 11 路基横断面形式代码

代码	名称	代码	名称
1	整体式	2	分离式

5.2.2 路基类型代码

5.2.2.1 规则:参照 JTJ 001 并结合当地地形、地质、水文等情况选用的路基横断面填挖方形式。

5.2.2.2 代码:见表 12。

表 12 路基类型代码

代码	名称	代码	名称
1	挖方	3	半填半挖
2	填方	4	不填不挖

5.2.3 路基地质代码

5.2.3.1 规则：参照 JTG D30 的规定，对路基所处地的地质条件的分类。

5.2.3.2 代码：见表 13。

表 13 路基地质代码

代码	名称	代码	名称
10	一般土壤地区	28	季节性冻融区
11	水稻田地区	29	软土沼泽地区
12	河塘湖海地区	40	特殊地段
20	特殊地区	41	崩坍岩堆地段
21	黄土地区	42	滑坡地段
22	盐渍土地区	43	翻浆地段
23	沙漠地区	44	雪害、雪崩地段
24	岩溶地区	45	泥石流地段
25	膨胀土地区	46	涎流冰地段
26	冰川地区	47	风沙地段
27	多年冻土地区	90	其他

5.2.4 路基防护工程类型代码

5.2.4.1 规则：参照 JTJ 073 的规定，对公路路基边坡防护工程的分类。

5.2.4.2 代码：见表 14。

表 14 路基防护工程类型代码

代码	名称	代码	名称
0	无防护	5	石笼
1	植被防护(草皮、植树)	6	抛石
2	护坡	7	导治构造物(坝)
3	挡墙	8	木笼
4	防护网	9	其他

5.2.5 排水类型代码

5.2.5.1 规则：参照 JTG D30 的规定对排水设施的分类。

5.2.5.2 代码：见表 15。

表 15 排水类型代码

代码	名称	代码	名称
1	边沟	5	排水管
2	截水沟	6	盲沟
3	排水沟	7	渗沟
4	急流槽	9	其他(自然排水)

5.2.6 排水形式代码

5.2.6.1 规则：根据公路及构筑物的排水方式进行分类。

5.2.6.2 代码:见表16。

表16 排水形式代码

代码	名称	代码	名称
10	路基地表排水	31	暗沟(管)排水
11	路面表面排水	32	渗沟排水
12	中央分隔带排水	40	公路构筑物及下穿道路排水
13	坡面排水	41	桥面排水
20	路面内部排水	42	桥台和支挡构筑物排水
21	路面边缘排水	43	构筑物自然排水
22	排水基层排水	44	构筑物水泵排水
30	地下排水	45	下穿道路排水

5.2.7 工程材料代码

5.2.7.1 规则:采用GB/T 920和参照JTJ 051的规定,对公路工程所用的建筑材料及土工材料的分类。

5.2.7.2 代码:见表17。

表17 工程材料代码

代码	名称	代码	名称
10	沥青类	55	砂土
11	沥青混凝土	56	砂性土
12	沥青碎石	57	粉性土
13	改性沥青	58	轻粘性土
14	乳化沥青	59	重粘土
15	氧化沥青	60	钢(铁)材类
16	沥青混合料	61	钢板
20	水泥类	62	型钢(普通钢)
21	钢筋混凝土	63	钢筋
22	水泥混凝土	64	钢丝
23	加筋(钢纤维)混凝土	65	铁材
24	预应力混凝土	66	合金钢材
25	部分预应力混凝土	69	其他钢铁材料
29	其他混凝土	70	其他建筑材料
30	石类	71	石灰
31	整齐块石或条石	72	木
32	半整齐块(条)石	73	土工织物合成材料
33	不整齐块(条)石	74	塑料材料
34	卵石	75	玻璃钢
35	砾石、角砾	76	煤矿渣
36	片石	77	粉煤灰
37	砖	78	复合材料
39	其他石(粒)料	90	其他工程材料
40	砂类	91	水泥土
41	粗砂	92	水泥稳定粒料
42	中砂	93	石灰土
43	细砂	94	石灰稳定粒料
44	粉砂	95	石灰、粉煤灰土
49	其他	96	石灰、粉煤灰土稳定粒料
50	土类	97	级配碎(砾)石
51	巨粒土(漂石、卵石块)	98	填隙碎石(矿渣)

5.3 路面类

5.3.1 路面等级与面层类型代码

5.3.1.1 规则：参照 JTG B01 的规定，按公路交通量组成、技术等级、使用功能及工程材料所划分的路面等级，采用 GB/T 920 规定的代码。

5.3.1.2 代码：见表 18。

表 18 路面等级与面层类型代码

代 码	名 称	代 码	名 称
10	高级路面	31	碎、砾石（泥结或级配）
11	沥青混凝土	32	半整齐石块
12	水泥混凝土	33	其他粒料
20	次高级路面	40	低级路面
21	沥青贯入式	41	粒料加固土
22	沥青碎石	42	其他当地材料加固或改善土
23	沥青表面处置	50	无路面（未进行铺装的路面）
30	中级路面	90	其他

5.3.2 路况评定等级代码

5.3.2.1 规则：参照 JTJ 073 的规定对公路路况综合状况的评价分级。

5.3.2.2 代码：见表 19。

表 19 路况评定等级代码

代码	等级	代码	等级	代码	等级
1	优	3	中	5	差
2	良	4	次		

5.4 构筑物类

5.4.1 公路桥梁

5.4.1.1 公路桥梁代码

5.4.1.1.1 规则：采用 GB/T 11708 的规定，公路桥梁的命名和编号以其所在省级行政区划的路线为基础，自路线起点至终点顺序编制。

5.4.1.1.2 代码结构：

G(S/X/Y/Z) ××× L××× × ××××××

- ×××××× ——行政区划代码
- × ——扩充位（未扩充前充“0”）
- L××× ——桥梁编号
- G(S/X/Y/Z) ××× ——路线编号

5.4.1.2 桥梁性质代码

5.4.1.2.1 规则：根据公路桥梁的使用年限和建筑材料进行分类。

5.4.1.2.2 代码：见表 20。

表 20 桥 梁 性 质 代 码

代码	名称	代码	名称	代码	名称
1	永久性桥	2	半永久性桥	3	临时性桥

5.4.1.3 公路桥梁跨越地物代码

5.4.1.3.1 规则：按桥梁所跨自然或人工构造物类型分类。

5.4.1.3.2 代码：见表 21。

表 21　公路桥梁跨越地物代码

代码	名称	代码	名称	代码	名称
1	河流(运河、湖泊)	4	管道(大型输送管道)	7	水渠
2	跨海	5	道路	9	其他地物
3	沟壑	6	铁路		

5.4.1.4　桥梁用途分类代码

5.4.1.4.1　规则:根据桥梁用途和跨越性质进行分类。

5.4.1.4.2　代码:见表 22。

表 22　桥梁用途分类代码

代　码	名　称	代　码	名　称
1	公路桥	5	闸坝桥
2	公铁两用桥	6	高速公路跨线桥
3	漫水桥	7	人行桥
4	通道	9	其他

5.4.1.5　桥梁跨径分类代码

5.4.1.5.1　规则:参照 JTG B01—2003 第 5.0.2 条规定,对桥梁和涵洞按多孔跨径总长和单孔跨径两种状况分类。

5.4.1.5.2　代码:见表 23。

表 23　桥梁跨径分类代码　　单位:m

代　码	桥梁分类	多孔跨径总长 L	单孔跨径 L_0
1	特大桥	$L > 1000$	$L_0 > 150$
2	大桥	$100 \leqslant L \leqslant 1000$	$40 \leqslant L_0 \leqslant 150$
3	中桥	$30 < L < 100$	$20 \leqslant L_0 < 40$
4	小桥	$8 \leqslant L \leqslant 30$	$5 \leqslant L_0 < 20$
9	涵洞		$L_0 < 5$
注:涵洞指多孔跨径总长 $L < 8$、单孔跨径 $L_0 < 5$。			

5.4.1.6　桥梁上部结构形式代码

5.4.1.6.1　规则:参照 JTJ 041 和“公路桥梁管理系统数据编目编码及采集规范”3.1.15 的规定分类。

5.4.1.6.2　代码:见表 24。

表 24　桥梁上部结构形式代码

代　码	名　称	代　码	名　称
10	梁桥	26	系杆拱
11	板梁(实心)	27	桁架拱
12	Π形梁	30	刚构桥
13	T形梁	31	斜腿刚构
14	I形梁	32	刚架桥(刚构)
15	箱形梁	40	悬索桥
16	组合式梁	50	斜拉桥
17	桁架梁	60	组合桥
18	空心板梁	61	斜拉、悬索组合桥
20	拱桥	62	微弯板组合工字梁(或拱)
21	板拱	63	肋腋板组合工字梁(或拱)
22	肋拱	70	薄壳桥
23	双曲拱	80	浮桥
24	箱形拱	90	其他桥
25	刚架拱		

5.4.1.7 桥墩类型代码

5.4.1.7.1 规则:参照"公路桥梁管理系统数据编目编码及采集规范"3.1.16 的规定分类。

5.4.1.7.2 代码:见表 25。

表 25 桥墩类型代码

代码	名称	代码	名称	代码	名称
00	无	05	桁架式墩	10	Y 形墩
01	重力式墩	06	构架式墩	11	V 形墩
02	单柱墩	07	排架墩	12	H 形墩
03	双柱式墩	08	双壁墩	90	其他
04	多柱墩	09	X 形墩		

5.4.1.8 桥台类型代码

5.4.1.8.1 规则:参照"公路桥梁管理系统数据编目编码及采集规范"3.1.17 的规定分类。

5.4.1.8.2 代码:见表 26。

表 26 桥台类型代码

代码	名 称	代码	名 称	代码	名 称
00	无	06	空箱式桥台	12	支撑式桥台
01	U 形桥台	07	构架式桥台	13	一字形桥台
02	八字形桥台	08	双柱框架式桥台	14	扶壁(空腹)式桥台
03	埋置式桥台	09	多柱框架式桥台	15	锚碇板式桥台
04	拱形桥台	10	墙式桥台	90	其他
05	埋置衡重式桥台	11	组合式桥台		

5.4.1.9 桥梁基础类型代码

5.4.1.9.1 规则:参照 JTJ 041—2000 第 5 章至第 7 章规定的桥梁基础结构物分类。

5.4.1.9.2 代码:见表 27。

表 27 桥梁基础类型代码

代码	名 称	代码	名 称	代码	名 称
1	沉入桩基础	4	扩大桩基础	7	柱桩
2	灌注桩基础	5	山根基础	8	地下连续墙
3	沉井基础	6	摩擦桩	9	其他

5.4.1.10 伸缩缝类型代码

5.4.1.10.1 规则:参照"公路桥梁管理系统数据编目编码及采集规范"3.1.22 的规定分类。

5.4.1.10.2 代码:见表 28。

表 28 桥梁伸缩缝类型代码

代码	名 称	代码	名 称	代码	名 称
0	无伸缩缝	3	橡胶伸缩缝	6	梳形钢板伸缩缝
1	锌铁皮 U 形伸缩缝	4	无缝式伸缩缝	7	型钢伸缩缝
2	钢板伸缩缝	5	自然留缝	9	其他

5.4.1.11 支座类型代码

5.4.1.11.1 规则:参照"公路桥梁管理系统数据编目编码及采集规范"3.1.18 的规定分类。

5.4.1.11.2 代码:见表 29。

表 29 桥梁支座类型代码

代码	名称	代码	名称	代码	名称
0	无	3	球形支座	6	组合式支座(盆式、摆柱式)
1	橡胶支座(板式、盆式)	4	油毡垫支座	9	其他特殊形式支座
2	钢板支座	5	钢筋混凝土块支座		

5.4.1.12 设计荷载等级代码

5.4.1.12.1 规则:参照 JTG B01 的规定对车辆的设计荷载分类。

5.4.1.12.2 代码结构:

```
× ×
│ └────验算荷载
│
└──────设计荷载
```

5.4.1.12.3 代码:车辆设计荷载代码见表 30;车辆验算荷载代码见表 31。

表 30 桥梁车辆设计荷载代码

代 码	名 称	代 码	名 称
1	公路—I(大于汽车—超 20 级)	4	小于汽车—15 级
2	公路—II(汽车—超 20 级)	9	其他
3	汽车—15 级		

表 31 桥梁车辆验算荷载代码

代码	名称	代码	名称	代码	名称
1	挂车—120	3	挂车—80	9	其他
2	挂车—100	4	履带—50		

5.4.1.13 设计抗震烈度等级代码

5.4.1.13.1 规则:参照 JTG B01 规定的抗震烈度等级分类。

5.4.1.13.2 代码:见表 32。

表 32 公路桥梁设计抗震烈度等级代码

代码	等级	代码	等级	代码	等级
1	<0.05	3	0.10、0.15	5	$\geqslant 0.40$
2	0.05	4	0.20、0.30		

5.4.1.14 通航等级代码

5.4.1.14.1 规则:参照 GBJ 139 对桥梁所跨河流按航道通航标准所划分的不同等级进行分类。

5.4.1.14.2 代码:见表 33。

表 33 通 航 等 级 代 码

代码	等级	代码	等级	代码	等级	代码	等级
0	不通航	2	二级	4	四级	6	六级
1	一级	3	三级	5	五级	7	七级

5.4.1.15 弯坡斜特征代码

5.4.1.15.1 规则:参照“公路桥梁管理系统数据编目编码及采集规范”3.2.14 的规定分类。

5.4.1.15.2　代码:见表 34。

表 34　桥梁弯坡斜特征代码

代码	名称	代码	名称	代码	名称
0	常规桥	3	斜桥	6	坡斜桥
1	弯桥	4	弯坡桥	7	弯坡斜桥
2	坡桥	5	弯斜桥	9	其他

5.4.1.16　桥梁技术状况评定代码

5.4.1.16.1　规则:参照 JTJ 073 的规定对桥梁结构的技术状况评定标准进行分类。

5.4.1.16.2　代码:见表 35。

表 35　公路桥梁技术状况评定代码

代码	名称	代码	名称	代码	名称	代码	名称	代码	名称
1	一类	2	二类	3	三类	4	四类	5	危桥

5.4.2　公路涵洞

5.4.2.1　涵洞代码

5.4.2.1.1　规则:参照 GB/T 11708 的规定,公路涵洞编号以其所在省级行政区划的路线为基础,自路线起点至终点顺序编制。

5.4.2.1.2　代码结构:

```
G(S/X/Y/Z)×××  H××××  ××××××
                              └─行政区划代码
                 └──────────────涵洞编号
  └─────────────────────────────路线编号
```

5.4.2.2　涵洞类型代码

5.4.2.2.1　规则:参照 JTG D60 的规定,按涵洞洞身构造的外形分类。

5.4.2.2.2　代码:见表 36。

表 36　公路涵洞类型代码

代码	名称	代码	名称	代码	名称	代码	名称	代码	名称
1	管涵	2	拱涵	3	箱涵	4	板涵	9	其他

5.4.3　公路隧道

5.4.3.1　公路隧道代码

5.4.3.1.1　规则:参照 JTG B01 的规定,公路隧道编号以其所在省级行政区划的路线为基础,自路线起点至终点顺序编制,位于上、下行路段上的公路隧道分别单独编号。

5.4.3.1.2　代码结构:

```
G(S/X/Y/Z)×××  U×××  ××××××
                             └─行政区划代码
                 └─────────────隧道编号
  └────────────────────────────路线编号
```

5.4.3.2　隧道分类代码

5.4.3.2.1　规则:参照 JTG B01 的规定,按隧道长度分类。

5.4.3.2.2　代码:见表 37。

表 37　公路隧道分类代码　　单位:m

代码	名 称	隧道长度 L	代码	名 称	隧道长度 L
1	特长隧道	$L>3000$	3	中隧道	$1000>L>250$
2	长隧道	$3000\geqslant L\geqslant 1000$	4	短隧道	$L\leqslant 250$

5.4.3.3 洞口形式代码

5.4.3.3.1 规则:按隧道两端洞口的洞门结构形式分类。

5.4.3.3.2 代码:见表38。

表38 公路隧道洞口形式代码

代码	名称	代码	名称	代码	名称
1	翼墙式正交洞口	4	无翼墙斜交洞口	7	台阶式洞口
2	翼墙式斜交洞口	5	端墙式洞口	8	环框式洞口
3	无翼墙正交洞口	6	柱式洞口	9	其他

5.4.3.4 断面形式代码

5.4.3.4.1 规则:按隧道衬砌的内轮廓线特征分类。

5.4.3.4.2 代码:见表39。

表39 公路隧道断面形式代码

代码	名称	代码	名称	代码	名称
1	直墙式单心圆拱	4	曲墙式单心圆拱	7	多心圆拱
2	直墙式坦顶双心圆拱	5	曲墙式坦顶双心圆拱	9	其他
3	直墙式尖顶三心圆拱	6	曲墙式尖顶三心圆拱		

5.4.3.5 排水类型代码

5.4.3.5.1 规则:按隧道内外排水设施的排水形式分类。

5.4.3.5.2 代码:见表40。

表40 公路隧道排水类型代码

代码	名称	代码	名称	代码	名称
1	洞顶排水	4	洞内地下排水	7	明洞盲沟排水
2	洞内路侧排水	5	洞口及明洞防排水	9	其他
3	洞内路面横向排水	6	洞口边墙盲沟排水		
注:隧道有多种排水形式时,可用相应代码组配。					

5.4.3.6 公路隧道照明状况代码

5.4.3.6.1 规则:按公路隧道的整体照明状况分类。

5.4.3.6.2 代码:见表41。

表41 公路隧道照明状况代码

代码	名称	代码	名称	代码	名称
0	无照明	1	全部照明	2	局部照明

5.4.3.7 公路隧道通风方式代码

5.4.3.7.1 规则:按公路隧道内部的不同通风方式分类。

5.4.3.7.2 代码:见表42。

表42 公路隧道通风方式代码

代码	名称	代码	名称	代码	名称
1	自然通风	2	机械通风	3	混合通风

5.4.3.8 隧道设施分类代码

5.4.3.8.1 规则:按隧道附属的各种机电设施分类。

5.4.3.8.2 代码:见表43。

表 43 公路隧道设施分类代码

代 码	名 称	代 码	名 称	代 码	名 称
0	无设备	2	通信设备	4	防雷设施
1	监控设备	3	检测设施	5	消防设施
注:隧道附属设施有多种设备、设施并存时,可用相应代码组配。					

5.4.4 公路渡口

5.4.4.1 渡口代码

5.4.4.1.1 规则:公路渡口编号以其所在省级行政区划的路线为基础,自路线起点至终点顺序编制。

5.4.4.1.2 代码结构:

```
G(S/X/Y/Z)×××  D×××  ××××××
     │           │       └──行政区划代码
     │           └──────────渡口编号
     └──────────────────────路线编号
```

5.4.4.2 渡口分类代码

5.4.4.2.1 规则:按公路渡口的渡运方式分类。

5.4.4.2.2 代码:见表44。

表 44 公路渡口分类代码

代 码	名 称	代 码	名 称	代 码	名 称
1	机动	2	人力	3	混合

5.4.4.3 渡船分类代码

5.4.4.3.1 规则:按渡运车辆的各种渡船分类。

5.4.4.3.2 代码:见表45。

表 45 公路渡船分类代码

代 码	等 级	代 码	等 级	代 码	等 级	代 码	等 级
1	拖轮	3	机动驳	5	机动渡船	9	其他
2	推轮	4	非机动驳	6	人力渡船		

5.5 沿线设施类

5.5.1 沿线设施分类代码

5.5.1.1 规则:按公路及其沿线的交通管理、安全、防护、服务、收费等各种设施进行分类。

5.5.1.2 代码:见表46。

表 46 公路沿线设施分类代码

代 码	名 称	代 码	名 称
10	交通管理设施	23	中央分隔带护栏
11	交通标志	24	防眩设施
13	立面标记	25	隔离设施
15	可变情报板(电子信息标志)	26	视线诱导设施
16	公路通讯监控设施	27	行人安全管理设施
19	其他交通管理设施	28	路面标线
20	交通安全设施	29	其他交通安全设施
21	路侧护栏	30	公路防护设施
22	轮廓标	31	防弃物设施

表 46(续)

代码	名称	代码	名称
32	防坠石设施	61	养护道班(房屋)
33	防水设施	62	养护工程队(筑养路机械库、房屋)
34	防浪设施	63	养护材料堆场(库)
35	防冰设施	64	材料加工厂(场、站)
36	防雪(崩)设施	65	自然采料地
37	防砂设施	66	交通量观测站
38	防噪音设施	69	其他养护设施
39	其他公路防护设施	70	管线设施
40	公路服务设施	71	热力线
41	公共汽车站	72	电力线
42	停车场	73	通信线
43	服务区(高速公路)	74	油(汽)管
44	加油站	75	天然气(煤气)管
45	汽车维修站	76	水管
46	饭店、旅馆	77	上下水道
47	餐厅、餐馆	78	光缆
48	紧急电话(专设电话)	79	其他管线设施
49	其他公路服务设施	90	其他
60	公路养护设施		

5.5.2 公路交通标志分类代码

5.5.2.1 规则:采用 GB 5768 的规定,对公路上的交通标志及其构造等属性分类并组合编码。

5.5.2.2 代码结构:

```
×××  ×  ×  ×
 │   │  │  └──标志反光与照明代码
 │   │  └─────标志支持方式代码
 │   └────────标志构造代码
 └────────────交通标志代码
```

5.5.2.3 代码:交通标志代码见表 47;交通标志构造代码见表 48;交通标志支持方式代码见表 49;交通标志反光与照明代码见表 50。

表 47 公路交通标志代码

代码	名称	代码	名称
100	警告标志	109	注意行人标志
101	交叉路口标志	110	注意儿童标志
102	急弯路标志	111	注意动物(牲畜、保护动物)标志
103	反向弯路标志	112	注意非机动车标志
104	连续弯路标志	113	注意信号灯标志
105	陡坡标志	114	注意危险标志(落石、横风、易滑、傍山险路)
106	窄路标志	115	事故易发标志
107	窄桥标志	116	慢行标志
108	双向交通标志	117	注意障碍物标志

表 47(续)

代码	名称	代码	名称
118	施工标志	243	限制质量标志
119	堤坝路标志	244	限制轴重标志
120	村庄标志	245	限制速度标志
121	桥梁标志	246	解除限制速度标志
122	隧道标志	247	停车检查标志
123	渡口标志	248	停车让行标志
124	驼峰桥标志	249	禁止鸣喇叭标志
125	路面不平标志	300	指示标志
126	过水路面标志	311	直行标志
127	铁路道口标志	312	向左(向右)转弯标志
128	叉形符号标志	313	向左和向右转弯标志
190	其他警告标志	314	直行和向左(或直行和向左)转弯标志
200	禁令标志	315	靠右侧(或靠左侧)道路行驶标志
201	禁止通行标志	316	立交行驶路线标志
202	禁止驶入标志	317	环岛行驶标志
203	禁止向左(或向右)转弯标志	318	单行路标志
204	禁止直行标志	319	步行标志
205	禁止直行和向左(或向右)转弯标志	321	鸣喇叭标志
206	禁止掉头标志	322	最低限速标志
207	禁止超车标志	323	干路先行标志
208	解除禁止超车标志	324	会车先行标志
209	禁止车辆停放标志	325	人行横道标志
210	禁止机动车通行标志	326	车道行驶方向标志
211	禁止载货汽车通行标志	327	允许掉头标志
212	禁止三轮机动车通行标志	330	专用车道标志
213	禁止大型客车通行标志	400	指路标志
214	禁止小型客车通行标志	410	一般道路指路标志
215	禁止汽车、拖挂车通行标志	411	地名、著名地点标志
216	禁止拖拉机通行标志	412	分界标志
217	禁止农用运输车通行标志	413	道路编号标志
218	禁止摩托车通行标志	414	行驶方向标志
219	禁止某两种车通行标志	420	交叉路口标志
220	禁止非机动车通行标志	421	交叉路口预告标志
221	禁止人力车通行标志	422	十字交叉路口标志
222	禁止骑自行车上(下)坡标志	423	丁字交叉路口标志
223	禁止畜力车通行标志	424	环形交叉路口标志
230	禁止行人通行标志	425	互通式立交标志
240	限制标志	426	分岔处标志
241	限制宽度标志	430	地点、距离标志
242	限制高度标志	440	地点识别标志

表 47(续)

代码	名称	代码	名称
450	告示牌	476	车距确认标志
451	百米桩(牌)	477	分流、合流诱导标
452	里程碑(牌)	478	线形诱导标
453	公路界碑(牌)	480	道路交通信息标志
454	停车场标志	481	不可变信息标志
455	避车道标志	482	可变信息标志
456	人行天桥标志、人行地下通道标志	490	收费站预告及收费站标志
457	绕行标志	500	旅游区标志
458	此路不通标志	510	指引标志
459	残疾人专用设施标志	520	旅游符号(牌)
460	高速公路指路标志	600	道路施工安全标志
461	入口预告标志	610	一般性施工标志
462	入口标志	611	路栏
463	高速公路起点标志	612	锥形交通路标
464	高速公路终点预告标志	613	施工警告灯号
465	高速公路终点标志	614	道口标柱
466	下一出口预告标志	615	施工区标志
467	出口预告标志	620	移动性施工标志
468	出口标志	900	其他辅助标志
469	地点方向标志	910	表示时间的标志
471	紧急电话标志	920	表示车辆种类的标志
472	加油站标志	930	表示区域或距离的标志
473	紧急停车带标志	940	表示警告、禁令理由的标志
474	服务区预告标志	950	组合辅助标志
475	停车场(区)预告及停车场标志	注:交通标志代码可单独使用,也可组配属性码。	

表 48　公路交通标志构造代码

代码	名称	代码	名称
1	铝合金板	5	钢材
2	合成树脂	6	上述两种合成及组合
3	木板类(合成)	9	其他
4	钢筋混凝土		

表 49　公路交通标志支持方式代码

代码	名称	代码	名称	代码	名称
1	单柱式	3	悬臂式	5	附着式
2	双柱式	4	门式	9	其他

表 50　公路交通标志反光与照明代码

代码	名称	代码	名称	代码	名称
1	有反光材料	4	有外部照明	7	外部光源不可照亮
2	无反光材料	5	外部光源可照亮	9	其他
3	有内部照明	6	无内外部照明		

5.5.3 交通标线分类代码

5.5.3.1 规则：采用 GB 5768 的规定，对公路路面上的交通标线颜色和线划形式的分类和组合编码。

5.5.3.2 代码结构：

× × ×

标线虚实代码

标线颜色代码

标线形式代码

5.5.3.3 代码：交通标线形式代码见表 51；交通标线颜色代码见表 52；交通标线虚实代码见表 53。

表 51 公路交通标线形式代码

代码	名 称	代码	名 称	代码	名 称
1	单线	4	双边导向箭头线	9	其他
2	双线	5	出入标线		
3	单边导向箭头线	6	人行横道线		

表 52 公路交通标线颜色代码

代码	名 称	代码	名 称	代码	名 称
1	白色	3	红色	5	绿色
2	黄色	4	蓝色	9	其他
注：交通标志的颜色表示也可用此代码。					

表 53 公路交通标线虚实代码

代码	名 称	代码	名 称	代码	名 称
1	虚线	2	实线	3	虚、实线

5.5.4 公路护栏形式代码

5.5.4.1 规则：根据公路两侧和中央分隔带防护栏设施的种类进行分类。

5.5.4.2 代码：见表 54。

表 54 公路护栏形式代码

代码	名 称	代码	名 称	代码	名 称
1	墩式	3	墙式	5	网式
2	桩式	4	缆式	9	其他

5.5.5 防眩设施分类代码

5.5.5.1 规则：按公路中央分隔带上设置的防眩设施分类。

5.5.5.2 代码：见表 55。

表 55 公路防眩设施分类代码

代码	名 称	代码	名 称	代码	名 称
0	无防护	2	防眩板	9	其他
1	植物防眩	3	防眩栅		

5.5.6 位置代码

5.5.6.1 规则：按公路沿线设施、地物等相对于公路走向为前进方向的位置。

5.5.6.2　代码：见表 56。

表 56　公 路 位 置 代 码

代码	名　称	代码	名　称	代码	名　称
1	左侧	4	下方(向下、地下)	7	两侧
2	右侧	5	路中	9	其他
3	上方(跨越、向上)	6	穿越(中穿)		

5.5.7　收费站代码

5.5.7.1　规则：收费站代码由四位路线编号、五位收费站编号和六位行政区划代码组合而成；M 为收费站标识符。收费站编号以其所在省级行政区划的路线为基础，自路线起点至终点顺序编制。原有收费站撤消后，其编号及代码作废。

5.5.7.2　代码结构：

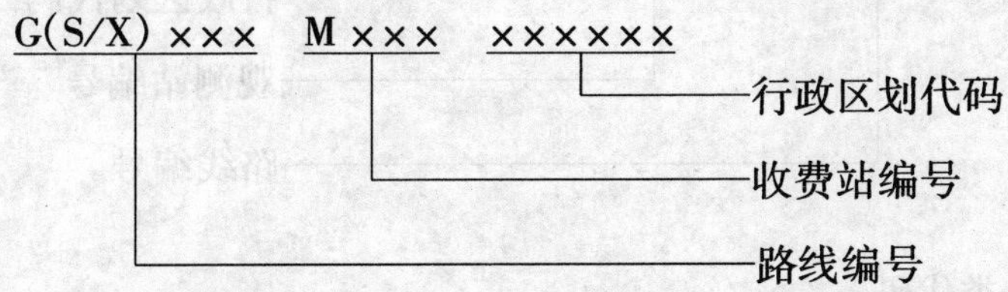

5.5.8　收费站分类代码

5.5.8.1　规则：根据公路沿线经交通部批准设置的收费站性质和不同类型进行分类。公路收费类型代码可作为属性码与公路收费设施分类代码组配使用。

5.5.8.2　代码：见表 57。

表 57　公路收费站分类代码

代　码	名　　称	代　码	名　　称	代　码	名　　称	代　码	名　　称
1	公路收费站	2	桥梁收费站	3	隧道收费站	4	渡口收费站

5.5.9　收费站位置代码

5.5.9.1　规则：公路上设置的收费站点所处沿线位置的分类。

5.5.9.2　代码：见表 58。

表 58　公路收费站位置代码

代码	名　称	代码	名　称	代码	名　称
1	主路收费站	2	匝道收费站	9	其他

5.5.10　收费方向代码

5.5.10.1　规则：根据公路收费站在路线上所处位置及收费方向进行分类。

5.5.10.2　代码：见表 59。

表 59　公路收费站收费方向代码

代　码	名　　称	代　码	名　　称	代　码	名　　称	代　码	名　　称
10	单向	11	上行路段单向	12	下行路段单向	20	双向

5.5.11　收费性质代码

5.5.11.1　规则：根据公路收费站的收费目的进行分类。

5.5.11.2　代码：见表 60。

表 60　公路收费站收费性质代码

代　码	名　称	代　码	名　称
1	政府还贷性	2	经营性

5.6　交通量类

——交通量观测站代码

规则：参照 JTJ 073 及现行的公路交通量观测站设置情况，将其分为连续式、间隙式和临时性三种类型。交通量观测站编号为序列顺序号，其中：

a) 连续式交通量观测站编号，按每条国道的起点至终点方向，以省级行政区划为范围，从 J105 开始，间隔为 5，编制序列顺序号。编号区间自 J105 至 J195；如新增编号，可在相应编号位置前插入。

b) 间隙式交通量观测站编号，按每条国道的起点至终点方向，以省级行政区划为范围，从 J205 开始，间隔为 5，编制序列顺序号。编号区间自 J205 至 J895；如新增编号，可在相应编号位置前插入。

c) 临时性交通量观测站编号，按每条国道的起点至终点方向，以省级行政区划为范围，从 J905 开始，间隔为 5，编制序列顺序号。编号区间自 J905 至 J998。

d) 交通量观测站代码可根据需要对行政区划代码截取使用，其编码方法见附录 C。

代码结构：

G(S/X)×××　J×××　××××××

××××××——行政区划代码

J×××——观测站编号

G(S/X)×××——路线编号

5.7 沿线环境类

5.7.1 公路定位要素分类代码

5.7.1.1 规则：采用 GB/T 18731 的规定。国道主要控制点代码采用 JT/T 412 的规定。国道参照点、省道主要控制点与参照点代码由各省级公路主管部门根据 GB/T 18731 的规定编制；县、乡、专用公路主要控制点、参照点代码亦可按此规则编制。

5.7.1.2 代码结构：

G(S/X/Y/Z)×××　R××××　×　××××××

××××××——行政区划代码

×——扩充位

R××××——定位要素编号

G(S/X/Y/Z)×××——路线编号

5.7.1.3 代码：定位要素标识码（定位要素编号前两位）采用 GB/T 18731—2002 的表 1，见表 61；定位基准点的分类代码（定位要素编号第三位）采用 GB/T 18731—2002 的表 B.1，见表 62；公路主要控制点的分类代码（定位要素编号第三位）采用 GB/T 18731—2002 的表 B.2，见表 63；公路参照点的分类代码（定位要素编号第三位）采用 GB/T 18731—2002 的表 B.3，见表 64。

表 61 公路定位要素标识码

代码	名 称	代码	名 称	代码	名 称	代码	名 称
RD	基准点	RC	公路主要控制点	RR	公路参照点	RK	公路里程桩系统

表 62 公路定位基准点分类代码

代码	名 称	代码	名 称	代码	名 称	代码	名 称
1	国家三角点	2	国家水准点	3	国家 GPS 测控点	4	公路基准点

表 63 公路主要控制点分类代码

代码	名 称	代码	名 称
1	路线起点	4	干线公路与省级和国家行政区划交界点（最终出界点）
2	干线公路交汇点	9	路线终点
3	大中城市出入口		

注：1. 干线公路交汇点指国道与国道、省道与省道、省道与国道之间的交汇（交叉、衔接）点。
2. 大中城市出入口指已列入规划和标准的国道与省道穿越或绕过这些城市的入、出口处。
3. 交界点中，当国道途经一个省级行政区划有多个进出交界点时，仅指最终一个出界点。

表 64 公路参照点分类代码

代码	名 称	代码	名 称
1	路线起点	6	隧道入口点
2	干线公路主要交叉口	7	渡口起运点
3	城镇出入口(或绕城路段两端)	8	高速(高等级)公路出入口
4	干线公路与省、地区、县级行政区的中间交界点	9	路线终点
5	桥梁中点		

注:1.代码 2、3、4、9 码中已编入主要控制点的除外。
2.代码 4 省级中间交界点指干线公路多次出入某省级行政区划界时,只编入途经的中间界点,不含最终的出界点。
3.代码 1 和 9 可在同一路段上配合使用,特征路段的分类与选择可根据需要自定义。

5.7.2 沿线地貌代码

5.7.2.1 规则:按公路沿线地表高低起伏的自然状态分类。

5.7.2.2 代码:见表 65。

表 65 公路沿线地貌代码

代码	名 称	代码	名 称	代码	名 称	代码	名 称
1	山岭	14	平原	17	湖泊	21	峡谷
12	重丘	15	沙漠	18	大海	22	沼泽
13	微丘	16	河流	19	草原	90	其他

5.7.3 沿线地物代码

5.7.3.1 规则:按公路沿线人工构造物和自然地物的分类。

5.7.3.2 代码:见表 66。

表 66 公路沿线地物代码

代码	名 称	代码	名 称	代码	名 称
11	旱田(旱地)	24	果园	53	铁路
12	水田	31	建筑物	54	道路
13	荒地	41	自然保护区	55	管线
14	水库	42	风景区(旅游景点)	56	水渠
15	泉	43	文物古迹	57	光缆
16	闸坝	44	长城	61	机场
17	池塘	51	城市(乡镇)	62	火车站
18	盐田	52	村庄(居民点)	90	其他

5.7.4 选线地形代码

5.7.4.1 规则:按公路设计选线时的地貌分类。

5.7.4.2 代码:见表 67。

表 67 公路选线地形代码

代码	名 称	代码	名 称
1	平原微丘	2	山岭重丘

5.7.5 设线类型代码

5.7.5.1 规则:按公路路线行走的地形分类。

5.7.5.2 代码:见表68。

表68 公路设线类型代码

代码	名 称	代码	名 称	代码	名 称	代码	名 称
1	山脊线	3	山坡线	5	平原线	9	其他
2	越岭线	4	沿溪线	6	沙漠线		

5.7.6 路线走向代码

5.7.6.1 规则:参照 GB 12409 的规定。

5.7.6.2 代码:见表69。

表69 公路路线走向代码

代码		名 称	代码		名 称
字母码	数字码		字母码	数字码	
N	0	北	SW	5	西南
NE	1	东北	W	6	西
E	2	东	NW	7	西北
SE	3	东南	Q	9	环形
S	4	南			

5.7.7 地图代码

5.7.7.1 规则:参照 GB/T 13989 规定地形图编号。其中 1:100 万地形图的图幅行号为字符码,行号为 A、B、…、N 共 14 行;图幅列号为 43、44、…、53 共 11 列。其余分幅代码均是数字码。

5.7.7.2 代码结构:

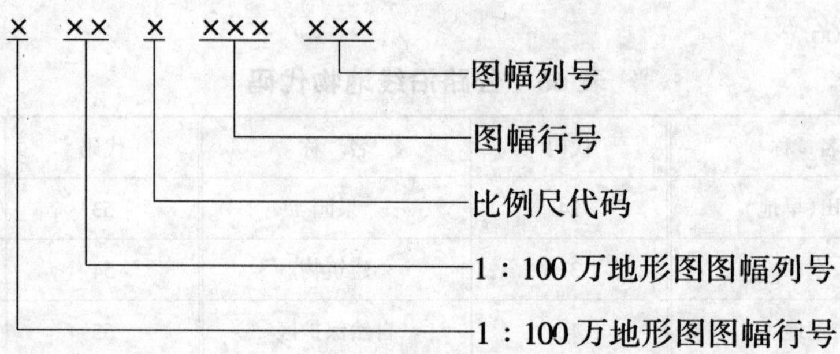

5.7.7.3 代码:见表70。

表70 公路地图代码

代码	名 称	代码	名 称	代码	名 称
A	1:100 万	D	1:10 万	G	1:1 万
B	1:50 万	E	1:5 万	H	1:0.5 万
C	1:25 万	F	1:2.5 万	I	1:0.2 万
注:F、G、H、I 是自定义码。					

5.8 工程资质类

5.8.1 工程资质代码

5.8.1.1 规则:根据建设部《建筑业企业资质管理规定》、《建设工程勘察设计企业资质管理规定》和交通部《公路、水运工程监理单位资质管理暂行规定》规定的资质分类、分级及其规模划分标准而编制。

该代码由三种代码数据元组合而成,即:工程资质分类代码(见 5.8.2)、企业及单位工程资质等级代码(见 5.8.3)和其分项及规模划分代码(见 5.8.3)。其中,企业及单位工程资质等级代码没有可供组配的分项及规模划分代码时，其代码用“0”标识。

5.8.1.2　代码结构：

```
××××  ×  ×
 |    |  |
 |    |  └——分项及规模划分代码(与前一位资质等级代码组配)
 |    └—————企业及单位工程资质等级代码
 └——————————工程资质分类代码
```

5.8.2　工程资质分类代码

5.8.2.1　规则：根据交通部《公路工程从业单位(设计、施工、监理)资质管理规定》和参照建设部《建筑业企业资质管理规定》而编制。企业及单位的工程资质划分为工程建筑施工资质、工程勘察资质、工程设计资质、工程监理资质四大类；其分类码分别用“A、B、C、D”大写字母标识。每一类含若干层次，主要采用面分类与线分类结合的方式编制相应的数字码，与字母标识码组配而成。

5.8.2.2　代码：见表71。

表71　公路工程资质分类代码

代码	名称	备注
A	工程建筑施工资质	
A100	施工总承包	
A110	公路工程施工总承包	包括公路工程所有专业的总承包
A120	通信工程施工总承包	包括通信工程所有专业的总承包
A190	其他施工总承包	其他行业的施工总承包资质可填入A191至A299区段
A300	专业承包	
A310	公路工程施工专业承包	见5.8.3.1.2工程建筑施工资质等级代码
A311	公路路线(路段)工程专业承包	资质分级见表72
A312	公路路面工程专业承包	资质分级见表73
A313	公路路基工程专业承包	资质分级见表74
A314	桥梁工程专业承包	资质分级见表75
A315	隧道工程专业承包	资质分级见表76
A319	其他公路工程施工专业承包	
A320	交通工程施工专业承包	公路行业资质分级见表77
A321	交通安全设施工程	
A322	通信、监控和收费综合系统工程	
A323	通信系统工程	
A324	监控系统工程	
A325	收费系统工程	
A329	其他交通工程施工专业承包	
A390	其他工程施工专业承包	其他行业的施工专业承包资质可填入A391至A349区段
A500	劳务分包	
A510	公路工程劳务分包	
A520	交通工程劳务分包	
A590	其他工程施工劳务分包	其他行业的施工专业承包资质可填入A591至A599区段
B	工程勘察资质	
B100	工程勘察综合资质	包括工程勘察所有专业，只设甲级资质，代码为“1”
B300	工程勘察专业资质	见5.8.3.2.2工程勘察资质等级及项目规模代码

表 71(续)

代码	名称	备注
B310	岩土工程勘察专业资质	岩土工程勘察资质分级见表 78
B320	水文地质勘察专业资质	水文地质勘察资质分级见表 79
B330	工程测量专业资质	工程测量勘察资质分级见表 80
B390	其他工程专业勘察资质	
B500	工程勘察劳务资质	
B510	岩土工程治理劳务资质	
B520	工程钻探劳务资质	
B530	凿井工程劳务资质	
B590	其他工程勘察劳务资质	
C	工程设计资质	
C100	工程设计综合资质	
C110	公路工程设计综合资质	见 5.8.3.3.2 公路工程设计综合资质等级代码,总承包见表 81
C120	交通(通信)工程设计综合资质	包括交通工程所有专业的设计综合资质,见 5.8.3.3.2 的表 85
C190	其他工程设计综合资质	
C300	工程设计行业资质	
C310	公路工程设计专业资质	公路工程设计资质分级见表 82
C311	路线工程设计	
C312	路面工程设计	
C313	路基工程设计	
C314	互通立交(桥)工程设计	
C320	桥梁工程设计专业资质	桥梁设计资质分级见表 83
C321	特大桥梁(预应力混凝土连续结构、钢结构,复杂结构)设计	
C322	大、中桥设计	
C329	其他桥梁设计	
C330	隧道工程设计专业资质	隧道设计资质分级见表 84
C331	特大隧道设计	
C332	长、中长隧道设计	
C339	其他隧道设计	
C340	交通工程设计专业资质	交通工程设计资质分级见表 85
C341	交通安全系统设计	
C342	通信、监控和收费综合系统设计	
C343	公路通信系统(公路信息传输)设计	
C344	公路收费系统设计	
C345	公路监控系统设计	
C350	公路工程地质设计专业资质	
C360	水文工程设计专业资质	
C370	公路工程经济设计专业资质	

表 71(续)

代 码	名 称	备 注
C380	公路工程概算设计专业资质	
C390	其他行业工程设计行业资质	
C500	工程设计专项资质	
C510	公路工程附属专业设计资质	
C511	建筑工程设计	
C512	结构工程设计	
C513	设备工程设计	
C514	供电照明工程设计	
C515	给排水工程设计	
C516	暖通通风工程设计	
C517	施工管理	
C518	环境保护工程设计	
C519	自控工程设计	
C521	项目管理	
C590	其他工程设计专项资质	
D	工程监理资质	
D100	工程综合监理资质	
D110	公路工程综合监理资质	包括公路工程所有专业的监理
D120	通信工程综合监理资质	包括通信工程所有专业的监理
D190	其他工程综合监理资质	
D300	工程行业监理资质	
D310	公路行业工程监理资质	见 5.8.2.4 工程监理资质等级及规模划分代码
D311	公路、桥梁、隧道工程监理	见表 86
D312	公路工程监理	见表 87
D313	桥梁工程监理	见表 87
D314	隧道工程监理	见表 87
D315	交通工程监理	见表 88
D390	其他行业工程监理资质	其他行业的监理资质可填入 D391 至 D399 区段
D500	专业监理资质	
D510	公路专业工程监理资质	
D590	其他专业工程监理资质	

注:1.代码表中的“其他”项只作为收罗项,不代表有该项资质。
2.需要扩充其他的资质及其代码时,可在相应类别的空码区段按规则的规定扩充。

5.8.3 企业资质等级及分项代码

5.8.3.1 企业工程建筑施工资质等级代码

5.8.3.1.1 规则:根据交通部《公路工程从业单位(设计、施工、监理)资质管理规定》和参照建设部《建筑业企业资质管理规定》。对企业的工程建筑施工资质进行分级、分项并划分施工规模,分别编制代码。

具体承担单位和项目适合哪一级或哪一项,根据实际评定的工程建筑施工资质等级标准(证书)选用对应的代码。

5.8.3.1.2 代码:企业及单位的公路工程施工总承包资质等级代码见表72;路面工程专业承包资质等级代码见表73;路基工程专业承包资质等级代码见表74;桥梁工程专业承包资质等级代码见表75;隧道工程专业承包资质等级代码见表76;交通工程专业承包资质分项代码见表77。

表72 企业及单位的公路工程施工总承包资质等级代码

代码	资质等级	工程范围(公路工程施工总承包)
6	特级企业	可承担各等级公路及其桥梁、隧道工程的施工
1	一级企业	可承担单项合同额不超过企业注册资本金5倍的各等级公路及其桥梁、长度3000m及以下的隧道工程的施工
2	二级企业	可承担单项合同额不超过企业注册资本金5倍的一级标准及以下公路、单跨跨度小于100m的桥梁、长度小于1000m的隧道工程的施工
3	三级企业	可承担单项合同额不超过企业注册资本金5倍的二级标准及以下公路、单座桥长小于500m,单跨跨度小于40m的桥梁工程的施工
注:公路工程包括公路(含厂矿和林业专用公路)及其桥梁、隧道和沿线设施工程。		

表73 路面工程专业承包资质等级代码

代码	企业等级	工程范围(路面工程专业施工承包范围)
1	一级企业	可承担各级公路的各类路面和钢桥面工程的施工
2	二级企业	可承担单项合同额不超过企业注册资本金5倍的一级标准及以下公路路面工程的施工
3	三级企业	可承担单项合同额不超过企业注册资本金5倍的二级标准及以下公路路面工程的施工

表74 路基工程专业承包资质等级代码

代码	企业等级	工程范围(路面工程专业施工承包范围)
1	一级企业	可承担各级公路的土石方、中小桥涵、防护及排水、软基处理工程的施工
2	二级企业	可承担单项合同额不超过企业注册资本金5倍的一级标准及以下公路的土石方、中小桥涵、防护及排水、软基处理工程的施工
3	三级企业	可承担单项合同额不超过企业注册资本金5倍的二级标准及以下土石方、中小桥涵、防护及排水、软基处理工程的施工

表75 桥梁工程专业承包资质等级代码

代码	企业等级	工程范围(桥梁工程专业施工承包范围)
1	一级企业	可承担各类桥梁工程的施工
2	二级企业	可承担单跨100m及以下桥梁工程的施工

表76 隧道工程专业承包资质等级代码

代码	企业等级	工程范围(隧道工程专业施工承包范围)
1	一级企业	可承担各类隧道工程的施工
2	二级企业	可承担断面$20m^2$及以下且长度1000m及以下的隧道工程的施工

表 77 交通工程专业承包资质分项代码

代 码	企 业 等 级	工程范围(交通工程专业施工承包范围)
1	交通安全设施分项	可承担各级公路标志、标线、护栏、隔离栅、防眩板等工程施工及安装
2	通信系统工程分项	可承担各级公路干线传输系统、程控交换系统、移动通信系统、光(电)缆敷设工程、紧急电话系统的施工及安装
3	监控系统工程分项	可承担各级公路交通信息采集系统、信息发布系统、中央控制系统、供电配套设施系统的施工及安装
4	收费系统工程分项	可承担收费公路收费车道及附属配套设备、收费管理系统及配备设备的施工及安装
5	通信、监控、收费综合系统工程分项	可承担各级公路干线传输系统、程控交换系统、移动通信系统、光(电)缆敷设工程、紧急电话系统、交通信息采集系统、信息发布系统、中央控制系统、供电配套设施系统的施工及安装和收费公路收费车道及附属配套设备、收费管理系统及配套设备的施工及安装
注:公路交通工程专业承包企业资质不分等级,只分为五个分项。		

5.8.3.2 企业工程勘察资质等级代码

5.8.3.2.1 规则:根据建设部《建设工程勘察设计企业资质管理规定》,对工程勘察资质进行分级并划分项目的勘察规模,分别编制代码。

工程勘察综合资质只设甲级;工程勘察专业资质根据工程性质和技术特点设立类别和级别;工程勘察劳务资质不分级别。企业及单位具体承担项目的哪一级或哪一项,根据实际评定的工程勘察专业资质等级标准及其规模划分(证书)选用。

5.8.3.2.2 代码:工程勘察专业资质岩土工程勘察项目规模分级代码见表 78;水文地质勘察项目规模分级代码见表 79;工程测量项目规模分级代码见表 80。

表 78 公路工程勘察专业资质岩土工程勘察项目规模分级代码

代 码	企 业 等 级	项目工程范围(承担岩土工程勘察专业)
1	甲级	可承担: 1.具有重大意义或影响的国家重点项目; 2.场地等级为一、二级,抗震设防烈度高于 8 度的强震区,存在其他复杂环境岩土工程问题的地区,以及岩土工程条件复杂的工程项目; 3.按《地基基础设计规范》、《岩土工程勘察规范》等有关规范规定的一级建筑物; 4.需要采取特别处理措施的极软弱的或非均质地层,极不稳定的地基;建于不良的特殊性土上的大、中型项目; 5.有强烈地下水运动干扰或有特殊要求的深基开挖工程,有特殊工艺要求的超精密设备基础工程;大型深埋过江(河)地下管线、涵洞、核废料等深埋处理、高度超过 100m 的高耸构筑物基础,大于 100m 的高边坡工程,特大桥、大桥、大型立交桥、大型竖井、巷道、平洞、隧道、地下铁道、地下洞室、地下储库工程,深埋工程,超重型设备,大型基础托换、基础补强工程; 6.大深沉井、沉箱,大于 30m 的超长桩基、墩基,特大型、大型桥基,架空索道基础; 7.复杂程度按有关规范规程划分为中等或复杂的岩土工程设计; 8.其他行业设计规模为大型的建设项目的工程勘察

表 78(续)

代 码	企业等级	项目工程范围(承担岩土工程勘察专业)
2	乙级	可承担: 1.根据单位技术人员和设备的实际情况,仅限于岩土工程勘察、设计、测试监测(不含岩土工程咨询监理); 2.按《地基基础设计规范》、《岩土工程勘察规范》等有关规范规定的二级及二级以下建筑物;中小型线路工程、岸边工程; 3.场地等级为三级,但抗震设防烈度不高于8度的地区,没有其他复杂环境岩土工程问题的场地; 4.20层以下的一般高层建筑,体型复杂的14层以下的高层建筑;单柱承受荷载4000kN以下的建筑及高度低于100m的高耸建筑物; 5.小于30m长的桩基、墩基、中小型竖井、巷道,平洞、隧道、桥基、架空索道、边坡及挡土墙工程; 6.建筑工程勘察设计资质分级标准规定的二级及以下一般公共建筑; 7.岩土工程治理设计按有关规范规程划分复杂程度为简单的; 8.其他行业设计规模为中型的建设项目的岩土工程
3	丙级	可承担: 1.只限于承担岩土工程勘察,不含岩土工程设计、咨询监理; 2.按《地基基础设计规范》、《岩土工程勘察规范》等有关规范规定的三级建筑场地;七层以下的住宅建筑;小型公共建筑及小型工业厂房场地的勘察; 3.岩土工程条件简单的场地勘察; 4.抗震设防烈度7度及以下地区,无环境岩土工程问题的场地的勘察; 5.其他行业设计规模为小型的建设项目的岩土工程勘察

表 79 水文地质勘察项目规模分级代码

代 码	企业等级	项目工程范围(承担水文地质勘察专业)
1	甲级	可承担: 1.大、中城市规划和大、中型企业供水水源可行性研究及水资源评价; 2.国家重点工程、国外投资或中外合资水源勘察和评价; 3.供水量10 000m³/d以上的水源工程勘察和评价; 4.水文地质条件复杂的水资源勘察和评价; 5.干旱地区、贫水地区、未开发地区水资源评价
2	乙级	可承担: 1.小城市规划和中型企业供水源可行性研究及水资源评价; 2.供水量10 000m³/d以下的企业与城镇供水水源勘察及评价; 3.水文地质条件中等复杂的水资源勘察和评价; 4.其他行业设计规模为中型的建设项目的水文地质勘察
3	丙级	可承担: 水文地质条件简单,供水量2 000m³/d以下的工业企业供水水源勘察;其他行业设计规模为小型的建设项目的水文地质勘察

表 80　工程测量项目规模分级代码

代　码	企业等级	项目工程范围(承担工程测量专业)
1	甲级	可承担： 1. 50 000m^2 以上大比例尺大、中型城乡规划测量，大型线路测量，大型水上测量； 2. 10 000m^2 以上大比例尺大、中型工厂、矿山测量； 3. 1 000m^2 以上改扩建竣工图和现状图测量，地籍测量； 4. 大型市政工程、线路、桥梁、隧道、交通、地铁、地下管网及建(构)筑物施工测量等工程测量； 5. 国家级重点工程、大中型国外投资和中外合资项目工程测量。整体性的三等以上平面控制测量与二等以上的高程控制测量； 6. 一、二等建(构)筑物变形测量，其他精密与特殊工程测量
2	乙级	可承担： 1. 50 000m^2 以下的城乡规划测量、中型线路、水上测量； 2. 10 000m^2 以下大比例尺小型工厂、矿山测量； 3. 1 000m^2 以下工业企业改扩建竣工图及现状图测量、地籍测量； 4. 中型市政、线路、桥梁、隧道、地下管风及建(构)筑物施工测量与二、三级的建(构)筑物变形测量等工程测量； 5. 其他行业设计规模为中型的建设项目的工程测量
3	丙级	可承担： 1. 5 000m^2 以下小城镇规划测量、市政等工程测量； 2. 小面积控制测量与地形测量； 3. 小型建(构)筑物施工测量、地籍测量； 4. 其他行业设计规模为小型的建设项目的工程测量

5.8.3.3　工程设计资质等级及项目规模划分代码

5.8.3.3.1　规则：根据交通部《公路工程从业单位(设计、施工、监理)资质管理规定》和参照建设部《建设工程勘察设计企业资质管理规定》，对公路行业工程设计资质进行分级、分项并划分项目的设计规模，分别编制代码。

企业及单位的具体设计资质和承担的项目适合哪一级或哪一项，根据实际评定的设计资质等级标准(证书)选用。

5.8.3.3.2　代码：公路行业工程设计资质代码见表 81；表 82、表 83、表 84、表 85 的规模划分代码可根据实际分别与表 81 的工程设计资质等级代码组配使用。

公路行业工程项目设计规模分级代码见表 82；公路行业桥梁工程项目设计规模分级代码见表 83；公路行业隧道工程项目设计规模分级代码见表 84；公路行业交通工程项目设计规模分级代码见表 85。

表 81　公路行业工程设计资质代码

代　码	企业等级	项目工程范围(承担工程设计专业)
1	甲级	承担的工程设计范围和地区不受限制
2	乙级	可承担中、小型建设项目的工程设计任务，承担工程设计任务的地区不受限制
3	丙级	可承担小型建设项目的工程设计任务，承担工程设计任务限定在省、自治区、直辖市所辖行政区范围内

表 82　公路行业工程项目设计规模分级代码

代　码	项目分级	规模划分(承担公路工程项目设计)
1	大型项目	可承担高速公路、一级公路工程项目的设计,公路立交型式为全苜蓿叶型、双喇叭型、枢纽型等独立的互通式立体交叉(桥)工程项目的设计
2	中型项目	可承担二级公路工程项目的设计
3	小型项目	可承担三、四级公路工程项目的设计

表 83　公路行业桥梁工程项目设计规模分级代码

代　码	项目分级	规模划分(承担桥梁工程项目设计)
1	大型项目	可承担总长大于 1000m、水深大于 15m、单孔跨径为 250m 以上的预应力混凝土连续结构或钢结构的特大桥梁,主跨 250m 以上的钢筋混凝土拱桥、400m 以上的斜拉桥、800m 以上的悬索桥等独立大桥工程项目的设计
2	中型项目	可承担中型桥梁工程项目的设计
3	小型项目	可承担小型桥梁及涵洞工程项目的设计

表 84　公路行业隧道工程项目设计规模分极代码

代　码	项目分级	规模划分(承担隧道工程项目设计)
1	大型项目	可承担特大、大型隧道工程项目的设计
2	中型项目	可承担中型隧道工程项目的设计
3	小型项目	承担小型隧道及通道工程项目的设计

表 85　公路行业交通工程项目设计规模分极代码

代　码	项目分级	规模划分(承担交通工程项目设计)
1	大型项目	可承担高速公路、一级公路的交通安全设施、监控系统、通信系统、收费系统及管理、养护、服务设施工程项目的设计
2	中型项目	可承担二级公路的交通安全设施、收费系统及管理、养护、服务设施工程项目的设计
3	小型项目	可承担三、四级公路的交通安全设施、道班房工程项目的设计

5.8.3.4　工程监理资质等级代码

5.8.3.4.1　规则:根据交通部《公路工程从业单位(设计、施工、监理)资质管理规定》和参照建设部《工程监理企业资质管理规定》,对公路工程监理资质进行分级、分项并划分项目的规模,分别编制代码。表 87 和表 88 的代码可与表 86 中的监理资质等级代码组配使用。

表 86　公路工程监理资质分级及其临时监理资质等级代码

代　码	名　称	资质分级说明(工程监理业务范围)
1	甲级	在全国范围内监理一、二、三类公路、桥隧、交通工程
2	临时甲级	持有《临时监理资质证书》,业务范围与甲级相同
3	乙级	在全国范围内监理二、三类公路、桥隧、交通工程
4	临时乙级	持有《临时监理资质证书》,业务范围与乙级相同
5	丙级	在本省范围内监理三类公路、桥隧、交通工程
6	临时丙级	持有《临时监理资质证书》,业务范围与丙级相同
注:公路、桥梁、隧道和交通工程的监理工程等级划分参见表 17、表 18。		

企业及单位的具体监理资质和承担的业务项目适合哪一级或哪一项,根据实际评定的工程监理资质等级标准(证书)选用。

5.8.3.4.2　代码:公路工程监理资质分级及其临时监理资质等级代码见表 86;其公路行业监理工程分类参见表 87 和表 88。

表 87　公路行业监理工程分类代码(公路、桥梁、隧道工程)

代　码	名　称	公路、桥梁、隧道工程等级划分
1	一类	高速公路工程、独立大桥工程和特大桥梁工程、特长隧道工程的监理
2	二类	高速公路路基工程及一级公路、大桥、长隧道、中长隧道工程的监理
3	三类	一级公路路基工程及二级以下各级公路、中桥及以下桥梁工程、短隧道工程的监理

表 88　公路行业监理工程分类代码(交通工程)

代　码	名　称	交通工程等级划分说明
1	一类	通讯、监控、收费等公路机电工程;高速公路环保工程的监理
2	二类	标志、标线、护栏、护网、反光路标、轮廓标、防眩设施等公路交通安全设施;一级公路环保工程的监理
3	三类	二级公路及以下各级公路标志、标线等公路交通安全设施;二级公路及以下各级公路环保工程的监理

附 录 A
(规范性附录)
公路管理养护单位编码方法

A.1 单位的分类编码

单位分类代码中“10、20、30、40、50、60、70”代码仅作为大类,用于特定标识和查询统计汇总;在填写报表或采集表时,宜填写其下位类“11、21...91”等分类码。

A.2 隶属关系的编码

单位隶属关系按省级、地区级(地级市)、县级(县级市)单位划分,省级单位下属(直属)的所有管养单位可使用同样的单位隶属关系代码,并与该省级单位隶属关系代码相同。公司系列中,同一法人资质的公司隶属关系码相同。

隶属关系代码的编码方法示例见表A.1。

表A.1 公路管理养护单位隶属关系代码编码方法

单位类别	隶属关系代码	说 明
交通厅 (局、处、科、站)	1	在交通局系列中,每一行政区中只有一个交通局或处,单位隶属关系代码仅取1
公路局 (分局、总段、段)	1 或 1、2、3...	在公路局系列中,每一行政区中只有一个公路局或分局、总段,隶属关系代码仅取1; 同一行政区中若有多个同级的公路部门,可酌情用2或3、4...等区别
高速(高等级) 公路公司系列	1~8	该系列中,若同一类公司有多个,则隶属关系代码可取1、2、3...8加以区别
其他管养单位系列	1~8	该系列中,若同一类管养单位有多个,则隶属关系代码可取1、2、3...8加以区别

A.3 单位序号

公路管养单位的隶属关系、级别和注册地相同时,用不同的单位序号加以区别。

A.4 行政区划代码

A.4.1 一般的公路管养单位编码方法

交通厅局系列和公路局系列的公路管养单位代码应按GB/T 2260的规定填写本层级的行政区划(县级)代码。各层级行政区划代码的编码方法示例见表A.2。

表A.2 公路管养单位各层级行政区划代码编码方法

注册地	代 码	级 别	含 义
××××××	××0000	省级	该管养单位为省级单位
××××××	××××00	地市级	该管养单位为地区级(地级市)单位
××××××	××××××	县级	该管养单位为县级(县级市)单位

A.4.2 高速(高等级)公路公司系列编码方法

高速(高等级)公路公司系列中行政区划代码仅标识企业内部的层级划分,凡有独立法人资质的公司均为一级,其下属单位为二级,再下属单位为三级,行政区划代码采用公司注册地的省、地、县行政区划代码;其编码方法示例见表A.3。

表 A.3　高速(高等级)公路公司系列编码方法

注册地	代　码	级　别	含　　义
××××××	××0000	一级	独立法人资质企业
××××××	××××00	二级	独立法人资质企业下属单位
××××××	××××××	三级	独立法人资质企业下属单位的下级单位

附 录 B
(规范性附录)
公路路线标识规则及编码方法

B.1 路线编码方法示例

编码示例见表 B.1。

表 B.1 公路路线编码方法

路线代码		行政分级	含 义
路线编号	行政区代码		
G0××	××0000	国家干线公路	国道主干线北南纵线编偶数号,起始编号 G010;东西横线编奇数号,起始编号 G015;起始编号均间隔 9 位,配省级行政区划代码
G1××	××0000	国家干线公路	国道放射线,该系列沿顺时针方向顺序编号;配省级行政区划代码
G2××	××0000	国家干线公路	国道北南纵线,该系列由东向西顺序编号;配省级行政区划代码
G3××	××0000	国家干线公路	国道东西横线,该系列由北向南顺序编号;配省级行政区划代码
S1××	××0000	省干线公路	省道省会放射线,沿顺时针方向顺序编号;配省级行政区划代码
S2××	××0000	省干线公路	省道北南纵线,该系列由东向西顺序编号;配省级行政区划代码
S3××	××0000	省干线公路	省道东西横线,该系列由北向南顺序编号;配省级行政区划代码
X×××	××××00	县级公路	县道按地区级(地级市)行政区或按省级行政区顺序编号;配地区级行政区划代码
Y×××	××××××	乡级公路	乡道按县级(县级市)行政区顺序编号;配县级行政区划代码
Z×××	××××00	(交通行业管理)	专用公路按省级行政区排列顺序编号;配地区级行政区划代码

注:1.行政区划代码应编制到六位,未赋码的位置填“0”。
2.一条县道跨越多个地区时,应按 5.1.2.2 中 c)的有关规定分别编码。

B.2 路线代码的管理

路线编号及代码无论由哪一级交通或公路部门编制或更新,均应执行国家和交通部有关文件和标准规定,经过各省级公路主管部门归口审核确定,并报交通部公路主管部门备案。

附　录　C
（规范性附录）
交通量观测站编码方法

C.1　一条国道上的某一个交通量观测站类型既是连续式又作为间隙式时，其编号按间隙式交通量观测站编制，并用“*”号标明。

C.2　重复路段上的交通量观测站编号，应只对路线编号最小的路线上的交通量观测站进行编号。

C.3　一条国道两次穿越同一省界，先对进入省界的路线上的交通量观测站编号，再对出省界的路线上的交通量观测站进行编号。

C.4　国道临时性交通量观测站的编号，由各省公路管理部门自行编制。省道或其他公路的连续式、间隙式、临时性交通量观测站编号，亦由各省公路管理部门按本标准5.7的规定自行编制。

C.5　交通量观测站编号及代码编制后应保持惟一性并相对稳定，避免大范围调整。如原有交通量观测站撤消，其编号同时作废，不再代表新的交通量观测站。

参考文献

1 GB 12409 地理格网
2 GB 13989 国家基本比例尺地形图分幅和编号
3 GBJ 139 内河通航标准
4 JTG B01 公路工程技术标准
5 JTJ 011 公路路线设计规范
6 JTG D30 公路路基设计规范
7 JTG D60 公路桥涵设计通用规范
8 JTJ 041 公路桥涵施工技术规范
9 JTJ 051 公路土工试验规程
10 JTJ 073 公路养护技术规范
11 公路桥梁管理系统数据编目编码及采集规范(2002 年试行)
12 建筑业企业资质等级标准（建设部[2001]第 87 号令和《建筑业企业资质管理规定文件汇编》)
13 公路工程(交通工程专业)施工企业资质标准（交通部交公路发[2000]178 号文)
14 工程勘察资质分级标准(建设部建设[2001]22 号文《建设工程勘察设计企业资质管理规定》及附表 1-3)
15 工程设计资质分级标准(建设部建设[2001]22 号文《建设工程勘察设计企业资质管理规定》及附件)
16 工程监理企业资质管理规定(建设部[2001]第 102 号令)
17 公路工程监理单位资质等级标准(交通部交基发[1995]448 号文附件一和交公路发[1999]64 号文及附件)
18 监理单位的监理业务范围(交通部交基发[1995]448 号文附件二)

JT

中华人民共和国交通行业标准

JT/T 301—1996

公路交叉分类与编码规则

Classification and coding rules for highway intersection

1996—12—02 发布　　1997—03—01 实施

中华人民共和国交通部　发布

中华人民共和国交通行业标准

公路交叉分类与编码规则

JT/T 301—1996

Classification and coding rules for highway intersection

1 范围

本标准规定了全国公路交叉形式分类与代码，亦规定了公路交叉种类代码和公路交叉口代码的编制规则。

本标准适用于全国公路交通部门对公路交叉信息的标识、管理和交换。

2 引用标准

下列标准包含的条文，通过在本标准中引用而构成本标准的条文。在本标准出版时，标准所示版本均为有效。所有标准都会被修订，使用本标准的各方应探讨、使用下列标准最新版本的可能性。

GB 919—94　　公路等级代码
GBJ 124—88　　道路工程术语标准
GB 12409—90　　地理格网

3 分类原则

公路交叉种类按相交公路的管理等级高低分类；公路交叉形式按相交道路的条数、相交角度及构成形式分类，并给出典型图示。

4 公路交叉种类代码编制规则

4.1 公路交叉种类代码是由相交公路的管理等级代码组配成的字母码。编制代码时，按管理等级由高到低顺序排列。公路管理等级代码等同采用GB/T 919—94中6.1公路管理等级代码表中规定的字母码，见附录A(标准的附录)。

4.2 用户可根据需要组配使用公路管理等级代码，原则上不超过四位字母码。

例：国道与省道交叉代码用　GS
两条省道与一条县道交叉代码用　SSX
国道、省道与县道交叉代码可用　GSX

5 公路交叉形式分类与代码

5.1 交叉形式分为公路与公路平面交叉(代码10至29)，公路与公路立体交叉(代码30至69)和公路与铁路交叉(代码70至89)三部分，由两位数字码组成，见表1。

5.2 代码各层间留有扩充位，用户可根据需要自行扩充。

中华人民共和国交通部 1996-12-02 批准　　1997-03-01 实施

表 1

代码	名称	典型图示
10	公路与公路（或其他道路）平面交叉	
11	T 形交叉	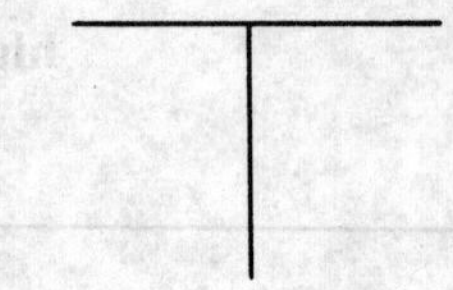
12	Y 形交叉	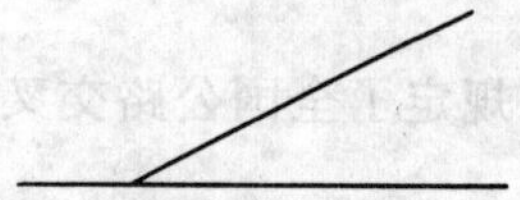
13	十字形交叉	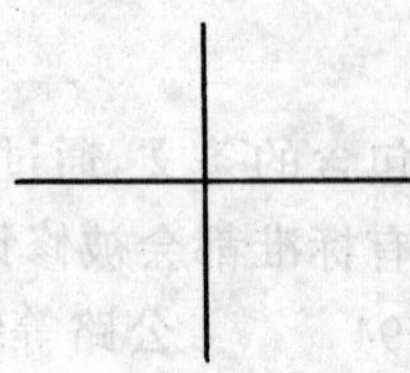
14	斜交叉	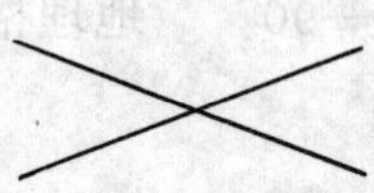
15	错位交叉（注：错位交叉两个交叉口之间的距离，用户根据实际需要确定）	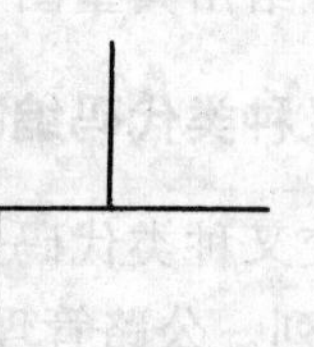
16	多岔交叉	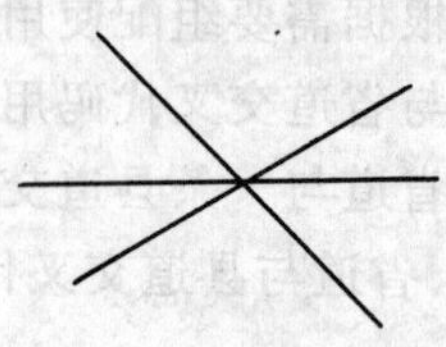
17	环形交叉	

续 表 1

代　　码	名　　　　称	典　　型　　图　　示
29	其他形式 平面交叉	
30	公路与公路 （或其他道路） 立体交叉	
31	分离式立体交叉	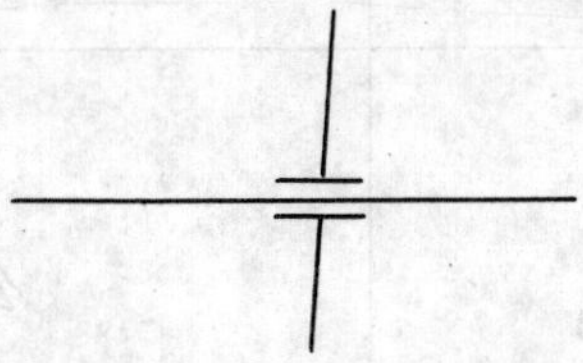
41	喇叭形立体交叉	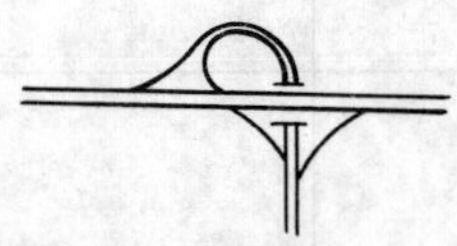
42	菱形立体交叉	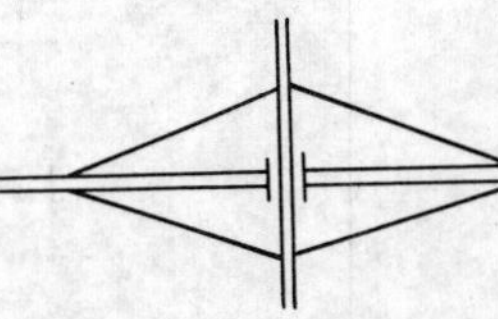
43	环形立体交叉	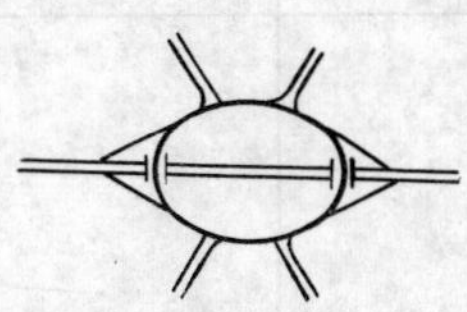
45	苜蓿叶形立体交叉	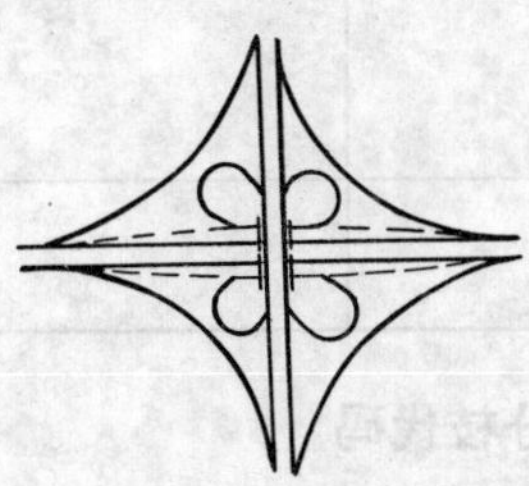
51	定向式立体交叉	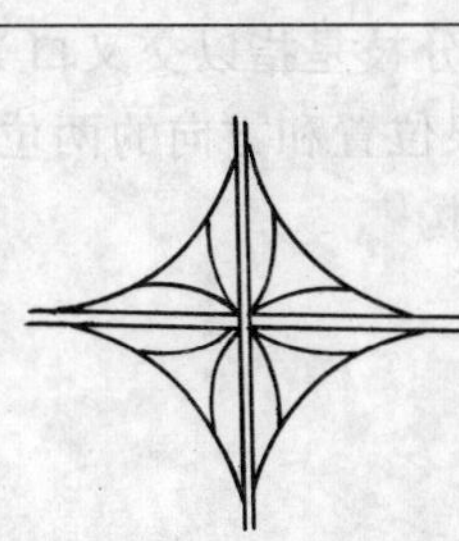

续 表 1

代　码	名　　称	典　型　图　示
55	组合式立体交叉	
69	公路与公路 （或其他道路） 其他形式立体交叉	
70	公路与铁路 平面交叉	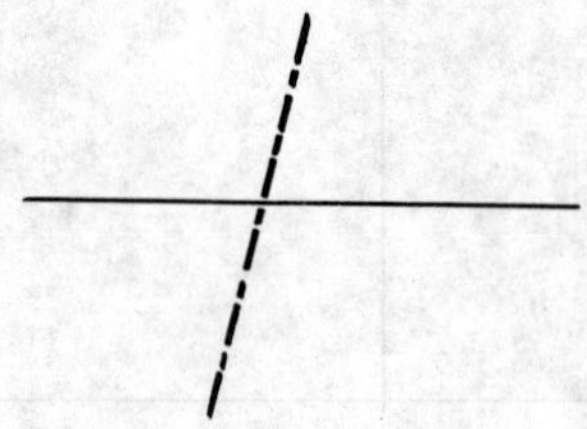
80	公路与铁路 立体交叉	
81	上跨铁路立体交叉	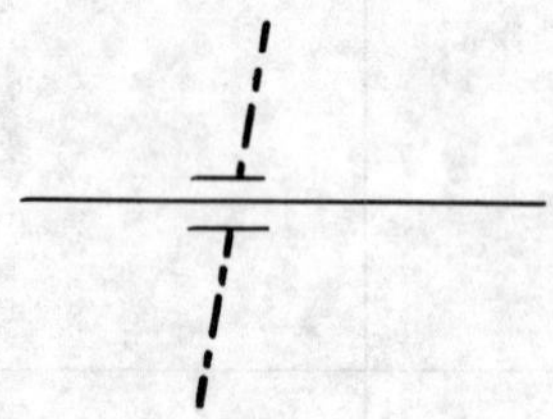
82	下穿铁路立体交叉	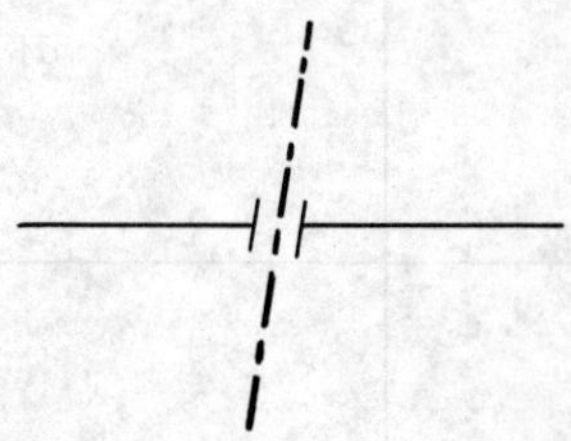
90	其　他	

6 交叉口分枝代码

6.1 交叉口分枝是指以交叉口为中心向四周放射的交叉路口分枝，交叉口分枝代码是指由交叉口分枝所在地球象限位置和方向的两位数字码组配而成的代码。地球象限代码见附录B。

6.2 代码结构

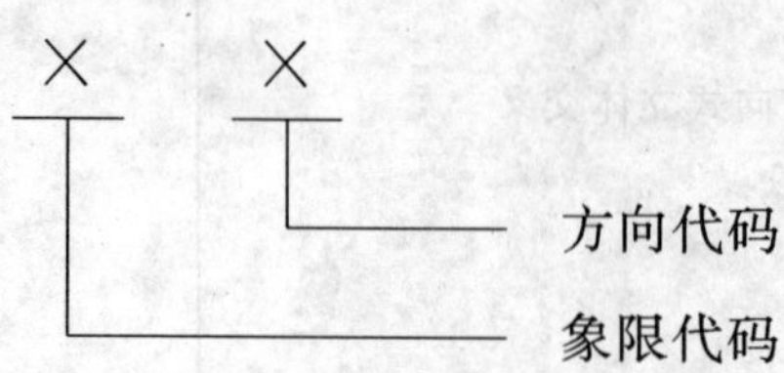

6.3 代码表,见表2。

表 2

名称		代码	名称		代码
象限	方向		象限	方向	
I	正北向	18	III	正南向	54
I	东北向	11	III	西南向	55
II	正东向	32	IV	正西向	76
II	东南向	33	IV	西北向	77

7 交叉口编码规则

7.1 交叉口代码结构

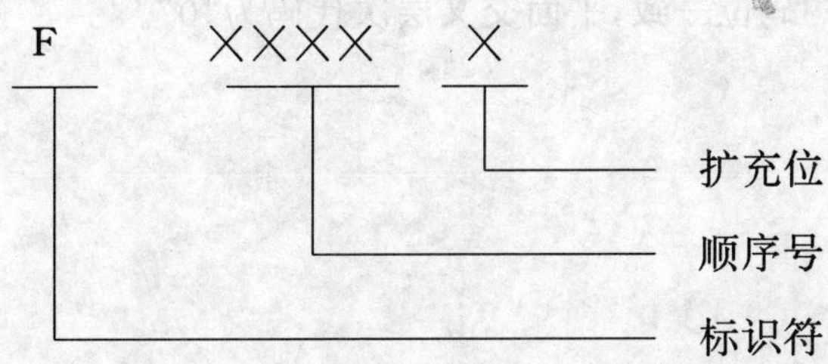

7.1.1 “F”为交叉口标识符,以省为范围沿每一条路线的起点至终点从0001开始顺序编号。

7.1.2 出现两条或两条以上的路线交叉时,仅对管理等级高的路线上的交叉口进行编码;若不同路线为同一管理等级,则对路线编号小的路的交叉口进行编码。为了避免重码,相交路线管理等级低或路线编号大的公路的交叉口,不再重复编码。

7.1.3 最后一位为扩充位,公路因新增、改线等原因而使交叉口增加,需对新的交叉口进行编号时用扩充位,未扩充时充“0”。

8 代码的使用方法

8.1 公路交叉口代码结构

将交叉口作为路线上的特征点进行编码时使用。

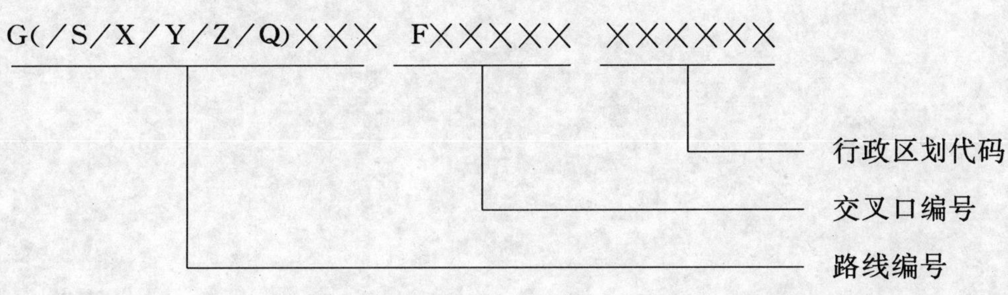

注:此代码结构与JT/T 132—94中规定的公路、桥梁、渡口、隧道等公路上的构筑物代码结构一致。

8.2 公路平面和立体交叉代码组配结构

将交叉口作为空间范围的实体进行编码时使用。

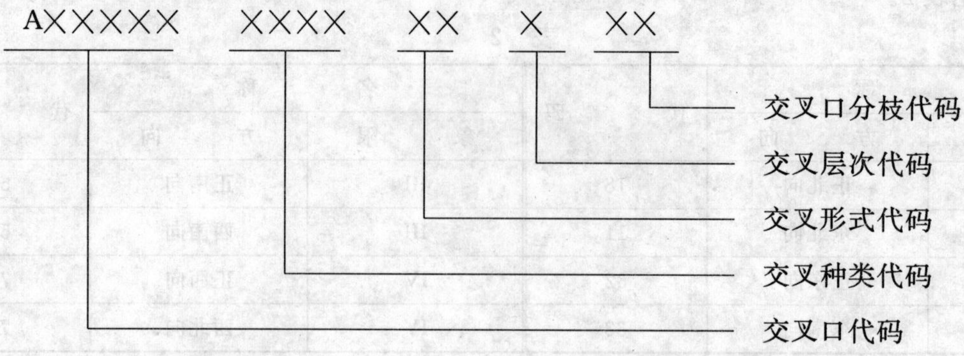

注：1. 交叉层次指立体交叉的结构层数目，由一位数字码表示。立体交叉有×层就用数字×，例如两层交叉用“2”，四层交叉用“4”表示。

2. 为了与立体交叉代码组配结构码位一致，平面交叉层次代码为“0”。

公路管理等级代码

采用GB/T 919—94中表1的规定，见表A1。

表 A1

代码	名称
G	国家干线公路
S	省干线公路
X	县公路
Y	乡公路
Z	专用公路
Q	其他公路
注：城市道路用C、铁路用T标识。	

地球象限代码

采用 GB 12409—90 4.1.2.1 中地球象限代码的规定，见图 B1。

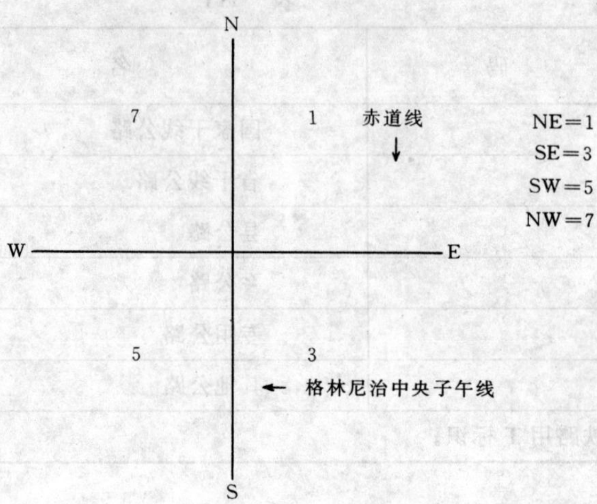

图 B1

JT

中华人民共和国交通行业标准

JT/T 412—2000

国道主要控制点代码

Godes of main controlling point of national highway

2000-02-28 发布　　　　2000-05-01 实施

中华人民共和国交通部 发布

中华人民共和国交通行业标准

国道主要控制点代码

JT/T 412—2000

Godes of main controlling point of national highway

1 范围

本标准规定了全国国道的主要控制点的编号与代码。

本标准适用于公路建设、养护、运营、管理等部门和单位对国道上主要控制点信息的处理与交换;亦适用于相关行业及信息媒体对国道上主要控制点信息的标识。

2 引用标准

下列标准所包含的条文,通过在本标准中引用而构成为本标准的条文。在标准出版时,所示版本均为有效。所有标准都会被修订,使用本标准的各方应探讨使用下列标准最新版本的可能性。

GB 917.1～917.2—1989 公路路线命名、编号和编码规则

GB 2260—1995 中华人民共和国行政区划代码

GB 10114—1988 县以下行政区划代码编制规则

GB/T 17730—1999 国、省道主要控制点编码规则

JT/T 318—1997 公路定位规则

3 编制原则

3.1 国道主要控制点的位置采用两种方式描述:一种是主要控制点所在行政区域;一种是主要控制点点位描述。

3.2 主要控制点所在行政区域的最小行政地名规定到 GB 10114 定义的乡、镇、街道和政企合一单位一级(如大兴县、宁河县如台镇);对于省级及地区级城市可描述到市政管辖区名称一级(如北京市东城区)。每一个主要控制点必须详细描述其所在行政区划的名称。

3.3 国道主要控制点点位描述反映主要控制点具体、准确的地理位置(如代码为"G10435RC06604"的主要控制点,其所在行政区域为"福州市",其点位描述为"六一环岛")。如果某主要控制点所在行政区域已准确反映该点的位置,则该点的点位描述可省略。

4 编码方法

4.1 国道主要控制点编码方法采用 GB/T 17730 第 4 章的规定。

4.2 国道主要控制点代码结构为:

GXXX XX　RC XXXX　X

X —— 主要控制点的分类代码

RC XXXX —— 主要控制点编号

GXXX XX —— 国道代码

中华人民共和国交通部 2000－02－28 发布　　2000－05－01 实施

5 代码表

国道主要控制点代码表见表1至表30。

表1　北京市国道主要控制点代码表

序　号	路线编号	主要控制点所在行政区域	主要控制点点位描述	主要控制点代码
1	G101	东城区	东直门	G10111RC00101
2	G101	顺义县	枯柳树环岛	G10111RC00202
3	G101	怀柔县	怀丰路口	G10111RC00304
4	G101	密云县	S203 交叉	G10111RC00402
5	G101	密云县	古北口(市界)	G10111RC00503
6	G102	朝阳东城区	朝阳门	G10211RC00101
7	G102	通州区	北关环岛	G10211RC00204
8	G102	通州区	燕郊(市界)	G10211RC00303
9	G103	朝阳区	分钟寺立交(三环)	G10311RC00101
10	G103	通州区	马驹桥	G10311RC00202
11	G103	通州区	市界	G10311RC00303
12	G104	丰台区	永定门	G10411RC00101
13	G104	大兴县	S302 交叉	G10411RC00202
14	G104	大兴县	青云店	G10411RC00302
15	G104	大兴县	市界	G10411RC00403
16	G106	丰台区	右安门	G10611RC00101
17	G106	大兴县	通黄路口	G10611RC00202
18	G106	大兴县	永定河桥(市界)	G10611RC00303
19	G107	西城区	广安门	G10711RC00101
20	G107	房山区	窦店	G10711RC00202
21	G107	房山区	市界	G10711RC00303
22	G108	西城区	复兴门	G10811RC00101
23	G108	房山区	东庄子	G10811RC00202
24	G108	房山区	霞云岭	G10811RC00304
25	G108	房山区	市界	G10811RC00403
26	G109	西城区	阜城门	G10911RC00101
27	G109	门头沟区	斋堂	G10911RC00204
28	G109	门头沟区	大哑口(市界)	G10911RC00303
29	G110	西城区	德胜门	G11011RC00101
30	G110	昌平县	西环岛	G11011RC00202
31	G110	延庆县	延永路口	G11011RC00304
32	G110	延庆县	市界	G11011RC00403
33	G111	怀柔县	琉璃庙	G11111RC00202
34	G111	怀柔县	汤河口	G11111RC00302
35	G111	怀柔县	市界	G11111RC00403

表2　天津市国道主要控制点代码表

序　号	路线编号	主要控制点所在行政区域	主要控制点点位描述	主要控制点代码
1	G102	邦均镇		G10212RC00602
2	G102	泗溜乡		G10212RC00702
3	G102	河北省玉田县	县界	G10212RC00803
4	G103	武清县杨村镇		G10312RC00504
5	G103	天津市	勤俭道口	G10312RC00604
6	G103	天津市塘沽区		G10312RC00709
7	G104	河北省安次县	县界	G10412RC00602
8	G104	天津市武清县	南东交口	G10412RC00702
9	G104	天津市西青区	西琉城大桥	G10412RC00802
10	G104	天津市静海县		G10412RC00902
11	G104	河北省青县	县界	G10412RC01003
12	G112	天津市	西横堤	G11212RC00804
13	G112	天津市西青区	一径路	G11212RC00904
14	G112	天津市武清县	县界	G11212RC01002
15	G112	河北省安次县	县界	G11212RC01103
16	G205	天津市宁河芦台镇	芦玉	G20512RC00602
17	G205	天津市	铁东路	G20512RC00702
18	G205	天津市	李七庄	G20512RC00802
19	G205	天津市大港区	小王庄	G20512RC00902
20	G205	河北省黄骅县	县界	G20512RC01003

表3　河北省国道主要控制点代码表

序　号	路线编号	主要控制点所在行政区域	主要控制点点位描述	主要控制点代码
1	G101	承德市滦平县	与滦赤线(平房)	G10113RC00602
2	G101	承德市滦平县	与112线(大屯)	G10113RC00702
3	G101	承德市滦平县	与112线	G10113RC00802
4	G101	承德市	与承赤西线	G10113RC00902
5	G101	承德市	与承赤东线	G10113RC01002
6	G101	承德市平泉县	与平青大线(平泉)	G10113RC01102
7	G101	承德市平泉县	与平青大线	G10113RC01202
8	G101	承德市平泉县	许文子(平泉)	G10113RC01303
9	G102	廊坊市大厂县	与夏安线交叉(夏垫)	G10213RC00402
10	G102	廊坊市三河县	三河天津界	G10213RC00503
11	G102	唐山市丰润县	与112交叉	G10213RC00902
12	G102	唐山市丰润县	县城	G10213RC01002

表3（续）

序号	路线编号	主要控制点所在行政区域	主要控制点点位描述	主要控制点代码
13	G102	唐山市	迁安	G10213RC01102
14	G102	秦皇岛市	与秦青线交叉	G10213RC01202
15	G102	秦市山海关区	河北辽宁界	G10213RC01302
16	G103	廊坊市香河县	香河天津界	G10313RC00403
17	G104	廊坊市	与廊琢线交叉	G10413RC00504
18	G104	沧州市	与307线交叉(沧州市)	G10413RC01102
19	G104	沧州市泊头市	与泊富线交叉(泊头)	G10413RC01202
20	G104	东光县	与东寨县交叉(东光)	G10413RC01302
21	G104	吴桥县	与桑宁线交叉(吴桥)	G10413RC01402
22	G104	吴桥县	吴桥德州界	G10413RC01503
23	G106	廊坊市固安县	与廊琢线交叉	G10613RC00402
24	G106	廊坊市霸州市	与廊霸线交叉	G10613RC00502
25	G106	廊坊市霸州市	与津涞线交	G10613RC00602
26	G106	文安县	与静王线相交	G10613RC00702
27	G106	沧州市任丘县	与津保南线交	G10613RC00802
28	G106	沧州市河间市	与保沧线交	G10613RC00902
29	G106	沧州市献县	与307交叉	G10613RC01002
30	G106	沧州市泊头	与泊富线交叉	G10613RC01102
31	G106	衡水市	衡水市	G10613RC01202
32	G106	冀州市		G10613RC01304
33	G106	邢台南宫市	与308交叉	G10613RC01402
34	G106	邢台南宫市	与邢德线交叉	G10613RC01502
35	G106	邢台市威县	邢清线交叉	G10613RC01602
36	G106	邢台市威县	邢临线交叉	G10613RC01702
37	G106	邯郸市邱县	与邯临线交	G10613RC01802
38	G106	邯郸市馆陶县	与309线交	G10613RC01902
39	G106	邯郸市大名县	大名河南界	G10613RC02003
40	G107	保定市涿州市	与廊涿线交叉	G10713RC00404
41	G107	保定市高碑店市	与112(南)线 交叉	G10713RC00502
42	G107	徐水县	与津保(北)线交叉	G10713RC00602
43	G107	保定市	与津保(南)线交叉	G10713RC00704
44	G107	保定市	与保衡线交叉	G10713RC00804
45	G107	保定市定州市	与河定线交叉	G10713RC00904
46	G107	石家庄市正定线	与正饶线交叉	G10713RC01004
47	G107	石家庄市	石家庄市区(交307线)	G10713RC01102

表 3 （续）

序　号	路线编号	主要控制点所在行政区域	主要控制点点位描述	主要控制点代码
48	G107	石家庄市隆尧县	交祁南线	G10713RC01202
49	G107	邢台市		G10713RC01302
50	G107	邯郸市		G10713RC01402
51	G107	邯郸市磁县	与成马线交叉	G10713RC01502
52	G107	邯郸市磁县	与魏磁线交	G10713RC01602
53	G107	邯郸市磁县	磁县河南界	G10713RC01703
54	G108	保定涞水县	与沙东线并合	G10813RC00502
55	G108	保定涞水县	与沙东线分开	G10813RC00602
56	G108	涞源县	与 207 线相交(涞源县)	G10813RC00702
57	G108	涞源县	涞源山西界	G10813RC00803
58	G109	张家口涿鹿界	沙东线	G10913RC00402
59	G109	张家口涿鹿界	下广线	G10913RC00502
60	G109	蔚县	207 线	G10913RC00602
61	G109	阳原县	207 线	G10913RC00702
62	G109	阳原县	天走线(109 复)	G10913RC00802
63	G109	阳原县	阳原山西界	G10913RC00903
64	G110	张家口怀来县	沙东线	G11013RC00502
65	G110	下花园	西响线	G11013RC00602
66	G110	张家口宣化	112 线(宣化)	G11013RC00702
67	G110	张家口市区	张同线	G11013RC00804
68	G110	张家口市区		G11013RC00904
69	G111	丰宁县	与虎丰线	G11113RC00502
70	G111	承德市丰宁县	县城	G11113RC00602
71	G111	承德市丰宁县	与 112 线	G11113RC00702
72	G111	承德市丰宁县	与沽丰线	G11113RC00802
73	G111	围场县	与围多线	G11113RC00902
74	G111	围场县	与承赤西线	G11113RC01002
75	G111	围场县	兴巨德	G11113RC01103
76	G112	张家口赤城县	沙三线相交	G11213RC00202
77	G112	张家口赤城县	赤宝线相交	G11213RC00302
78	G112	张家口赤城县	京蒋线相交	G11213RC00402
79	G112	承德市丰宁县	与隆凤线	G11213RC00502
80	G112	兴隆县	与京建线交	G11213RC00602
81	G112	唐山市	建设路口	G11213RC00704
82	G112	廊坊市霸州	与廊大线交叉	G11213RC01202

表3 （完）

序　号	路线编号	主要控制点所在行政区域	主要控制点点位描述	主要控制点代码
83	G112	保定市易县	与京获线交叉	G11213RC01302
84	G112	保定市易县	与沙东线相交	G11213RC01402
85	G205	秦皇岛市山海关区	山海关南门	G20513RC00101
86	G205	秦皇岛市	与五岭桥交叉	G20513RC00204
87	G205	秦皇岛市昌黎县	与抚昌乐线交叉	G20513RC00302
88	G205	唐山市滦县	与冷大线交叉	G20513RC00402
89	G205	唐山市丰南县	丰南天津界	G20513RC00503
90	G205	沧州市黄骅市	与307线相交	G20513RC01102
91	G205	沧州市盐山县	海泊线交叉	G20513RC01202
92	G205	沧州市盐山县	盐山庆云界	G20513RC01303
93	G207	张家口市张北县	交张化线	G20713RC00502
94	G207	张家口市	交张同线	G20713RC00602
95	G207	张家口市蔚县	下广线	G20713RC00704
96	G207	保定市涞源县	保涞线	G20713RC00802
97	G207	保定市阜平县	定龙路口	G20713RC00902
98	G207	保定市阜平县	阜平路口	G20713RC01004
99	G207	保定市阜平县	与定龙线分叉	G20713RC01102
100	G207	石家庄市灵寿县	陈庄	G20713RC01202
101	G207	石家庄市灵寿县	宅头	G20713RC01302
102	G207	石家庄市平山县	冀晋交界	G20713RC01403
103	G307	沧州市黄骅市	黄骅港口	G30713RC00102
104	G307	沧州市	与104线交(沧州市区)	G30713RC00202
105	G307	衡水市深县	与肃衡线交	G30713RC00302
106	G307	衡水市深县	与保衡线交	G30713RC00402
107	G307	石家庄市辛集市	与安束线交	G30713RC00502
108	G307	石家庄市	与107附线交	G30713RC00604
109	G307	石家庄市鹿泉市	与京获线交	G30713RC00702
110	G307	石家庄市井陉县	平涉线交	G30713RC00802
111	G307	石家庄市井陉县	与井阳线交	G30713RC00904
112	G307	石家庄市井陉县	井陉山西界	G30713RC01003
113	G308	邢台市宁晋	宁晋	G30813RC01609
114	G309	邯郸市肥乡县	与曲魏线交	G30913RC01802
115	G309	邯郸市邯郸县	与市北线交	G30913RC01902
116	G309	邯郸市武安市	与武磁线交叉	G30913RC02002
117	G309	邯郸市武安市	与邢都线交叉	G30913RC02102
118	G309	邯郸市武安市	平涉线交	G30913RC02202
119	G309	邯郸市涉县	涉左线交	G30913RC02302
120	G309	邯郸市涉县	涉县山西界	G30913RC02403

表4 山西省国道主要控制点代码表

序　号	路线编号	主要控制点所在行政区域	主要控制点点位描述	主要控制点代码
1	G108	灵邱县	上北泉	G10814RC00904
2	G108	繁峙县	砂河	G10814RC01002
3	G108	代县	西留属	G10814RC01102
4	G108	代县	阳明堡	G10814RC01202
5	G108	原平市崞阳镇	崞阳镇	G10814RC01302
6	G108	原平市	原平城	G10814RC01402
7	G108	忻州市	忻口村	G10814RC01502
8	G108	忻州市	S311 交叉	G10814RC01602
9	G108	忻州市	忻州市区	G10814RC01702
10	G108	太原市阳曲县	黄寨镇	G10814RC01802
11	G108	太原市尖草坪区	歇子寨	G10814RC01902
12	G108	太原市小店区许西村	S102 交叉	G10814RC02004
13	G108	太原市	武宿村	G10814RC02102
14	G108	榆次市	杨村	G10814RC02202
15	G108	太谷县	东关村	G10814RC02302
16	G108	祁县东观镇	东观镇	G10814RC02402
17	G108	祁县	城赵村	G10814RC02502
18	G108	平遥县		G10814RC02602
19	G108	介休市		G10814RC02702
20	G108	灵石县	S221 交叉	G10814RC02802
21	G108	灵石县	夏门	G10814RC02902
22	G108	霍州市	霍州市区	G10814RC03002
23	G108	洪洞县	赵城	G10814RC03102
24	G108	临汾市	G309 交叉	G10814RC03202
25	G108	临汾市	马务村	G10814RC03304
26	G108	襄汾县	史村	G10814RC03402
27	G108	曲沃县	县城	G10814RC03502
28	G108	侯马市	凤城	G10814RC03602
29	G108	侯马市	侯马市区	G10814RC03702
30	G108	新绛县	南关	G10814RC03802
31	G108	稷县	城关	G10814RC03902
32	G108	河津市	城关	G10814RC04002
33	G108	河津市	禹门口	G10814RC04103
34	G109	阳高县	神泉堡	G10914RC01002
35	G109	大同市	东王庄	G10914RC01102

表4（续）

序　号	路线编号	主要控制点所在行政区域	主要控制点点位描述	主要控制点代码
36	G109	大同市	西河河	G10914RC01202
37	G109	大同市	云岗	G10914RC01302
38	G109	大同市左云县	左云县城	G10914RC01402
39	G109	右玉县	右玉县城	G10914RC01502
40	G109	朔州市平鲁区	郑家营	G10914RC01602
41	G109	朔州市平鲁区	十七沟	G10914RC01703
42	G207	盂县	东会里	G20714RC01502
43	G207	阳泉市郊区	杨树沟	G20714RC01602
44	G207	阳泉市郊区	白泉乡	G20714RC01702
45	G207	阳泉郊区	义井村	G20714RC01802
46	G207	平定县	磐石	G20714RC01902
47	G207	昔阳县	县城	G20714RC02002
48	G207	和顺县	邢村	G20714RC02102
49	G207	和顺县	S318 交叉	G20714RC02202
50	G207	左权县	县城	G20714RC02302
51	G207	左权县	温城	G20714RC02402
52	G207	左权县	桐峪	G20714RC02502
53	G207	黎城县	县城	G20714RC02602
54	G207	潞城市	花园村	G20714RC02702
55	G207	潞城市微子镇	微子镇	G20714RC02802
56	G207	长治市	关村	G20714RC02902
57	G207	高平市	西南庄	G20714RC03004
58	G207	晋城市	背荫	G20714RC03102
59	G207	晋城市	新房洼	G20714RC03202
60	G207	晋城市	道宝河	G20714RC03303
61	G208	大同市	西韩岭乡	G20814RC00802
62	G208	怀仁县	怀仁县城	G20814RC00902
63	G208	怀仁县	金沙滩村	G20814RC01004
64	G208	山阴县	北周庄镇	G20814RC01102
65	G208	山阴县	岱岳镇	G20814RC01202
66	G208	太原市清徐县	清徐王谷	G20814RC01302
67	G208	沁县		G20814RC01402
68	G208	屯留县	常村	G20814RC01502
69	G209	偏关县	杨家营	G20914RC00402
70	G209	偏关县	窑头	G20914RC00502

表4 （续）

序　号	路线编号	主要控制点所在行政区域	主要控制点点位描述	主要控制点代码
71	G209	五寨县三岔镇	三岔镇	G20914RC00602
72	G209	五寨县	五寨城	G20914RC00702
73	G209	岢岚县	岢岚县城	G20914RC00802
74	G209	岚县	东村镇	G20914RC00902
75	G209	方山县马坊镇	马坊镇	G20914RC01002
76	G209	方山县	焦家峪	G20914RC01102
77	G209	方山县	麻地会	G20914RC01202
78	G209	方山县大武镇	大武镇	G20914RC01302
79	G209	离石市	G307 交叉	G20914RC01402
80	G209	离石市交口镇	交口镇	G20914RC01502
81	G209	中阳县	中阳县城	G20914RC01604
82	G209	交口县	交口村	G20914RC01702
83	G209	石楼县	石口村	G20914RC01802
84	G209	隰县	S328 交叉	G20914RC01902
85	G209	隰县	东家坡	G20914RC02002
86	G209	隰县午城镇	午城镇	G20914RC02102
87	G209	吉县	窑渠	G20914RC02202
88	G209	吉县	县城	G20914RC02302
89	G209	乡宁县	县城	G20914RC02402
90	G209	万荣县	南张	G20914RC02502
91	G209	临猗县	县城	G20914RC02602
92	G209	运城市		G20914RC02702
93	G209	运城市	安邑	G20914RC02802
94	G209	夏县	庙前	G20914RC02902
95	G209	平陆县	圣人涧	G20914RC03002
96	G209	平陆县	黄河桥	G20914RC03103
97	G307	寿阳县	下曲林	G30714RC01102
98	G307	太原市	建设路	G30714RC01204
99	G307	清徐县	县城	G30714RC01302
100	G307	文水县	开栅	G30714RC01402
101	G307	文水县	县城	G30714RC01502
102	G307	汾阳县	县城	G30714RC01602
103	G307	离石市	九里湾村	G30714RC01702
104	G307	柳林县	军渡	G30714RC01803
105	G309	潞城市	西村	G30914RC02504

表4 （完）

序　　号	路线编号	主要控制点所在行政区域	主要控制点点位描述	主要控制点代码
106	G309	长治市	黄碾	G30914RC02604
107	G309	屯留县	县城	G30914RC02702
108	G309	屯留县	张店	G30914RC02802
109	G309	安泽县	县城	G30914RC02902
110	G309	洪洞县	甘亭	G30914RC03002
111	G309	临汾市	刘村	G30914RC03102
112	G309	临汾市	S232 交叉	G30914RC03202
113	G309	乡宁县光华镇	光华镇	G30914RC03302
114	G309	乡宁县台头镇	台头镇	G30914RC03404
115	G309	吉县	七郎窝	G30914RC03503

表5　内蒙古自治区国道主要控制点代码表

序　　号	路线编号	主要控制点所在行政区域	主要控制点点位描述	主要控制点代码
1	G109	呼市清水河县	清水河(G209 叉路)	G10915RC01802
2	G109	伊盟准格尔旗	大饭铺(S103 叉路)	G10915RC01902
3	G109	伊盟东胜市	塔拉壕(S213 叉路)	G10915RC02002
4	G109	伊盟东胜市	东胜军分区(G210 交汇)	G10915RC02102
5	G109	伊盟东胜市	泊江海子	G10915RC02204
6	G109	伊盟鄂托克旗	查汗淖	G10915RC02304
7	G109	伊盟鄂托克旗	深井(S306 交汇点)	G10915RC02402
8	G109	乌海市海南区	拉僧庙(S215 交汇点)	G10915RC02502
9	G109	乌海市海南区	石嘴山大桥(宁夏省界)	G10915RC02603
10	G110	乌盟兴和县	兴和南口	G11015RC01004
11	G110	乌盟集宁市	榆树湾立交桥(G208 叉)	G11015RC01102
12	G110	乌盟卓资县	卓资山南口	G11015RC01204
13	G110	呼市郊区	罗家营收费站	G11015RC01302
14	G110	呼市郊区	呼市厂汉板(S104 交汇)	G11015RC01402
15	G110	呼市土左旗	毕克齐东立交桥(高速)	G11015RC01502
16	G110	呼市土左旗	毕克齐西立交桥(高速)	G11015RC01602
17	G110	包头市土右旗	萨拉齐西立交桥(高速)	G11015RC01702
18	G110	包头市郊区	东兴立交桥(高速路交)	G11015RC01802
19	G110	包头市市辖区	包头建设路	G11015RC01902
20	G110	包头市郊区	二道沙河(S210 交汇点)	G11015RC02002
21	G110	巴盟乌拉特前旗	西山嘴镇东口	G11015RC02104
22	G110	巴盟五原县	海五线叉路	G11015RC02202

表5 （续）

序　号	路线编号	主要控制点所在行政区域	主要控制点点位描述	主要控制点代码
23	G110	巴盟临河市	临河市百货大楼	G11015RC02304
24	G110	乌海市海渤湾区	海渤湾区北口	G11015RC02404
25	G110	乌海市海渤湾区	牛奶厂（S215 交汇点）	G11015RC02502
26	G110	乌海市乌达区	乌素图（S216 叉路）	G11015RC02602
27	G110	乌海市乌达区	麻黄沟（宁夏省界）	G11015RC02703
28	G110	呼市郊区	罗家营（S101 起点）	G11015RC02802
29	G110	呼市郊区	一间房（分离式立交桥）	G11015RC02902
30	G110	呼市土左旗	毕克齐东（分离式立交）	G11015RC03002
31	G110	呼市土左旗	毕克齐西（分离式立交）	G11015RC03102
32	G110	包头土右旗	萨拉齐西（立交桥）	G11015RC03202
33	G110	包头郊区	东兴（分离式立交桥）	G11015RC03302
34	G111	赤峰市郊区	兴巨德（河北省界）	G11113RC01203
35	G111	赤峰市郊区	关仓沟（G306 交汇）	G11115RC01302
36	G111	赤峰市郊区	赤峰出口	G11115RC01402
37	G111	赤峰松山区	哈拉道口桥（G305 交汇）	G11115RC01502
38	G111	赤峰红山区	造纸厂桥（S205 交叉）	G11115RC01602
39	G111	赤峰市敖汉旗	喇嘛营（新惠东出口）	G11115RC01702
40	G111	哲盟奈曼旗	大沁他拉进口	G11115RC01804
41	G111	通辽市	通辽西大桥（G303 叉路）	G11115RC01902
42	G111	哲盟科左中旗	舍伯吐（G304 叉路）	G11115RC02002
43	G111	兴安盟科右中旗	白音胡硕镇	G11115RC02104
44	G111	兴安盟突泉县	突泉进口	G11115RC02204
45	G111	乌兰浩特市	乌市西大桥	G11115RC02304
46	G111	兴安盟扎赉特旗	音德尔镇（G111 复线叉）	G11115RC02402
47	G111	呼盟扎兰屯市	扎兰屯市	G11115RC02504
48	G111	呼盟阿荣旗	那吉屯（G111 复线叉路）	G11115RC02602
49	G111	呼盟莫力达瓦达斡尔	尼尔基镇	G11115RC02704
50	G111	呼盟鄂伦春自治旗	大杨树（G111 复线交汇）	G11115RC02802
51	G111	呼盟鄂伦春自治旗	加格达奇	G11115RC02909
52	G111	兴安盟扎赉特旗	音德尔	G11115RC03002
53	G111	兴安盟扎赉特旗	塔子城	G11115RC03103
54	G111	呼盟莫旗	嫩江	G11115RC03202
55	G111	呼盟鄂伦春旗	大杨树	G11115RC03302
56	G203	哲盟科左后旗	玛琅河	G20315RC01103
57	G207	锡林浩特市	锡林浩特市南口	G20715RC00101

表5（续）

序 号	路线编号	主要控制点所在行政区域	主要控制点点位描述	主要控制点代码
58	G207	锡盟正兰旗	哈毕日嘎(S304 叉路)	G20715RC00202
59	G207	锡盟太仆寺旗	宝昌镇北口	G20715RC00304
60	G207	锡盟太仆寺旗	三号地(河北省界)	G20715RC00403
61	G208	锡盟二连浩特市	二连国门	G20815RC00101
62	G208	锡盟苏尼特右旗	赛汗塔拉(S101 叉路)	G20815RC00202
63	G208	乌盟察右后旗	土牧尔台	G20815RC00304
64	G208	乌盟察右后旗	大六号(S304 叉路)	G20815RC00402
65	G208	乌盟集宁市	集宁北立交桥(S305 叉)	G20815RC00502
66	G208	乌盟察右前旗	土贵乌拉	G20815RC00604
67	G208	乌盟丰镇市	丰镇市东风桥(S102 叉)	G20815RC00702
68	G209	呼和浩特市	呼市南茶坊	G20915RC00101
69	G209	呼市和林县	和林县北口	G20915RC00204
70	G209	呼市清水河县	川峁(山西省界)	G20915RC00303
71	G210	伊盟伊金霍洛旗	新街(S306 叉路)	G21015RC00202
72	G210	伊盟伊金霍洛旗	兰家梁(S306 叉路)	G21015RC00302
73	G210	伊盟伊金霍洛旗	苏家河畔(陕西省界)	G21015RC00403
74	G301	呼盟阿荣旗	霍尔奇镇	G30115RC01304
75	G301	牙克石市	博克图东沟	G30115RC01404
76	G301	牙克石市	牙克石西出口	G30115RC01504
77	G301	海拉尔市	海拉尔市皮革厂	G30115RC01602
78	G301	海拉尔市	S201 叉路	G30115RC01702
79	G301	呼盟陈巴尔虎旗	西乌珠区	G30115RC01804
80	G301	满洲里市	满洲里市西出口	G30115RC01902
81	G301	满洲里市	国门(中俄边界)	G30115RC02009
82	G302	乌兰浩特市	乌市东口漫水桥(终点)	G30215RC99909
83	G303	哲盟通辽市	通辽市西大桥	G30315RC01102
84	G303	哲盟开鲁县	开鲁镇进口	G30315RC01204
85	G303	赤峰市阿鲁科尔沁旗	天山镇	G30315RC01304
86	G303	赤峰市巴林左旗	林东镇(G305 交汇点)	G30315RC01402
87	G303	赤峰市巴林右旗	大板镇(S205 交汇点)	G30315RC01502
88	G303	赤峰市林西县	林西镇(S204 交汇点)	G30315RC01602
89	G303	赤峰市克旗	经棚镇(G306 交汇点)	G30315RC01702
90	G304	哲盟科左后旗	甘旗卡(S303 交汇点)	G30415RC00802
91	G304	哲盟科左中旗	舍伯吐镇(G111 交汇)	G30415RC00904
92	G304	哲盟扎鲁特旗	鲁北镇	G30415RC01004

表5 （完）

序　号	路线编号	主要控制点所在行政区域	主要控制点点位描述	主要控制点代码
93	G304	霍林郭勒市	霍林郭勒市(终点)	G30415RC01109
94	G305	赤峰市敖汉旗	贝子府	G30515RC01104
95	G305	赤峰市翁牛特旗	玉田皋	G30515RC01204
96	G305	赤峰市翁牛特旗	海拉苏	G30515RC01304
97	G305	赤峰市巴林右旗	宝日勿苏	G30515RC01404
98	G306	赤峰市宁城县	忙农营子	G30615RC00504
99	G306	赤峰市宁城县	小城子(S219 交汇点)	G30615RC00602
100	G306	赤峰市宁城县	大明	G30615RC00704
101	G306	赤峰翁牛特旗	杜家地	G30615RC00804
102	G306	赤峰克旗	土城子	G30615RC00904
103	G306	赤峰林西县	双井(S204 叉路)	G30615RC01004

表6　辽宁省国道主要控制点代码表

序　号	路线编号	主要控制点所在行政区域	主要控制点点位描述	主要控制点代码
1	G101	凌源市	凌源北大桥	G10121RC01402
2	G101	建平县	叶柏寿镇	G10121RC01504
3	G101	建平县	黄土梁子	G10121RC01602
4	G101	喀左县	北公营子	G10121RC01702
5	G101	朝阳市	锦赤线交叉	G10121RC01802
6	G101	北票市	王兰旗	G10121RC01902
7	G101	北票市	马友营	G10121RC02002
8	G101	阜新县	他本扎兰	G10121RC02102
9	G101	阜新市	海洲营子	G10121RC02202
10	G101	彰武县	彰武县城	G10121RC02302
11	G101	法库县	登仕堡子	G10121RC02402
12	G101	新城子区	尹家	G10121RC02502
13	G101	于洪区	三台立交	G10121RC02602
14	G101	沈阳市	沈阳南站	G10121RC02709
15	G102	绥中县	北邱河	G10221RC01403
16	G102	绥中县	火车站	G10221RC01502
17	G102	葫芦岛市	胡六线交叉	G10221RC01602
18	G102	锦州市	七里河	G10221RC01702
19	G102	锦州市	七里台	G10221RC01802
20	G102	锦州市	大凌河桥	G10221RC01902
21	G102	锦州市	四合镇	G10221RC02002

表6 （续）

序　　号	路线编号	主要控制点所在行政区域	主要控制点点位描述	主要控制点代码
22	G102	凌海市	三台子	G10221RC02102
23	G102	北宁市	沟帮子	G10221RC02202
24	G102	北宁市	马太堡	G10221RC02302
25	G102	北宁市	广宁镇	G10221RC02402
26	G102	黑山县	黑山县城	G10221RC02502
27	G102	黑山县	小小线交叉	G10221RC02602
28	G102	新民市	小朱屯	G10221RC02702
29	G102	新民市	丹霍线重复止	G10221RC02802
30	G102	新民市	丹霍线重复起	G10221RC02902
31	G102	沈阳市	张士立交	G10221RC03002
32	G102	东陵区	文官屯村	G10221RC03102
33	G102	新城子区	新星广场	G10221RC03202
34	G102	新城子区	清水台	G10221RC03302
35	G102	铁岭县	懿路	G10221RC03402
36	G102	铁岭县	凡河	G10221RC03504
37	G102	铁岭市	磷肥厂（沈环重复起）	G10221RC03602
38	G102	铁岭市	磷肥厂（铁长起）	G10221RC03702
39	G102	开原市	开原老城	G10221RC03802
40	G102	昌图县	昌图	G10221RC03902
41	G102	昌图县	灵神庙	G10221RC04003
42	G201	桓仁县	东老台桥	G20121RC01602
43	G201	宽甸县	老道排	G20121RC01702
44	G201	宽甸县	石湖沟	G20121RC01802
45	G201	丹东市	火车站	G20121RC01902
46	G201	东港市	孤山	G20121RC02004
47	G201	庄河市	庄河	G20121RC02102
48	G201	普兰店市	城子坦	G20121RC02204
49	G201	金州区	黑大线交叉	G20121RC02302
50	G201	甘井子区	后盐立交	G20121RC02404
51	G201	甘井子区	民航	G20121RC02504
52	G201	旅顺口区	白银山洞	G20121RC02609
53	G202	清源县	拦木桥	G20221RC02402
54	G202	抚顺市	小马金	G20221RC02502
55	G202	抚顺市	沈通立交	G20221RC02602
56	G202	沈阳市	张士立交	G20221RC02702

表6（完）

序号	路线编号	主要控制点所在行政区域	主要控制点点位描述	主要控制点代码
57	G202	沈阳市	金宝台	G20221RC02804
58	G202	灯塔县	邵二台	G20221RC02902
59	G202	灯塔县	下王家	G20221RC03002
60	G202	鞍山市	大郑台	G20221RC03104
61	G202	鞍山市	鞍羊线交叉	G20221RC03202
62	G202	海城市	大盘线交叉	G20221RC03302
63	G202	大石桥市	大营线交叉	G20221RC03402
64	G202	盖州市	盖州南桥	G20221RC03502
65	G202	瓦房店市	南荒	G20221RC03602
66	G203	康平县	康平	G20321RC01202
67	G203	法库县	法库	G20321RC01302
68	G303	西丰县	英华村	G30321RC00403
69	G303	西丰县	天德	G30321RC00603
70	G303	昌图县	三江口	G30321RC00703
71	G304	凤城市	凤城市	G30421RC00202
72	G304	凤城市	通远堡	G30421RC00302
73	G304	本溪市	沈环交叉	G30421RC00402
74	G304	本溪市	边牛	G30421RC00502
75	G304	东陵区	浑河堡	G30421RC00602
76	G304	彰武县	阿尔乡	G30421RC00703
77	G305	盖州市	盖州市	G30521RC00204
78	G305	大洼县	大锦线起点	G30521RC00302
79	G305	盘山县	检查站	G30521RC00404
80	G305	盘山县	贾家	G30521RC00502
81	G305	义县	松林堡	G30521RC00602
82	G305	义县	贺家屯	G30521RC00702
83	G305	义县	拉拉屯	G30521RC00802
84	G305	北票市	小塔子	G30521RC00902
85	G305	北票市	大黑山	G30521RC01003
86	G306	建昌县	忙牛营	G30621RC00202
87	G306	喀左县	三台子	G30621RC00302
88	G306	凌源市	刘家窝堡	G30621RC00403

表7　吉林省国道主要控制点代码表

序　　号	路线编号	主要控制点所在行政区域	主要控制点点位描述	主要控制点代码
1	G102	四平市	四平南桥	G10222RC04102
2	G102	公主岭市	公主岭立交桥	G10222RC04204
3	G102	长春市	安龙泉	G10222RC04304
4	G102	德惠市	德大公司	G10222RC04404
5	G102	榆树市	蔡家沟	G10222RC04503
6	G102	敦化市	敖东桥	G20122RC01002
7	G201	敦化市	大蒲柴河	G20122RC01102
8	G201	抚松县	万良	G20122RC01202
9	G201	白山市	西出口	G20122RC01304
10	G201	通化市	治安	G20122RC01402
11	G201	通化县	岗山岭	G20122RC01503
12	G202	榆树市	大坡	G20222RC01702
13	G202	吉林市	入口	G20222RC01804
14	G202	吉林市	出口	G20222RC01904
15	G202	永吉县	口前	G20222RC02004
16	G202	磐石市	明城	G20222RC02104
17	G202	梅河口市	海龙	G2O222RC02202
18	G202	梅河口市	桦树嘴	G20222RC02303
19	G203	松原市宁江区	风华	G20322RC00702
20	G203	长岭县	孤店子	G20322RC00802
21	G203	长岭县	新安	G20322RC00904
22	G203	双辽市	金宝屯	G20322RC01003
23	G302	图们市	北江桥	G30222RC00102
24	G302	延吉市	延大	G30222RC00202
25	G302	蛟河市	蛟河桥	G30222RC00304
26	G302	吉林市	入口	G30222RC00404
27	G302	吉林市	出口	G30222RC00504
28	G302	岔路河	岔路河桥	G30222RC00604
29	G302	长春市	青年路头	G30222RC00702
30	G302	农安县	农安立交桥	G30222RC00804
31	G302	白城市	白城东支线	G30222RC00902
32	G302	石头井子		G30222RC01003
33	G303	集安市	六中门前	G30322RC00101
34	G303	东丰县	东丰镇	G30322RC00202
35	G303	辽源市	东支线	G30322RC00304
36	G303	东辽县	泉太省界	G30322RC00503
37	G303	双辽市	王奔	G30322RC00804
38	G303	双辽市	明沈叉道	G30322RC00902
39	G303	双辽市	巴西省界	G30322RC01003

表8 黑龙江省国道主要控制点代码表

序号	路线编号	主要控制点所在行政区域	主要控制点点位描述	主要控制点代码
1	G102	双城市	双城	G10223RC04602
2	G102	哈尔滨市		G10223RC04709
3	G111	泰来县	内黑省界	G11123RC03404
4	G111	泰来县	右泰来岔道	G11123RC03504
5	G111	昂昂溪区		G11123RC03604
6	G111	齐齐哈尔市	碾北左岔道	G11123RC03704
7	G111	齐齐哈尔市		G11123RC03802
8	G111	齐齐哈尔市	碾北右岔道	G11123RC03902
9	G111	富裕县		G11123RC04004
10	G111	讷河市		G11123RC04104
11	G111	嫩江县		G11123RC04202
12	G201	黑龙江鹤岗市		G20123RC00102
13	G201	佳木斯市	哈肇岔道	G20123RC00202
14	G201	佳木斯市		G20123RC00302
15	G201	桦南县		G20123RC00402
16	G201	七台河市		G20123RC00502
17	G201	鸡西市		G20123RC00602
18	G201	林口县		G20123RC00702
19	G201	牡丹江市		G20123RC00802
20	G201	宁安市	吉黑交界小沟岭	G20123RC00903
21	G202	黑河市		G20223RC00102
22	G202	黑河市	加黑右岔道	G20223RC00202
23	G202	黑河市	嫩黑右岔道	G20223RC00302
24	G202	孙吴县		G20223RC00404
25	G202	北安市	鹤嫩岔道	G20223RC00502
26	G202	北安市		G20223RC00602
27	G202	克东县	碾北岔道	G20223RC00702
28	G202	拜泉县		G20223RC00804
29	G202	明水县		G20223RC00902
30	G202	明水县	明沈右岔道	G20223RC01002
31	G202	青冈县	绥安岔道	G20223RC01102
32	G202	兰西县	绥肇岔道	G20223RC01202
33	G202	呼兰县	哈伊左岔道	G20223RC01302
34	G202	哈尔滨市	绥满右岔道	G20223RC01402
35	G202	哈尔滨市		G20223RC01502

表 8（完）

序　　号	路线编号	主要控制点所在行政区域	主要控制点点位描述	主要控制点代码
36	G202	五常市	黑吉省界	G20223RC01603
37	G203	安达市	绥安右岔道	G20323RC00204
38	G203	安达市	绥满岔道	G20323RC00302
39	G203	肇州县	绥肇左岔道	G20323RC00402
40	G203	肇源县	林肇右岔道	G20323RC00502
41	G203	肇源县	黑吉省界	G20323RC00603
42	G221	哈尔滨市		G22123RC00101
43	G221	宾县		G22123RC00204
44	G221	方正县	铁通右岔道	G22123RC00302
45	G221	方正县	铁通左岔道	G22123RC00402
46	G221	方正县	方虎右岔道	G22123RC00502
47	G221	依兰县	依饶右岔道	G22123RC00602
48	G221	佳木斯市	鹤大岔道	G22123RC00704
49	G221	佳木斯市	佳抚左岔道	G22123RC00802
50	G221	集贤县	依饶右岔道	G22123RC00904
51	G221	富锦市	佳抚左岔道	G22123RC01002
52	G221	富锦市	佳抚右岔道	G22123RC01102
53	G221	同江市		G22123RC01202
54	G222	哈尔滨市		G22223RC00102
55	G222	绥化市	绥肇绥安绥北左岔道	G22223RC00202
56	G222	庆安县		G22223RC00304
57	G222	铁力市	铁通右岔道	G22223RC00402
58	G222	伊春市	鹤嫩左岔道	G22223RC00502
59	G222	伊春市	鹤嫩右岔道	G22223RC00602
60	G301	绥芬河市	中苏国界	G30123RC00101
61	G301	绥芬河市		G30123RC00204
62	G301	东宁县	鸡图岔道	G30123RC00302
63	G301	牡丹江市	鹤大岔道	G30123RC00404
64	G301	尚志市	亚布力滑雪场左岔道	G30123RC00504
65	G301	尚志市	铁通岔道	G30123RC00602
66	G301	阿城市		G30123RC00704
67	G301	肇东市	绥肇岔道	G30123RC00802
68	G301	大庆市		G30123RC00904
69	G301	林甸县	林肇左岔道	G30123RC01002
70	G301	甘南县		G30123RC01104
71	G301	甘南县	黑内省界	G30123RC01203

表9　上海市国道主要控制点代码表

序　　号	路 线 编 号	主要控制点所在行政区域	主要控制点点位描述	主要控制点代码
1	G204	外岗镇	嘉浏公路	G20431RC04202
2	G204	嘉定镇	嘉浏公路	G20431RC04302
3	G204	马陆镇	宝安公路	G20431RC04402
4	G204	桃浦镇	外环线	G20431RC04502
5	G204	上海市人民广场街道	公路起讫点	G20431RC04609
6	G312	真如镇	真北路立交	G31231RC00202
7	G312	上海市真新街道	外环线	G31231RC00302
8	G312	黄渡镇	嘉黄公路	G31231RC00402
9	G312	安亭镇	省市界	G31231RC00603
10	G318	上海市程家桥街道	外环线	G31831RC00202
11	G318	华漕镇	七莘公路(交叉终点)	G31831RC00302
12	G318	华漕镇	七莘公路(交叉起点)	G31831RC00402
13	G318	赵巷镇	黄方公路	G31831RC00502
14	G318	青浦镇	同三国道	G31831RC00602
15	G318	金泽镇	省市界	G31831RC00803
16	G320	莘庄镇	沪杭高速公路	G32031RC00202
17	G320	莘庄镇	外环线	G32031RC00302
18	G320	北桥镇	沪杭公路	G32031RC00402
19	G320	车墩镇	新车公路	G32031RC00504
20	G320	叶榭镇	大叶公路	G32031RC00602
21	G320	亭林镇	大亭公路	G32031RC00702
22	G320	新农镇	新卫公路(同三)	G32031RC00902
23	G320	枫泾镇	沪杭高速公路	G32031RC01102
24	G320	枫泾镇	省市界	G32031RC01303

表10 江苏省国道主要控制点代码表

序号	路线编号	主要控制点所在行政区域	主要控制点点位描述	主要控制点代码
1	G104	徐州市	与G206交叉	G10432RC02602
2	G104	徐州市	与S234重合(起点)	G10432RC02702
3	G104	许庙	苏皖交界	G10432RC02803
4	G104	南京汉河	皖苏交界	G10432RC03502
5	G104	南京市	市界	G10432RC03604
6	G104	南京市	与S321交叉	G10432RC03702
7	G104	镇江市	市界	G10432RC03804
8	G104	句容市	与S322交叉	G10432RC03902
9	G104	溧阳市	与S222交叉重复起点	G10432RC04002
10	G104	溧阳市	溧阳与宜兴交界	G10432RC04104
11	G104	宜兴市		G10432RC04202
12	G104	宜兴市	苏浙交界父子岭	G10432RC04303
13	G204	赣榆县城	与S220交叉	G20432RC01704
14	G204	连云港市	与G310 G327重复起点	G20432RC01802
15	G204	连云港市	与G310 G327重复终点	G20432RC01902
16	G204	连云港市		G20432RC02004
17	G204	连云港市	与G327重复起点	G20432RC02102
18	G204	连云港市	与G327重复终点	G20432RC02202
19	G204	灌云县	县城出口	G20432RC02302
20	G204	灌云县	淮阴盐城交界	G20432RC02402
21	G204	响水县	与S307交叉	G20432RC02504
22	G204	响水县	与S308交叉	G20432RC02604
23	G204	阜宁县	县城	G20432RC02702
24	G204	盐城市	市区	G20432RC02802
25	G204	东台市	市区	G20432RC02904
26	G204	东台市	盐城南通交界	G20432RC03004
27	G204	如皋市	与S202交叉	G20432RC03102
28	G204	如皋市	市区	G20432RC03202
29	G204	如皋市	与S317交叉	G20432RC03302
30	G204	如皋市	与S217交叉	G20432RC03402
31	G204	如皋市	与S203交叉	G20432RC03502
32	G204	南通市	港隔长江	G20432RC03604
33	G204	张家港市	苏州西界港	G20432RC03704
34	G204	张家港市	市区	G20432RC03804
35	G204	常熟市	与S205重合交点	G20432RC03902

表10 （续）

序　　号	路线编号	主要控制点所在行政区域	主要控制点点位描述	主要控制点代码
36	G204	太仓市	与S324交叉	G20432RC04002
37	G204	葛隆	苏沪交界	G20432RC04103
38	G205	新沂市	市区	G20532RC03502
39	G205	新沂市	徐州淮阴交界	G20532RC03604
40	G205	沭阳县	与S227 S304重合起点	G20532RC03702
41	G205	沭阳县	与S227 S304重合终点	G20532RC03802
42	G205	潍阴市	与S309交叉	G20532RC03902
43	G205	淮阴市		G20532RC04002
44	G205	盱眙县	与S312交叉重复起点	G20532RC04102
45	G205	盱眙县	与S312交叉重复终点	G20532RC04202
46	G205	盱眙县	苏皖交界	G20532RC04303
47	G205	六合县	与G328 S105重合	G20532RC04602
48	G205	南京市	雨花台	G20532RC04702
49	G205	江宁县	苏皖交界黄土岗	G20532RC04803
50	G206	徐州市	与G310重复起点	G20632RC02802
51	G206	徐州市	与G310重复终点	G20632RC02904
52	G206	铜山县	苏皖交界刘新庄	G20632RC03003
53	G310	连云港市		G31032RC00103
54	G310	连云港市新浦区	与G327重合起点	G31032RC00202
55	G310	赣榆县	与G327重合终点	G31032RC00302
56	G310	小尚庄	苏鲁交界	G31032RC00403
57	G310	临沂市郯城县	花园西	G31032RC00603
58	G310	邳县	与S235交叉	G31032RC00702
59	G310	铜山县	苏皖交界刘土楼	G31032RC00803
60	G311	刘新庄	与G206重合终点(苏皖)	G31132RC00203
61	G312	昆山市	交S234	G31232RC00502
62	G312	苏州市区	与S205重合起点	G31232RC00704
63	G312	苏州市区	与S205重合终点	G31232RC00802
64	G312	吴县	与S209重合起点	G31232RC00902
65	G312	苏州市	沙汀港	G31232RC01002
66	G312	吴县	与S209交叉重合终点	G31232RC01102
67	G312	无锡市		G31232RC01204
68	G312	锡山市	与S211交叉	G31232RC01302
69	G312	无锡市区	与S321交叉	G31232RC01404
70	G312	丹阳县	与S222交叉，横塘立交	G31232RC01502

表10 （完）

序　　号	路线编号	主要控制点所在行政区域	主要控制点点位描述	主要控制点代码
71	G312	丹阳县	与S101相交	G31232RC01602
72	G312	丹阳县	与S222重合终点	G31232RC01702
73	G312	丹徒县	与S224相交叉	G31232RC01802
74	G312	南京市区		G31232RC01904
75	G312	南京市区	与S104相交	G31232RC02002
76	G312	江浦县	苏皖交界江浦西葛	G31232RC02103
77	G318	吴江县	与S205相交重复于平望	G31832RC00702
78	G318	吴江县	与S205重复终点	G31832RC00902
79	G318	苏州市	苏浙交界苏州南浔青池	G31832RC01003
80	G327	赣榆县	苏鲁交界胡小湾	G32732RC00203
81	G328	南京市	新街口	G32832RC00101
82	G328	南京市	长江大桥北	G32832RC00202
83	G328	南京市区	与G104交叉	G32832RC00302
84	G328	六合县	与G205交汇	G32832RC00402
85	G328	南京市	扬州交界	G32832RC00502
86	G328	江都市	与S212交叉	G32832RC00602
87	G328	泰州市区	与S210交叉	G32832RC00704
88	G328	姜堰市区	与S207交叉	G32832RC00802
89	G328	扬州市	南通交界	G32832RC00904

表11　浙江省国道主要控制点代码表

序　　号	路线编号	主要控制点所在行政区域	主要控制点点位描述	主要控制点代码
1	G104	长兴县	雉城镇叉路口	G10433RC04402
2	G104	湖州市	五一大桥	G10433RC04502
3	G104	杭州市	钱江二桥	G10433RC04604
4	G104	绍兴县	昌安叉路口	G10433RC04702

表 11（完）

序　号	路线编号	主要控制点所在行政区域	主要控制点点位描述	主要控制点代码
5	G104	上虞市	曹娥三角站	G10433RC04802
6	G104	新昌县	拔茅	G10433RC04902
7	G104	临海市	临海二桥	G10433RC05002
8	G104	乐清市乐城镇		G10433RC05102
9	G104	温州市	瓯海双屿	G10433RC05202
10	G104	瑞安市	飞云江大桥	G10433RC05302
11	G104	苍南县灵溪镇		G10433RC05402
12	G104	苍南县	分水关	G10433RC05503
13	G205	开化县城关镇		G20533RC06102
14	G205	江山市贺村镇		G20533RC06302
15	G205	江山市	枫岭关	G20533RC06503
16	G318	长兴县	界牌	G31833RC01103
17	G320	上海市枫泾镇	省市界	G32031RC00803
18	G320	嘉兴市禾城镇		G32033RC01002
19	G320	富阳市	高桥	G32033RC01202
20	G320	桐庐县	芝厦	G32033RC01402
21	G320	建德市	建德大桥	G32033RC01502
22	G320	衢州市	航埠	G32033RC01602
23	G320	常山县	太平桥	G32033RC01703
24	G329	上虞市	曹娥三角站	G32933RC00202
25	G329	慈溪市浒山镇		G32933RC00302
26	G329	宁波市	兴宁大桥	G32933RC00404
27	G329	舟山市定海区	环城南路	G32933RC00502
28	G329	舟山市普陀区	沈家门车站	G32933RC00609
29	G330	青田县	西门大桥叉口	G33033RC00202
30	G330	丽水市	好溪大桥	G33033RC00302
31	G330	永康市	花园立交	G33033RC00402
32	G330	金华县	姜山头	G33033RC00502
33	G330	兰溪市	横山大桥	G33033RC00602
34	G330	建德市寿昌镇	叉口	G33033RC00709

表12 安徽省国道主要控制点代码表

序 号	路线编号	主要控制点所在行政区域	主要控制点点位描述	主要控制点代码
1	G104	泗县	县城	G10434RC02902
2	G104	五河县	县城	G10434RC03002
3	G104	明光市	西徐	G10434RC03102
4	G104	明光市	市区	G10434RC03202
5	G104	滁州市	滁东	G10434RC03302
6	G104	来安县	汊河集	G10434RC03403
7	G105	亳州市	市区	G10534RC01802
8	G105	太和县	三角园	G10534RC01902
9	G105	阜阳市	七里铺立交桥	G10534RC02004
10	G105	颖上县	六十铺	G10534RC02102
11	G105	颖上县	南照集	G10534RC02202
12	G105	霍邱县	长集	G10534RC02302
13	G105	霍邱县	众兴	G10534RC02402
14	G105	霍邱县	姚李	G10534RC02502
15	G105	六安市	南门立交桥	G10534RC02604
16	G105	霍山县	三板桥	G10534RC02702
17	G105	舒城县	渣水桥	G10534RC02802
18	G105	岳西县	县城	G10534RC02902
19	G105	潜山县	县城	G10534RC03002
20	G105	太湖县	县城	G10534RC03102
21	G105	宿松县	县城	G10534RC03202
22	G105	宿松县	界子墩	G10534RC03303
23	G106	临泉县	路庄	G10634RC04403
24	G205	天长市	汊涧	G20534RC04402
25	G205	天长市	于家洼	G20534RC04503
26	G205	马鞍山市	三匹马转盘	G20534RC04902
27	G205	当涂县	当涂大桥	G20534RC05002
28	G205	芜湖市	宁芜路口	G20534RC05102
29	G205	芜湖县	石危	G20534RC05202
30	G205	南陵县	县城	G20534RC05302
31	G205	泾县	县城	G20534RC05402
32	G205	旌德县	蔡家桥	G20534RC05502
33	G205	黄山市黄山区	谭家桥	G20534RC05602
34	G205	黄山市风景区	汤口	G20534RC05702
35	G205	黄山市徽州区	岩寺	G20534RC05802

表12 （续）

序　号	路线编号	主要控制点所在行政区域	主要控制点点位描述	主要控制点代码
36	G205	黄山市屯溪区	新安江大桥	G20534RC05902
37	G205	休宁县	桃林	G20534RC06003
38	G206	宿州市	桃山	G20634RC03102
39	G206	宿州市	符离集	G20634RC03202
40	G206	宿州市	新汴河大桥	G20634RC03304
41	G206	怀远县	圣泉啤酒厂	G20634RC03402
42	G206	蚌埠市	蚌埠闸	G20634RC03504
43	G206	淮南市	上窑	G20634RC03602
44	G206	淮南市	安成铺	G20634RC03702
45	G206	长丰县	大孤堆	G20634RC03802
46	G206	长丰县	曹庵	G20634RC03902
47	G206	合肥市	十里庙	G20634RC04004
48	G206	合肥市	南七（市区）	G20634RC04104
49	G206	肥西县	十八岗立交桥	G20634RC04202
50	G206	肥西县	合铜路口	G20634RC04302
51	G206	肥西县	桃溪岔口	G20634RC04402
52	G206	舒城县	舒城汽车站	G20634RC04502
53	G206	舒城县	军埠	G20634RC04602
54	G206	桐城市	桐枞路口	G20634RC04702
55	G206	怀宁县	高河埠	G20634RC04802
56	G206	怀宁县	月山	G20634RC04902
57	G206	安庆市	渡口	G20634RC05002
58	G206	东至县	大渡口车渡	G20634RC05102
59	G206	东至县	查桥	G20634RC05202
60	G206	东至县	东至	G20634RC05302
61	G206	东至县	官港	G20634RC05402
62	G206	东至县	白泥塘	G20634RC05503
63	G310	萧县	黄口	G31034RC00902
64	G310	砀山县	县城	G31034RC01002
65	G310	砀山县	陈屯	G31034RC01103
66	G311	萧县	县城	G31134RC00302
67	G311	萧县	青龙集	G31134RC00402
68	G311	萧县	陈官庄	G31134RC00503
69	G311	亳州市	蒋营	G31134RC00803
70	G312	全椒县	县城	G31234RC02202

表12 （完）

序　号	路线编号	主要控制点所在行政区域	主要控制点点位描述	主要控制点代码
71	G312	全椒县	武岗	G31234RC02302
72	G312	全椒县	古河	G31234RC02402
73	G312	巢湖市	柘皋	G31234RC02502
74	G312	肥东县	县城	G31234RC02602
75	G312	合肥市	东二十铺	G31234RC02704
76	G312	合肥市	十里庙	G31234RC02804
77	G312	肥西县	合六路合肥收费站	G31234RC02902
78	G312	六安市	杨小店	G31234RC03002
79	G312	霍邱县	大顾店	G31234RC03102
80	G312	霍邱县	叶集	G31234RC03202
81	G312	霍邱县	罗新桥	G31234RC03303
82	G318	广德县	祠山岗	G31834RC01202
83	G318	广德县	县城	G31834RC01302
84	G318	郎溪县	十字铺	G31834RC01402
85	G318	宣州市	双桥	G31834RC01502
86	G318	宣州市	新车站交叉口	G31834RC01602
87	G318	青阳县	木镇	G31834RC01702
88	G318	青阳县	县城	G31834RC01802
89	G318	青阳县	五溪	G31834RC01902
90	G318	贵池市	南门转盘	G31834RC02002
91	G318	贵池市	殷汇	G31834RC02102
92	G318	怀宁县	黄泥墩	G31834RC02202
93	G318	岳西县	来榜	G31834RC02302
94	G318	岳西县	竹坪	G31834RC02402
95	G318	岳西县	操家岭	G31834RC02503

表13 福建省国道主要控制点代码表

序号	路线编号	主要控制点所在行政区域	主要控制点点位描述	主要控制点代码
1	G104	福鼎县桐山镇	流美	G10435RC05602
2	G104	福鼎县桐山镇	岩前	G10435RC05702
3	G104	福安市白塔乡	湖塘坂	G10435RC05802
4	G104	福安市溪柄镇		G10435RC05902
5	G104	福安市赛岐镇	罗江	G10435RC06002
6	G104	宁德市金涵乡	廉坑	G10435RC06102
7	G104	宁德市金涵乡	琼堂	G10435RC06202
8	G104	宁德市飞鸾镇		G10435RC06302
9	G104	连江县东湖镇	飞石	G10435RC06402
10	G104	连江县东湖镇		G10435RC06502
11	G104	福州市	六一环岛	G10435RC06604
12	G104	福州市	南门兜	G10435RC06702
13	G205	浦城县城关		G20535RC06202
14	G205	浦城县临江镇		G20535RC06402
15	G205	建阳市水吉镇	营头	G20535RC06602
16	G205	建瓯市水西镇		G20535RC06702
17	G205	南平市延平区	安丰桥	G20535RC06802
18	G205	南平市延平区	水南大桥	G20535RC06902
19	G205	南平市来舟镇	外洋	G20535RC07002
20	G205	沙县	罗布	G20535RC07104
21	G205	三明市三元区	东霞	G20535RC07202
22	G205	三明市三元区	莘口	G20535RC07302
23	G205	永安市	茅坪	G20535RC07402
24	G205	连城县文亨镇		G20535RC07502
25	G205	连城县朋口镇		G20535RC07602
26	G205	连城县新泉镇		G20535RC07702
27	G205	上杭县水西镇		G20535RC07802
28	G205	武平县十方镇		G20535RC07902
29	G205	武平县岩前镇	山仔	G20535RC08003
30	G316	福州市洪山镇		G31635RC00202
31	G316	闽清县溪口街		G31635RC00302
32	G316	古田县水口镇	水口	G31635RC00402
33	G316	南平市王台镇	宋坍	G31635RC00502
34	G316	顺昌县水南镇	禾口	G31635RC00602
35	G316	邵武市水南镇		G31635RC00702

表 13（完）

序　号	路线编号	主要控制点所在行政区域	主要控制点点位描述	主要控制点代码
36	G316	邵武市水北镇		G31635RC00802
37	G316	光泽县止马镇	双门	G31635RC00902
38	G316	光泽县华桥乡	花山界	G31635RC01003
39	G319	厦门市	东渡港	G31935RC00101
40	G319	厦门市集美区		G31935RC00202
41	G319	厦门市灌口镇		G31935RC00302
42	G319	龙海市榜山镇	西溪桥闸	G31935RC00402
43	G319	漳州市龙文区	港桥	G31935RC00502
44	G319	漳州市龙文区	六石桥	G31935RC00602
45	G319	南靖县靖城镇	牛崎头	G31935RC00702
46	G319	南靖县和溪镇		G31935RC00802
47	G319	龙岩市新罗区	莲花山	G31935RC00902
48	G319	龙岩市龙门镇		G31935RC01002
49	G319	上杭县古田镇	郭车	G31935RC01102
50	G319	长汀县		G31935RC01202
51	G319	长汀县古城乡	隘岭	G31935RC01303
52	G324	闽侯县闽江乡	峡南	G32435RC00202
53	G324	福清市宏路镇		G32435RC00302
54	G324	莆田市涵江区		G32435RC00402
55	G324	莆田县	龙山村	G32435RC00502
56	G324	莆田市城厢区	天九湾	G32435RC00602
57	G324	仙游县郊尾镇		G32435RC00702
58	G324	仙游县枫亭镇	沧溪村	G32435RC00802
59	G324	泉州市丰泽区	东湖	G32435RC00902
60	G324	泉州市鲤城区	华洲	G32435RC01002
61	G324	厦门市同安区	烧灰	G32435RC01102
62	G324	漳州市芗城区	南星	G32435RC01202
63	G324	漳浦县	城关立交	G32435RC01302
64	G324	云霄县云陵镇	下坂	G32435RC01402
65	G324	云霄县常山农场	双山	G32435RC01502
66	G324	诏安县深桥镇	汾水关	G32435RC01603

表14　江西省国道主要控制点代码表

序　号	路线编号	主要控制点所在行政区域	主要控制点点位描述	主要控制点代码
1	G105	永修县	虬津	G10536RC03702
2	G105	南昌市	高坊岭	G10536RC03802
3	G105	吉安市	人民广场	G10536RC03904
4	G105	赣州市	石公坑	G10536RC04004
5	G105	龙南县	中村坳	G10536RC04103
6	G206	鹰潭市	月湖区	G20636RC05604
7	G206	金溪县	岔路口	G20636RC05702
8	G206	瑞金市	砂子岗	G20636RC05802
9	G206	寻邬县	牛埃石	G20636RC05903
10	G316	南城县	黄狮渡	G31636RC01102
11	G316	进贤县	温家圳	G31636RC01202
12	G316	武宁县	全家源	G31636RC01303
13	G319	泰和县	上田	G31936RC01402
14	G319	井岗山市	茨坪	G31936RC01504
15	G319	萍乡市	观丰	G31936RC01602
16	G319	萍乡市	东峰界	G31936RC01703
17	G320	鹰潭市月湖区	环城东路	G32036RC01804
18	G320	宜春市	岔路口	G32036RC01902
19	G320	萍乡市湘东	莲花冲	G32036RC02003
20	G323	南康市	麻垄仔	G32336RC00204
21	G323	大余县	小梅关	G32336RC00303

表15　山东省国道主要控制点代码表

序　号	路线编号	主要控制点所在行政区域	主要控制点点位描述	主要控制点代码
1	G104	德州市于官屯乡	堤岭桥	G10437RC01602
2	G104	陵县城关镇	东关	G10437RC01702
3	G104	临邑县临邑镇	南关	G10437RC01802
4	G104	济南市历城区大五乡	马店	G10437RC01902
5	G104	市中区七贤镇	机床二厂	G10437RC02002
6	G104	泰安市太山区	王庄村	G10437RC02104
7	G104	济宁曲阜市区		G10437RC02202
8	G104	邹城市区		G10437RC02302
9	G104	枣庄市	市里	G10437RC02402
10	G104	济宁市微山县韩庄镇		G10437RC02503
11	G105	平原县恩城镇	恩城二班	G10537RC00202

表15（续）

序　号	路线编号	主要控制点所在行政区域	主要控制点点位描述	主要控制点代码
12	G105	高唐县	南镇桥	G10537RC00302
13	G105	茌平县	309线交叉口	G10537RC00402
14	G105	平阴县平阴镇		G10537RC00502
15	G105	泰安市东平县	大羊村	G10537RC00602
16	G105	东平县城		G10537RC00702
17	G105	东坪县彭集镇		G10537RC00802
18	G105	济宁市汶上县	汽车站	G10537RC00902
19	G105	济宁市金乡县	小大义	G10537RC01002
20	G105	济宁市金乡县		G10537RC01102
21	G105	金乡县鸡黍镇	高庄	G10537RC01202
22	G105	菏泽地区单县	县城西	G10537RC01302
23	G105	菏泽地区曹县青锢集		G10537RC01402
24	G105	菏泽地区曹县	菏泽地区与河南省交界	G10537RC01503
25	G204	烟台市芝罘区		G20437RC00102
26	G204	福山区城关镇	泉水眼村	G20437RC00202
27	G204	栖霞县寨里乡	丰粟村	G20437RC00304
28	G204	栖霞县城		G20437RC00402
29	G204	栖霞县杨础镇		G20437RC00502
30	G204	莱阳市城关镇	林格庄	G20437RC00602
31	G204	莱西市韶存庄乡	北屯	G20437RC00704
32	G204	即墨市		G20437RC00802
33	G204	青岛市城阳区城阳镇		G20437RC00902
34	G204	胶州市	云溪力事处李家河村	G20437RC01004
35	G204	胶南市王台镇		G20437RC01102
36	G204	胶南市胶南镇县	医院	G20437RC01202
37	G204	日照市东港区两城镇	安门庄	G20437RC01302
38	G204	日照市	人民商场	G20437RC01402
39	G204	日照市东港区	涛镇驻地	G20437RC01502
40	G204	日照市汾水镇	锈针河桥	G20437RC01603
41	G205	庆云县	庆云汽车站	G20537RC01402
42	G205	无棣县		G20537RC01502
43	G205	沾化县下洼镇	刘家村	G20537RC01604
44	G205	滨州市滨州镇	刘家村	G20537RC01702
45	G205	滨州市滨州镇	南关	G20537RC01802
46	G205	滨州市小营镇		G20537RC01902

表15 （续）

序　号	路线编号	主要控制点所在行政区域	主要控制点点位描述	主要控制点代码
47	G205	桓台县		G20537RC02002
48	G205	张店城区		G20537RC02102
49	G205	淄川区淄城镇	小李家村	G20537RC02202
50	G205	淄川区昆仑镇	大昆仑村	G20537RC02304
51	G205	莱芜市莱城区	街道办事处大桥村	G20537RC02402
52	G205	莱芜市钢城区颜庄镇	颜庄村	G20537RC02502
53	G205	泰安市新太市	城关	G20537RC02602
54	G205	蒙阴县城		G20537RC02702
55	G205	蒙阴县桃墟乡	陡山	G20537RC02802
56	G205	沂南县青驼镇		G20537RC02902
57	G205	临沂市	五里堡	G20537RC03002
58	G205	临沂市	沂河大桥东头	G20537RC03102
59	G205	临沂市芝麻墩乡		G20537RC03202
60	G205	郯城县城		G20537RC03302
61	G205	郯城县大院子乡	红花埠	G20537RC03403
62	G206	福山区	古现三十里堡村	G20637RC00202
63	G206	蓬莱市南王乡	景家村	G20637RC00304
64	G206	龙口市	黄城	G20637RC00402
65	G206	龙口市龙口镇	马刘村	G20637RC00502
66	G206	莱州市金城镇	马塘村	G20637RC00602
67	G206	莱州市朱桥镇		G20637RC00702
68	G206	莱州市程郭镇	淇水村	G20637RC00804
69	G206	莱州市莱州镇	果大埠	G20637RC00902
70	G206	莱州市沙河镇		G20637RC01002
71	G206	潍坊市昌邑市	围子驻地	G20637RC01102
72	G206	潍坊市寒亭区	化纤厂	G20637RC01202
73	G206	潍坊市奎文	区 54691 医院	G20637RC01302
74	G206	潍坊市坊子区	中基饲料公司	G20637RC01402
75	G206	潍坊市	安丘食品厂	G20637RC01502
76	G206	潍坊市诸城市相州镇	兴和	G20637RC01602
77	G206	潍坊市诸城市万家庄		G20637RC01702
78	G206	潍坊市诸城枳沟镇	驻地	G20637RC01802
79	G206	日照市五莲县于里乡	李家坡	G20637RC01902
80	G206	日照市莒县城阳镇		G20637RC02002
81	G206	临沂市汤头镇	董家官庄	G20637RC02102

表15 （续）

序　　号	路线编号	主要控制点所在行政区域	主要控制点点位描述	主要控制点代码
82	G206	临沂市汤庄镇		G20637RC02202
83	G206	苍山县		G20637RC02302
84	G206	苍山县向城镇		G20637RC02402
85	G206	枣庄市	东郊	G20637RC02502
86	G206	枣庄市峄城区王庄乡		G20637RC02602
87	G206	枣庄市台儿庄区	西伊家	G20637RC02703
88	G220	滨州地区滨州市		G22037RC00102
89	G220	菏泽地区	李庄	G22037RC00204
90	G220	济南市济阳县	仁凤	G22037RC00302
91	G220	济南市历城区大王乡	马店	G22037RC00402
92	G220	长清县城关镇	三里庄	G22037RC00502
93	G220	济宁市梁山县前集乡	樊庄	G22037RC00602
94	G220	菏泽地区	郓城南与聊商路交叉	G22037RC00702
95	G220	菏泽地区	郓城黄安巨鄄线交叉	G22037RC00802
96	G220	菏泽地区菏泽市城区		G22037RC00902
97	G220	菏泽地区	曹县与庄青路交叉	G22037RC01002
98	G220	菏泽地区	曹县与河南交界处蔡口	G22037RC01103
99	G308	青岛市	汽车站	G30837RC00102
100	G308	青岛市	蓝村	G30837RC00204
101	G308	高密县	姜庄	G30837RC00304
102	G308	昌邑县	饮马	G30837RC00402
103	G308	潍坊市		G30837RC00502
104	G308	昌乐县		G30837RC00602
105	G308	青州市	桃园	G30837RC00702
106	G308	淄博市	辛店	G30837RC00804
107	G308	淄博市	大张	G30837RC00904
108	G308	邹平市		G30837RC01002
109	G308	章丘刁镇		G30837RC01102
110	G308	济南市	0号立交桥	G30837RC01204
111	G308	齐河县		G30837RC01302
112	G308	夏津县		G30837RC01402
113	G308	夏津县	郑保屯（与河北交界）	G30837RC01503
114	G309	威海市荣成市崖头镇		G30937RC00102
115	G309	威海市乳山市冯家镇		G30937RC00204
116	G309	威海市乳山市午极镇	车道	G30937RC00304

表15（完）

序　　号	路线编号	主要控制点所在行政区域	主要控制点点位描述	主要控制点代码
117	G309	威海市乳山市诸往镇	唐家	G30937RC00402
118	G309	烟台市海阳县	战场泊上十字村	G30937RC00502
119	G309	烟台市海阳县战场泊		G30937RC00602
120	G309	莱西市韶存庄乡	茂芝场	G30937RC00702
121	G309	平度市平度城		G30937RC00802
122	G309	潍坊市昌邑石埠乡	石埠驻地	G30937RC00902
123	G309	潍坊市坊子区清池镇	鲍庄	G30937RC01002
124	G309	潍坊市青州大王乡	大王村	G30937RC01104
125	G309	潍坊市临淄区		G30937RC01202
126	G309	济南市章丘市明水镇	双水村	G30937RC01302
127	G309	德州地区齐河县焦庙	小刘庄	G30937RC01402
128	G309	茌平县博平镇交叉口		G30937RC01502
129	G309	聊城市	付家大门	G30937RC01602
130	G309	冠县	县城	G30937RC01702
131	G310	临沂市郯城县店子乡		G31037RC00504
132	G327	临沭县城		G32737RC00304
133	G327	临沂市	北关水田桥	G32737RC00404
134	G327	费县县城		G32737RC00502
135	G327	平邑县城		G32737RC00602
136	G327	济宁市泗水县苗馆乡	李家坡	G32737RC00702
137	G327	兖州市	王因路口	G32737RC00802
138	G327	济宁市中区	济宁钢厂	G32737RC00904
139	G327	济宁市郊区安居镇	八里庙	G32737RC01002
140	G327	嘉祥县	西关	G32737RC01102
141	G327	菏泽地区	巨野与聊商线交点	G32737RC01202
142	G327	菏泽地区巨野县		G32737RC01304
143	G327	菏泽地区菏泽市		G32737RC01404

表16　河南省国道主要控制点代码表

序　号	路线编号	主要控制点所在行政区域	主要控制点点位描述	主要控制点代码
1	G105	商丘市	周庄	G10541RC01602
2	G105	商丘市宋集镇	豫皖省界	G10541RC01703
3	G106	南乐县	县城	G10641RC02102
4	G106	南乐县	高堡	G10641RC02202
5	G106	清丰县	县城	G10641RC02302
6	G106	濮阳市	市区	G10641RC02402
7	G106	菏泽地区东明县	黄河公路大桥	G10637RC02502
8	G106	东明县	县城东兰路交叉	G10637RC02602
9	G106	东明县三春集乡		G10637RC02704
10	G106	菏泽地区东明县	东明县与河南省界	G10637RC02803
11	G106	滑县	石佛村	G10641RC02902
12	G106	滑县上官镇		G10641RC03002
13	G106	封丘县	赵岗	G10641RC03102
14	G106	封丘县	曹岗	G10641RC03202
15	G106	开封县	招讨营	G10641RC03302
16	G106	杞县城关镇		G10641RC03402
17	G106	杞县	邢口	G10641RC03502
18	G106	太康县	县城	G10641RC03602
19	G106	太康县	五隆集	G10641RC03702
20	G106	淮阳县	县城	G10641RC03802
21	G106	项城市	项城北	G10641RC03902
22	G106	项城市	孔营	G10641RC04002
23	G106	项城市	李店	G10641RC04102
24	G106	平舆县	东和店	G10641RC04203
25	G106	平舆县	豫皖省界(张赵)	G10641RC04303
26	G106	新蔡县	北关	G10641RC04502
27	G106	息县包信镇		G10641RC04602
28	G106	息县	夏庄	G10641RC04702
29	G106	潢川县	县城	G10641RC04802
30	G106	潢川县	仁和	G10641RC04902
31	G106	新县沙窝镇		G10641RC05002
32	G106	新县	豫鄂省界(小界岭)	G10641RC05103
33	G107	安阳市	市区	G10741RC01802
34	G107	汤阴县	县城	G10741RC01902
35	G107	浚县	大赉店	G10741RC02002

表16 （续）

序　　号	路 线 编 号	主要控制点所在行政区域	主要控制点点位描述	主要控制点代码
36	G107	卫辉市唐庄镇		G10741RC02102
37	G107	卫辉市	环岛	G10741RC02202
38	G107	新乡县	新长立交	G10741RC02302
39	G107	新乡县	河堤	G10741RC02402
40	G107	原阳县	新庄	G10741RC02502
41	G107	原阳县	大张庄	G10741RC02602
42	G107	郑州市	西黄流	G10741RC02702
43	G107	郑州市	环岛	G10741RC02802
44	G107	郑州市	陇海公铁立交	G10741RC02902
45	G107	郑州市	小刘庄	G10741RC03002
46	G107	新郑市	芦家桥	G10741RC03102
47	G107	新郑市	七里堂	G10741RC03202
48	G107	许昌县	尚集	G10741RC03302
49	G107	许昌市	半截河	G10741RC03402
50	G107	郾城县	县城	G10741RC03502
51	G107	郾城县	何王庄	G10741RC03602
52	G107	西平县	栗庄	G10741RC03702
53	G107	遂平县	县城	G10741RC03802
54	G107	驻马店市	关庄	G10741RC03902
55	G107	确山县	尚庄	G10741RC04002
56	G107	确山县	县城	G10741RC04102
57	G107	信阳县	明港	G10741RC04202
58	G107	信阳市	市区	G10741RC04302
59	G107	信阳县	东双河	G10741RC04402
60	G107	信阳县	豫鄂省界(武胜关)	G10741RC04503
61	G207	济源市	苗店	G20741RC03402
62	G207	洛阳市吉利区	坡底	G20741RC03502
63	G207	孟津县	潘庄	G20741RC03602
64	G207	偃师市	寺里碑	G20741RC03702
65	G207	偃师市	火神凹	G20741RC03802
66	G207	登封市	市区西	G20741RC03902
67	G207	登封市	大金店	G20741RC04002
68	G207	汝州市	郭庄	G20741RC04102
69	G207	汝州市	袁庄	G20741RC04202
70	G207	鲁山县	岔窑	G20741RC04302

表16 （续）

序　号	路线编号	主要控制点所在行政区域	主要控制点点位描述	主要控制点代码
71	G207	鲁山县	鲁嵩口	G20741RC04402
72	G207	鲁山县	十亩地洼	G20741RC04502
73	G207	南召县	县城	G20741RC04602
74	G207	南召县	南河店	G20741RC04702
75	G207	镇平县	县城	G20741RC04802
76	G207	邓州市	市区	G20741RC04902
77	G207	邓州市	豫鄂省界(前王)	G20741RC05003
78	G209	三门峡市	南关	G20741RC05052
79	G209	灵宝市大王镇		G20941RC03202
80	G209	灵宝市尹庄镇		G20941RC03302
81	G209	卢氏县	杜关	G20941RC03402
82	G209	卢氏县	县城	G20941RC03502
83	G209	卢氏县	小河面	G20941RC03602
84	G209	卢氏县	五里川	G20941RC03702
85	G209	西峡县西坪镇		G20941RC03802
86	G209	淅川县	西簧	G20941RC03902
87	G209	淅川县	寺湾	G20941RC04002
88	G209	淅川县	豫鄂省界	G20941RC04103
89	G220	兰考县	县城	G22041RC01202
90	G220	开封市	市区	G22041RC01302
91	G220	开封市	刘寺南	G22041RC01402
92	G310	商丘市	邓斌口	G31041RC01202
93	G310	商丘市	季庄	G31041RC01302
94	G310	民权县	县城南	G31041RC01402
95	G310	荥阳市	城关	G31041RC01502
96	G310	巩义市	南关	G31041RC01602
97	G310	巩义市	北山口南	G31041RC01702
98	G310	洛阳市	东关	G31041RC01802
99	G310	洛阳市	吕祖庙北	G31041RC01902
100	G310	渑池县	县城东	G31041RC02002
101	G310	三门峡市	交口	G31041RC02202
102	G310	灵宝市	豫陕省界	G31041RC02303
103	G311	永城市	东关	G31141RC00602
104	G311	永城市	豫皖省界(浑河集)	G31141RC00703
105	G311	鹿邑县	县城	G31141RC00902

表 16（完）

序　　号	路 线 编 号	主要控制点所在行政区域	主要控制点点位描述	主要控制点代码
106	G311	鹿邑县	孔集	G31141RC01002
107	G311	扶沟县	县城东	G31141RC01102
108	G311	鄢陵县	县城	G31141RC01202
109	G311	襄城县	县城	G31141RC01302
110	G311	平顶山市	湛北	G31141RC01402
111	G311	平顶山市	市东	G31141RC01502
112	G311	叶县	遵化店南	G31141RC01602
113	G311	叶县	十里铺	G31141RC01702
114	G311	鲁山县	楼张	G31141RC01802
115	G311	鲁山县	县城	G31141RC01902
116	G311	嵩县	木札岭	G31141RC02002
117	G311	栾川县	合峪	G31141RC02102
118	G311	栾川县	庙子	G31141RC02202
119	G311	西峡县	二郎坪	G31141RC02302
120	G311	西峡县双龙镇		G31141RC02402
121	G311	西峡县	县城	G31141RC02509
122	G312	固始县	县城	G31241RC03402
123	G312	光山县	寨河	G31241RC03502
124	G312	罗山县	县城	G31241RC03602
125	G312	罗山县	何棚	G31241RC03702
126	G312	信阳县	豫鄂省界(尹台)	G31241RC03803
127	G312	桐柏县月河镇		G31241RC03902
128	G312	唐河县	县城	G31241RC04202
129	G312	南阳市	汉家	G31241RC04302
130	G312	南阳市	菱角池	G31241RC04402
131	G312	南阳市	七里园	G31241RC04502
132	G312	内乡县	县城	G31241RC04602
133	G312	内乡县	赵店	G31241RC04702
134	G312	西峡县	袁店	G31241RC04802
135	G312	西峡县	豫陕省界(西官庄)	G31241RC04903

表17　湖北省国道主要控制点代码表

序　　号	路线编号	主要控制点所在行政区域	主要控制点点位描述	主要控制点代码
1	G105	黄梅县	黄梅	G10542RC03402
2	G105	黄梅县	孔垄	G10542RC03502
3	G105	黄梅县	九江长江大桥	G10542RC03603
4	G106	麻城市	麻城	G10642RC05202
5	G106	麻城市	宋埠	G10642RC05302
6	G106	新洲县	凤凰镇	G10642RC05402
7	G106	新洲县	新洲	G10642RC05502
8	G106	团风县	方高坪	G10642RC05602
9	G106	团风县	汤铺岭	G10642RC05702
10	G106	黄州区	砂子岗	G10642RC05802
11	G106	黄冈市	黄州	G10642RC05902
12	G106	鄂州市	鄂州	G10642RC06004
13	G106	鄂州市	泽林	G10642RC06102
14	G106	黄石市	铁山	G10642RC06202
15	G106	大冶市	七里界	G10642RC06302
16	G106	阳新县	浮屠街	G10642RC06402
17	G106	阳新县	沿埠头	G10642RC06502
18	G106	通山县	贾家源	G10642RC06602
19	G106	通山县	通山	G10642RC06702
20	G106	崇阳县	路口	G10642RC06802
21	G106	崇阳县	白霓	G10642RC06902
22	G106	崇阳县	崇阳	G10642RC07002
23	G106	通城县	通城	G10642RC07102
24	G106	通城县	界上	G10642RC07203
25	G107	广水市	广水	G10742RC04602
26	G107	孝昌县	花园	G10742RC04702
27	G107	孝感市孝南区	新铺	G10742RC04802
28	G107	孝感市	瞿家湾	G10742RC04904
29	G107	孝感市孝南区	沧河桥	G10742RC05002
30	G107	武汉市东西湖区	荷包湖	G10742RC05102
31	G107	武汉市	航空路	G10742RC05204
32	G107	武汉市	武泰闸	G10742RC05302
33	G107	武汉市江夏区	郑店	G10742RC05402
34	G107	武汉市江夏区	贺胜桥	G10742RC05502
35	G107	咸宁市	横沟桥	G10742RC05602

表17 （续）

序　　号	路线编号	主要控制点所在行政区域	主要控制点点位描述	主要控制点代码
36	G107	咸宁市	朱家湾	G10742RC05702
37	G107	赤壁市	蒲圻	G10742RC05802
38	G107	赤壁市	赵李桥	G10742RC05902
39	G107	赤壁市	羊楼司	G10742RC06003
40	G207	老河口市	老河口	G20742RC05102
41	G207	谷城县	三岔路	G20742RC05202
42	G207	襄樊市	樊城	G20742RC05304
43	G207	宜城市	宜城	G20742RC05402
44	G207	钟祥市	乐乡关	G20742RC05502
45	G207	荆门市	荆门	G20742RC05602
46	G207	荆门市	十里牌	G20742RC05702
47	G207	荆门市	十里铺	G20742RC05802
48	G207	型州市荆州区	小北门	G20742RC05902
49	G207	荆州市	荆州	G20742RC06004
50	G207	荆州市沙市区	沙市	G20742RC06104
51	G207	公安县	公安	G20742RC06202
52	G207	公安县	东岳庙	G20742RC06302
53	G207	公安县		G20742RC06403
54	G209	郧县	茨家岭	G20942RC04202
55	G209	郧县	县城	G20942RC04302
56	G209	十堰市	十堰	G20942RC04404
57	G209	房县	县城	G20942RC04502
58	G209	神农架林区	红花朵	G20942RC04602
59	G209	兴山县	白沙河	G20942RC04702
60	G209	巴东县	巴东	G20942RC04804
61	G209	巴东县	东流水	G20942RC04902
62	G209	建始县	县城	G20942RC05002
63	G209	恩施市	白杨坪	G20942RC05102
64	G209	恩施市	龙凤坝	G20942RC05202
65	G209	恩施市	县城	G20942RC05304
66	G209	宣恩县	椒园	G20942RC05402
67	G209	宣恩县	县城	G20942RC05502
68	G209	宣恩县	当阳坪	G20942RC05602
69	G209	来凤县	县城	G20942RC05702
70	G209	来凤县	团结桥	G20942RC05803

表17 （续）

序　号	路线编号	主要控制点所在行政区域	主要控制点点位描述	主要控制点代码
71	G312	随州市	小林	G31242RC04002
72	G312	随州市	淮河店	G31242RC04103
73	G316	鄂州市	泽林	G31642RC01402
74	G316	武汉市	航空路	G31642RC01504
75	G316	武汉市	荷包湖	G31642RC01602
76	G316	武汉市	沦河桥	G31642RC01702
77	G316	孝感市		G31642RC01802
78	G316	云梦县		G31642RC01902
79	G316	安陆市		G31642RC02002
80	G316	安陆市	伏水	G31642RC02102
81	G316	随州市		G31642RC02202
82	G316	枣阳市		G31642RC02302
83	G316	襄阳县	张湾	G31642RC02402
84	G316	襄樊市	樊城	G31642RC02504
85	G316	南漳县		G31642RC02602
86	G316	保康县	叶家湾	G31642RC02702
87	G316	保康县		G31642RC02804
88	G316	保康县	开峰峪	G31642RC02902
89	G316	竹山县		G31642RC03002
90	G316	竹溪县	水坪	G31642RC03102
91	G316	竹溪县	兴丰	G31642RC03202
92	G316	竹溪县		G31642RC03302
93	G316	竹溪县	关垭子	G31642RC03403
94	G318	英山县	张家畈	G31842RC02602
95	G318	英山县	女儿丘	G31842RC02702
96	G318	罗田县		G31842RC02802
97	G318	罗田县	三里畈	G31842RC02902
98	G318	团风县	标云岗	G31842RC03002
99	G318	新洲县	靠山店	G31842RC03102
100	G318	新洲县	许家桥	G31842RC03202
101	G318	黄陂县	黄陂	G31842RC03302
102	G318	武汉市蔡甸区	奓山	G31842RC03402
103	G318	武汉市蔡甸区	永安	G31842RC03502
104	G318	仙桃市		G31842RC03602
105	G318	仙桃市	毛嘴	G31842RC03702

表17 （完）

序 号	路线编号	主要控制点所在行政区域	主要控制点点位描述	主要控制点代码
106	G318	潜江市		G31842RC03802
107	G318	潜江市	高场	G31842RC03902
108	G318	荆州市		G31842RC04004
109	G318	枝江市		G31842RC04102
110	G318	枝江市	雅畈	G31842RC04202
111	G318	枝江市	太保场	G31842RC04302
112	G318	宜昌市	古老背	G31842RC04402
113	G318	宜昌市		G31842RC04504
114	G318	长阳县	周符口	G31842RC04602
115	G318	长阳县堡镇		G31842RC04702
116	G318	巴东县	野山关	G31842RC04802
117	G318	建始县	红岩寺	G31842RC04902
118	G318	利川市		G31842RC05002
119	G318	利川市	汪营	G31842RC05102
120	G318	利川市	苏拉口	G31842RC05203

表18 湖南省国道主要控制点代码表

序 号	路线编号	主要控制点所在行政区域	主要控制点点位描述	主要控制点代码
1	G106	岳阳市平江县	南江桥	G10643RC07302
2	G106	岳阳市平江县	县城	G10643RC07404
3	G106	岳阳市平江县	官塘	G10643RC07502
4	G106	浏阳市	七里铺	G10643RC07602
5	G106	浏阳市	大瑶	G10643RC07702
6	G106	醴陵市	城关	G10643RC07802
7	G106	株洲市攸县	城关	G10643RC07902
8	G106	株洲市攸县	莱花坪	G10643RC08002
9	G106	株洲市茶陵县	城关	G10643RC08102
10	G106	株洲市炎陵县	城关	G10643RC08202
11	G106	株洲市炎陵县	牛排岗	G10643RC08302
12	G106	郴州市桂东县	城关	G10643RC08402
13	G106	郴州市汝城县	城关	G10643RC08502
14	G106	郴州市汝城县	广东桥	G10643RC08603
15	G107	临湘市	县城	G10743RC06102
16	G107	岳阳市岳阳县	新开	G10743RC06202
17	G107	汨罗市	新市	G10743RC06302

表18 （续）

序　　号	路线编号	主要控制点所在行政区域	主要控制点点位描述	主要控制点代码
18	G107	长沙市长沙县	张公岭	G10743RC06404
19	G107	湘潭市湘潭县	株易路口	G10743RC06502
20	G107	湘潭市湘潭县	板塘三叉口	G10743RC06604
21	G107	衡阳市南岳区	长安	G10743RC06702
22	G107	衡阳市衡阳县	市郊大园头	G10743RC06802
23	G107	衡阳市	西站	G10743RC06902
24	G107	衡阳市	415 医院	G10743RC07002
25	G107	耒阳市	花石	G10743RC07102
26	G107	郴州市永兴县	鲁塘坳	G10743RC07202
27	G107	郴州市域湖区	郴桂路立交桥	G10743RC07302
28	G107	郴州市宜章县	城关	G10743RC07404
29	G107	郴州市宜章县	凤头岭	G10743RC07503
30	G207	常德市澧县	城区	G20743RC06502
31	G207	常德市澧县	张公庙	G20743RC06604
32	G207	常德市鼎城区	三叉路	G20743RC06702
33	G207	常德市鼎城区	樟木桥	G20743RC06804
34	G207	常德市鼎城区	黄土店	G20743RC06904
35	G207	益阳市桃江县	鲁家港	G20743RC07004
36	G207	益阳市安化县	驿头铺	G20743RC07102
37	G207	涟源市	兰田镇	G20743RC07202
38	G207	邵阳市郊区	祭旗坡	G20743RC07302
39	G207	邵阳市新宁县	高木凼	G20743RC07402
40	G207	永州市芝山区	黄田铺	G20743RC07502
41	G207	永州市道县	李家园	G20743RC07602
42	G207	永州市道县道江镇		G20743RC07702
43	G207	永州市道县	祥霖铺	G20743RC07802
44	G207	永州市江华县	白芒营	G20743RC07902
45	G207	永州市江华县	界牌井	G20743RC08003
46	G209	湘西自治州灵溪镇		G20943RC05902
47	G209	湘西自治州花垣县	三角岩	G20943RC06002
48	G209	湘西自治州吉首市	市区	G20943RC06102
49	G209	湘西自治州沱江镇		G20943RC06202
50	G209	怀化地区	红星桥	G20943RC06302
51	G209	怀化地区	竹田	G20943RC06402
52	G209	怀化地区会同县	堡子	G20943RC06502

表18（完）

序　号	路线编号	主要控制点所在行政区域	主要控制点点位描述	主要控制点代码
53	G209	怀化地区靖县	响水坝	G20943RC06602
54	G209	怀化地区靖县	县城	G20943RC06702
55	G209	怀化地区通道县	双江	G20943RC06802
56	G209	怀化地区通道县	青龙界	G20943RC06903
57	G319	浏阳市	黄花	G31943RC01802
58	G319	长沙市望城县	雷锋路口	G31943RC01902
59	G319	长沙市宁乡县	正农桥	G31943RC02002
60	G319	长沙市宁乡县	城关	G31943RC02102
61	G319	长沙市宁乡县	春华铺	G31943RC02202
62	G319	益阳市赫山区	朝阳东路口	G31943RC02302
63	G319	益阳市资阳区	迎风桥	G31943RC02402
64	G319	常德市汉寿县	太子庙	G31943RC02502
65	G319	怀化地区沅陵县	三角坪	G31943RC02602
66	G319	湘西自治州花垣县	茶洞	G31943RC02703
67	G320	湘潭市	砂子岭	G32043RC02104
68	G320	湘潭市湘乡县	涌口	G32043RC02202
69	G320	娄底地区双峰县	界岭	G32043RC02302
70	G320	邵东市邵东县	县城	G32043RC02402
71	G320	邵阳市郊区	枫林铺	G32043RC02502
72	G320	邵阳市郊区	七里铺	G32043RC02604
73	G320	邵阳市隆回县	县城	G32043RC02702
74	G320	邵阳市隆回县	南岳庙	G32043RC02804
75	G320	邵阳市洞口县	县城	G32043RC02902
76	G320	怀化地区黔阳县	塘湾	G32043RC03002
77	G320	怀化地区溆浦县	黄茅园	G32043RC03102
78	G320	怀化地区新晃县	鲇鱼铺	G32043RC03203
79	G322	永州市祁阳县	接里桥	G32243RC00202
80	G322	永州市芝山区	市区	G32243RC00302
81	G322	永州市芝山区	枣木铺	G32243RC00403

表19 广东省国道主要控制点代码表

序　号	路线编号	主要控制点所在行政区域	主要控制点点位描述	主要控制点代码
1	G105	连平县元善镇		G10544RC04202
2	G105	新丰县丰城镇		G10544RC04302
3	G105	从化市	街口	G10544RC04402
4	G105	从化市太平镇		G10544RC04502
5	G105	广州市白云区	太和	G10544RC04602
6	G105	番禺市	钟村	G10544RC04702
7	G105	顺德市	三洪奇	G10544RC04802
8	G105	顺德市	伦教立交桥	G10544RC04902
9	G105	中山市	东风	G10544RC05002
10	G105	中山市	富华立交	G10544RC05102
11	G105	珠海市	翠微	G10544RC05202
12	G105	珠海市	拱北	G10544RC05309
13	G106	韶关市		G10644RC08704
14	G106	曲江县马坝镇		G10644RC08802
15	G106	翁源县新江镇		G10644RC08902
16	G106	英德市青塘镇		G10644RC09004
17	G106	佛冈县	汤塘	G10644RC09102
18	G106	从化县	鳌头	G10644RC09204
19	G106	花都市	平山圩	G10644RC09302
20	G106	广州市	黄石立交	G10644RC09409
21	G107	乐昌县	莲塘坳	G10744RC07602
22	G107	连州市	凤头岭	G10744RC07704
23	G107	连州市九陂镇	水足塘	G10744RC07802
24	G107	阳山县		G10744RC07904
25	G107	清新县浸潭镇	六甲洞	G10744RC08002
26	G107	清远市	北江大桥	G10744RC08102
27	G107	清远市清城区	银盏坳	G10744RC08202
28	G107	花都市	新华互通立交桥	G10744RC08304
29	G107	广州市	槎头	G10744RC08402
30	G107	广州市	东圃	G10744RC08502
31	G107	增城市	新塘	G10744RC08602
32	G107	东莞市	莞城	G10744RC08702
33	G107	东莞市	长安	G10744RC08802
34	G107	深圳市宝安区	松岗	G10744RC08902
35	G107	深圳市罗湖区	文锦渡	G10744RC09009

表 19 （续）

序　号	路线编号	主要控制点所在行政区域	主要控制点点位描述	主要控制点代码
36	G205	梅州市		G20544RC08102
37	G205	兴宁市	洋里	G20544RC08202
38	G205	五华县	华城	G20544RC08302
39	G205	龙川县	老隆	G20544RC08402
40	G205	东源县	灯塔	G20544RC08502
41	G205	博罗县杨村镇	十二岭	G20544RC08602
42	G205	惠州市	惠州大桥	G20544RC08704
43	G205	惠阳市	新墟	G20544RC08802
44	G205	深圳市龙岗区	龙岗	G20544RC08902
45	G206	平远县	大柘	G20644RC06002
46	G206	丰顺县	汤坑	G20644RC06102
47	G206	揭阳市榕城区	东山	G20644RC06202
48	G206	揭东县	曲溪	G20644RC06302
49	G206	汕头市	市汽车总站	G20644RC06409
50	G207	信宜市	镇隆	G20744RC08602
51	G207	高州市高州镇		G20744RC08702
52	G207	化州市	东山	G20744RC08802
53	G207	廉江市	良垌	G20744RC08904
54	G207	遂溪县	附城中间岭桥	G20744RC09002
55	G207	霍州市	客路	G20744RC09102
56	G207	徐闻县	徐城	G20744RC09202
57	G207	徐闻县	海安	G20744RC09309
58	G321	南海市	黄岐窖口	G32144RC00101
59	G321	南海市	大沥	G32144RC00202
60	G321	三水市西南镇		G32144RC00302
61	G321	四会市大沙镇	礼堂村	G32144RC00402
62	G321	高要市	禄步	G32144RC00502
63	G321	德庆县	靳圩	G32144RC00602
64	G321	封开县长岗镇	旺村	G32144RC00702
65	G321	封开县封川镇	下典口	G32144RC00803
66	G323	南雄市	雄州铺竹	G32344RC00402
67	G323	始兴县	马市	G32344RC00502
68	G323	曲江县	周田	G32344RC00602
69	G323	韶关市		G32344RC00702
70	G323	乳源县	乳城	G32344RC00802

表19 （完）

序　　号	路线编号	主要控制点所在行政区域	主要控制点点位描述	主要控制点代码
71	G323	阳山县	岭背	G32344RC00902
72	G323	连州市	西江	G32344RC01002
73	G323	连南县	三江	G32344RC01102
74	G323	连南县	吉田	G32344RC01204
75	G323	连山县	鹰阳关	G32344RC01303
76	G324	饶平县	黄岗	G32444RC01702
77	G324	澄海市	樟林	G32444RC01802
78	G324	澄海市	澄城	G32444RC01902
79	G324	汕头市	磊口	G32444RC02002
80	G324	潮阳市	和平	G32444RC02102
81	G324	普宁市		G32444RC02202
82	G324	惠来县	葵潭	G32444RC02302
83	G324	陆丰市	城东	G32444RC02402
84	G324	海平县	海城	G32444RC02502
85	G324	惠东县平山镇		G32444RC02602
86	G324	惠州市	大湖溪	G32444RC02702
87	G324	博罗县龙华镇	青塘	G32444RC02802
88	G324	增城市	中新	G32444RC02902
89	G324	白云区	果园场	G32444RC03002
90	G324	广州市	黄陂	G32444RC03102
91	G324	高要市	马安	G32444RC03202
92	G324	云浮市	腰古	G32444RC03302
93	G324	罗定市	市区	G32444RC03402
94	G324	罗定市	林滨（省界）	G32444RC03503
95	G325	南海市	大沥	G32544RC00102
96	G325	佛山市	谢边高速路口	G32544RC00202
97	G325	顺德市	乐从立交	G32544RC00302
98	G325	鹤山市	沙坪	G32544RC00402
99	G325	开平市	长沙	G32544RC00502
100	G325	恩平市	恩城	G32544RC00602
101	G325	阳东县	东城	G32544RC00702
102	G325	阳江市	白沙路口	G32544RC00802
103	G325	电白县	三角墟	G32544RC00902
104	G325	电白县	水东	G32544RC01002
105	G325	吴川市	梅录	G32544RC01102
106	G325	湛江市	龙头	G32544RC01202
107	G325	湛江市	麻章	G32544RC01302
108	G325	廉江市	坡后（山口）省界	G32544RC01403

表20　广西壮族自治区国道主要控制点代码表

序　号	路线编号	主要控制点所在行政区域	主要控制点点位描述	主要控制点代码
1	G207	贺州市莲塘镇	与G323重合起点	G20745RC08104
2	G207	贺州市信都镇	与G323重合终点	G20745RC08202
3	G207	苍梧县	与S301交叉	G20745RC08302
4	G207	岑溪市	与G321交叉	G20745RC08404
5	G207	岑溪市	水汶，桂粤交界	G20745RC08503
6	G209	三江县	与G321重合起点	G20945RC07002
7	G209	三江县	与G321重合终点	G20945RC07102
8	G209	融安县	浮石，与S306交叉	G20945RC07202
9	G209	柳州市	与G322 G323交叉	G20945RC07302
10	G209	柳江县	穿山，与S307交叉	G20945RC07402
11	G209	武宣县	武宣大桥	G20945RC07502
12	G209	贵港市覃塘区	与G324交叉	G20945RC07602
13	G209	灵山县	与S308交叉	G20945RC07702
14	G209	灵山县檀圩镇	与S217交叉	G20945RC07802
15	G209	合浦县	与G325重合起点	G20945RC07902
16	G209	北海市	北部湾路	G20945RC08009
17	G210	南丹县	六寨，桂黔交界	G21045RC05402
18	G210	南丹县	环城路	G21045RC05504
19	G210	南宁市	明秀路	G21045RC05609
20	G321	藤县太平镇	与S211交叉	G32145RC00902
21	G321	蒙山县黄村镇	与S207交叉	G32145RC01002
22	G321	蒙山县	环城路	G32145RC01104
23	G321	荔浦县	与G323交叉	G32145RC01202
24	G321	阳朔县	与S305交叉	G32145RC01302
25	G321	桂林市	进入桂林市	G32145RC01402
26	G321	三江县	岔路口	G32145RC01504
27	G321	三江县富禄乡	桂贵交界	G32145RC01603
28	G322	柳州市	与G323重合起点	G32245RC00502
29	G322	忻城县大塘镇	与G323重合终点	G32245RC00602
30	G322	宾阳县	新宾，与G324重合起点	G32245RC00702
31	G322	南宁市	进入南宁市，与G324重	G32245RC00802
32	G322	南宁市	出南宁市邕江大桥	G32245RC00904
33	G322	凭祥市	友谊关	G32245RC01009
34	G323	贺州市莲塘镇	与S207交叉	G32345RC01402
35	G323	平乐县二塘镇	与S305交叉	G32345RC01502

表20（完）

序　号	路线编号	主要控制点所在行政区域	主要控制点点位描述	主要控制点代码
36	G323	金秀县头排镇	与 S307 交叉	G32345RC01602
37	G323	忻城县	欧洞，与 S209 交叉	G32345RC01704
38	G323	宜州市	宜州，与 S204 交叉	G32345RC01802
39	G323	河池市	德胜，与 S205 交叉	G32345RC01902
40	G323	河池市	金城江，与 S309 交叉	G32345RC02002
41	G323	河池市	九圩，与 G210 交叉	G32345RC02104
42	G323	东兰县	东兰，与 S318 交叉	G32345RC02204
43	G323	巴马县	巴马，与 S208 交叉	G32345RC02302
44	G323	田阳县	头圹，与 G324 重合起点	G32345RC02402
45	G323	百色市	罗村口，桂滇交界	G32345RC02503
46	G324	岑溪市	与 G207 重合起点	G32445RC03604
47	G324	容县	与 S215 交叉	G32445RC03702
48	G324	玉林市	与 S212 交叉	G32445RC03802
49	G324	兴业县	与 S308 交叉	G32445RC03902
50	G324	贵港市	与 S304 交叉	G32445RC04002
51	G324	南宁市	出南宁市西乡塘	G32445RC04104
52	G324	邕宁县	与 S315 交叉	G32445RC04202
53	G324	平果县	雷感渡口	G32445RC04302
54	G324	百色市	与 G323 重合终点	G32445RC04402
55	G324	百色市	与 S321 交叉	G32445RC04504
56	G324	田林县	与 S322 交叉	G32445RC04604
57	G324	隆林县	腊仁，桂黔交界	G32445RC04704
58	G325	合浦县	与 G209 重合终点	G32545RC01504
59	G325	钦州市	岔路口	G32545RC01604
60	G325	钦州市钦北区	与 S310 交叉	G32545RC01702
61	G325	钦州市钦北区	与 S218 交叉	G32545RC01802
62	G325	邕宁县	与 S101 交叉	G32545RC01904
63	G325	南宁市	福建路	G32545RC02002

表21 海南省国道主要控制点代码表

序 号	路线编号	主要控制点所在行政区域	主要控制点点位描述	主要控制点代码
1	G223	海口市	三角池	G22346RC00101
2	G223	琼山市	灵山	G22346RC00202
3	G223	琼山市	云龙	G22346RC00302
4	G223	文昌市	蓬莱	G22346RC00402
5	G223	定安县	黄竹	G22346RC00502
6	G223	琼海市	温泉	G22346RC00602
7	G223	琼海市		G22346RC00704
8	G223	万宁市	万宁大酒店	G22346RC00804
9	G223	万宁市	牛漏	G22346RC00902
10	G223	陵水县	北巷	G22346RC01002
11	G223	陵水县		G22346RC01104
12	G223	三亚市	田独	G22346RC01202
13	G223	三亚市	榆林港	G22346RC99909
14	G224	海口市	秀英高架桥	G22446RC00101
15	G224	海口市	中线	G22446RC00202
16	G224	定安县	新竹	G22446RC00302
17	G224	屯昌县	城北	G22446RC00402
18	G224	屯昌县	县政府	G22446RC00504
19	G224	琼中县	乌石	G22446RC00602
20	G224	琼中县	海榆路	G22446RC00704
21	G224	通什市	什运	G22446RC00802
22	G224	通什市	师范学校	G22446RC00904
23	G224	通什市	毛阳	G22446RC01002
24	G224	保亭县	大本	G22446RC01102
25	G224	保亭县		G22446RC01202
26	G224	三亚市	田独	G22446RC01302
27	G224	三亚市	荔枝沟	G22446RC99909
28	G225	澄迈县	老城南	G22546RC00202
29	G225	澄迈县	大拉	G22546RC00302
30	G225	儋州市	美扶	G22546RC00402
31	G225	儋州市	城东	G22546RC00502
32	G225	儋州市	人民大道	G22546RC00604
33	G225	白沙县	帮溪	G22546RC00702
34	G225	白沙县		G22546RC00804
35	G225	昌江县	大坡	G22546RC00902

表21 （完）

序号	路线编号	主要控制点所在行政区域	主要控制点点位描述	主要控制点代码
36	G225	东方市	新宁	G22546RC01002
37	G225	东方市	小岭	G22546RC01102
38	G225	东方市		G22546RC01204
39	G225	乐东县	九所	G22546RC01302
40	G225	乐东县		G22546RC01404
41	G225	三亚市	天涯	G22546RC01502
42	G225	三亚市	中线	G22546RC01602
43	G225	三亚市	榆林港	G22546RC99909

表22　重庆市国道主要控制点代码表

序号	路线编号	主要控制点所在行政区域	主要控制点点位描述	主要控制点代码
1	G210	重庆市渝北区	茨竹	G21050RC03502
2	G210	渝北区	人和	G21050RC03702
3	G210	重庆市沙坪坝江北区	石门大桥	G21050RC03902
4	G210	巴南区	渔洞	G21050RC04102
5	G210	巴南区	百节	G21050RC04202
6	G210	綦江县	古南	G21050RC04404
7	G210	綦江县	赶水	G21050RC04502
8	G210	綦江县	崇溪河	G21050RC04603
9	G212	合隆镇	渝川省界	G21250RC02302
10	G212	合川市	合阳	G21250RC02404
11	G212	重庆市北碚区		G21250RC02502
12	G212	重庆市沙坪坝区		G21250RC02609
13	G318	万州区	长江大桥	G31850RC05602
14	G318	梁平县	柏家蟠龙桥	G31850RC05802
15	G318	梁平县		G31850RC06002
16	G318	石桥铺镇	渝川省界	G31850RC06203
17	G319	茶洞镇	酉阳洪安桥	G31950RC03103
18	G319	重庆市石耶区	岔路口	G31950RC03202
19	G319	秀山县		G31950RC03302
20	G319	酉阳县		G31950RC03402
21	G319	黔江县		G31950RC03502
22	G319	彭水县		G31950RC03602
23	G319	武隆县		G31950RC03704
24	G319	武隆县	白马	G31950RC03802

表22 （完）

序号	路线编号	主要控制点所在行政区域	主要控制点点位描述	主要控制点代码
25	G319	涪陵区	长江大桥	G31950RC03904
26	G319	长寿县		G31950RC04002
27	G319	重庆市沙坪坝江北区	石门大桥	G31950RC04102
28	G319	壁山县		G31950RC04202
29	G319	铜梁县		G31950RC04304
30	G319	铜梁县	塘坝	G31950RC04402
31	G319	铜梁县	毛家（渝川省界）	G31950RC04503
32	G326	秀山县		G32650RC02001
33	G326	秀山县	隘口	G32650RC02103
34	G326	酉阳县	李溪	G32650RC02203
35	G326	酉阳县	渝黔省界	G32650RC02303

表23 四川省国道主要控制点代码表

序号	路线编号	主要控制点所在行政区域	主要控制点点位描述	主要控制点代码
1	G108	广元市市中区		G10851RC06202
2	G108	剑阁县善安镇		G10851RC06304
3	G108	梓潼县文昌镇		G10851RC06402
4	G108	绵阳市涪城区		G10851RC06502
5	G108	德阳市旌阳区		G10851RC06602
6	G108	广汉市雒城镇		G10851RC06704
7	G108	成都市青白江区弥牟		G10851RC06802
8	G108	成都市武侯区	永丰立交桥	G10851RC06902
9	G108	双流县东升镇		G10851RC07004
10	G108	新津县五津镇		G10851RC07102
11	G108	邛崃市临邛镇		G10851RC07202
12	G108	名山县蒙阳镇		G10851RC07304
13	G108	雅安市多营镇		G10851RC07402
14	G108	荥经县严道镇		G10851RC07504
15	G108	汉源县富林镇		G10851RC07602
16	G108	石棉县新棉镇		G10851RC07702
17	G108	西昌市		G10851RC07802
18	G108	德昌县德州镇		G10851RC07904
19	G108	会理县	甸沙关	G10851RC08002
20	G108	会理县	南阁	G10851RC08102

表23 （续）

序　　号	路线编号	主要控制点所在行政区域	主要控制点点位描述	主要控制点代码
21	G108	会理县	石家湾	G10851RC08202
22	G108	攀枝花市仁和区平地		G10851RC08302
23	G108	攀枝花市仁和区	四川云南界（挖断路）	G10851RC08403
24	G210	万源市官渡镇		G21051RC03002
25	G210	万源市太平镇		G21051RC03104
26	G210	达川市	窝窝店	G21051RC03202
27	G210	达川市		G21051RC03302
28	G210	大竹县	东柳	G21051RC03402
29	G210	大竹县竹阳镇		G21051RC03602
30	G210	邻水县城北镇		G21051RC03802
31	G210	邻水县城南镇		G21051RC04002
32	G210	邻水县高滩镇	邻水渝北界（方家沟）	G21051RC04303
33	G212	青川县沙州镇		G21251RC01302
34	G212	广元市市中区宝轮镇		G21251RC01402
35	G212	广元市元坝区元坝镇		G21251RC01502
36	G212	苍溪县陵江镇		G21251RC01604
37	G212	阆中市保宁镇		G21251RC01702
38	G212	南部县南隆镇		G21251RC01802
39	G212	南部县建兴镇	建兴	G21251RC01902
40	G212	西充县晋城镇		G21251RC02004
41	G212	南充市顺庆区		G21251RC02102
42	G212	武胜县万隆镇	四川重庆界	G21251RC02203
43	G213	若尔盖县达扎寺镇		G21351RC00704
44	G213	松潘县	尕力台	G21351RC00802
45	G213	松潘县川主寺镇		G21351RC00902
46	G213	松潘县进安镇		G21351RC01004
47	G213	茂县	两河口	G21351RC01102
48	G213	茂县凤仪镇		G21351RC01202
49	G213	汶川县威州镇		G21351RC01302
50	G213	汶川县映秀镇		G21351RC01402
51	G213	都江堰市灌口镇		G21351RC01502
52	G213	郫县郫筒镇		G21351RC01604
53	G213	成都市锦江区	二环路口东五段	G21351RC01702
54	G213	仁寿县文林镇		G21351RC01802
55	G213	井研县三江镇		G21351RC01902

表23 （续）

序　号	路线编号	主要控制点所在行政区域	主要控制点点位描述	主要控制点代码
56	G213	井研县	杨家河	G21351RC02002
57	G213	乐山市五通桥区	五通桥	G21351RC02102
58	G213	犍为县玉津镇		G21351RC02204
59	G213	沐川县沐溪镇		G21351RC02304
60	G213	屏山县新市镇	四川云南界	G21351RC02403
61	G317	成都市青羊区	营门口	G31751RC00101
62	G317	理县杂谷脑镇		G31751RC00204
63	G317	马尔康县	刷马路口	G31751RC00302
64	G317	马尔康县	卓克基	G31751RC00402
65	G317	马尔康县马尔康镇		G31751RC00504
66	G317	马尔康县	红旗桥	G31751RC00602
67	G317	色达县翁达镇		G31751RC00704
68	G317	炉霍县新都镇		G31751RC00802
69	G317	甘孜县	拖坝	G31751RC00902
70	G317	甘孜县甘孜镇		G31751RC01004
71	G317	德格县	马尼干戈	G31751RC01102
72	G317	德格县更庆镇		G31751RC01304
73	G317	江达县	岗托（金沙江边）	G31751RC01503
74	G318	大竹县石桥铺镇		G31851RC05303
75	G318	渠县	渠江大桥	G31851RC05404
76	G318	南充市高坪区长乐镇		G31851RC05502
77	G318	蓬溪县赤城镇		G31851RC05704
78	G318	遂宁市市中区	联盟	G31851RC05902
79	G318	遂宁市市中区		G31851RC06102
80	G318	遂宁市市中区安居镇		G31851RC06302
81	G318	乐至县天池镇		G31851RC06402
82	G318	乐至县	三叉路	G31851RC06502
83	G318	简阳县简城镇		G31851RC06602
84	G318	成都市青羊区	二环路口战旗	G31851RC06702
85	G318	温江县柳城镇		G31851RC06804
86	G318	大邑县晋源镇		G31851RC06902
87	G318	天全县	飞仙关	G31851RC07002
88	G318	天全县城厢镇		G31851RC07104
89	G318	康定县	瓦斯沟	G31851RC07202
90	G318	康定县炉城镇		G31851RC07304

表23 （完）

序　号	路线编号	主要控制点所在行政区域	主要控制点点位描述	主要控制点代码
91	G318	康定县	东俄洛	G31851RC07502
92	G318	雅江县河口镇		G31851RC07704
93	G318	理塘县高城镇		G31851RC07902
94	G318	巴塘县夏邛镇		G31851RC08104
95	G318	巴塘县	竹巴笼金沙江大桥	G31851RC08303
96	G319	安岳县	彭家垭口	G31951RC02803
97	G319	安岳县岳阳镇		G31951RC02902
98	G319	成都市锦江区	望江公园	G31951RC03009
99	G321	古蔺县	贵州四川界	G32151RC02603
100	G321	叙永县叙永镇		G32151RC02804
101	G321	叙永县	烂泥沟	G32151RC02904
102	G321	泸州市纳溪区		G32151RC03002
103	G321	泸州市江阳区	长江大桥	G32151RC03102
104	G321	隆昌县金鹅镇		G32151RC03202
105	G321	内江市市中区		G32151RC03302
106	G321	资中县重龙镇		G32151RC03402
107	G321	资阳市迎接镇		G32151RC03502
108	G321	资阳市雁江镇		G32151RC03602

表24　贵州省国道主要控制点代码表

序　号	路线编号	主要控制点所在行政区域	主要控制点点位描述	主要控制点代码
1	G210	桐梓县	县城	G21052RC04704
2	G210	遵义市		G21052RC04802
3	G210	息烽县		G21052RC04904
4	G210	贵阳市		G21052RC05002
5	G210	惠水县		G21052RC05102
6	G210	罗甸县		G21052RC05202
7	G210	罗甸县	沫阳	G21052RC05303
8	G320	玉屏县		G32052RC03304
9	G320	三穗县		G32052RC03402
10	G320	台江县		G32052RC03502
11	G320	凯里市		G32052RC03602
12	G320	麻江县		G32052RC03702
13	G320	贵定县	昌明	G32052RC03802
14	G320	镇宁县	大山哨	G32052RC03902

表24（完）

序　号	路线编号	主要控制点所在行政区域	主要控制点点位描述	主要控制点代码
15	G320	镇宁县		G32052RC04004
16	G320	关岭县	断桥	G32052RC04102
17	G320	关岭县		G32052RC04204
18	G320	普安县		G32052RC04304
19	G320	盘县	刘官屯	G32052RC04402
20	G320	盘县	胜景关	G32052RC04503
21	G321	榕江县		G32152RC01702
22	G321	榕江县	八开	G32152RC01802
23	G321	三都县	都江	G32152RC01902
24	G321	三都县		G32152RC02004
25	G321	都匀市		G32152RC02102
26	G321	清镇市	庙儿山	G32152RC02204
27	G321	黔西县		G32152RC02304
28	G321	大方县		G32152RC02402
29	G321	毕节市		G32152RC02502
30	G321	赤水河镇		G32152RC02703
31	G324	安龙县		G32452RC04802
32	G324	兴义市	顶效	G32452RC04902
33	G324	兴义市		G32452RC05002
34	G324	兴义市	江底	G32452RC05103
35	G326	松桃县	白泥坝	G32652RC00104
36	G326	松桃县	关子门	G32652RC00203
37	G326	沿河县		G32652RC00304
38	G326	德江县		G32652RC00404
39	G326	凤岗县		G32652RC00504
40	G326	湄潭县		G32652RC00602
41	G326	遵义市	马家湾	G32652RC00704
42	G326	金沙县		G32652RC00804
43	G326	赫章县		G32652RC00902
44	G326	威宁县		G32652RC01002
45	G326	威宁县	杉木菁	G32652RC01103

表25　云南省国道主要控制点代码表

序　号	路线编号	主要控制点所在行政区域	主要控制点点位描述	主要控制点代码
1	G108	永仁县		G10853RC08502
2	G108	元谋县		G10853RC08604
3	G108	禄劝县		G10853RC08704
4	G108	昆明市	黄土坡	G10853RC08809
5	G213	绥江县		G21353RC02502
6	G213	永善县	桧溪	G21353RC02602
7	G213	大关县	岔河	G21353RC02704
8	G213	大关县		G21353RC02804
9	G213	昭通市		G21353RC02902
10	G213	昭通市	永丰	G21353RC03004
11	G213	会泽县	者海	G21353RC03102
12	G213	寻甸县	大菜地	G21353RC03202
13	G213	寻甸县	天生桥	G21353RC03304
14	G213	嵩明县		G21353RC03404
15	G213	昆明市		G21353RC03502
16	G213	玉溪市		G21353RC03602
17	G213	玉溪市	大梨园	G21353RC03702
18	G213	峨山县	县城	G21353RC03802
19	G213	新平县	大开门	G21353RC03902
20	G213	新平县	莲花塘	G21353RC04002
21	G213	元江县		G21353RC04104
22	G213	墨江县		G21353RC04202
23	G213	普洱县		G21353RC04302
24	G213	思茅市		G21353RC04402
25	G213	景洪市	勐养	G21353RC04502
26	G213	勐腊县	勐醒	G21353RC04602
27	G213	勐腊县	磨憨	G21353RC04709
28	G214	中甸县	尼西	G21453RC01402
29	G214	中甸县		G21453RC01504
30	G214	丽江县	雄古	G21453RC01602
31	G214	剑川县	九河	G21453RC01704
32	G214	剑川县	甸南	G21453RC01802
33	G214	洱源县	小营	G21453RC01902
34	G214	洱源县	邓川	G21453RC02002
35	G214	大理市		G21453RC02102

表25 （续）

序　号	路线编号	主要控制点所在行政区域	主要控制点点位描述	主要控制点代码
36	G214	祥云县	海坝庄	G21453RC02202
37	G214	南涧县		G21453RC02302
38	G214	南涧县	与S222交叉口	G21453RC02402
39	G214	云县		G21453RC02502
40	G214	临沧县	羊头岩	G21453RC02602
41	G214	临沧县		G21453RC02702
42	G214	临沧县	斗阁	G21453RC02804
43	G214	双江县	小黑江岔口	G21453RC02902
44	G214	澜沧县	募乃	G21453RC03002
45	G214	澜沧县		G21453RC03102
46	G214	勐海县	佛双桥	G21453RC03202
47	G214	勐海县		G21453RC03304
48	G214	景洪市		G21453RC03404
49	G320	曲靖市	天生桥	G32053RC04602
50	G320	曲靖市	曲靖	G32053RC04702
51	G320	曲靖市	易隆	G32053RC04804
52	G320	嵩明市	小新街	G32053RC04904
53	G320	安宁市	鱼头村	G32053RC05002
54	G320	溪木潭		G32053RC05102
55	G320	楚雄市		G32053RC05202
56	G320	楚雄市	钱粮桥	G32053RC05302
57	G320	南华县		G32053RC05402
58	G320	祥云县	祥云	G32053RC05502
59	G320	大理市	平坡	G32053RC05602
60	G320	永平县	黄连铺	G32053RC05702
61	G320	永平县	与S228交叉口瓦窑	G32053RC05802
62	G320	保山市	保山	G32053RC05904
63	G320	保山市	左官屯	G32053RC06002
64	G320	龙陵县	黄草坝	G32053RC06102
65	G320	芒市	潞西	G32053RC06204
66	G320	芒市	遮放	G32053RC06304
67	G320	芒市	姐告（瑞丽）	G32053RC06402
68	G323	广南县	珠街	G32353RC02602
69	G323	砚山县	砚山	G32353RC02702
70	G323	砚山县	炭房	G32353RC02802

表25 （完）

序号	路线编号	主要控制点所在行政区域	主要控制点点位描述	主要控制点代码
71	G323	砚山县	平远街	G32353RC02902
72	G323	石屏县		G32353RC03004
73	G323	景谷县		G32353RC03104
74	G323	临沧县	斗阁	G32353RC03202
75	G323	临沧县		G32353RC03302
76	G324	罗平县	以且岔口	G32453RC05202
77	G324	师宗县	召夸	G32453RC05302
78	G324	陆良县	西桥（陆良）	G32453RC05404
79	G324	路南县	紫不所	G32453RC05504
80	G324	宜良县	蓬莱	G32453RC05602
81	G326	会泽县	长麦地	G32653RC01202
82	G326	宣威县		G32653RC01304
83	G326	弥勒县		G32653RC01402
84	G326	弥勒县	新哨	G32653RC01502
85	G326	开远市		G32653RC01604
86	G326	个旧市	鸡街	G32653RC01702
87	G326	屏边县	零开	G32653RC01802
88	G326	河口县		G32653RC01909

表26 西藏自治区国道主要控制点代码表

序号	路线编号	主要控制点所在行政区域	主要控制点点位描述	主要控制点代码
1	G109	安多县	加油站	G10954RC05102
2	G109	那曲镇		G10954RC05202
3	G109	当雄县	县城	G10954RC05302
4	G109	堆龙德庆县	羊八井	G10954RC05402
5	G109	堆龙德庆县	县城	G10954RC05502
6	G109	拉萨市	两路纪念碑	G10954RC05602
7	G214	类乌齐县	县城三岔路口	G21454RC00702
8	G214	昌都镇	马草坝桥	G21454RC00902
9	G214	八宿县邦达乡	夏雅	G21454RC01002
10	G214	昌都地区八宿县邦达	邦达三岔路口	G21454RC01102
11	G214	芒康县	县城三岔路口	G21454RC01202
12	G214	盐井县	界洪（滇藏省界）	G21454RC01303
13	G219	阿里地区	日松	G21954RC00604
14	G219	狮泉河（噶尔）镇	狮泉河镇	G21954RC00702

表 26 （完）

序 号	路线编号	主要控制点所在行政区域	主要控制点点位描述	主要控制点代码
15	G219	阿里地区日土县	门土	G21954RC00804
16	G219	阿里地区普兰县	巴噶	G21954RC00902
17	G219	仲巴县	县城	G21954RC01004
18	G219	日喀则地区	得穷道班（与 S206 叉口）	G21954RC01102
19	G219	日喀则地区昂仁县	桑桑	G21954RC01202
20	G219	拉孜县	县城	G21954RC01309
21	G317	昌都地区江达县	县城	G31754RC01204
22	G317	丁青县	县城	G31754RC01404
23	G317	那曲地区巴青县	荣布桥	G31754RC01602
24	G317	索县	县城	G31754RC01704
25	G317	那曲地区那曲县	下秋卡（与 S303 叉口）	G31754RC01802
26	G318	昌都地区八宿县	然乌（与 S201 叉口）	G31854RC07402
27	G318	林芝地区波密县	通麦（与 S305 叉口）	G31854RC07602
28	G318	八一镇	与 S306 叉口	G31854RC07802
29	G318	工布江达县	东风桥	G31854RC08004
30	G318	墨竹工卡县	县城	G31854RC08204
31	G318	墨竹工卡县	与 S302 交叉	G31854RC08402
32	G318	达孜县	县城	G31854RC08502
33	G318	曲水县	曲水大桥	G31854RC08602
34	G318	日喀则地区	大竹卡	G31854RC08702
35	G318	日喀则市	市内	G31854RC08802
36	G318	拉孜县	县城	G31854RC08904
37	G318	定日县	县城老县城	G31854RC09004
38	G318	聂拉木县	县城	G31854RC09104
39	G318	日喀则地区	樟木(友谊桥头)	G31854RC09209

表27 陕西省国道主要控制点代码表

序　号	路线编号	主要控制点所在行政区域	主要控制点点位描述	主要控制点代码
1	G108	韩城市		G10861RC04204
2	G108	合阳县		G10861RC04302
3	G108	澄城县	韦庄	G10861RC04402
4	G108	大荔县		G10861RC04502
5	G108	固市		G10861RC04602
6	G108	渭南市		G10861RC04702
7	G108	临潼县		G10861RC04802
8	G108	灞桥区		G10861RC04902
9	G108	武功县	三桥武功	G10861RC05002
10	G108	周至县		G10861RC05102
11	G108	周至县	马召	G10861RC05202
12	G108	佛坪县		G10861RC05302
13	G108	洋县		G10861RC05404
14	G108	城固县		G10861RC05502
15	G108	汉中市汉台区		G10861RC05602
16	G108	汉中市汉台区	褒河	G10861RC05702
17	G108	勉县		G10861RC05802
18	G108	宁强县	烈金坝	G10861RC05902
19	G108	宁强县	宁强	G10861RC06002
20	G108	宁强县	棋盘关	G10861RC06103
21	G210	榆林市	S302 交叉	G21061RC00502
22	G210	榆林市	高家伙场	G21061RC00602
23	G210	榆林市		G21061RC00702
24	G210	鱼河镇		G21061RC00802
25	G210	绥德县		G21061RC00904
26	G210	清涧县		G21061RC01002
27	G210	延川县		G21061RC01104
28	G210	延长县	西沟	G21061RC01202
29	G210	延安市宝塔区	S205 交叉	G21061RC01302
30	G210	延安市宝塔区	姚店	G21061RC01402
31	G210	延川县	S201 交叉	G21061RC01502
32	G210	延安市宝塔区	S303 交叉	G21061RC01602
33	G210	洛川县	S304 交叉	G21061RC01702
34	G210	延安市富县		G21061RC01804
35	G210	洛川县		G21061RC01902

表27 （续）

序　　号	路线编号	主要控制点所在行政区域	主要控制点点位描述	主要控制点代码
36	G210	黄陵县	宜召	G21061RC02002
37	G210	铜川市	金锁关	G21061RC02102
38	G210	三原县	铜川新庄	G21061RC02202
39	G210	西安市		G21061RC02302
40	G210	长安县	丰峪口	G21061RC02402
41	G210	柞水县	广货街	G21061RC02502
42	G210	石泉县		G21061RC02602
43	G210	西乡县	古城	G21061RC02702
44	G210	镇巴县		G21061RC02802
45	G210	镇巴县	铁匠垭	G21061RC02903
46	G211	旬邑县	早池村	G21161RC01602
47	G211	淳化县	野鸡红	G21161RC01704
48	G211	泾阳县	云阳	G21161RC01802
49	G211	西安市	钟楼	G21161RC01909
50	G307	子洲县		G30761RC01904
51	G307	靖边县	马路卯	G30761RC02002
52	G307	靖边县		G30761RC02102
53	G307	定边县	彭滩	G30761RC02202
54	G307	定边县	王圈梁	G30761RC02303
55	G309	宜川县	S303 交叉	G30961RC03602
56	G309	宜川县	壶口	G30961RC03702
57	G309	富县茶坊镇		G30961RC03804
58	G309	富县直罗镇		G30961RC03904
59	G309	富县	雷家角	G30961RC04003
60	G310	宝鸡市	S212 交叉	G31061RC02102
61	G310	潼关县	港口	G31061RC02402
62	G310	华县	罗夫	G31061RC02502
63	G310	宝鸡县	高店	G31061RC02604
64	G310	宝鸡县	潘家湾	G31061RC02702
65	G310	宝鸡市		G31061RC02802
66	G310	宝鸡县	牛背梁	G31061RC02903
67	G312	商南县		G31261RC05004
68	G312	丹凤县		G31261RC05104
69	G312	商州市		G31261RC05202
70	G312	蓝田县	前程	G31261RC05304

表27（完）

序号	路线编号	主要控制点所在行政区域	主要控制点点位描述	主要控制点代码
71	G312	蓝田县	县城	G31261RC05402
72	G312	咸阳市	渭河大桥	G31261RC05502
73	G312	乾县		G31261RC05602
74	G312	永寿县		G31261RC05704
75	G312	彬县	永坪	G31261RC05804
76	G312	彬县		G31261RC05902
77	G312	长武县		G31261RC06002
78	G312	长武县	凤翔路口	G31261RC06103
79	G312	长武县	凤翔路口	G31261RC06103
80	G316	平利县		G31661RC03502
81	G316	安康市		G31661RC03602
82	G316	安康市	恒口	G31661RC03702
83	G316	石泉县	石泉	G31661RC03804
84	G316	西乡县		G31661RC03904
85	G316	留坝县		G31661RC04004
86	G316	凤县		G31661RC04102
87	G316	凤县	杨家店	G31661RC04203

表28　甘肃省国道主要控制点代码表

序号	路线编号	主要控制点所在行政区域	主要控制点点位描述	主要控制点代码
1	G109	靖远县	黄河桥	G10962RC03502
2	G109	靖远县	吴家川	G10962RC03602
3	G109	白银市白银区		G10962RC03702
4	G109	皋兰县	县城	G10962RC03804
5	G109	兰州市城关区	黄河桥	G10962RC03902
6	G109	红固区	河口	G10962RC04002
7	G109	红固区	享堂（甘青交界）	G10962RC04103
8	G211	环县	洪德乡	G21162RC00604
9	G211	环县	县城	G21162RC00704
10	G211	环县曲子镇		G21162RC00804
11	G211	庆阳县		G21162RC00904
12	G211	庆阳县	东河桥	G21162RC01002
13	G211	合水县板桥乡		G21162RC01102
14	G211	合水县	县城	G21162RC01204
15	G211	宁县	县城	G21162RC01302

表28 （续）

序号	路线编号	主要控制点所在行政区域	主要控制点点位描述	主要控制点代码
16	G211	宁县早胜镇		G21162RC01402
17	G211	正宁县	罗儿沟圈（甘陕界）	G21162RC01503
18	G212	兰州市城关区	七道梁	G21262RC00202
19	G212	临洮县	康家崖	G21262RC00302
20	G212	临洮县	县城	G21262RC00404
21	G212	渭源县会川镇		G21262RC00502
22	G212	漳县	殪虎桥	G21262RC00602
23	G212	岷县	县城	G21262RC00702
24	G212	岷县	巴仁口	G21262RC00802
25	G212	宕昌县	县城	G21262RC00904
26	G212	武都县	北峤河桥	G21262RC01002
27	G212	文县	县城	G21262RC01104
28	G212	文县	罐子沟（甘川交界）	G21262RC01203
29	G213	永靖县	小川黄河桥	G21362RC00204
30	G213	东乡县	县城	G21362RC00304
31	G213	临夏市城关镇		G21362RC00402
32	G213	合作市合作镇		G21362RC00502
33	G213	碌曲县	郎木寺岔口（甘川交界）	G21362RC00603
34	G215	安西县柳园镇		G21562RC00101
35	G215	安西县	红柳园	G21562RC00204
36	G215	敦煌市	城关	G21562RC00302
37	G215	敦煌市	沙枣园	G21562RC00402
38	G215	阿克塞县	大草滩	G21562RC00502
39	G215	阿克塞县	当金口山（甘青交界）	G21562RC00603
40	G227	民乐县	总寨	G22762RC00504
41	G227	民乐县	县城	G22762RC00602
42	G227	民乐县		G22762RC00704
43	G227	张掖市	城关	G22762RC00802
44	G309	庆阳县	雷家岘子	G30962RC04102
45	G309	庆阳县	儒木铺	G30962RC04204
46	G309	庆阳县	小园子村（甘宁交界）	G30962RC04303
47	G309	会宁县	甘沟	G30962RC04902
48	G309	榆中县	定远	G30962RC05002
49	G309	兰州市西固区	达川	G30962RC05109
50	G310	天水市北道区	吴砦	G31062RC03004

表28 （完）

序　　号	路线编号	主要控制点所在行政区域	主要控制点点位描述	主要控制点代码
51	G310	天水市北道区	伯阳	G31062RC03104
52	G310	天水市	天水七里墩	G31062RC03202
53	G310	秦安县	县城	G31062RC03304
54	G310	通渭县	县城	G31062RC03404
55	G310	定西县	红土窑	G31062RC03504
56	G310	定西县	十八里铺	G31062RC03609
57	G312	泾川县	县城	G31262RC06202
58	G312	平凉市	城关	G31262RC06302
59	G312	平凉市	蒐麻湾（甘宁交界）	G31262RC06403
60	G312	静宁县	西河桥	G31262RC06904
61	G312	静宁县	界石铺	G31262RC07002
62	G312	会宁县	县城	G31262RC07102
63	G312	定西县	馋口	G31262RC07202
64	G312	榆中县	三角城	G31262RC07302
65	G312	古浪县	县城	G31262RC07404
66	G312	武威市	高坝	G31262RC07502
67	G312	山丹县	县城	G31262RC07604
68	G312	临泽县	县城	G31262RC07704
69	G312	酒泉市	总寨	G31262RC07802
70	G312	嘉峪关市	民众路口	G31262RC07902
71	G312	玉门市玉门镇		G31262RC08004
72	G312	安西县	北大桥	G31262RC08102
73	G312	安西县	星星峡（甘新交界）	G31262RC08203
74	G316	两当县	县城	G31662RC04304
75	G316	徽县		G31662RC04402
76	G316	天水市	徐家店	G31662RC04504
77	G316	天水市	天水郡	G31662RC04602
78	G316	甘谷县	县城	G31662RC04704
79	G316	武山县	县城	G31662RC04804
80	G316	陇西县	渭河桥	G31662RC04902
81	G316	渭源县	县城	G31662RC05004

表29 青海省国道主要控制点代码表

序号	路线编号	主要控制点所在行政区域	主要控制点点位描述	主要控制点代码
1	G109	平安县		G10963RC04202
2	G109	西宁市		G10963RC04302
3	G109	湟源县		G10963RC04402
4	G109	共和县	倒淌河	G10963RC04502
5	G109	共和县	黑马河	G10963RC04602
6	G109	乌兰县	茶卡	G10963RC04702
7	G109	海西州格尔木市	十字口	G10963RC04802
8	G109	玉树州曲麻莱县	五道梁	G10963RC04904
9	G109	格尔木市代管	唐古拉山口	G10963RC05003
10	G214	玛多县	花石峡叉口	G21463RC00202
11	G214	称多县	清水河	G21463RC00302
12	G214	称多县	歇武	G21463RC00402
13	G214	玉树县		G21463RC00502
14	G214	玉树县	多拉麻科叉口	G21463RC00602
15	G214	囊谦县	多普玛	G21463RC00803
16	G215	柴旦镇	当金山叉口	G21563RC00702
17	G215	柴旦镇	鱼卡	G21563RC00802
18	G215	柴旦镇		G21563RC00902
19	G215	柴旦镇	锡铁山叉口	G21563RC01004
20	G227	海北州门源县	青石嘴叉口	G22763RC00202
21	G227	海北州祁连县	俄堡	G22763RC00302
22	G227	祁连县	扁都口	G22763RC00403
23	G315	海晏县	S204 叉口（尕海）	G31563RC00202
24	G315	刚察县	切家沟 S206 叉口	G31563RC00302
25	G315	乌兰县	察汉诺 S207 叉口	G31563RC00402
26	G315	海西州德令哈市		G31563RC00504
27	G315	海西州	茫崖黄瓜梁叉口	G31563RC00602
28	G315	海西州	茫崖石棉矿	G31563RC00803

表30　宁夏回族自治区国道主要控制点代码表

序　　号	路线编号	主要控制点所在行政区域	主要控制点点位描述	主要控制点代码
1	G109	平罗县	北门	G10964RC02704
2	G109	贺兰县		G10964RC02804
3	G109	银川市		G10964RC02902
4	G109	青铜峡市	叶盛岔路口	G10964RC03002
5	G109	中宁县	城南环西岔路口	G10964RC03102
6	G109	同心县	桃山岔路口	G10964RC03202
7	G109	海原县	兴仁岔路口	G10964RC03302
8	G109	海原县	郝家集省界	G10964RC03403
9	G211	灵武市	新华桥岔路口	G21164RC00202
10	G211	吴忠市	北门	G21164RC00302
11	G211	盐池县	惠安堡	G21164RC00404
12	G211	盐池县	萌城省界甜水堡	G21164RC00503
13	G307	盐池县		G30764RC02404
14	G307	灵武市		G30764RC02504
15	G309	固原县	芦家堡子	G30964RC04402
16	G309	西吉县	夏寨岔路口	G30964RC04502
17	G309	西吉县		G30964RC04604
18	G309	西吉县	万崖岔路	G30964RC04702
19	G309	西吉县	郭家沟	G30964RC04803
20	G312	固源县	什字	G31264RC06502
21	G312	固源县	和尚堡	G31264RC06602
22	G312	隆德县		G31264RC06702
23	G312	隆德县	毛家沟省界	G31264RC06803

表31　新疆维吾尔自治区国道主要控制点代码表

序　号	路线编号	主要控制点所在行政区域	主要控制点点位描述	主要控制点代码
1	G216	阿勒泰市	解放南路征稽站门口	G21665RC00102
2	G216	北屯镇	北屯交调站门口	G21665RC00202
3	G216	富蕴县	喀拉通克	G21665RC00302
4	G216	吉木萨尔县	五彩湾准东油田指挥部	G21665RC00404
5	G216	吉木萨尔县	大黄山幸福路口	G21665RC00502
6	G216	阜康县	阜康天池岔	G21665RC00602
7	G216	乌鲁木齐市	医学院门口	G21665RC00704
8	G216	乌鲁木齐市	仓房沟	G21665RC00804
9	G216	乌鲁木齐市	后峡养路段门口	G21665RC00904
10	G216	尼勒克县	乌拉斯台火车站	G21665RC01002
11	G216	和静县	巴伦台	G21665RC01102
12	G217	布尔津县	额尔齐斯河大桥	G21765RC00202
13	G217	和丰县	乌土布拉克	G21765RC00302
14	G217	克拉玛依市	中岔口	G21765RC00404
15	G217	独山子区	西岔口	G21765RC00502
16	G217	新源县	巩乃斯沟	G21765RC00602
17	G217	巴音州	布鲁克	G21765RC00704
18	G217	库车县		G21765RC00802
19	G218	霍城县清水河镇	街心花园	G21865RC00102
20	G218	伊宁市	过境路	G21865RC00202
21	G218	焉耆县	紫泥泉	G21865RC00302
22	G218	库尔勒市		G21865RC00402
23	G218	若羌县		G21865RC00502
24	G219	叶城县	林场路口	G21965RC00102
25	G219	叶城县	麻扎段门口	G21965RC00204
26	G219	皮山县	赛图拉段	G21965RC00304
27	G219	墨玉县	甜水海道班	G21965RC00404
28	G219	日土县	界山大坂（新藏分界线）	G21965RC00503
29	G312	哈密市	北出口	G31265RC08302
30	G312	吐鲁番市	葡萄山庄路口	G31265RC08402
31	G312	托克逊县	小草湖	G31265RC08502
32	G312	乌鲁木齐市	碾子沟口	G31265RC08602
33	G312	呼图壁县五工台乡	伴行公路岔路口	G31265RC08702
34	G312	石河子市	子午路口	G31265RC08802
35	G312	精河县	精河运输站	G31265RC08904

表31（完）

序　号	路线编号	主要控制点所在行政区域	主要控制点点位描述	主要控制点代码
36	G312	霍城县	霍尔果斯口岸国界	G31265RC09009
37	G314	托克逊县	运输站	G31465RC00204
38	G314	轮台县	运输站	G31465RC00302
39	G314	阿克苏市	去阿克苏市东口	G31465RC00402
40	G314	巴楚县三岔口镇	S215 岔口	G31465RC00502
41	G314	喀什市	北大桥	G31465RC00602
42	G314	疏附县	县政府路口	G31465RC00704
43	G314	阿克陶县	布伦口运输站	G31465RC00804
44	G314	塔什库尔干县	县城	G31465RC00904
45	G314	塔什库尔干县	去明铁盖边卡岔口	G31465RC01004
46	G314	塔什库尔干县	洪其拉甫口岸国界	G31465RC01109
47	G315	且末县	县城	G31565RC00704
48	G315	库木恰克勒克	沙漠公路终点 K563	G31565RC00902
49	G315	民丰县	县城	G31565RC01004
50	G315	和田县	玉龙喀什大桥	G31565RC01102
51	G315	莎车县	S215 终点	G31565RC01202
52	G315	喀什市	七里桥	G31565RC01302

ICS 03.220.01
R 00
备案号:

JT

中华人民共和国交通行业标准

JT/T 483—2002

交通科技报告编写规则

Writing regulations for transportation science and technology reports

2002-08-01 发布　　2002-10-10 实施

中华人民共和国交通部　发布

交通科技报告编写规则

1 范围

本标准规定了交通科技报告撰写的格式和要求。

本标准适用于承担交通科技项目的单位或个人撰写的交通科技报告。

2 规范性引用文件

下列文件中的条款通过本标准的引用而成为本标准的条款。凡是注日期的引用文件，其随后所有的修改单(不包括勘误的内容)或修订版均不适用于本标准，然而，鼓励根据本标准达成协议的各方研究是否可适用这些文件的最新版本。凡是不注日期的引用文件，其最新版本适用于本标准。

GB/T 7714 文后参考文献著录规则

JT/T 0036 交通汉语主题词表

3 术语和定义

下列术语和定义适用于本标准。

3.1 交通科技报告 transportation science and technology reports

在交通科技项目研究或开发过程中撰写的研究报告、技术报告、实(试)验报告等。

4 基本要求

4.1 一般要求

4.1.1 承担交通科技项目的主要完成者应撰写交通科技报告(以下简称报告)。

4.1.2 报告的内容应科学、准确、完整和易读。

4.1.3 报告应采用国家正式公布实施的简化汉字。

4.1.4 报告中采用的计量单位应符合国家发布的《中华人民共和国法定计量单位》,并按《中华人民共和国法定计量单位使用方法》执行。

4.1.5 报告中使用的术语、符号、代号应遵照国家有关标准执行。如无标准可循，可采纳交通专业或其他学科的权威性机构或学术团体所公布的有关规定；也可以采用全国自然科学名词审定委员会公布的有关交通名词术语或其他学科的名词术语。报告中使用新的专业术语、缩略词应加以注释。国外新的专业术语、缩略词，应在译文后用圆括号注明原文。

4.1.6 报告的插图、照片应确保能够完整清晰复制或计算机扫描。

4.1.7 报告一律用 A4 标准纸，必须是打印件、印刷件，或其复印件。

4.1.8 报告的机读版数据应采用通用文件格式，数据应完整地保留。

4.2 报告结构

4.2.1 报告结构如下：

4.2.2 报告的页码

a)前置部分、主体部分、后置部分应分别用阿拉伯数字单独连续编制页码。页码位置居中。

b)报告如在一个总题名下分装成两卷(篇、册)以上，应连续编制页码；当各卷(篇、册)有副题名时，各卷(篇、册)应单独编制页码。

5 具体要求

5.1 封面

- 报告
  - 前置部分
    - 封面
    - 辑要页
    - 目次
    - 插图和插表清单
    - 符号和缩略词表
  - 主体部分
    - 引言
    - 正文
    - 结束语
    - 合作者
    - 致谢
    - 参考文献
  - 后置部分
    - 附录
    - 总编目
    - 封底

报告封面格式见附录 A。

5.1.1　项目类型

项目类型指以下几类:软科学研究、国家级研究与开发、部级研究与开发、行业联合科技攻关、科技成果推广、人才培养和西部项目等。

5.1.2　合同号

指项目合同书上的编号,由完成单位填写。

5.1.3　密级

报告分为机密、秘密、内部和公开四级。由完成单位按《中华人民共和国保守秘密法》和有关保密规定填写。

5.1.4　交通编号

交通编号指纳入交通部报告系列的编号,由交通部科技管理部门归档时填写。

5.1.5　单位编号

单位编号系指各单位给定的编号,由各单位科技管理机构填写。

5.1.6　分类号

分类号采用《中国图书资料分类法》(第四版),由完成单位填写。

5.1.7　题名

5.1.7.1　题名应以简明、准确的词语高度概括报告的主题和中心思想,一般与项目名称一致,避免使用不常见的缩略词、首字母缩写字、字符、代号和公式等。字数不宜超过 30 个汉字。

5.1.7.2　报告如有下列情况之一,可以加副题名:

a)题名语意未尽,需用副题名补充说明报告中的特定内容;

b)报告分卷(篇、册)或分阶段的研究成果,总题名相同需用副题名区别报告的特定内容;

c)有必要用副题名作为题名的引申或说明。

5.1.8　报告分卷(篇、册)编写时,各卷(篇、册)编号应在题名下一行居中位置。

5.1.9　完成单位

完成单位为项目承担人所在的基层法人单位。当完成单位不止一个时,可依次分行排列。

5.1.10　完成时间

完成时间是指报告完成的时间,由完成单位用阿拉伯数字填写,如 2001 年 1 月。

5.1.11　字型、字体

题名为一号黑加粗,副题名为二号宋加粗,完成单位和完成时间为三号宋加粗,其余均为4号宋体。

5.2 辑要

5.2.1 要求、格式和内容

5.2.1.1 每项报告应有辑要,辑要置于封面之后,其格式见附录B

5.2.1.2 报告如分卷(篇、册)编写,各卷(篇、册)应有单独的辑要。

5.2.1.3 辑要应反映报告的主要特征与基本信息。

5.2.1.4 辑要主要内容包括:中文题名、英文题名、交通编号、单位编号、合同号、第一完成单位、密级、分类号、项目起止年限、项目来源、项目负责人、报告撰写人、项目参加人、主题词、关键词和摘要等。

5.2.2 辑要内容填写要求

5.2.2.1 中文题名、交通编号、单位编号、合同号、完成单位、密级、分类号均与封面相同。题名分为中文题名和英文题名。英文题名应以简明、准确的词语表达中文题名。

5.2.2.2 项目负责人:项目负责人系指合同书中约定的项目责任人。项目责任人一般不超过三人,并用圆括号注明其职务和职称。

5.2.2.3 报告撰写人:报告撰写人系指对该项科技工作作出主要贡献,以及参加撰写报告并能对内容负责的人。报告撰写人一般不超过三人,并用圆括号注明其职责和职称。其他报告撰写人在合作者中署名。

5.2.2.4 项目主要参加人:项目主要参加人系指合同书中约定的项目主要参加人。项目主要参加人一般不超过15人,用圆括号注明其职务和职称。

5.2.2.5 主题词:由完成单位按JT/T 0036标引。主题词数量一般4~8个。

5.2.2.6 关键词:未被词表收录的新学科、新技术中的重要术语,应作关键词标出。关键词数量一般3~8个。

5.2.2.7 报告摘要

a)报告摘要应介绍报告的主要内容和重要信息,如研究目的、方法、结果和结论等。

b)报告摘要一般均应提供中文和英文两种。

c)中文摘要一般不宜超过500字;英文摘要不宜超过300个实词。

d)摘要内容应突出重点、简明扼要、客观、如实地反映报告内容。

5.3 目次

5.3.1 目次系表明报告的结构和主要内容,目次页排在辑要之后。目次所列的内容和顺序如下:

—引言;

—正文;

—结束语;

—合作者;

—致谢;

—参考文献;

—附录;

—插图(需要时列出);

—插表(需要时列出)。

5.3.2 目次一般列至第二层次标题,用符号"……"与页码连接。

5.3.3 报告分卷(篇、册)编写时,第一卷(篇、册)中的应写出全部报告的目次,其余各卷(篇、册)只注明本卷(篇、册)的目次。

5.4 插图和插表清单

插图和插表清单为可选项,报告中如插图、插表较多,目次中的插图、插表可另编插图和插表清单,并置于目次页之后。清单中先列出插图的序号、图题和页码,后列出插表的序号、表题和页码。

5.5 符号和缩略词说明

报告中如符号、缩略词、首字母缩写、计量单位、名词术语等的注释说明较多时，可汇集成表，置于插图和插表清单之后。

5.6 引言

引言部分（为可选项）简明扼要说明该项目的研究背景、研究目的和意义、研究的理论方法及所要达到的目标等。

5.7 正文

5.7.1 报告题名

报告题名与封面"报告题名"相同。

5.7.2 报告层次

报告按其内容分成若干层次进行叙述。层次的编号采用阿拉伯数字，每两个层次之间加圆点，圆点加在数字的右下角。报告层次及编号方法见附录C，章、条的划分排列格式见附录D。章条层次一般不超过四个层次。如果章数较多，为了层次清晰，使用方便，可以组合若干章为一篇，分篇编写。篇的编号用中文数字，如"第一篇"、"第二篇"……。文内标题应以准确、简明的词语反映章、条的最重要的特定内容。

5.7.3 正文组成

正文通常包括：研究对象、研究方法、实（试）验方法、方案论证、设计依据、参数选择、技术途径、实验数据和结果及观察记录、计算和数学推导、绘制图表、对实验结果的分析、研究、评价、结论及必要的插图、插表等。

5.7.4 公式

正文中的公式、算式或方程式应居中书写，编号按章用阿拉伯数字连续编号，编号写在右边，外加圆括号，公式末尾不设标点。

较长的公式、算式或方程式必须转行时，只能在加（+）、减（-）、乘（×）、除（÷）等运算符号前断开转行，上下式尽可能在等号处对齐。

式中各符号的意义及其计量单位应注释在公式的下面。每个符号的注释均应单起一行，需换行时，下行应与上行开始书写文字时的位置对齐。计量单位以分号结束，最末一行注释完毕加句号。

示例：

第二章第一个公式：

$$Q = Vna(1 + B) \times 1000 \tag{2-1}$$

式中：Q——灌浆量，m^3；

n——孔隙率，%；

a——灌入充填率，%；

V——加固土体，m^3；

B——损失系数，%。

5.7.5 插表

5.7.5.1 报告中的表格一般应置于正文相关内容的下方，并与正文的内容相呼应。表格的顶部和底部用粗实线，左、右两端可加也可不加竖线闭合。一个表格尽量放在同一个页面上，如果要占两个页面，应安排在双单页的两个页面上。如表格横向窄而长，排列时辐面宽度不够，可将表格均分为若干段，按纵向排列，并用细双线排分隔。也可将表逆时针方向旋转90°放置。

5.7.5.2 同一报告中，如有两个以上表格时，可以按章依序编号，如表1-1、表1-2……，表2-1、表2-2……，横线左边为章号，右边为顺序号。必要时，可在表格的序号后面写出标题，表格的序号和标题间应空一个字位置，并将其写在表格的正上方。见示例。

示例：

表 1-1　各种运输方式统计表　　　　单位:亿人公里

年　份	*A*	*B*	*C*	*D*
1988	a1	A2	a3	a4
1989	b1	B2	b3	b4
1990	c1	C2	c3	c4
1991	d1	D2	d3	d4

5.7.5.3　表格中各栏数据的计量单位相同时,可将单位符号写在表格题目或序号所在行的右端,见5.7.5.2中的示例;如表格中各栏数据的计量单位不同时,应将单位符号分别写在各栏名称的正下方,外加括号;若表格中相邻栏目采用相同的计量单位时,可合并写在一个共同的单位栏内,见示例1;如表格中大部分数据的计量单位相同,可将该单位写在表格题目或序号所在行的右上端,将其余的个别单位写在有关栏内,见示例2。

示例 1:

表 1-2　××试验结果

G	*H*	*Q*	*S*
(kg/m^3)	(%)	(m/s)	
1.29	9.6	0.08353	9.577×10^{-7}
1.26	9.2	0.08444	8.643×10^{-7}
1.24	12.8	0.08233	9.964×10^{-7}

示例 2:

表 2-1　××物理性能指标　　　　%

A	*B*(kg/m^3)	*G*	*H*	*I*(kg/m^3)	*J*
10.7	2.70	41.5	32.5	1.99	11.0
6.3	2.70	38.0	28.5	2.00	10.6
9.1	2.69	32.5	22.2	2.06	8.2

5.7.5.4　表格中数据的数值,小数点后的位数应一致,上、下行应以末位数字对齐。表格中某些栏没有数字填写时,应以短横线代替,见5.7.5.5中示例。

5.7.5.5　如果表格因本页版面所限需转下页续排时,表格下部应将一个横栏排完,并用细实线结束本页。续排的表格,应在续表上方表格序号的位置写明"续表×"。续表的表头不能省略,也不得用其他符号代替,续表首行表格线仍为细实线,见示例。

示例:

表 2-2　　　　单位:万公里

A		*B*				*C*	
a1	b1	a2	b2	a3	b3	a4	b4
1978	89.02	1978	—	1997	1.0732	1978	—
1979	87.58	1979	—	1998	1.0895	1979	—
1980	88.33	1980	—	1999	1.1061	1980	1.2800

续表 2-2 单位:万公里

A		B				C	
a1	b1	a2	b2	a3	b3	a4	b4
1988	99.96	1988	—	2007	1.6612	1988	3.4769
1989	101.43	1989	—	2008	1.6650	1989	1.0473
1990	102.83	1990	—	2009	1.6689	1990	4.6515

5.7.6 插图

5.7.6.1 报告的插图包括直方图、饼图、曲线图、散点图、构造图、示意图、框图、流程图、地图、地质图、照片、效果图等。

5.7.6.2 报告中的插图应安排在正文相关的内容之后,并与正文中的内容相呼应。若报告中的插图较多,所占篇幅较大,可集中在一起,列在报告正文后,但与正文的内容应有呼应。插图及其中有关图形符号的表示应符合相关制图规范的要求。

5.7.6.3 同一报告中,如有两个以上的插图,可以按章依序编号,如图 1-1、图 1-2……,图 2-1、图 2-2……,横线左边为章号,右边为顺序号。必要时,可在插图序号后面写出标题,插图序号和标题间空一个字的位置,并将其写在插图的正下方。

5.7.6.4 曲线图的纵横坐标必须标注"量、标准符号、单位"。单位只有在不必要标明(如无量纲等)的情况下方可省略。表示函数关系的曲线图,如有确定曲线的函数式时,应在有关条文中,或在图的下方,或在图中适当位置写明。

5.7.6.5 为了区别图中线条、实验点和物体,可采用注解方式。常用的注解方法有:

a)注字,可直接在相关对象旁标注文字(用于注解内容不长时)、数字或字母。

b)用不同的颜色和线型(实线、虚线、点划线等)区别。

c)用不同形式的符号(实心或空心的圆、方、三角形或叉号)代表各种的实验条件下的测定点。

对所注的字和所采用的线型及实验点符号的说明,可放在图中空白处或放插图标题下面的适当位置。

5.7.6.6 当插图太宽,不能放在页面的正常位置上时,可以逆时针方向旋转 90°,或另起一页放置,插图页面太大时,允许折叠。当一个插图分别配置在两页上时,应在次页上注明"续图××"并重复插图标题。

5.7.7 报告中的注释

5.7.7.1 注释只能用来对报告中某些内容作必要的简短解释或说明。报告应尽量避免使用注释。

5.7.7.2 正文中某些文字内容须加以说明而又不适于作正文来叙述时,可用脚注加说明的方法注释,即在需要说明的文字处右上角用带圆圈的阿拉伯数字①,②,③……顺序编号,将所要说明的内容连同顺序编号依次编排在该页正文下方,左起空两个字的位置写"注:",正文与注文之间加一横线隔开,横线长度约为版心宽度的四分之一。注文不得转入下页。各页的脚注均应从头编起,不能接上页编排。

5.7.7.3 表、图、公式中的数字、符号或其他内容需要用角注时,应在所注对象的右上角用 1),2),3)……顺序编号。所要说明内容连同顺序编号依次写在相应表、图、公式的下面,左起空两个字的位置写"注:"。

5.7.7.4 每条注释均应另行书写,换行时,上、下行文字左端应对齐。

5.8 结束语

结束语(为可选项)是对全文作一扼要的总结或建议。结束语应客观、准确、完整、简明扼要。如果尚不能得出结论,可对下一步工作设想、存在问题及解决办法提出建议。

5.9 合作者

合作者指辑要未署名的项目承担单位、项目参加单位、项目参加者和报告撰写者。

5.10 致谢

致谢通常写在正文之末,参考文献之前。致谢的对象为:对该项目研究或报告撰写等给予帮助的组织或个人。

"致谢"二字顶格书写,不编号,也不列入目次项。

5.11 参考文献

5.11.1 一般要求

参考文献是指作者在编写报告过程中曾引用和参考的文献。

5.11.2 参考文献的著录

参考文献的项目著录应按 GB/T 7714 执行。报告引用的各种文献类型的著录格式参见附录 E。参考文献编号置于引文后面的右上角处,用方括号注明阿拉伯数字。例如:[1],[2]……。在同一处,同时提及数个文献时,只能用一个方括号,号码不连续时用逗号(,)分开,连续时用波浪号(~)连接,例如:[1,4],[3,6,9~12]。

5.12 附录

5.12.1 附录是报告主体部分的补充项目或参考件,其内容不宜作为正文,编排于主体部分之后,附录的内容一般包括:中间数学推导,运算方法,计算程序,原始数据,辅助数据表,实(试)验记录与实(试)验报告表,设备、仪器、仪表说明与操作规程,辅助图表与对照表以及对本专业同行有重要价值的参考资料等。

5.12.2 每个附录应另起一页书写。"附录"两字写在附录首页上方居中位置,单独占一行。附录应按其在正文中出现的先后顺序,用大写拉丁字母从 A 起顺序编号,编号写在附录两字后面,如"附录 A"、"附录 B"等。

附录如需加标题,应将标题写在附录两字下面一行的居中位置。

5.12.3 附录中章、条的编号方法、排列格式与报告条文编排格式相同,但必须在其编号的前面加该附录的编号。如附录 B 中章的编号用 B1,B2,B3……表示,条的编号用 B1.1,B1.2,……等来表示。

附录中的插图或插表不止一个时,应在每个附录内容单独编号。如图 B1,图 B2,表 B1,表 B2……。见附录 C 报告结构图。

5.13 总篇目

专题系列报告按单篇撰写时,除列出本篇报告目次外,还应列出专题系列报告的总篇目(指组成系列报告的各篇报告的序号、编号和题目),并将总篇目置于每篇报告的最后一页。

5.14 封底

报告的封底一般为空白页。颜色应与封面颜色一致。

附　录　A
(规范性附录)
交通科技报告封面格式

(项目类型)

合同号:　　　　　　　　　　　　　交通编号:
密　级:　　　　　　　　　　　　　单位编号:
　　　　　　　　　　　　　　　　　分 类 号:

(题　名)
(副题名)

(完成单位)

(完成日期)

示例1：

交通部行业联合科技攻关

交通编号：JTA00101
合同号：85-05-01-25
单位编号：009
密　级：内部
分 类 号：U445

万县长江大桥特大跨(420m)钢筋混凝土拱桥设计施工技术研究
(总报告)

样　张

四川省交通厅
四川省公路规划勘察设计研究院
四川省公路桥梁工程总公司
1998年6月

示例2：

"九五"国家重点科技攻关

合同号:96-415-04-02
密　级:内部

交通编号:JTA00101
单位编号:009
分 类 号:TU503

氯离子在混凝土渗透规律及钢筋腐蚀评定技术研究

——电脉冲信号暂态响应评估混凝土中钢筋腐蚀
（分报告之三）

样　　张

南京水利科学研究院
2000年6月

附 录 B
（规范性附录）
交通科技报告辑要格式

<table>
<tr><td>中文题名</td><td colspan="3"></td></tr>
<tr><td>英文题名</td><td colspan="3"></td></tr>
<tr><td>交通编号</td><td></td><td>项目来源</td><td></td></tr>
<tr><td>单位编号</td><td></td><td>合同号</td><td></td></tr>
<tr><td>分类号</td><td></td><td>项目起止年限</td><td></td></tr>
<tr><td>第一完成单位</td><td></td><td>密　级</td><td></td></tr>
<tr><td rowspan="3">项目负责人</td><td></td><td rowspan="3">报告撰写人</td><td></td></tr>
<tr><td></td><td></td></tr>
<tr><td></td><td></td></tr>
<tr><td rowspan="8">项目主要参加人</td><td colspan="3"></td></tr>
<tr><td colspan="3"></td></tr>
<tr><td colspan="3"></td></tr>
<tr><td colspan="3"></td></tr>
<tr><td colspan="3"></td></tr>
<tr><td colspan="3"></td></tr>
<tr><td colspan="3"></td></tr>
<tr><td colspan="3"></td></tr>
<tr><td>主题词</td><td colspan="3"></td></tr>
<tr><td>关键词</td><td colspan="3"></td></tr>
</table>

报告摘要(500 字以内)：

英文摘要(300 个实词以内)：

附　录　C
（规范性附录）
报告层次及编号示例

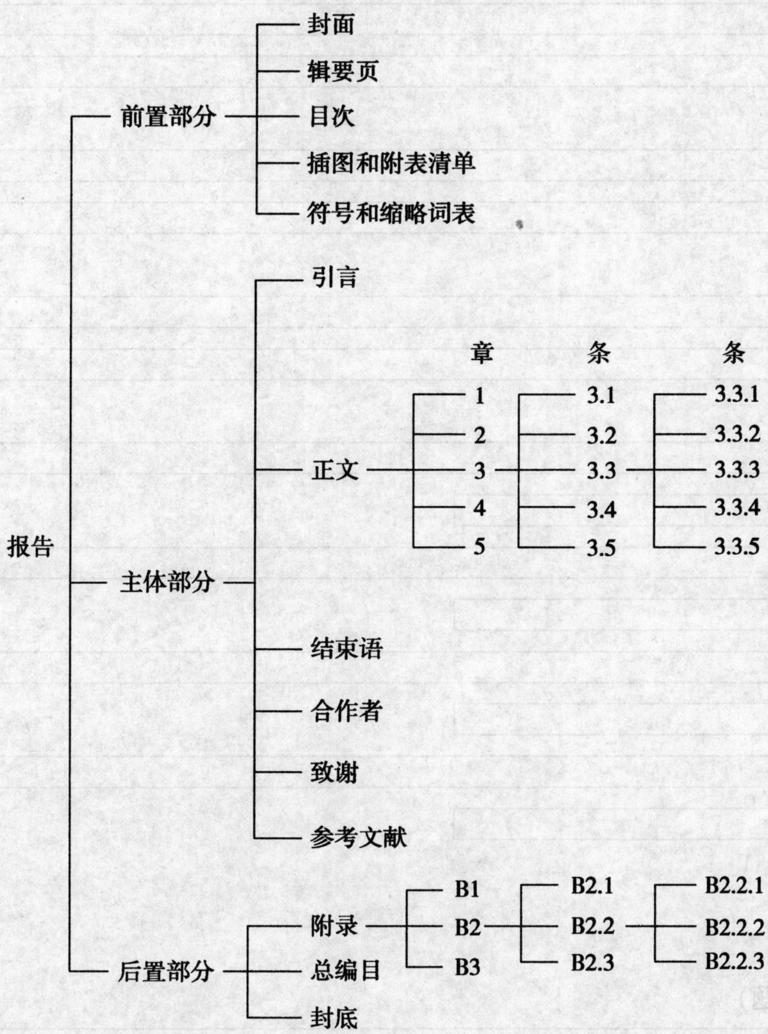

附 录 D
(规范性附录)
正文排列格式示例

（引言）

1 （章的标题）

1.1 （条的标题）

1.2 （条的标题）

1.2.1

1.2.2

1.2.2.1

1.2.2.2

2 （章的标题）

2.1 （条的标题）

2.1.1 （条的标题）

2.1.1.1 （条的标题）

2.1.1.2 （条的标题）

2.1.2 （条的标题）

2.2 （条的标题）

2.2.1

2.2.2

2.3 （条的标题）

3 （章的标题）

3.1 （条的标题）

a.

b.

3.2 （条的标题）

3.3 （条的标题）

附 录 E
(资料性附录)
参考文献表述示例

示例1:专著

主要责任者.书名:副书名.版本.出版地:出版者.出版年.页数

陈晔,张起森编著.纤维加固土路面基层的研究与应用.北京:人民交通出版社,1995.400

Per Bruun. Port Engineering:Third Edition. Houston:Gulf Publishing Company. 1973. 787

示例2:期刊

主要责任者.题名:副题名.原期刊名,年,卷(期):页数

王向阳,张谢东.强夯法加固软土地基及其在高速公路中的应用.武汉
交通科技大学学报,2000,24(6)P667-670

Kefeng Xu, Yan Dong, Philip T. Evers. Towards better coordination of the supply chain. Transportation Research, Part E. Logistics and Transportation, 2001, Vol. 37E(1):P35-54

示例3:科技报告

主要责任者.题名.报告代号和编号机构所在地名称.机构名称,出版年

游贤贵,段朝玉.桥用钢材的工业大气腐蚀及防护研究.交通科技报告.
JTA00006.成都:成都科技大学.1992

John A. Highway Economic Requirements System:Volume 4. NTIS Report.
PB97-183933. Cambridge, MA, United States:Volpe National Transportation Systems Center. 1996. P182

示例4:会议文献

主要责任者.会议文献名,会议召开地,召开年.出版地:出版者,出版年

束明鑫.中美综合运输及其政策与法规研讨会论文集,北京,1999.北京:交通部科学研究院,1999

示例5:会议论文集

责任者.论文题目.见:会议文献集编者.论文集名,会议召开地(或承办机构),召开年.出版地:出版者,出版年.页码

陈晓光,李俊超,冯立群.新疆高等级公路半刚性基层土基强度等级划分.见:《第二届亚太可持续发展交通与环境技术大会》编委会.第二届亚太可持续发展交通与环境技术大会论文集,交通部科学研究院,2000.北京:人民交通出版社,2000.4

示例6:学位论文

主要责任者.题名:[学位论文].制作地;授予单位,提交年

薄涵亮.螺旋管束流动诱发振动的实验与理论研究:[博士论文].西安:西安交通大学,1992

示例7:专利文献

专利申请者. 专利题名. 专利国别,专利号(公告号或申请号),公告日期

ABG 普通建筑机械公司. 路面整修机. CN 1193063A,98.3.3

示例8:报纸

责任者. 题名. 报纸名,日期(版次)

王光军. 美国交通科技创新的启示. 中国交通报. 2000-02-01(2)

示例9:标准或条例

标准编号(或发布条例的机构名称). 题名. 年. 页

GB 7713—87. 科学技术报告、学位论文和学术论文的编写格式. 1987. P11

示例10:因特网上文献资料

责任者. 文献资料的标题. http://地址或路径文件名和文件公布的日期或文件下载的日期。

Alastair Smith, VUW Department of Library and Information Studies, New Zealand. Criteria for Evaluation of Internet Information Resources. http://www.vuw.ac.nz/~ agsmith/evaln/index.htm

ICS 03.220.20
R04
备案号

JT

中华人民共和国交通行业标准

JT/T 492—2003

公路作业人员标志服

The vest with safety sign for the working people on roads

2003-08-27 发布　　　　2003-12-01 实施

中华人民共和国交通部　发布

公路作业人员标志服

1 范围

本标准规定了公路作业人员安全标志服的规格、式样、技术要求、测试方法、检验规则和标记、包装、运输、贮存等的要求。

本标准适用于在公路上工作的人员春秋季必须穿着的统一安全标志服(以下简称标志服)。其他需要穿着安全标志服的工作人员可参照执行。

2 规范性引用文件

下列文件中的条款通过引用而成为本标准的条款。凡是注日期的引用文件,其随后所有的修改单(不包括勘误的内容)或修订版均不适用于本标准,然而,鼓励根据达成协议的各方研究是否可使用这些文件的最新版本。凡是不注日期的引用文件,其最新版本适用于本标准。

GB/T 3978　标准照明体照明观测条件
GB/T 3979　物体色的测量方法
GB/T 4669　机织物单位长度质量和单位面积质量的测定
GB/T 4745　纺织织物　表面抗湿性测定　沾水试验
GB/T 8427　纺织品耐光色牢度试验方法　氙弧
GB/T 8629—2001　纺织品　试验用家庭洗涤和干燥程序
GB/T 13772.1　机织物中纱线抗滑移性测定方法　缝合法
GB/T 18833—2002　公路交通标志反光膜

3 术语和定义

下列术语和定义适用于本标准。

3.1 逆反射　retroreflection

反射光线从靠近入射光线的反方向,向光源返回的反射。

3.2 荧光　fluorescence

某种物质一般在吸收了短波长光学辐射后,有持续时间短于 10^{-8}s 的发光现象。

4 标志服式样和规格

4.1 标志服的式样

标志服包括 V 字领的标志背心和标志帽,其式样见图 1。

标志服由荧光桔红色的织物缝制而成。标志背心的左胸前缝有“公路”二字及路徽编织成的白底红字的标记,见图 2。其腰围一圈,水平缝有反光布至少一条。为使标志背心的胸围可调节,其前后片通过在腋下缝有的红色尼龙搭扣连接,正前方使用两颗金色公路专用扣供穿着。

标志帽为普通工作帽式样,正前方印有黑色路徽标记,正后方水平缝有反光布一条,底边有橡皮筋松紧带,以调节帽围的大小。

4.2 标志服的规格

标志服分成特大、大、中、小等四个型号,具体尺寸见表 1。

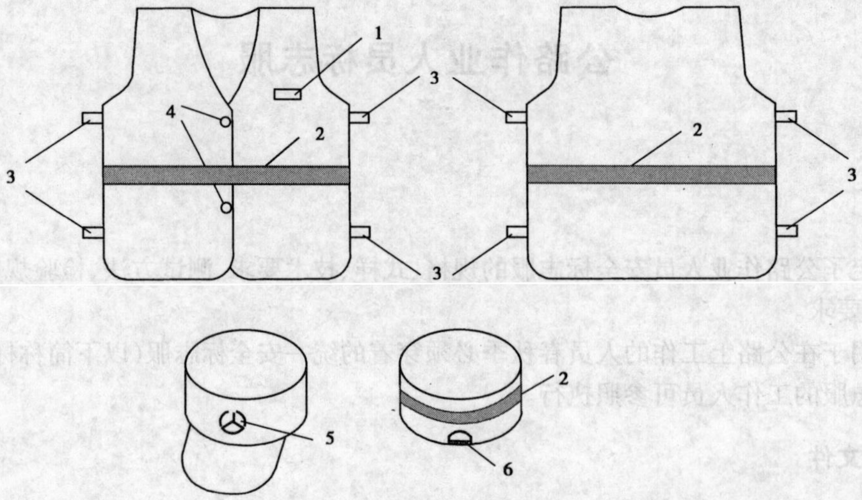

图1　标志服式样示意图

1-标记;2-反光布;3-尼龙搭扣;4-公路专用扣;5-公路路徽;6-松紧带

图2　标记示意图

表1　标志服尺寸规格表　　　　单位:cm

型　　号	部　　位		
	衣长	胸围	帽围
特大	75	126	62
大	70	120	60
中	65	114	60
小	60	108	58

5　技术条件

5.1　外观要求

5.1.1　标志服应缝制、熨烫平整,颜色均匀一致。面料上不应有明显的色差、跳丝、破洞、污斑、油渍等缺陷,前、后片应整片裁剪,不应有拼接缝。缝制在标志服上的反光布表面应平滑光洁,不应有划伤、漏涂、颜色不均匀或逆反射性能不均匀等痕迹。

5.1.2　标志服的尺寸

标志服的长度、胸围及帽围的尺寸应符合表1的规定。衣长的尺寸误差为±2cm,胸围的尺寸误差为±3cm,帽围的尺寸误差为±1cm。

标志背心腰围缝制的反光布宽度应为50mm±2mm,长度应水平覆盖背心的腰围。胸前标记的长度应为50mm±5mm,宽度应为20mm±2mm;"公路"二字为隶书体,字高应为7mm±1mm,路徽直径应为13mm±1mm,笔划粗应为1.0mm±0.5mm。钮扣应采用金色公路专用扣,直径应为22mm±2mm。连接前后片的尼龙搭扣应"钩""毛"搭配,每条长度应为70mm±5mm,宽度应为25mm±2mm。

标志帽正前方的路徽为黑色丝网印刷图案,不应有漏印或渗墨的痕迹。路徽直径应为50mm±

1mm。帽上所缝反光布的宽度应为25mm±2mm,长度应大于270mm。调节帽围的松紧带松弛状态长度应大于40mm。

5.2 缝制要求

标志服各部位的缝制应平整、美观,不应有抽皱、扭劲等缺陷。针码要均匀,缝线松紧合适,不出套,不跳线,首尾回针必须牢固,回针部位应不少于5针。

5.3 面料的技术要求

5.3.1 色度性能:标志服面料的颜色应采用荧光桔红色。按6.4规定的方法测试,其颜色的色品坐标应在以下四角点色品坐标组成的四边形内(0.610,0.390)(0.544,0.376)(0.579,0.341)(0.655,0.344)。荧光桔红色色品图见图3,其亮度因素应大于0.25。

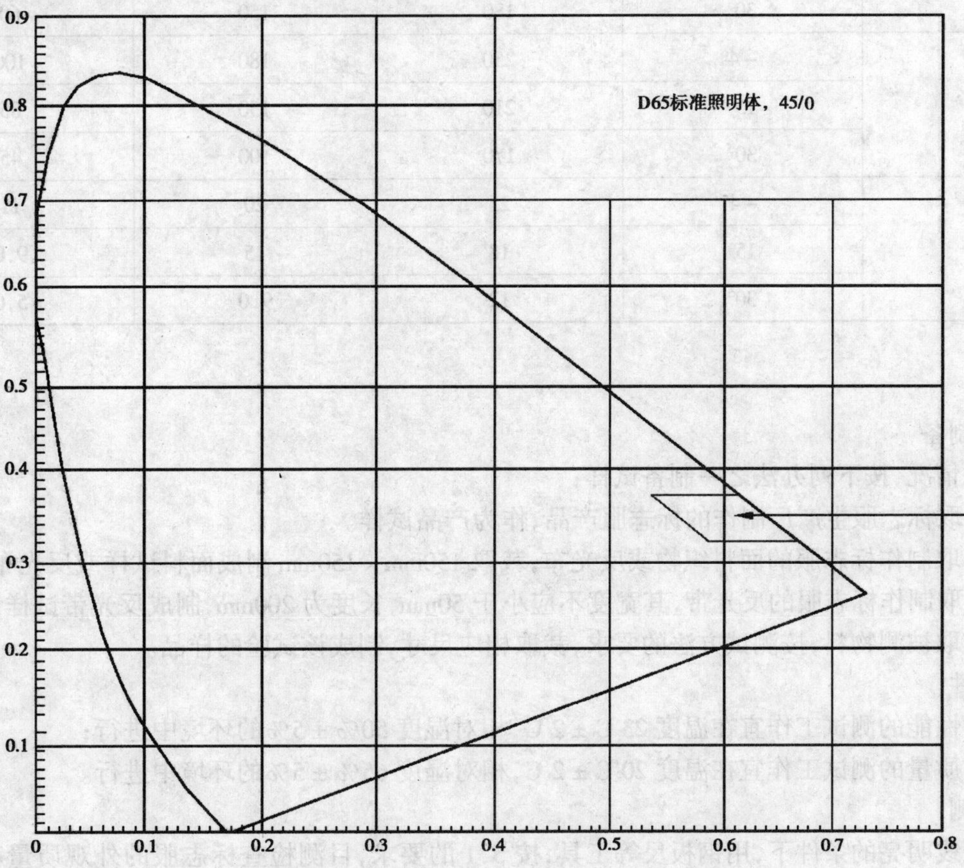

图3 荧光桔红色色品图

5.3.2 荧光性能:按6.5规定的方法测试,标志服面料的亮度值不应低于20cd/m^2。

5.3.3 标志服面料的织物为纯涤纶斜纹织物,单位面积质量应不低于140g/m^2。按6.6规定的方法测试,其纱线抗滑移性应达到如下要求:当标志服面料织物中纱线经向和纬向的滑移量为6mm时,其经向滑移阻力不应小于250N、纬向滑移阻力不应小于300N。

5.3.4 日晒牢度

按6.7规定的方法测试,标志服面料耐色光牢度不应低于三级。

5.4 反光布的技术要求

5.4.1 逆反射系数 R'

按6.8规定的方法测试,用于标志服上反光布的逆反射系数值不应低于表2的规定。

5.4.2 洗涤后反光布的逆反射系数

按6.9规定的方法测试,各级反光布在观测角为0.2°、入射角为-4°时的逆反射系数值不应低于表

2 相应值的 70%。且反光布的涂层与基布之间不应出现起泡、起皱或分离的现象。

5.4.3 表面抗湿性

按 6.10 规定的方法测试,反光布的沾水等级不应低于四级。

表 2 反光布的逆反射系数

观测角	入射角	最小逆反射系数,$cdlx^{-1}m^{-2}$		
		一级	二级	三级
0.2°	-4°	330	250	140
	15°	300	200	110
	30°	180	150	60
0.33°	-4°	250	180	100
	15°	210	150	85
	30°	170	100	45
1°	-4°	25	20	11
	15°	18	15	9.0
	30°	12	9.0	5.0

6 测试方法

6.1 试样的制备

根据不同情况,按下列办法之一制备试样:

a)随机抽取标志服生产厂制作的标志服产品,作为产品试样。

b)随机抽取制作标志服的面料织物或反光布,裁取 150mm×150mm 制成面料试样或反光布试样。

c)随机抽取制作标志服的反光带,其宽度不应小于 50mm,长度为 200mm,制成反光带试样。

d)随机抽取被测物料,按测试方法的要求,裁取相应尺寸,制成该试验的样品。

6.2 测试条件

一般光学性能的测试工作宜在温度 23℃±2℃,相对湿度 50%±5%的环境中进行;

一般织物质量的测试工作宜在温度 20℃±2℃,相对湿度 65%±5%的环境中进行。

6.3 外观检测

在白天光线明亮的条件下,用钢板尺等工具,按 5.1 的要求,目测检查标志服的外观质量和缝制要求。

6.4 色度性能的测试

将试样平整放置在一平面上,采用 GB/T 3978 规定的 D_{65}标准照明体及 45/0 的照明观测条件,按 GB/T 3979 规定的方法,测出面料试样光谱的反射比,然后计算出该颜色的色品坐标。再测出试样和标准漫反射白板的光亮度,由两者之比值计算出亮度因数;或用直读式色度计直接测得各种颜色的色品坐标和亮度因数。

6.5 荧光性能的测试

在暗室里,把面料试样平整地置于一平台上,用中心波长为 365mm 的紫外线光源垂直照射在该试样上,调节照射距离,使试样表面的紫外线辐照度为 285$\mu W/cm^2$,用亮度计从样品的 45°入射角方向测量试样的亮度值。

6.6 织物质量的测试

织物的单位面积质量按 GB/T 4669 的有关方法测试。

织物中纱线抗滑移性按 GB/T 13772.1 的方法测试。

6.7 日晒牢度试验

日晒牢度试验按 GB/T 8427 的方法进行。

6.8 逆反射系数的测定

按 GB/T 18833—2002 中 7.4.1 的设备及测试方法，分别测出反光布或反光带试样在观测角为 0.2°、0.33°和 1°时，入射角分别为 -4°、15°和 30°时的逆反射系数。

6.9 洗涤后反光布的逆反射系数的规定

把符合 5.4.1 逆反射系数要求的反光布或反光带试样缝制在标志服面料织物上，制成反光布洗涤试样，按 GB/T 8629—2001 的要求，投入 A 型水平转鼓型洗衣机（即滚筒式洗衣机）内，标准洗涤剂浓度为 1g/L，洗涤程序为 GB/T 8629—2001 表 5 中的 2A，每经一个洗涤程序计为一次，共操作十次，然后取出试样晾干，按 6.8 规定的方法测试其在观测角 0.2°、入射角 -4°时的逆反射系数。

6.10 表面抗湿性的测试

按 GB/T 4745 的有关方法测试。

7 检验规则

7.1 检验的分类和要求

7.1.1 出厂检验

每个标志服生产厂在产品出厂前，应按表 3 的要求进行自检，以保证出厂产品质量符合要求。合格的产品应附上产品合格证，标明生产日期，方可出厂。

表 3 出厂检验要求

序号	出厂检验项目	技术要求（章、条编号）	测试方法（章、条编号）	备注
1	外观要求	5.1	6.3	
2	缝制要求	5.2	6.3	
3	标志包装	8.1,8.2	目测和外径千分尺	
4	色度性能	5.3.1	6.4	仅对购进面料检验
5	荧光性能	5.3.2	6.5	仅对购进面料检验
6	面料的质量	5.3.3	6.6	仅对购进面料检验
7	反光布的逆反射系数	5.4.1	6.8	仅对反光布检验
8	供需双方合同规定的其它项目	按合同要求	按合同要求	

7.1.2 型式检验

7.1.2.1 标志服生产厂在产品投入批量生产前，应提供足够数量、具有代表性的新产品和原材料，做规定的全套性能试验。试验结果全部合格，才能开始批量生产。

7.1.2.2 标志服生产厂在发生下列情况之一者，应进行型式检验：

a)老产品转厂生产时；

b)停产一年或一年以上的产品再生产时；

c)正常生产的产品每经历两年生产时；

d)产品的设计、工艺或材料的变化可能影响产品性能时。

以上情况的型式检验应随机抽取足够数量的样品，做规定的全套性能试验；或在产品的设计、工艺或材料的改变影响产品部分性能时，仅对受影响的项目进行检验。

7.2 检验结果处理

每项性能试验至少取样三个,在试样测试结果全部合格的基础上,三个(或三个以上)试样测试结果的算术平均值为试验结果。若某一试样的测试结果不符合标准的要求,则应从同一批产品中再抽取双倍数量的试样进行该不合格项目的复验,若复验结果全部合格,则整批产品合格;若复验结果(包括该项试验所要求的任一指标)即使有一个指标不合格,则整批产品为不合格产品。

7.3 需方或上级质量监督部门有权按本标准或供需双方合同的规定,对标志服的质量进行抽检或复查。

8 标志、包装、运输及贮存

8.1 凡出厂的标志服应缝有带生产厂家名称或商标、标志服的规格型号及反光布等级的标记。

8.2 每套标志服应用无色透明的、厚度不小于 3μm 的塑料袋包装。塑料袋正面应印有“中华人民共和国交通部公路作业人员统一标志服”的黑色字样。

8.3 成批产品应用纸箱包装或按购销合同要求进行包装运输。

8.4 未出厂的标志服产品应存放在阴凉通风处,保存期一般不超过两年。

第二部分　交通工程

ICS 93.080.30
P66
备案号:

JT

中华人民共和国交通行业标准

JT/T 279—2004
代替 JT/T 279—1995

公路交通标志板

Road traffic sign panels

2004-11-02 发布　　　　2005-02-01 实施

中华人民共和国交通部　发布

公路交通标志板

1 范围

本标准规定了公路交通标志板的技术要求,试验方法,检验规则,标志、包装、运输和贮存。

本标准适用于我国各级公路设置的交通标志板(以下简称标志板)。城市道路及旅游区、厂矿、港口、林场、机场等地区设置的标志板可以参照执行。

2 规范性引用文件

下列文件中的条款通过本标准的引用而成为本标准的条款。凡是注日期的引用文件,其随后所有的修改单(不包括勘误的内容)或修订版均不适用于本标准。然而,鼓励根据本标准达成协议的各方研究是否可使用这些文件的最新版本。凡是不注日期的引用文件,其最新版本适用于本标准。

GB/ T 228　金属材料　室温拉伸试验方法(eqv ISO 6892)
GB/T 708　冷轧钢板和钢带的尺寸、外形、重量及允许偏差
GB/T 869　沉头铆钉
GB/T 1039　塑料力学性能试验方法总则
GB/ T 1446　纤维增强塑料性能试验方法总则
GB/ T 1720　漆膜附着力测定法
GB/T 2101　型钢验收、包装、标志及质量证明书的一般规定
GB/T 2423.17　电工电子产品基本环境试验规程 试验 Ka: 盐雾试验方法
GB/T 2518　连续热镀锌薄钢板和钢带
GB/T 2651　焊接接头拉伸试验方法
GB 2893—2001　安全色(neq ISO 3864:1984)
GB/T 3194　铝及铝合金板、带材的尺寸允许偏差
GB/ T 3196　铆钉用铝及铝合金线材
GB/T 3252　铝及铝合金铆钉线与铆钉剪切试验方法
GB/T 3681　塑料大气暴露试验方法(neq ISO 877)
GB/T 3880　铝及铝合金轧制板材
GB 5768—1999　道路交通标志和标线
GB/T 6892　工业用铝及铝合金热挤压型材
GB/T 11253　碳素结构和低合金结构钢冷轧薄钢板及钢带
GB/T 13217.7　凹版塑料油墨检验方法　附着牢度检验
GB/ T 16422.2　塑料实验室光源暴露试验方法　第 2 部分　氙弧灯(idt ISO 4892-2)
GB/T 18226　高速公路交通工程钢构件防腐技术条件
GB/T 18833—2002　公路交通标志反光膜

3 术语和定义

下列术语和定义适用于本标准。

3.1 反射器 retroreflector

组成标志面的外边框、文字、图案的一种逆反射性能优异的光学器件。

4 产品分类

根据标志面材料是否具备逆反射的特性，公路交通标志板可分为反光型和不反光型。

5 技术要求

5.1 标志板的形状、尺寸及外观质量

5.1.1 标志板的形状、图案、文字应符合 GB 5768 的规定。对标志底板的边缘和尖角应适当倒棱，使之呈圆滑状。

5.1.2 标志板的尺寸应符合 GB 5768 的规定或有关设计的要求。一般外形尺寸偏差为 ± 5mm，若外形尺寸大于 1.2m 时，其偏差为其外形尺寸的 ± 0.5%。

5.1.3 标志板应平整，表面无明显皱纹、凹痕或变形。按 6.2.1 规定的方法测量，板面的不平度不应大于 3mm/m。

5.1.4 按 6.2 规定的方法检测，标志板不允许存在以下缺陷：

a) 裂纹、起皱、边缘剥离；

b) 明显的划痕、损伤和颜色不均匀；

c) 在任何一处面积为 50cm × 50cm 的表面上，存在总面积大于 $10mm^2$ 的气泡；

d) 逆反射性能不均匀。

5.1.5 按 6.2 规定的方法检测，用反光膜制作的标志板，其反光膜的拼接应符合以下要求：

a) 反光膜应尽可能减少拼接，当标志板的长度或宽度、直径小于反光膜产品最大宽度时，不应有拼接缝。

b) 当粘贴反光膜不可避免出现接缝时，应使用反光膜产品的最大宽度进行拼接。接缝以搭接为主，重叠部分不应小于 5mm；当需要丝网印刷时，可以平接，其间隙不应超过 1mm；距标志板边缘 5cm 之内，不得有拼接。

5.2 标志板的结构

5.2.1 标志板由标志面、标志底板及滑槽等组成。

5.2.2 标志面包括形状、颜色、文字、图案等交通信息。反光型标志板的标志面采用符合 GB/T 18833—2002 要求的反光标志膜（简称反光膜）或其他逆反射材料制作，也可在逆反射材料上用油墨印刷交通信息；标志面的最外层可涂上保护层如透明涂料等。不反光型标志板的标志面应采用各类户外耐候型涂料制作而成。

5.2.3 标志底板边缘宜进行卷边加固，卷边形式可按照 GB 5768—1999 附录 E 图 E2。标志底板应采用型钢或型铝等滑槽进行加固，加固方式可按 GB 5768—1999 附录 E 图 E1 选择。

5.2.4 标志底板尽可能使用最大尺寸制作，减少接缝。大型标志的标志底板，也可采用挤压成型的铝合金型材制作。型材宽度不宜小于 30cm。

5.3 标志板的材料

5.3.1 一般规定

在同一块标志板上，标志底板和标志面所采用的各种材料应具有相容性，防止因电化学作用、不同的热膨胀系数或其他化学反应等造成标志板的锈蚀或损坏。

5.3.2 标志底板

标志底板可用铝合金板、薄钢板、合成树脂类板材等制造。制作标志底板的各种材料应符合以下规

定。

5.3.2.1 铝合金板

铝合金板的板材牌号、规格、力学性能、尺寸及允许偏差应符合 GB/T 3880、GB/T 3194 等有关标准的规定。高等级公路宜采用综合性能等于或优于牌号 3A21 的铝合金板。大型标志板或用于沿海及多风地区的标志板,宜采用综合性能等于或优于牌号 5A02 的铝合金板。铝合金板用于标志底板时,其最小实测厚度不应小于 1.5mm。

5.3.2.2 薄钢板

碳素结构钢和低合金结构钢冷轧薄钢板、镀锌薄钢板应符合 GB/T 708、GB/T 2518、GB/T 11253 等有关标准的规定。薄钢板的表面防腐处理应符合 GB/T 18226 的要求。薄钢板用于标志底板时,其最小实测厚度不应小于 1.0mm。

5.3.2.3 合成树脂类板材

合成树脂类板材包括塑料、玻璃钢等材料,用于标志底板时,其最小实测厚度不应小于 3.0mm,并应满足以下性能要求。

a) 机械性能:合成树脂类板材应能满足对标志底板机械性能的设计要求,如抗拉强度、抗弯强度、抗冲击强度等;

b) 耐盐雾腐蚀性能:按 6.7 规定的方法试验后,标志底板不应有变色、损伤或被腐蚀的痕迹等;

c) 耐候性能:按 6.9 规定的方法,连续自然暴露两年或进行人工气候加速老化试验 1200h,标志底板不应有裂缝、刻痕、气泡、变形、腐蚀、粉化、变色及层间分离等现象;

d) 若合成树脂标志底板在制作时加了保护层,则保护层在经受耐候性能、耐盐雾腐蚀等试验后,也不应出现开裂、起泡、粉化及剥落等现象。

5.3.2.4 铝合金型材

使用挤压成型的铝合金型材制作标志底板时,应满足 GB/T 6892 的要求及设计要求,同时应具有轻质、高强、耐蚀、耐磨、刚度大等特点,经拼装后应能满足公路大型标志底板的性能要求。宜采用综合性能等于或优于牌号 2024 的铝合金型材。

5.3.3 滑槽

滑槽作为标志底板的加固材料,同时也是标志底板与标志杆的连接部件。滑槽用型铝、型钢的材质应符合 GB/T 6892、GB/T 2101 等有关标准的要求,并且尽可能选用与标志底板性能相同或相近的材料。型钢的防腐处理应满足 GB/T 18226 的要求。

5.3.4 标志面

5.3.4.1 标志面可由逆反射材料、涂料、油墨、胶粘剂及边缘填缝料等材料制作而成。

5.3.4.2 用于标志面的逆反射材料包括:

a) 反光膜;

b) 反光涂料;

c) 反射器。

5.3.4.3 用各种材料制作的标志面应符合以下规定:

a) 色度性能

按 6.4 规定的方法测试,标志面(包括丝网印刷后)的普通材料色应符合 GB 2893—2001 的要求,即其色品坐标和亮度因数在表 1 和图 1 规定的范围内;标志面的逆反射材料色应符合 GB/T 18833—2002 的要求,即其色品坐标和亮度因数在表 1 和图 2 规定的范围内。

表 1　标志面的颜色

颜色		色品坐标 光源为标准照明体 D_{65}，观测条件为 45/0								亮度因数
		1		2		3		4		
		x	y	x	y	x	y	x	y	
普通材料色	白	0.350	0.360	0.300	0.310	0.290	0.320	0.340	0.370	≥0.75
	黄	0.519	0.480	0.468	0.442	0.427	0.483	0.465	0.534	≥0.45
	红	0.690	0.310	0.595	0.315	0.569	0.341	0.655	0.345	≥0.07
	绿	0.230	0.754	0.291	0.438	0.248	0.409	0.007	0.703	≥0.12
	蓝	0.078	0.171	0.150	0.220	0.210	0.160	0.137	0.038	≥0.05
	黑	0.385	0.355	0.300	0.270	0.260	0.310	0.345	0.395	≤0.03
逆反射材料色	白	0.350	0.360	0.300	0.310	0.285	0.325	0.335	0.375	≥0.27
	黄	0.545	0.454	0.464	0.534	0.427	0.483	0.487	0.423	0.16～0.40
	红	0.690	0.310	0.658	0.342	0.569	0.341	0.595	0.315	0.03～0.10
	绿	0.007	0.703	0.026	0.399	0.177	0.362	0.248	0.409	0.03～0.10
	蓝	0.078	0.170	0.137	0.038	0.210	0.160	0.150	0.220	0.01～0.10
	棕	0.430	0.340	0.430	0.390	0.550	0.450	0.610	0.390	0.01～0.06

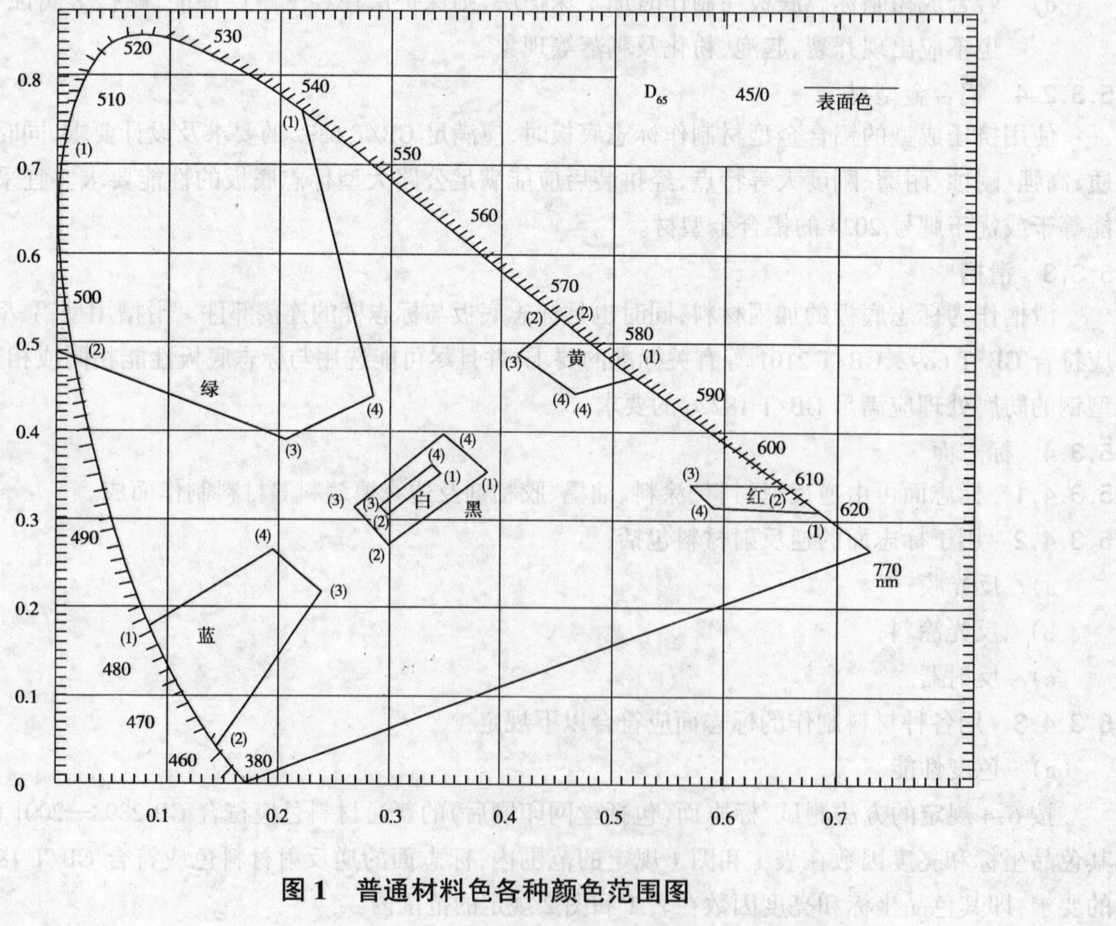

图 1　普通材料色各种颜色范围图

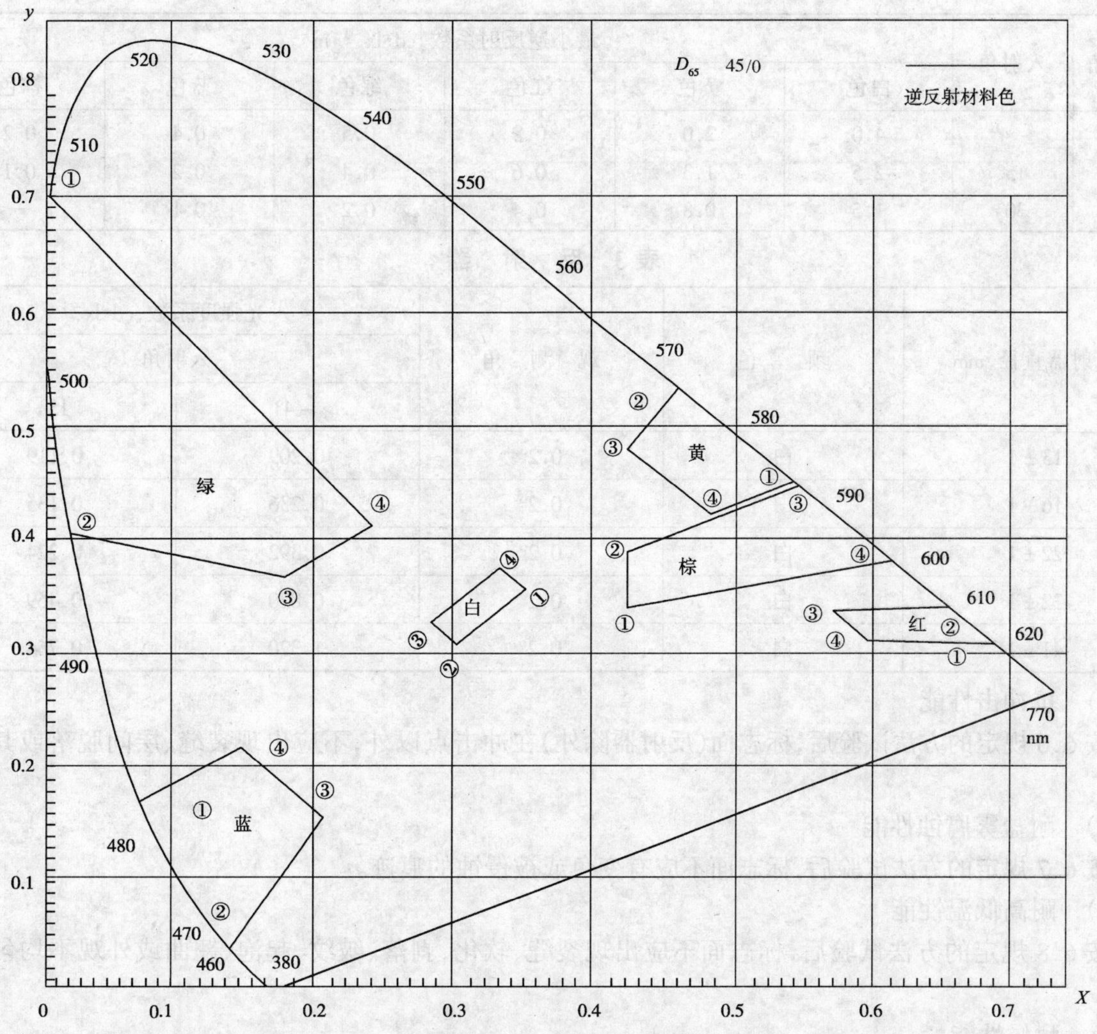

图2 逆反射材料色各种颜色范围图

b) 逆反射性能

按6.5规定的方法测试。标志面为反光膜时，其逆反射系数值不应低于GB/T 18833—2002中表3～表7的相应规定；标志面为反光涂料时，其逆反射系数值不应低于表2的规定；标志面为反射器时，反射器的发光强度系数值不应低于表3的规定。

标志面为反光膜时，其湿状态下的逆反射系数值应符合GB/T 18833—2002中6.2.2的规定；标志面为反光涂料时，其湿状态下的逆反射系数值不应低于表2规定值的80%。

表2 反光涂料

观测角	入射角	最小逆反射系数，cd·lx^{-1}·m^{-2}					
		白色	黄色	红色	绿色	蓝色	棕色
0.2°	-4°	50	25	8.0	5.0	3.5	2.0
	15°	35	14	6.0	4.0	2.5	1.5
	30°	18	10	3.5	2.0	1.0	0.7
0.33°	-4°	30	15	5.0	4.0	2.5	1.5
	15°	21	11	4.2	3.0	1.8	1.0
	30°	10	5.0	2.0	1.5	0.8	0.4

表 2(续)

观测角	入射角	最小逆反射系数,cd·lx⁻¹·m⁻²					
		白色	黄色	红色	绿色	蓝色	棕色
1°	-4°	4.0	2.0	0.8	0.5	0.4	0.2
	15°	2.5	1.3	0.6	0.4	0.2	0.1
	30°	1.5	0.8	0.4	0.2	0.1	—

表 3 反 射 器

反射器直径,mm	颜　色	观 测 角	发光强度系数,$cd\cdot lx^{-1}$	
			入射角	
			-4°	15°
13±1	白	0.2°	0.209	0.119
16±1	白	0.2°	0.236	0.135
22±1	白	0.2°	0.392	0.224
32±1	白	0.2°	0.820	0.469
41±1	白	0.2°	1.320	0.754

c) 抗冲击性能

按 6.6 规定的方法试验后,标志面(反射器除外)在冲击点以外,不应出现裂缝、层间脱落或其他损坏。

d) 耐盐雾腐蚀性能

按 6.7 规定的方法试验后,标志面不应有变色或被侵蚀的痕迹。

e) 耐高低温性能

按 6.8 规定的方法试验后,标志面不应出现裂缝、软化、剥落、皱纹、起泡、翘曲或外观不均匀等痕迹。

f) 耐候性能

按 6.9 规定的方法连续自然暴露,或进行人工气候加速老化试验,在试验完成后:

试样应无裂缝、刻痕、凹陷、气泡、侵蚀、剥离、粉化、变形等破坏,从任何一边不应出现超过 0.8mm 的收缩,也不应出现反光膜从标志底板边缘翘曲或脱离的现象。

试样各种颜色的色品坐标及亮度因数应保持在表 1 规定的范围内。

在观测角为 0.2°,入射角为 -4°,15°,30°的条件下,标志面为反光膜时,其逆反射系数值应符合 GB/T 18833—2002 中 6.3 的要求;为反光涂料时,其逆反射系数值不应低于表 2 规定值的 50%;为反射器时,其发光强度系数值不应低于表 3 规定值的 50%。

5.4 标志面与标志底板的附着性能

5.4.1 由反光膜粘贴到标志底板上制成的标志板,按 6.10.1 规定的方法试验后,反光膜在 5min 后的剥离长度不应大于 20mm。

5.4.2 由反光涂料或其他涂料涂敷到标志底板上制成的标志板,按 6.10.2 规定的方法试验后,涂料对标志底板的附着性能应达到 GB/T 1720 中三级以上的要求。

5.5 油墨与反光膜的附着性能

按 6.11 规定的方法试验后,标志面上油墨与反光膜的附着牢度应大于或等于 95%。

5.6 标志底板与滑槽的连接

5.6.1 标志底板可通过连接型铝、型钢等滑槽的方式进行加固。标志底板与滑槽的连接可采用铆接、焊接或其他经证实安全可靠的工艺方法。

5.6.2 铆接应使用沉头铆钉,其形状应符合 GB/T 869 的要求;铆钉材质应符合 GB/T 3196 的要求,且与标志底板及滑槽相匹配。交通标志板在使用铝合金轧制板材制作标志底板时,其连接铆钉的直径应不小于 4mm,铆接间距一般宜为 150mm~200mm。

5.6.3 焊接质量应稳定可靠,焊接强度值应不低于同类材料采用铆钉连接时的强度要求。

6 试验方法

6.1 测试准备

6.1.1 试样的制备

根据不同情况按下列办法之一制备试样:

a) 随机抽取标志板生产厂制作的标志板整体产品,或从该产品中截取相应尺寸作为试样(附着性能除外);

b) 用标志板生产厂的设备、工艺制作的样品作为试样;

c) 按生产厂商的使用说明,把反光膜或反光涂料粘贴或喷涂到符合本标准要求的标志底板上,制成试样;

d) 按生产厂商的使用说明,把直径相同的反射器粘贴到符合本标准要求的标志底板上,制成试样;

e) 随机抽取制造标志底板、滑槽的材料,按试验要求截取相应尺寸,制成试样。

6.1.2 状态调节

试样测试前,应在温度 23℃ ± 2℃、相对湿度 50% ± 5%的环境中,放置 24h,然后进行各种测试工作。

6.1.3 测试条件

一般的测试工作宜在温度 23℃ ± 2℃、相对湿度 50% ± 5%的环境中进行。

6.2 标志板外观质量

6.2.1 板面不平度的测量

把标志板的标志面朝上自由放在平台上,用 1m 的直尺测量板面任意处与直尺之间的最大间隙,即为板面不平度。

6.2.2 标志面的裂纹和气泡的检查

在白天环境中,面对标志面,用四倍放大镜仔细检查,并测量气泡的面积。

6.2.3 对划痕、损伤和颜色不均匀等缺陷的检查

在照度大于 150lx 的白天环境中,距离标志板表面 2m 处,面对标志面,用目测能明显观察到的划痕、损伤和颜色不均匀,即存在这类缺陷。

6.2.4 对逆反射性能不均匀的检查

在夜间黑暗空旷的环境中,距离标志面 10m 处,以汽车前照灯远光为光源,垂直照射标志面,用目测能辨别出标志面同种材料、同一颜色、不同区域的逆反射性能有明显差异者,作为逆反射性能不均匀缺陷。

6.2.5 对标志面拼接缝的检查

在白天环境中,面对标志面,用直尺检查。

6.3 标志底板、滑槽材料性能

按照 GB/T 228、GB/T 1039 、GB/T 1446 等有关标准的要求进行测试。

6.4 标志面色度性能

制取 150mm × 150mm 的单色标志面试样,按照 GB/T 18833—2002 中 7.3 的方法进行测试。

6.5 标志面逆反射性能

制取 150mm × 150mm 的单色标志面试样,按照 GB/T 18833—2002 中 7.4 的方法进行测试。

6.6 抗冲击性能

将150mm×150mm的试样标志面朝上,按照GB/T 18833—2002中7.8方法进行测试。

6.7 耐盐雾腐蚀性能

按照GB/T 2423.17,把化学纯的氯化钠溶于蒸馏水,配制成质量比5%±0.1%的盐溶液。使该盐溶液在盐雾箱内连续雾化,箱内温度保持35℃±2℃。

将150mm×150mm的试样放入盐雾箱内,其受试面与垂直方向成30°角,相邻两样板保持一定的间隙,行间距不少于75mm。试样在盐雾箱内连续暴露120h后取出,用流动水轻轻洗掉试样表面的盐沉积物,再用蒸馏水漂洗,然后置于标准环境条件下恢复2h,最后用四倍放大镜对样品进行全面检查。

6.8 耐高低温性能

将150mm×150mm的试样放入试验箱内,开动冷源,使箱内温度逐渐降至-40℃±3℃,并在该温度下保持72h;关闭电源,使试验箱自然升至室温;约12h后,再将试验箱升温至70℃±3℃,并在该温度下保持24h;最后关闭电源,使试验箱自然冷却至室温;取出试样,在标准测试条件下放置2h后,用四倍放大镜检查其表面的变化。

6.9 耐候性能

6.9.1 耐候性能试验的时间

a) 自然暴露试验

普通材料	2年
一级至四级反光膜及反射器	2年
五级反光膜及反光涂料	1年

b) 人工气候加速老化试验

普通材料	1200h
一级至四级反光膜及反射器	1200h
五级反光膜及反光涂料	600h

6.9.2 自然暴露试验

按照GB/T 3681,把尺寸不小于150mm×250mm的试样安装在至少高于地面0.8m的曝晒架面上,试样面朝正南方,与水平面呈当地的纬度角或45°±1°。试样表面不应被其他物体遮挡阳光,不得积水。暴露地点的选择尽可能近似实际使用环境或代表某一气候类型最严酷的地方。

试样开始曝晒后,每一个月作一次表面检查,半年后,每三个月检查一次,直至达到规定的曝晒期限,用四倍放大镜作最终检查,并进行有关性能测试。

6.9.3 人工气候加速老化试验

按照GB/T 16422.2,试样的尺寸可根据老化试验箱的要求来选定,一般不应小于70mm×120mm。老化箱可采用氙灯作为光源,其辐射强度为1000W/m^2±100W/m^2;光谱波长低于290nm光线的辐射强度不应大于1W/m^2。整个试样面积内,辐射强度的偏差不应大于±10%。在试验过程中,应采用连续光照,周期性喷水。

箱内黑板温度:65℃±3℃;

喷水周期:每120 min为一周期,其中18min喷水、102min不喷水。

经过规定时间老化试验后的试样,用浓度5%的盐酸溶液清洗表面45s,然后用水彻底冲洗,再用干净软布擦干,即可置于标准测试条件下,用四倍放大镜进行各种检查并进行有关性能测试。

6.10 标志面与标志底板的附着性能

6.10.1 反光膜与标志底板的附着性能试验

裁取200mm×25mm的反光膜,从一端撕去100mm长的防粘纸,按照GB/T 18833—2002中7.13的方法进行测试。

6.10.2 涂料与标志底板的附着性能试验

涂料对标志底板的附着性能试验按 GB/T 1720 的规定进行。

6.11 油墨与反光膜的附着性能试验

用丝网印刷的方法,将不同颜色的油墨分别印刷在面积不小于 200mm × 300 mm 的标志面反光膜上,按 GB/T 13217.7 中规定的试验方法进行测试。

6.12 标志底板与滑槽的连接

标志底板与滑槽的材料性能及连接强度采用 GB/T 228、GB/T 2651、GB/T 3252 等方法进行测试。

7 检验规则

7.1 出厂检验

产品出厂前,应随机抽样,出厂检验项目为 5.1,5.3.4.3 的 a), b), c),5.4 和 5.5 的各项性能要求,合格者附合格证才可出厂。对于连长 1.2m 的标志板,应按 5.1 逐块进行检查。

7.2 型式检验

有下列情况发生时,应按本标准要求,对产品的全项性能进行型式检验:

a) 老产品转厂生产时;

b) 停产一年或一年以上的产品再生产时;

c) 正常生产的产品经历两年生产时;

d) 产品结构、材料、工艺有较大改变时;

e) 合同规定时;

f) 国家授权的质量监督部门提出质量抽查时。

7.3 抽样方法

对每批产品进行随机抽样检测。本标准每项性能试验,至少取样三个。

7.4 判定规则

检测结果全部符合标准要求,判定该批产品合格;若检测结果有一项不符合标准要求,抽取双倍数量的产品对该项指标进行复检,若复检合格,判定该批产品合格;若复检不合格,判定该批产品不合格。

8 标志、包装、运输和贮存

8.1 标志板的背面应清晰、耐久地做出如下标志:

a) 生产厂商的名称、商标或其他有关信息;

b) 应用的标准号,如:JT/T 279—××××;

c) 标志板的类别;

d) 生产日期及批号等。

8.2 对于每批标志板产品,厂方应提供使用说明,内容包括:

a) 标志板的装配和安装说明;

b) 标志板的使用和维修说明;

c) 标志板使用地点限制的说明等。

8.3 标志板的包装、运输和贮存:

a) 标志板在装箱前应逐块包装,或形状尺寸相同的标志板每两块一起包装,标志面应有软衬垫材料加以保护,以免搬运中受到刻划或其他损伤。

b) 标志板装箱时,应随箱附有产品使用说明及产品质量等级检验合格证,包括标志底板材质、牌号、状态及反光膜等级等内容。

c) 标志板应竖立存放在室内干燥通风的地方,贮存期不宜超过一年。

ICS 93.080.30
P66
备案号：

JT

中华人民共和国交通行业标准

JT/T 280—2004
代替 JT/T 280—1995

路面标线涂料

Pavement marking paint

2004-11-02 发布　　2005-02-01 实施

中华人民共和国交通部　发布

路面标线涂料

1 范围

本标准规定了路面标线涂料产品的技术要求、试验方法、检验规则、标志、包装、运输和贮存。

本标准适用于在我国公路上划制各种道路交通标线所用的液态溶剂型、双组份、水性、固态热熔型路面标线涂料,城市道路、机场、港口、厂矿、林场等地区划制的道路交通标线所用的路面标线涂料可参照执行。

2 规范性引用文件

下列文件中的条款通过本标准的引用而成为本标准的条款。凡是注日期的引用文件,其随后所有的修改单(不包括勘误的内容)或修订版均不适用于本标准。然而,鼓励根据本标准达成协议的各方研究是否可使用这些文件的最新版本。凡是不注日期的引用文件,其最新版本适用于本标准。

GB/T 1720　漆膜附着力测定法
GB/T 1723　涂料粘度测定法(涂—4 粘度计法)
GB/T 1725　涂料固体含量测定法
GB/T 1727　涂膜一般制备方法
GB/T 1731　漆膜柔韧性测定法
GB/T 1733　漆膜耐水性测定法
GB/T 1768　漆膜耐磨性测定法
GB 2893　安全色(neq ISO 3864)
GB/T 3186　涂料产品的取样
GB/T 6750　色漆和清漆的密度测定
GB/T 9265　建筑涂料涂层耐碱性的测定
GB/T 9269　建筑涂料粘度的测定(斯托默粘度计法)
GB/T 9278　涂料试样状态调节和试验的温湿度
GB/T 9284　色漆和清漆用漆基软化点测定法(环球法)
GB/T 9750　涂料产品的包装标志
GB/T 16311　道路交通标线质量要求和检测方法
GB/T 16422.1　塑料实验室光源暴露试验
JT/T 466　路面标线用玻璃珠

3 术语和定义

下列术语和定义适用于本标准。

3.1

遮盖力　hiding power

路面标线涂料所涂覆物体表面不再能透过涂膜而显露出来的能力。

3.2

遮盖率　hiding ratio

路面标线涂料在相同条件下,分别涂覆于亮度因数不超过 5% 黑色底板上和亮度因数不低于 80%

白色底板上的遮盖力之比。遮盖力用亮度因数来描述，遮盖力与亮度因数成正比。

3.3

固体含量　non-volatile

涂料在一定温度下加热焙烘后剩余物质量与试验质量的比值，以百分数表示。

4　产品分类

路面标线涂料的分类应符合表1的规定。

表1　路面标线涂料的分类

型　号	规　格	玻璃珠含量和使用方法	状　态
溶剂型	普通型	涂料中不含玻璃珠，施工时也不撒布玻璃珠	液态
	反光型	涂料中不含玻璃珠，施工时涂布涂层后立即将玻璃珠撒布在其表面	
热熔型	普通型	涂料中不含玻璃珠，施工时也不撒布玻璃珠	固态
	反光型	涂料中含18%～25%的玻璃珠，施工时涂布涂层后立即将玻璃珠撒布在其表面	
	突起型	涂料中含18%～25%的玻璃珠，施工时涂布涂层后立即将玻璃珠撒布在其表面	
双组份	普通型	涂料中不含玻璃珠，施工时也不撒布玻璃珠	液态
	反光型	涂料中不含(或含18%～25%)玻璃珠，施工时涂布涂层后立即将玻璃珠撒布在其表面	
	突起型	涂料中含18%～25%的玻璃珠，施工时涂布涂层后立即将玻璃珠撒布在其表面	
水性	普通型	涂料中不含玻璃珠，施工时也不撒布玻璃珠	液态
	反光型	涂料中不含(或含18%～25%)玻璃珠，施工时涂布涂层后立即将玻璃珠撒布在其表面	

5　技术要求

5.1　溶剂型涂料的性能应符合表2的规定。

表2　溶剂型涂料的性能

项　目	溶　剂　型	
	普　通　型	反　光　型
容器中状态	应无结块、结皮现象，易于搅匀	
粘度	≥100(涂4杯，s)	80～120(*KU*值)
密度，g/cm^3	≥1.2	≥1.3
施工性能	空气或无空气喷涂(或刮涂)施工性能良好	
加热稳定性	—	应无结块、结皮现象，易于搅匀，*KU*值不小于140
涂膜外观	干燥后，应无发皱、泛花、起泡、开裂、粘胎等现象，涂膜颜色和外观应与标准板差异不大	
不粘胎干燥时间，min	≤15	≤10

表 2(续)

<table>
<tr><td colspan="2" rowspan="2">项　目</td><td colspan="2">溶 剂 型</td></tr>
<tr><td>普 通 型</td><td>反 光 型</td></tr>
<tr><td rowspan="2">遮盖率,%</td><td>白色</td><td colspan="2">≥95</td></tr>
<tr><td>黄色</td><td colspan="2">≥80</td></tr>
<tr><td rowspan="2">色度性能
(45/0)</td><td>白色</td><td colspan="2" rowspan="2">涂料的色品坐标和亮度因数应符合表 6 和图 1 规定的范围</td></tr>
<tr><td>黄色</td></tr>
<tr><td colspan="2">耐磨性,mg
(200 转/1000g 后减重)</td><td colspan="2">≤40 (JM—100 橡胶砂轮)</td></tr>
<tr><td colspan="2">耐水性</td><td colspan="2">在水中浸 24h 应无异常现象</td></tr>
<tr><td colspan="2">耐碱性</td><td colspan="2">在氢氧化钙饱和溶液中浸 24h 应无异常</td></tr>
<tr><td colspan="2">附着性(划圈法)</td><td colspan="2">≤4 级</td></tr>
<tr><td colspan="2">柔韧性,mm</td><td colspan="2">5</td></tr>
<tr><td colspan="2">固体含量,%</td><td>≥60</td><td>≥65</td></tr>
</table>

5.2　热熔型涂料的性能应符合表 3 规定。

表 3　热熔型涂料的性能

<table>
<tr><td colspan="2" rowspan="2">项　目</td><td colspan="3">热 熔 型</td></tr>
<tr><td>普 通 型</td><td>反 光 型</td><td>突 起 型</td></tr>
<tr><td colspan="2">密度,g/cm³</td><td colspan="3">1.8～2.3</td></tr>
<tr><td colspan="2">软化点,℃</td><td colspan="2">90～125</td><td>≥100</td></tr>
<tr><td colspan="2">涂膜外观</td><td colspan="3">干燥后,应无皱纹、斑点、起泡、裂纹、脱落、粘胎现象,涂膜的颜色和外观应与标准板差别不大</td></tr>
<tr><td colspan="2">不粘胎干燥时间,min</td><td colspan="3">≤3</td></tr>
<tr><td rowspan="2">色度性能
(45/0)</td><td>白色</td><td colspan="3" rowspan="2">涂料的色品坐标和亮度因数应符合表 6 和图 1 规定的范围</td></tr>
<tr><td>黄色</td></tr>
<tr><td colspan="2">抗压强度,MPa</td><td colspan="2">≥12</td><td>23℃ ± 1℃时,≥12
50℃ ± 2℃时,≥2</td></tr>
<tr><td colspan="2">耐磨性,mg
(200 转/1000g 后减重)</td><td colspan="2">≤80 (JM—100 橡胶砂轮)</td><td>—</td></tr>
<tr><td colspan="2">耐水性</td><td colspan="3">在水中浸 24h 应无异常现象</td></tr>
<tr><td colspan="2">耐碱性</td><td colspan="3">在氢氧化钙饱和溶液中浸 24h 无异常现象</td></tr>
<tr><td colspan="2">玻璃珠含量,%</td><td>—</td><td colspan="2">18～25</td></tr>
<tr><td colspan="2">流动度,s</td><td colspan="2">35 ± 10</td><td>—</td></tr>
<tr><td colspan="2">涂层低温抗裂性</td><td colspan="3">-10℃保持 4h,室温放置 4h 为一个循环,连续做三个循环后应无裂纹</td></tr>
<tr><td colspan="2">加热稳定性</td><td colspan="3">200℃～220℃在搅拌状态下保持 4h,应无明显泛黄、焦化、结块等现象</td></tr>
<tr><td colspan="2">人工加速耐候性</td><td colspan="3">经人工加速耐候性试验后,试板涂层不产生龟裂、剥落;允许轻微粉化和变色,但色品坐标应符合表 6 和图 1 规定的范围,亮度因数变化范围应不大于原样板亮度因数的 20%</td></tr>
</table>

5.3 双组份涂料的性能应符合表4的规定。

表4 双组份涂料的性能

项目		双组份		
		普通型	反光型	突起型
容器中状态		应无结块、结皮现象，易于搅匀		
密度，g/cm^3		1.5～2.0		
施工性能		按生产厂的要求，将A、B组份按一定比例混合搅拌均匀后，喷涂、刮涂施工性能良好		
涂膜外观		涂膜固化后应无皱纹、斑点、起泡、裂纹、脱落、粘贴等现象，涂膜颜色与外观应与样板差别不大		
不粘胎干燥时间，min		≤35		
色度性能(45/0)	白色	涂膜的色品坐标和亮度因数应符合表6和图1规定的范围		
	黄色			
耐磨性，mg(200转/1000g后减重)		≤40(JM—100橡胶砂轮)		
耐水性		在水中浸24h应无异常现象		
耐碱性		在氢氧化钙饱和溶液中浸24h应无异常		
附着性(划圈法)		≤4级(不含玻璃珠)	—	—
柔韧性，mm		5(不含玻璃珠)	—	—
玻璃珠含量，%		—	18～25	18～25
人工加速耐候性		经人工加速耐候性试验后，试板涂层不允许产生龟裂、剥落；允许轻微粉化和变色，但色品坐标应符合表6和图1规定的范围，亮度因数变化范围应不大于原样板亮度因数的20%		

5.4 水性涂料的性能应符合表5的规定。

表5 水性涂料的性能

项目		水性	
		普通型	反光型
容器中状态		应无结块、结皮现象，易于搅匀	
粘度		≥70(*KU*值)	80～120(*KU*值)
密度，g/cm^3		≥1.4	≥1.6
施工性能		空气或无气喷涂(或刮涂)施工性能良好	
漆膜外观		应无发皱、泛花、起泡、开裂、粘贴等现象，涂膜颜色和外观应与样板差异不大	
不粘胎干燥时间，min		≤15	≤10
遮盖率，%	白色	≥95	
	黄色	≥80	
色度性能(45/0)	白色	涂料的色品坐标和亮度因数应符合表6和图1规定的范围	
	黄色		
耐磨性，mg(200转/1000g后减重)		≤40(JM—100橡胶砂轮)	
耐水性		在水中浸24h应无异常现象	

表 5(续)

项目	水性	
	普通型	反光型
耐碱性	在氢氧化钙饱和溶液中浸 24h 应无异常	
冻融稳定性	在 $-5℃\pm2℃$ 条件下放置 18h 后，立即置于 $23℃\pm2℃$ 条件下放置 6h 为一个周期，3 个周期后，应无结块、结皮现象，易于搅匀	
早期耐水性	在温度为 $23℃\pm2℃$、湿度为 $90\%\pm3\%$ 的条件下，实干时间 $\leqslant$120min	
附着性(划圈法)	$\leqslant$5 级	—
固体含量，%	$\geqslant$70	$\geqslant$75

5.5　玻璃珠的性能应符合 JT/T 466 的有关规定。

5.6　路面标线涂料的色度性能应符合 GB 2893 的要求，其色品坐标和亮度因数应符合表 6 和图 1 中规定的范围。

表 6　普通材料和逆反射材料的各角点色品坐标和亮度因数

颜色		用角点的色品坐标来决定可使用的颜色范围（光源：标准光源 D_{65}，照明和观测几何条件：45/0）					亮度因数
		坐标	1	2	3	4	
普通材料色	白	x	0.350	0.300	0.290	0.340	$\geqslant$ 0.75
		y	0.360	0.310	0.320	0.370	
	黄	x	0.519	0.468	0.427	0.465	$\geqslant$0.45
		y	0.480	0.442	0.483	0.534	
逆反材料色	白	x	0.350	0.300	0.290	0.340	$\geqslant$0.35
		y	0.360	0.310	0.320	0.370	
	黄	x	0.545	0.487	0.427	0.465	$\geqslant$0.27
		y	0.454	0.423	0.483	0.534	

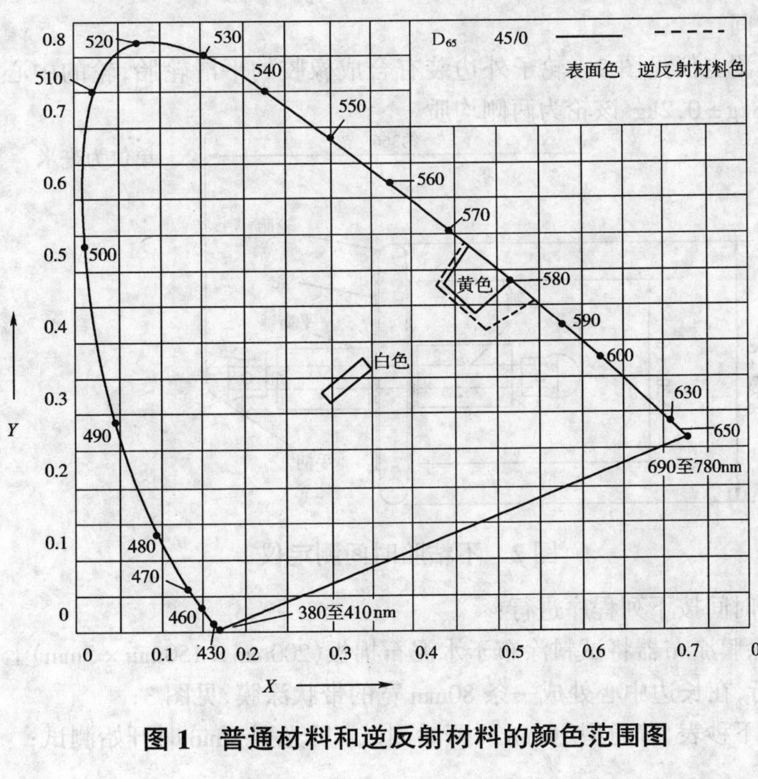

图 1　普通材料和逆反射材料的颜色范围图

5.7 反光型路面标线涂料的逆反射系数应符合 GB/T 16311 的规定。

6 试验方法

6.1 试样的调节

涂料试样状态调节和试验的温湿度应符合 GB/T 9278 的规定。

6.2 取样

按 GB/T 3186 进行。

6.3 溶剂型、双组份、水性路面标线涂料试验方法

6.3.1 容器中状态

按 GB/T 3186 用调刀检查有无结皮、结块,是否易于搅匀。

6.3.2 粘度

按 GB/T 9269 法进行。其中溶剂型路面标线涂料的普通型粘度按 GB/T 1723 涂—4 粘度计法进行。

6.3.3 密度

按 GB/T 6750(金属比重瓶)方法进行。

6.3.4 施工性能与涂膜制备

施工性能按 GB/T 3186 取样后,涂膜制备按 GB/T 1727 进行,可分别用喷涂、刮涂等方法在水泥石棉板上进行涂布。

6.3.5 热稳定性

6.3.5.1 按 GB/T 9269 测定样品的粘度。

6.3.5.2 取 400mL 已测粘度的样品放在加盖的小铁桶内,然后将铁桶放置在烘箱内升温至 60℃,在 60℃ ± 2℃条件下恒温 3h,然后取出放置冷却至 25℃,并按 GB/T 9269 重新测其粘度。

6.3.6 涂膜外观

用 300μm 的漆膜涂布器将试料涂布于水泥石棉板上,制成约 50mm × 100mm 的涂膜,然后放置 24h,在自然光下观察涂膜是否有皱纹、泛花、起泡、开裂现象,用手指试验有无粘着性。并与同样处理的标准样板比较,涂膜的颜色和外观差异不大。

6.3.7 不粘胎干燥时间

6.3.7.1 不粘胎时间测定仪见图 2。轮子外边装有合成橡胶的平滑轮胎,轮的中心有轴,其两端为手柄,仪器总质量为 15.8kg ± 0.2kg,该轮为两侧均质。

单位为毫米

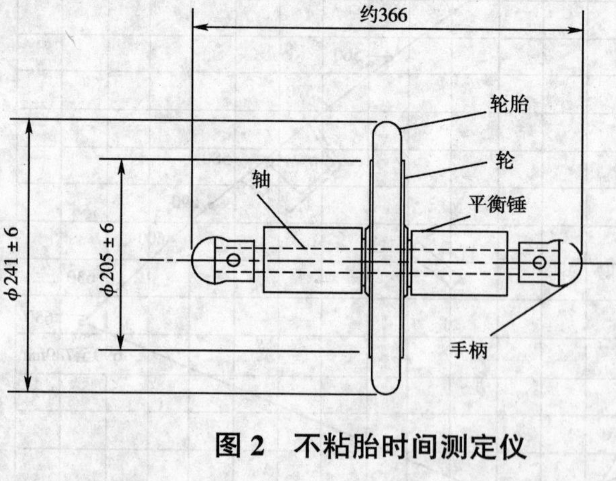

图 2 不粘胎时间测定仪

6.3.7.2 不粘胎干燥时间按下列程序进行:

a) 用 300μm 的涂膜涂布器将试料涂布于水泥石棉板(200mm × 150mm × 5mm)上,涂成与水泥石棉板的短边平行,在长边中心处成一条 80mm 宽的带状涂膜,见图 3;

b) 涂后,立刻按下秒表,普通型 10min 时开始测试, 反光型 5min 时开始测试;

c) 把测定仪自试板的短边一端中心处向另一端滚动 1s，立刻用肉眼观察测定仪的轮胎有无粘试料，若有粘试料，立刻用丙酮或甲乙酮湿润过的棉布擦净轮胎，此后每 30s 重复一次试验，直至轮胎不粘试料时，停止秒表记时，该时间即为该试样的“不粘胎时间”。滚动仪器时，应两手轻轻持柄，避免仪器自重以外的任何力加于涂膜上。滚动方向如图 3 所示。

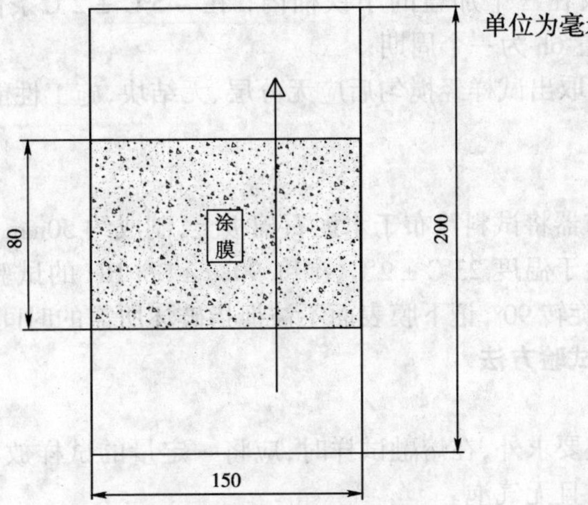

图 3　测定仪滚动方向

6.3.8　遮盖率

将原样品用 300μm 的漆膜涂布器涂布在遮盖率测试纸上，沿长边方向在中央涂约 80mm × 200mm 的涂膜，并使涂面与遮盖率测试纸的白面和黑面呈直角相交，相交处在遮盖率测试纸的中间，涂面向上放置 24h，然后在涂面上任意取三点用 D_{65}光源 45°/0°色度计测定遮盖率测试纸白面上和黑面上涂膜的亮度因数，取其平均值。按式(1)计算其遮盖率：

$$X = \frac{B}{C} \tag{1}$$

式中：X——遮盖率(反射对比率)；

B——黑面上涂膜亮度因数平均值；

C——白面上涂膜亮度因数平均值。

试验结果：其色品坐标 x，y 值和亮度因数应符合表 6 和图 1 中规定的范围。

6.3.9　色度性能

试验步骤如下：

a) 按 6.3.7.2a)制样板，涂面向上放置 24h；

b) 然后在涂面上任取三点，用 D_{65}光源 45/0 色度计测定其色品坐标和亮度因数。

试验结果：其色品坐标 x，y 值和亮度因数应符合表 6 和图 1 中规定的范围。

6.3.10　耐磨性

按 GB 1768 进行。

6.3.11　耐水性

按 6.3.6 制板，试板用不封边的水泥石棉板，试验按 GB/T 1733 进行。

6.3.12　耐碱性

按 6.3.6 制板，试板用不封边的水泥石棉板，试验按 GB/T 9265 进行。

6.3.13　附着性

按 GB/T 1720 进行。

6.3.14　柔韧性

按 GB/T 1731 进行。

6.3.15　固体含量

按 GB/T 1725 进行。

6.3.16　冻融稳定性

试验步骤如下：

a)　分别取 400mL 样品放在三个加盖的小铁桶内，在 −5℃ ± 2℃条件下放置 18h 后，立即置于 23℃ ± 2℃条件下放置 6h 为一个周期；

b)　经连续三个周期后，取出试样经搅匀后应无分层、无结块，施工性能良好。

6.3.17　早期耐水性

试验步骤如下：

a)　用 300μm 的漆膜涂布器将试料涂布于水泥石棉板上，制成约 50mm × 100mm 的涂膜；

b)　将制好的试板立即置于温度 23℃ ± 2℃、湿度 90% ± 3% RH 的试验箱内，每隔 5min 用拇指触膜表面，然后将拇指旋转 90°，记下膜表面不被拇指破坏所需的时间即为实干时间。

6.4　热熔型路面标线涂料的试验方法

6.4.1　热熔状态

除应遵照每个试验的特定要求外，在熔融试样时，应将一定量的试样放在金属容器内，在搅拌状态下熔融，使上下完全均匀一致，且无气泡。

6.4.2　密度

将熔融试样注在制样器 1（见图 4）的模腔（约 20mm × 20mm × 20mm）中，冷却至室温。用稍加热的刮刀削掉端头表面的突出部分，用 100 号砂纸将各面磨平。放置 24h 后用游标卡尺测量（精确至 0.1mm），供作试块。将 3 块试块称量准确至 0.05g。

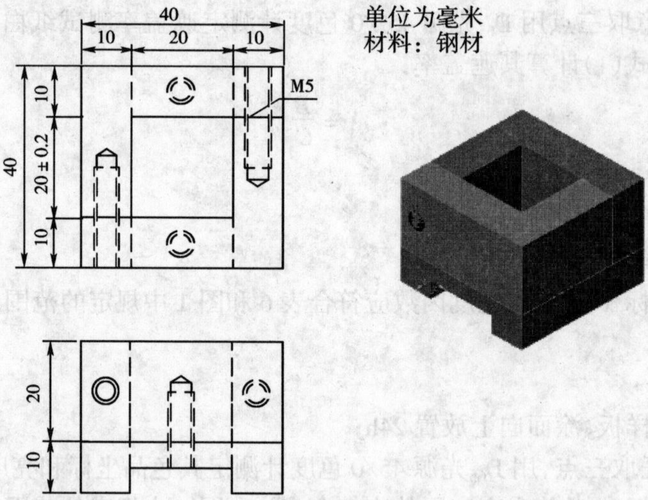

图 4　制样器 1

按式（2）求出密度：

$$D = \frac{W}{V} \tag{2}$$

式中：D——密度，g/cm³；

W——试块质量，g；

V——体积，cm³。

取其平均值为试样密度，如其中任意两块 D 值相对误差大于 0.1，则应重做。

6.4.3　软化点

按 GB/T 9284 进行。

6.4.4 涂膜外观

试验步骤如下：

a) 按 6.4.1 将试料准备好；

b) 将热熔涂料刮板器放在水泥石棉板(约 300 mm × 150 mm × 1.6 mm)的中心部位；

c) 立即将准备好的试料倒入热熔涂料刮板器中；

d) 平移刮板器刮成厚约 1.5mm ~ 2.0mm 的与短边平行的涂层，试板放置 1h 后，在自然光下目测应无皱纹、斑点、起泡、裂纹、剥离。同时与用同样方法制备的标准涂膜相比，其颜色及手感粘附性应与标准板差异不大。

6.4.5 不粘胎干燥时间

试验步骤如下：

a) 按 6.4.4 刮成涂层；

b) 涂后，立刻按下秒表，3min 时开始按 6.3.7.2c)进行测试。

6.4.6 色度性能

试板按 6.4.9 制成，测定方法按 6.3.9b)进行。

6.4.7 抗压强度

试验步骤如下：

a) 按 6.4.2 制备试块三个，在标准试验条件下放置 24h 后，分别放置在精度不低于 0.5 级的电子万能材料试验机球形支座的基板上，调整试块位置及球形支座，使试块与压片的中心线在同一垂线上，并使试块面与加压面保持平行；

b) 启动试验机，设定试验机预负荷为 10N，以适当速度达到预负荷后，开始记录试验机压头位移，并以 30mm/min 的速度加载，直至试块破坏时为止，记录抗压荷载。

按式(3)计算抗压强度：

$$R_t = \frac{P}{A} \tag{3}$$

式中：R_t——抗压强度，MPa；

P——抗压荷载，N；

A——加压前断面面积，mm^2。

试验后取其平均值。

注：试块破坏时抗压荷载的取值条件为：有明显屈服点的材料的屈服荷载为抗压荷载；无明显屈服点的脆性材料，以出现破裂时的荷载为抗压荷载；无明显屈服点的柔性材料，以压下试块高度的 20% 时的最大荷载为抗压荷载。

c) 突起型热熔路面标线涂料在 50℃ ± 2℃时的抗压强度试验，将试块在 50℃ ± 2℃烘箱内恒温 4h 后，立即分别从烘箱内取出按 b)的方法进行。

6.4.8 耐磨性

首先在制样器 2(见图 5)的模腔涂上一薄层甘油，待干后，将熔融试样注入内腔，使其流平(如不能流平，可将试模先预热)，并趁热软时在中心处开一直径约为 7mm 左右的试孔。同一试样应制成三块试板，将试板放置在玻璃板上，在标准试验条件下放置 24h 后，按 GB/T 1768 进行试验，试验后取其平均值。

6.4.9 耐水性

将熔融试样注入制样器 3(见图 6)中，使其流平，冷却至室温，取出供作试片(约 60mm × 60mm × 5mm)。按 GB 1733 试验。

6.4.10 耐碱性

按 6.4.9 制备试板并按 GB/T 9265 试验。

6.4.11 玻璃珠含量

试验步骤如下：

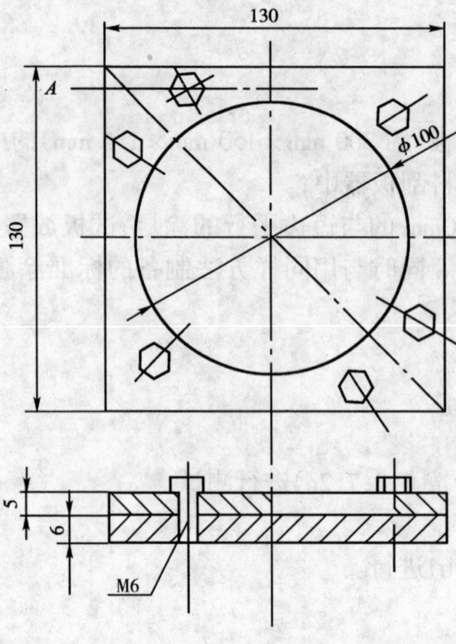

图 5　制样器 2

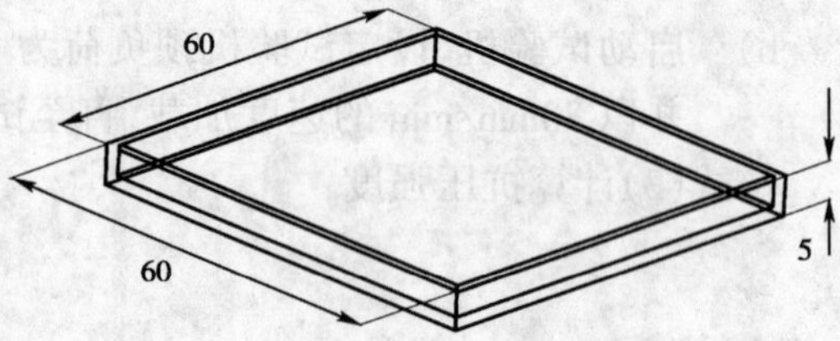

图 6　制样器 3

a) 精确称取约 30 g(精确至 0.01g)的试样放在三角烧瓶中；

b) 加入比例为 1:1 的醋酸乙酯与二甲苯混合溶剂约 150mL,在不断搅拌下溶解树脂等成分,玻璃珠沉淀后,将悬浮液流出；

c) 再加入 500mL 上述混合溶剂,使其溶解,并使其流出,此操作反复进行三次后,加入 50mL 丙酮,清洗后流出悬浮液；

d) 将三角烧瓶置于沸腾水浴中,加热至几乎不再残留有剩余溶剂,冷却至室温；

e) 加入约 100mL 的稀硫酸或稀硫酸和稀盐酸(1:1)的混合液,用表面皿作盖在沸腾水浴中加热约 30min,冷却至室温后使悬浮液流出；

f) 然后加入 300mL 水搅拌,玻璃珠沉淀后,使液体流出,再用水反复清洗 5 次 ~ 6 次；

g) 最后加入 95% 的乙醇 50mL 清洗,使洗液流出；

h) 将三角烧瓶置于沸腾的水浴中,加热至几乎不再残留有乙醇为止,将其移至已知重量的表面皿中,如烧瓶中有残留玻璃珠,可用少量水清洗倒入表面皿中,并使水流出；

i) 将表面皿放置在保持 105℃ ~ 110℃ 的烘箱中加热 1h,取出表面皿放在干燥器中冷却至室温后称重(精确至 0.01g)；同时做三个平行试验。

按式(4)求出玻璃珠含量：

$$A = B/S \times 100 \tag{4}$$

式中：A——玻璃珠含量,%；

B——玻璃珠质量,g；

S——试样质量,g。

试验后取其平均值。

注：如原试样中有石英砂,应在称重前经选形器除去石英砂。

6.4.12　流动度

试验步骤如下：

a) 先将流动度测定杯(见图 7)加热至 200℃左右，并保持 1h；

b) 将热熔涂料加入热熔杯中，放置加热炉上在搅拌状态下加热至 180℃～200℃进行熔融，直至涂料熔融为呈施工状态，并使其上下完全均匀一致，且无气泡；

c) 将熔融后的涂料，立即倒满预热后的流动度测定杯中，打开流出口并同时按动秒表记时；

d) 待料流完时立即记下流完的时间；

e) 重复三次试验，取其流完的时间的平均值即为流动度。

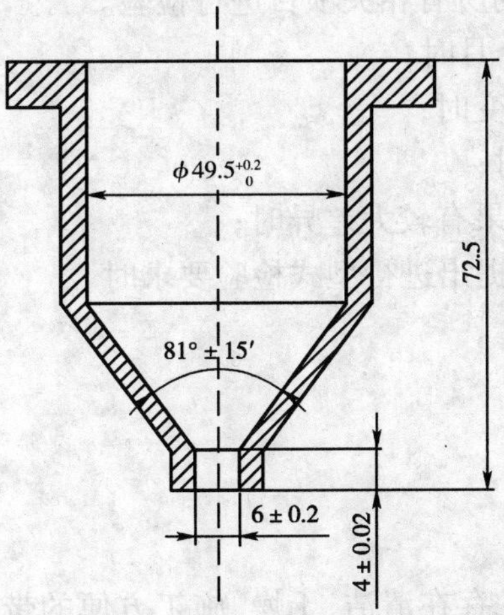

图 7 流动度测定杯

6.4.13 涂层低温抗裂性

试验步骤如下：

a) 按 6.4.4 制备试板，并用五倍放大镜观其是否有裂纹，如有裂纹应重新制板；

b) 将制备好的试板平放于温度为 -10℃±2℃低温箱内并保持 4h，取出后在室温下放置 4h 为一个循环，连续做三个循环；

c) 取出后用五倍放大镜观其应无裂纹。

6.4.14 加热稳定性

试验步骤如下：

a) 将准备好的试样按 6.4.12b) 进行熔融；

b) 在搅拌状态下加热至 200℃～220℃，并在搅拌状态下保持 4h；

观其是否有明显泛黄、焦化、结块等现象。

6.5 人工加速耐候性试验

6.5.1 试板

双组份涂料按 6.3.6 进行，热熔型涂料按 6.4.4 进行，样品数量为每组三块，试验前应按 6.3.9b)测定样品的色品坐标和亮度因数并应符合表 6 和图 1 规定的范围。

6.5.2 试验条件

6.5.2.1 试验设备应满足 GB/T 16422.1 的要求；

6.5.2.2 试验时样品架辐射照度为 $1077W/m^2 \pm 50W/m^2$，氙灯在 300nm～340nm 的光谱辐照度为 $0.40 W/m^2 \sim 0.35W/m^2$；

6.5.2.3 试验箱内黑板温度为 63℃±3℃，相对湿度为 50%±5%；

6.5.2.4 氙灯连续照射，无暗周期且每隔 102min±0.5min 喷水 18min±0.5min；

6.5.2.5 试验时间为 600h，试验的总辐射能量约为 $2.3 \times 10^6 kJ/m^2$；

6.5.2.6　按6.3.9b)测定试验后样品的色品坐标和亮度因数。

7　检验规则

7.1　出厂检验

产品出厂前需经生产厂质检部门,按本标准要求除对人工加速耐候性试验外的全部检验项目进行检测,合格者须附合格标志后方能出厂。

7.2　型式检查

有下列情况之一时,应对第5章规定的所有相关项目进行检验。

a)　批量投产之前或正常生产满12个月时;

b)　如产品结构、材料、工艺有较大改变时;

c)　产品停产达六个月后,恢复生产时;

d)　出厂检验结果与上次型式检验结果有较大差异时;

e)　国家(或部)授权的质量监督机构提出进行型式检验要求时。

8　标志、包装、运输和贮存

8.1　标志

按GB/T 9750进行。

8.2　包装

8.2.1　溶剂型、双组份、水性涂料产品应贮存在清洁、干燥、施工方便的带盖大开口的塑料或金属容器中。

8.2.2　热熔型涂料产品应贮存在内衬密封塑料袋外加编织袋的双层包装袋中,袋口封闭要严密。

8.3　运输

产品在运输时,应防止雨淋、日光曝晒,并符合运输部门的有关规定。

8.4　贮存

8.4.1　产品存放时应保持通风、干燥、防止日光直接照射,并应隔绝火源,夏季温度过高时应设法降温,水性涂料产品存放时温度不得低于0℃。

8.4.2　产品应标明贮存期,超过贮存期按本标准规定项目进行检验,如结果符合要求仍可使用。

ICS 93.080.30
P 66
备案号:

JT

中华人民共和国交通行业标准

JT/T 281—2007
代替 JT/T 281—1995

公路波形梁钢护栏

Corrugated sheet steel beams for guardrail

2007-04-03 发布　　　　2007-08-01 实施

中华人民共和国交通部　发布

波形梁钢护栏

1 范围

本标准规定了波形梁钢护栏产品的分类、外形尺寸及允许偏差、技术要求、试验方法、检验规则及标志、包装、运输和质量证明书。

本标准适用于公路用波形梁钢护栏,城市道路用波形梁钢护栏可参照使用。

2 规范性引用文件

下列文件中的条款通过本标准的引用而成为本标准的条款。凡是注日期的引用文件,其随后所有的修改单(不包括勘误的内容)或修订版均不适用于本标准,然而,鼓励根据本标准达成协议的各方研究是否可使用这些文件的最新版本。凡是不注日期的引用文件,其最新版本适用于本标准。

GB/T 228　金属材料　室温拉伸试验方法(GB/T 228—2002,ISO 6892:1998,MOD)
GB/T 232　金属材料　弯曲试验方法(GB/T 232—1999,ISO 7438:1985,EQV)
GB/T 470　锌锭(GB/T 470—1997, ISO 752:1981,EQV)
GB/T 699　优质碳素结构钢
GB/T 700　碳素结构钢(GB/T 700—1988,DIN 630:1987,NEQ)
GB/T 1231　钢结构用高强度大六角头螺栓、大六角螺母、垫圈技术条件
GB/T 3077　合金结构钢
GB/T 6725　冷弯型钢
GB/T 18226　高速公路交通工程钢构件防腐技术条件
JT/T 495　公路交通安全设施质量检验抽样及判定
JTG/T D81　公路交通安全设施设计细则

3 产品分类及组成

3.1 产品分类

波形梁钢护栏(以下简称护栏)按设置位置可分为路侧护栏和中央分隔带护栏两类。

3.2 产品构成

3.2.1 组成

护栏由波形梁板、立柱、端头、紧固件、防阻块等构件组成。

3.2.2 波形梁板

波形梁板可分为圆弧形和折线形两类,其中圆弧形波形梁板还可以分为等截面和变截面两类。其尺寸规格应符合表1的规定。

表 1　　单位:mm

波形形状	截面状况	代号	规格(板长×板宽×波高×板厚)	用途
圆弧形	等截面	DB01	4320×310×85×3(4)	标准板
		DB02	3820×310×85×3(4)	调节板
		DB03	3320×310×85×3(4)	调节板
		DB04	2820×310×85×3(4)	调节板

表 1(续)

波形形状	截面状况	代号	规格(板长×板宽×波高×板厚)	用途
圆弧形	变截面	BB01	4320×310×85×3(4)	标准板
		BB02	3820×310×85×3(4)	调节板
		BB03	3320×310×85×3(4)	调节板
		BB04	2820×310×85×3(4)	调节板
折线形	等截面	RB01	4330×350×75×4	标准板
		RB02	3830×350×75×4	调节板
		RB03	3330×350×75×4	调节板
		RB04	2830×350×75×4	调节板
注1:等截面是板的各个部位横断面尺寸相同;变截面是等截面板的一端再进行压弯,板和板拼接时变截面一端在后面,拼接处面向交通面应平整,更有利于整体美观和安全; 注2:标准板是指安装中使用的标准长度的板;调节板是指安装中以分配方法处理非标准间距的板。				

3.2.3 立柱

立柱为钢管立柱,其尺寸规格应符合表2的规定。

表 2　　单位:mm

品　名	代　号	规　格
钢管立柱	G-T	$\phi114\times4.5$
	G-F	$\phi140\times4.5$

3.2.4 端头

护栏端头可分为地锚式和圆头式两种。地锚式端头可按 JTG/T D81 的建议执行,圆头式端头的尺寸规格应符合表3的规定。

表 3　　单位:mm

品　名	代　号	规　格
端　头	D-I	R-160
	D-II	R-250
	D-III	R-350
注:各种端头的半径 R,可根据公路几何线形作适当调整。		

3.2.5 紧固件

护栏的紧固件包括柱、端头的拼接和连接件,其尺寸规格应符合表4的规定。

表 4　　单位:mm

品　名	代　号	规　格	用　途
拼接螺栓	JI-1	M16×45	用于波形梁板的拼接
螺母	JI-2	M16	
垫圈	JI-3	$\phi35\times4$	
连接螺栓	JII-1	M16×36	用于波形梁板与防阻块的连接
	JII-2	M16×170	用于防阻块与 $\phi140$ 钢管立柱的连接
	JII-3	M16×140	用于托架与 $\phi114$ 钢管立柱的连接
螺母	JII-4	M16	与连接螺栓配套使用
垫圈	JII-5	$\phi35\times4$	
横梁垫片	JII-6	76×44×4	遮挡波形梁板的连接螺孔

3.2.6 防阻块

护栏防阻块应符合表5的规定。

表 5 单位:mm

品　　名	代　　号	规　　格
防阻块	F	178×200×3
注:与 ϕ114 钢管立柱配套使用。		

3.2.7 托架

托架的尺寸规格应符合表6的规定。

表 6 单位:mm

品　　名	代　　号	规　　格
托架	T	300×70×4.5　$R=57$
注:与 ϕ114 钢管立柱配套使用。		

4 外形尺寸与允许偏差

4.1 波形梁板

4.1.1 波形梁板的外形见图1~图5,其横截面公称尺寸及允许偏差应符合表7的规定,其中板厚是防腐处理前的厚度。

表 7

类别	代号													剖面
	B (mm)	H (mm)	t(mm)	h_1 (mm)	h_2 (mm)	h_3 (mm)	E (mm)	r_1 (mm)	r_2 (mm)	r_3 (mm)	α	β	θ	
BB类	310^{+5}_{0}	85^{+3}_{0}	$3^{+0.18}_{0}$,$4^{+0.22}_{0}$	83^{+2}_{-2}	39	—	14	24	24	10	55°	55°	10°	I-I
	305.4	85	$3^{+0.18}_{0}$	83	37.7	—	14	21	27	7	55°	55°	10°	II-II
	302.1		$4^{+0.22}_{0}$		37.3			20	28	6				
DB类	310^{+5}_{0}	85^{+3}_{0}	$3^{+0.18}_{0}$,$4^{+0.22}_{0}$	83^{+2}_{-2}	42	—	14	24	24	10	55°	55°	10°	III-III
	310^{+5}_{0}	85^{+3}_{0}	$3^{+0.18}_{0}$,$4^{+0.22}_{0}$	83^{+2}_{-2}	39	—	14	24	24	10	55°	55°	10°	IV—IV
RB类	350^{+5}_{0}	75^{+2}_{0}	$4^{+0.22}_{0}$	52^{+2}_{-2}	40	31	20	25	25	20	55°	60°	—	V-V
	350^{+5}_{0}	75^{+2}_{0}	$4^{+0.22}_{0}$	52^{+2}_{-2}	40	31	20	25	25	20	55°	60°	—	VI-VI

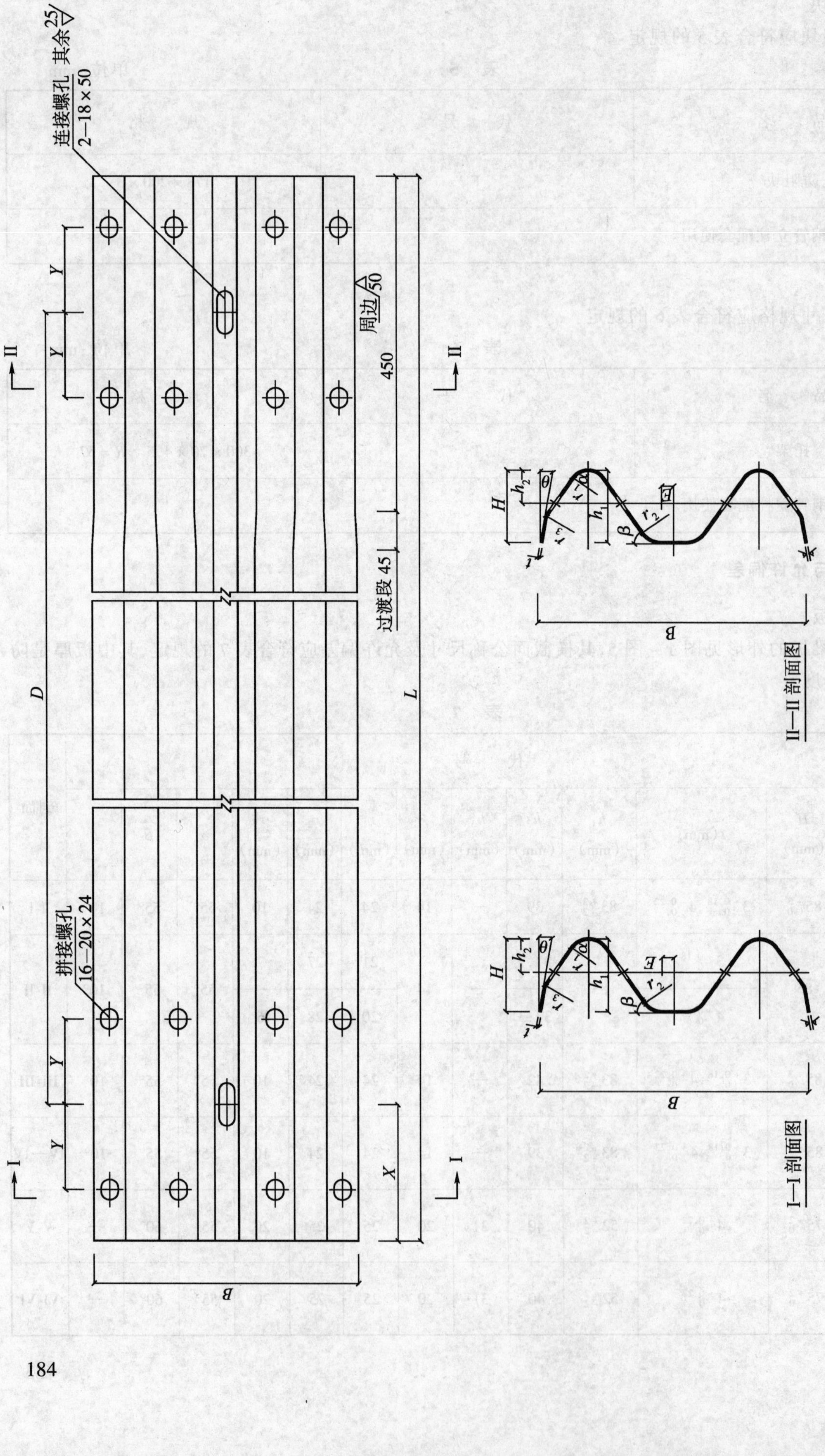

图1 波形梁板(BB类-1)(尺寸单位:mm)

注:本标准对表面粗糙度的要求均指构件在进行涂层处理前的状态

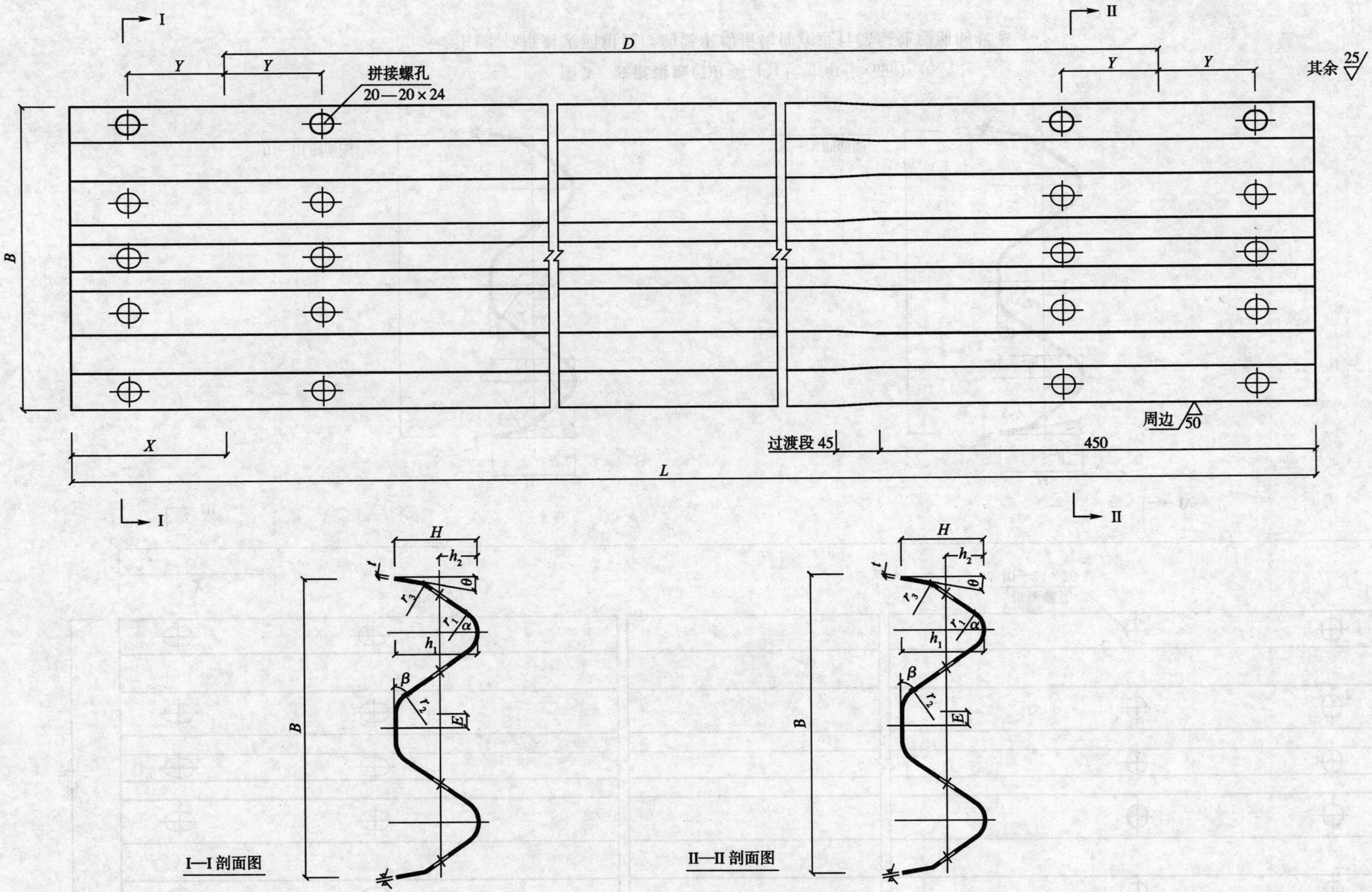

图 2　波形梁板(BB 类-2)(尺寸单位:mm)

注:本标准对表面粗糙度的要求均指构件在进行涂层处理前的状态

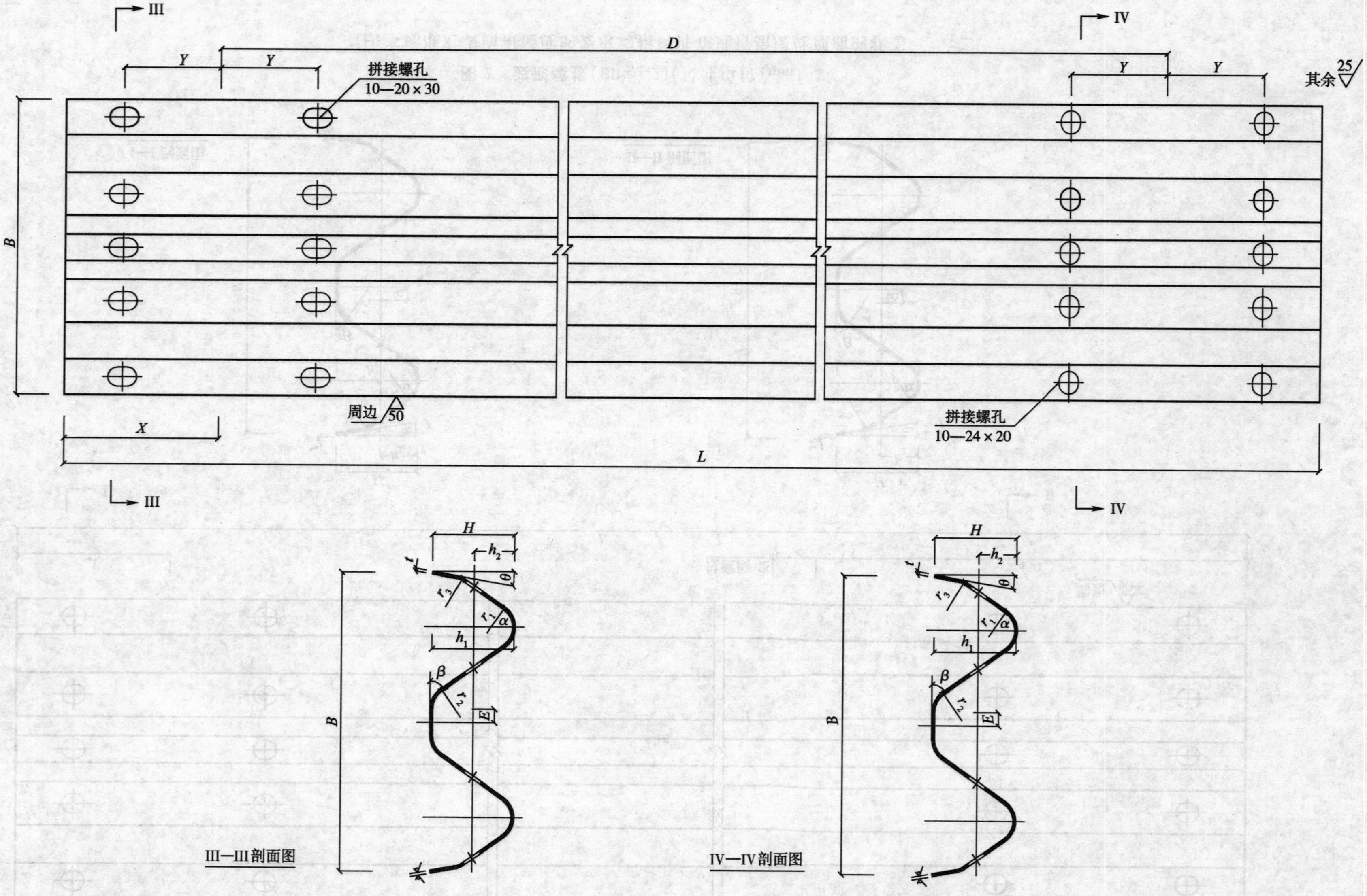

图 3　波形梁板(DB 类-1)(尺寸单位:mm)

注:本标准对表面粗糙度的要求均指构件在进行涂层处理前的状态

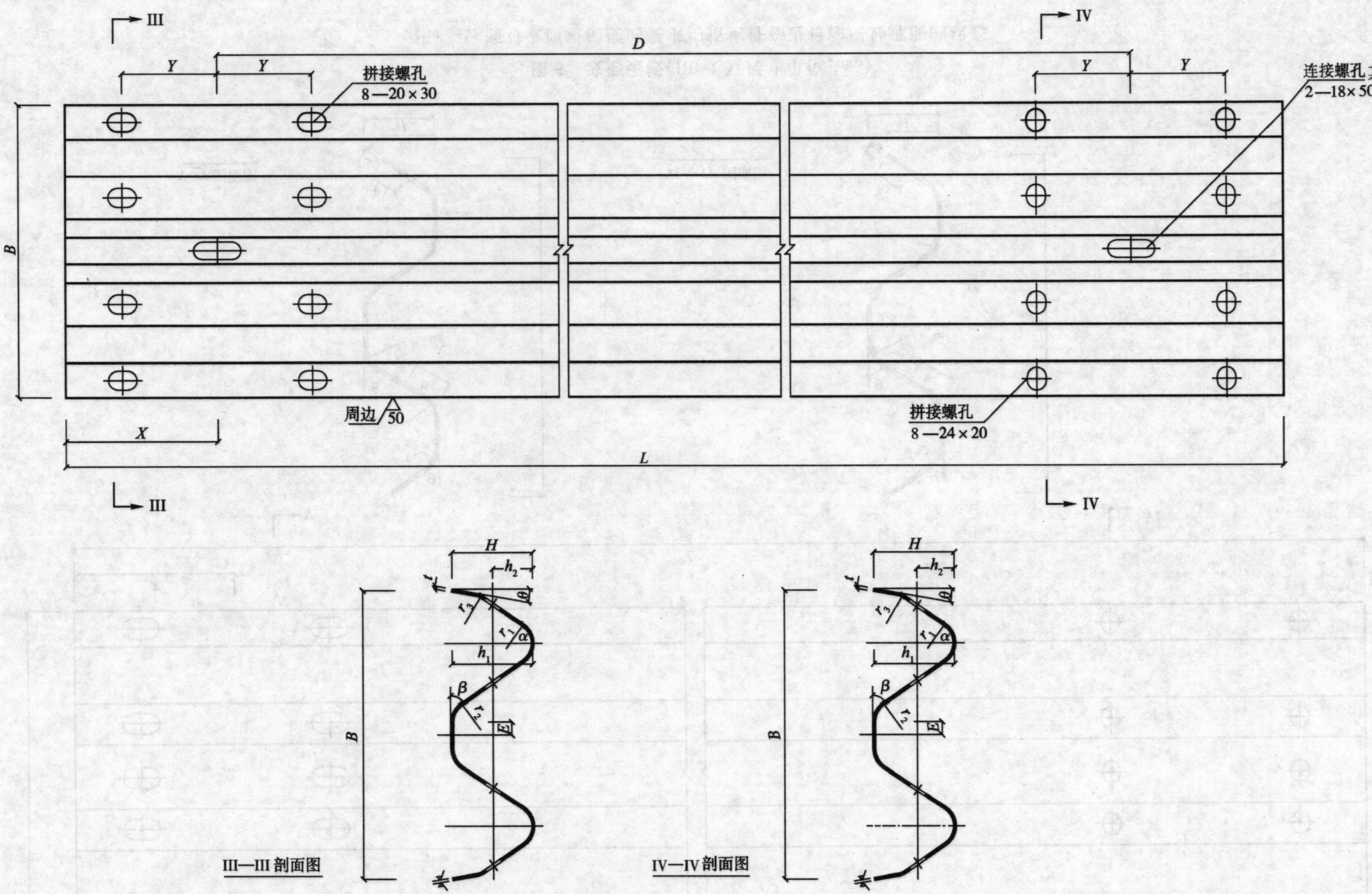

图4 波形梁板(DB类-2)(尺寸单位:mm)

注:本标准对表面粗糙度的要求均指构件在进行涂层处理前的状态

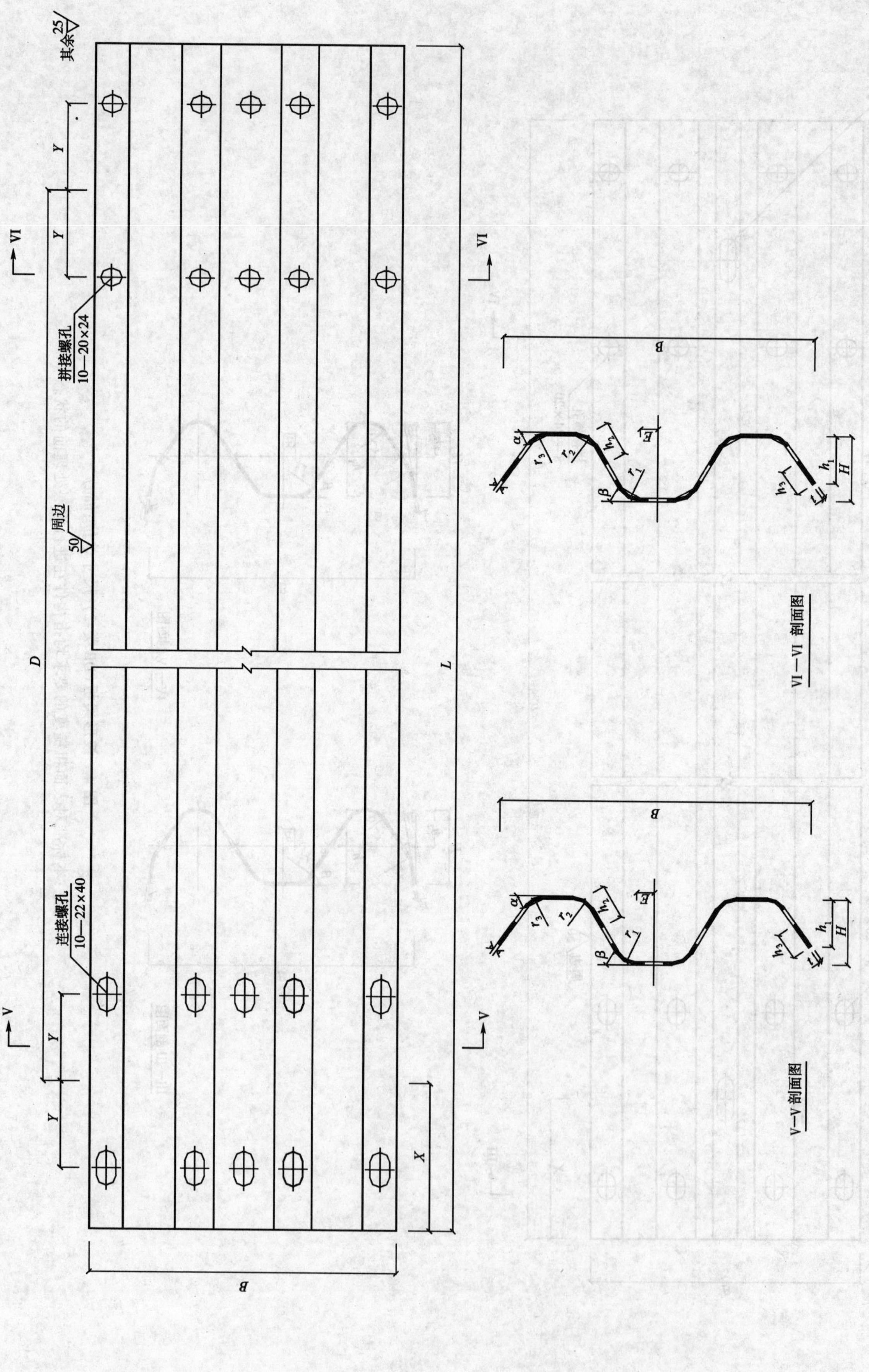

图 5　波形梁板(RB 类)(尺寸单位:mm)

注:本标准对表面粗糙度的要求均指构件在进行涂层处理前的状态

4.1.2 波形梁板尺寸,螺孔孔距及其允许偏差应符合表 8 的规定。

表 8

单位:mm

品名	L	D	X	Y	品名	L	D	X	Y
圆弧形波形梁板	4320^{+5}_{-5}	4000^{+4}_{-4}	160^{+1}_{-1}	100^{+1}_{-1}	折线形波形梁板	4330^{+5}_{-5}	4000^{+4}_{-4}	170^{+1}_{-1}	100^{+1}_{-1}
	3820^{+4}_{-4}	$3500^{+2.5}_{-2.5}$				3830^{+4}_{-4}	$3500^{+2.5}_{-2.5}$		
	3320^{+4}_{-4}	$3000^{+2.5}_{-2.5}$				3330^{+4}_{-4}	$3000^{+2.5}_{-2.5}$		
	2820^{+3}_{-2}	2500^{+2}_{-2}				2830^{+3}_{-2}	2500^{+2}_{-2}		
	2320^{+3}_{-2}	2500^{+2}_{-2}				2330^{+3}_{-2}	2000^{+2}_{-2}		

4.1.3 波形梁板上螺栓孔分为连接螺孔和拼接螺孔两种。其尺寸规格见表 9 和图 6。

表 9

单位:mm

品　名	代　号	公称尺寸及允许偏差		
		a	b	R
连接螺孔	L-1	$50^{+1}_{-0.5}$	18^{+1}_{0}	9
拼接螺孔	P-1	$24^{+1}_{-0.5}$	20^{+1}_{0}	10
	P-2	$30^{+1}_{-0.5}$	20^{+1}_{0}	10
	P-3	$40^{+1}_{-0.5}$	22^{+1}_{0}	11

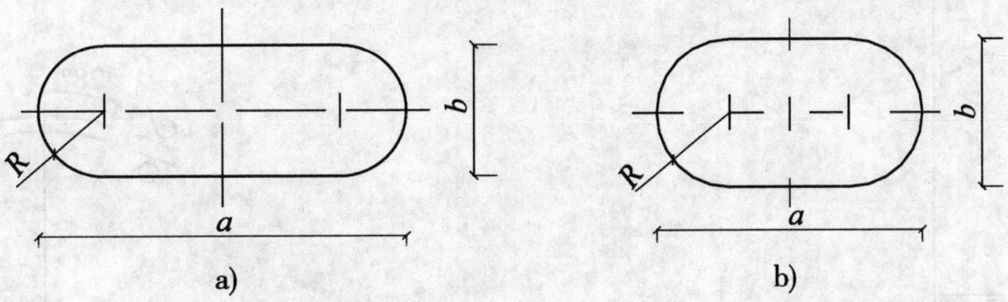

图 6　螺孔尺寸

a)连接螺孔;b)拼接螺孔

4.1.4 波形梁板形位公差应符合以下规定:

a) 波形梁板的弯曲度每米不得大于 1.5mm,总弯曲度不得大于波形梁板定尺长度的 0.15%;

b) 波形梁板端面切口应垂直,其垂直度公差不得超过 30′。

4.1.5 波形梁板不得有明显的扭转,不得焊接加长,端部毛刺应清除。

4.2 立柱

4.2.1 立柱宜采用钢管,其断面形状、尺寸见图 7,立柱断面公称尺寸及允许偏差应符合表 10 的规定,焊接钢管立柱的壁厚防腐处理前为 4.5mm。

表 10

单位:mm

品名	类别	公称尺寸及允许偏差						
		D	ϕ	t	H	h_1	h_2	L
立柱	钢管	$114^{+1.14}_{-1.14}$	18^{+1}_{0}	$4.5^{+0.5}_{-0.25}$	600	$(150)100^{+2}_{-2}$	10	$^{+10}_{0}$
		$140^{+1.4}_{-1.4}$						
注:括号内数值为有防阻块时的尺寸。								

4.2.2 立柱定尺长度应符合 JTG/T D81—2006 中的有关规定或按设计图确定。螺孔位置及允许偏差应符合图 8 和表 10 的规定。

4.2.3 钢管立柱其形位公差应符合以下规定：

a) 立柱弯曲度每米不得大于 1.5mm，总弯曲度不得大于立柱定尺长度的 0.15%；

b) 立柱端面切口应垂直，其垂直度公差不得超过 1°。

4.2.4 立柱不得有明显的扭转，不得焊接加长，端部毛刺应清除。

4.3 端头

4.3.1 圆头式端头的外形见图 9 和图 10，其公称尺寸及允许偏差应符合表 11 的规定。

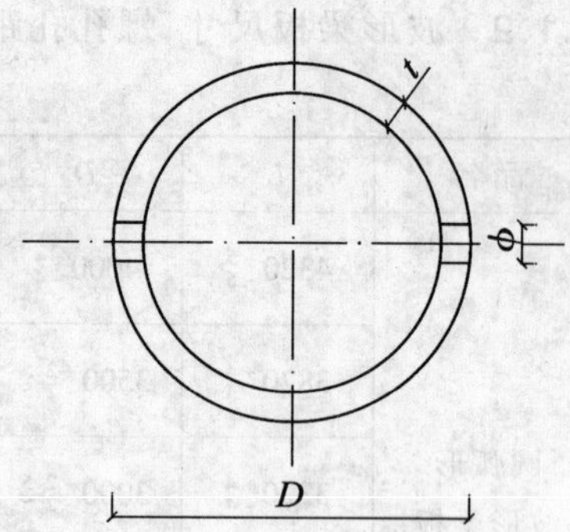

图 7 立柱断面形状

图 8 立柱（单位：mm）

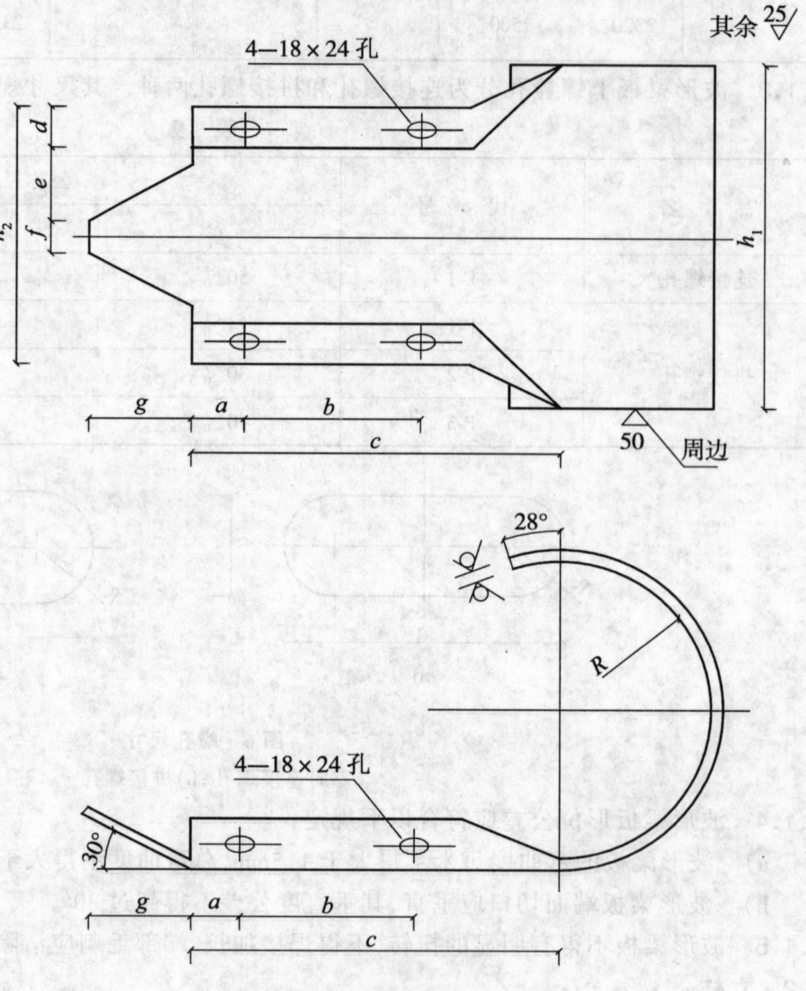

图 9 端头（D-Ⅰ）

表 11 单位：mm

品名	代号	公称尺寸及允许偏差										
		a	b	c	d	e	f	g	R	h_1	h_2	t
端头	D-Ⅰ	60	200^{+2}_{-2}	450	45	87.5	45^{+1}_{-2}	130	160	406^{+5}_{-1}	310^{+5}_{-1}	3(4)
	D-Ⅱ	50	200^{+2}_{-2}	150	45	87.5	45^{+1}_{-2}	130	250	406^{+5}_{-1}	310^{+5}_{-1}	3(4)
	D-Ⅲ								350			

4.3.2 端头基底金属厚度为 3mm 或 4mm，其厚度的允许偏差同护栏板要求。

4.3.3 端头外形应符合以下规定：

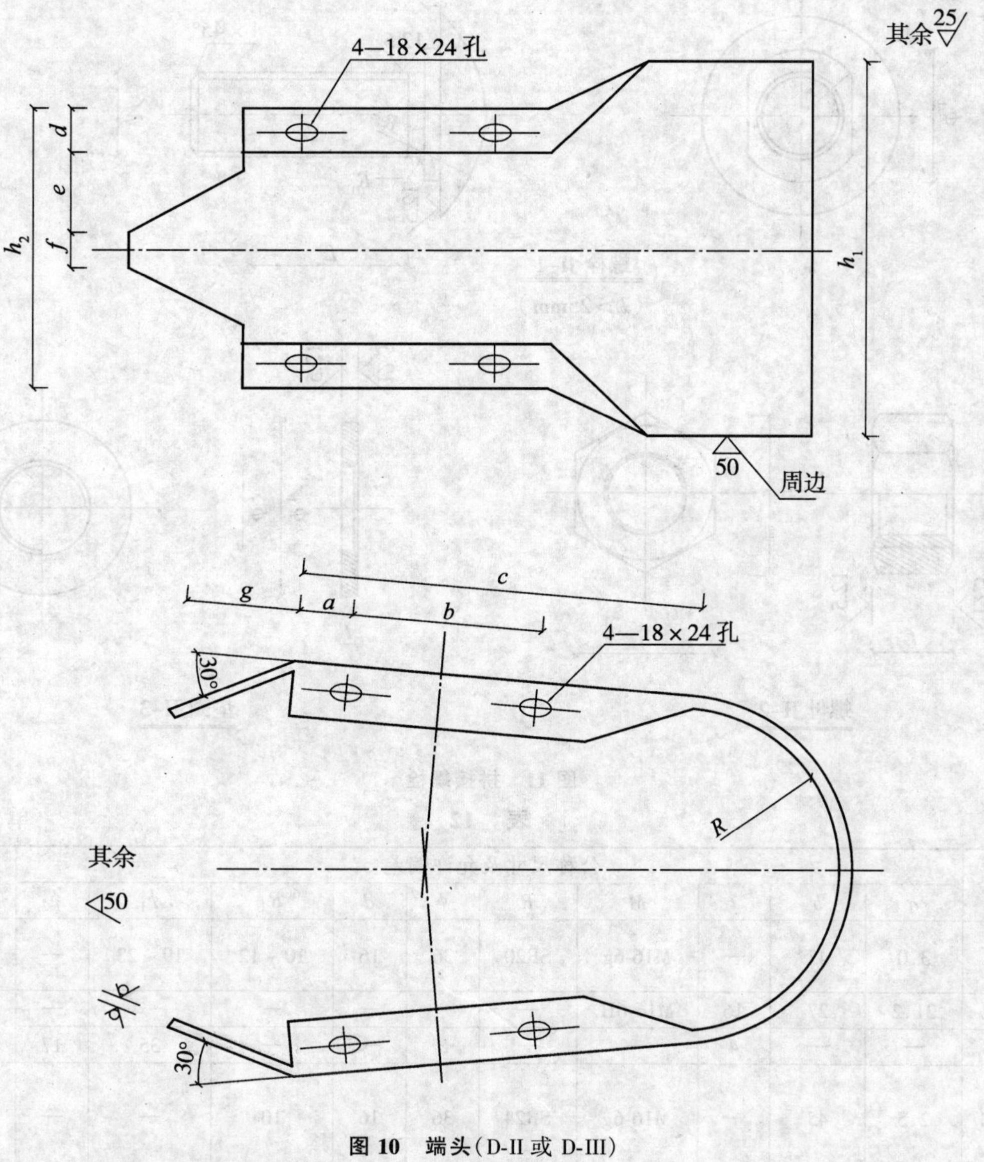

图 10　端头（D-II 或 D-III）

a）端头不得有明显的扭转；

b）端头切口应垂直，其垂直度公差不得超过 30′，端部毛刺应清除；

c）端头曲线部分应圆滑平顺。

4.4　紧固件

4.4.1 紧固件的外形见图 11 和图 12，其公称尺寸及允许偏差应符合表 12 的规定。

4.4.2 带螺纹的紧固件进行涂层处理后，不应因涂层而影响配合。

4.4.3 当护栏采用防盗紧固技术时，其紧固件的机械性能和装拆操作性能应满足本标准的要求。

4.5　防阻块

4.5.1 防阻块的外形及标注符号见图 13，其公称尺寸及允许偏差应符合表 13 的规定。

4.5.2 防阻块的外形应符合以下规定：

a）防阻块不得有明显的扭转；

b）防阻块端面切口应平直，毛刺应清除；

c） 防阻块焊缝应光滑平整，焊缝位置应位于任一无螺孔的平面上。

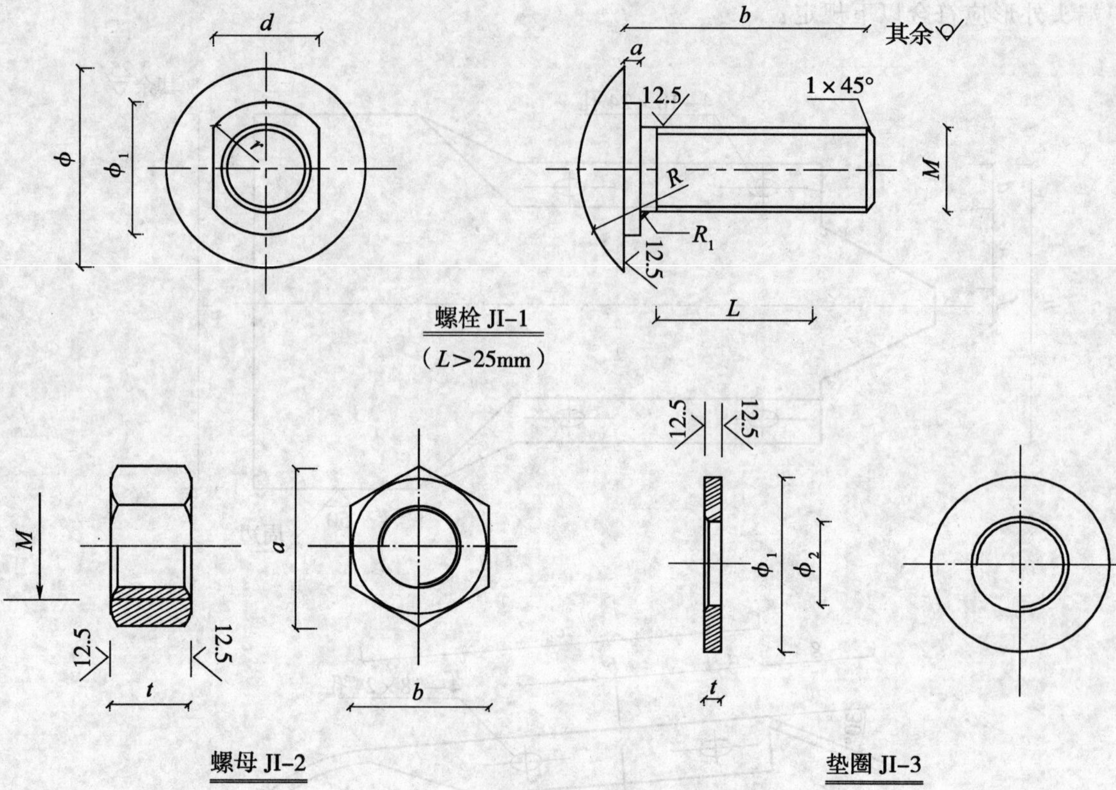

图 11　拼接螺栓

表　12

单位：mm

品名	代号	公称尺寸及允许偏差										用途
		a	b	t	M	R	ϕ	d	R_1	ϕ_1	ϕ_2	
拼接螺栓	JI-1	3.0	45	—	M16-6g	SR20	36	16	10～12	19～23	—	用于板与板的拼接
螺母	JI-2	31.2	27	16	M16-6H	—	—	—	—	—	—	
垫圈	JI-3	—	—	4	—	—	—	—	—	35	17	
连接螺栓	JII-1	2.5	45	—	M16-6g	SR24	36	16	10	—	—	用于波形梁与防阻块连接
	JII-2	10	170	—	M16-6g	—	24	27.7	—	—	—	用于防阻块与 ϕ140 钢管立柱连接
	JII-3	10	140									用于托架与 ϕ114 钢管立柱连接
螺母	JII-4	31.2	27	16	M16-6H	—	—	—	—	—	—	
垫圈	JII-5	—	—	4	—	—	—	—	—	35	17	
横梁垫片	JII-6	76^{+1}_{-1}	44^{+1}_{-1}	4	—	—	—	—	—	—	—	
注：拼接螺栓的 R_1 值应根据拼接螺栓尺寸的不同相应调整。												

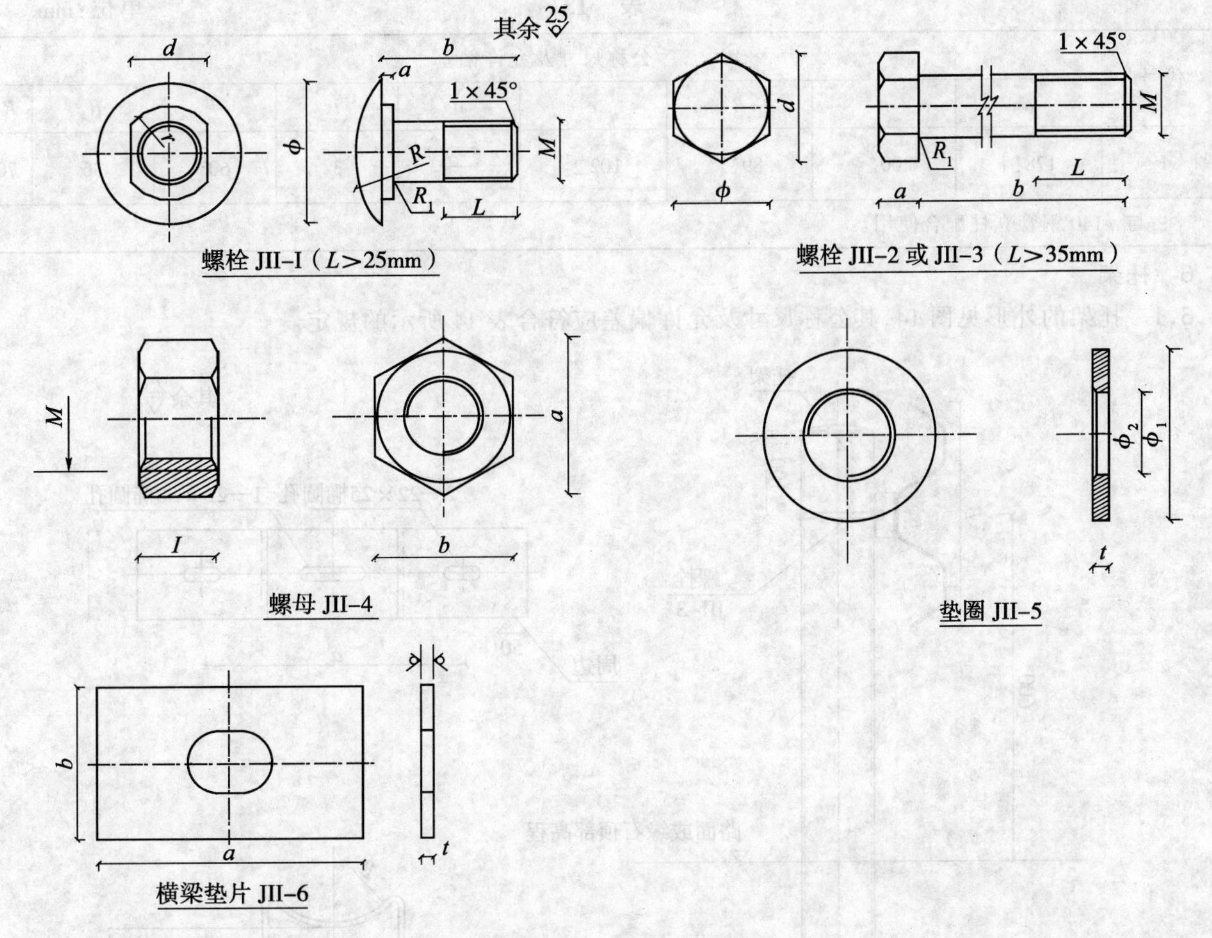

图 12　连接螺栓和横梁垫片

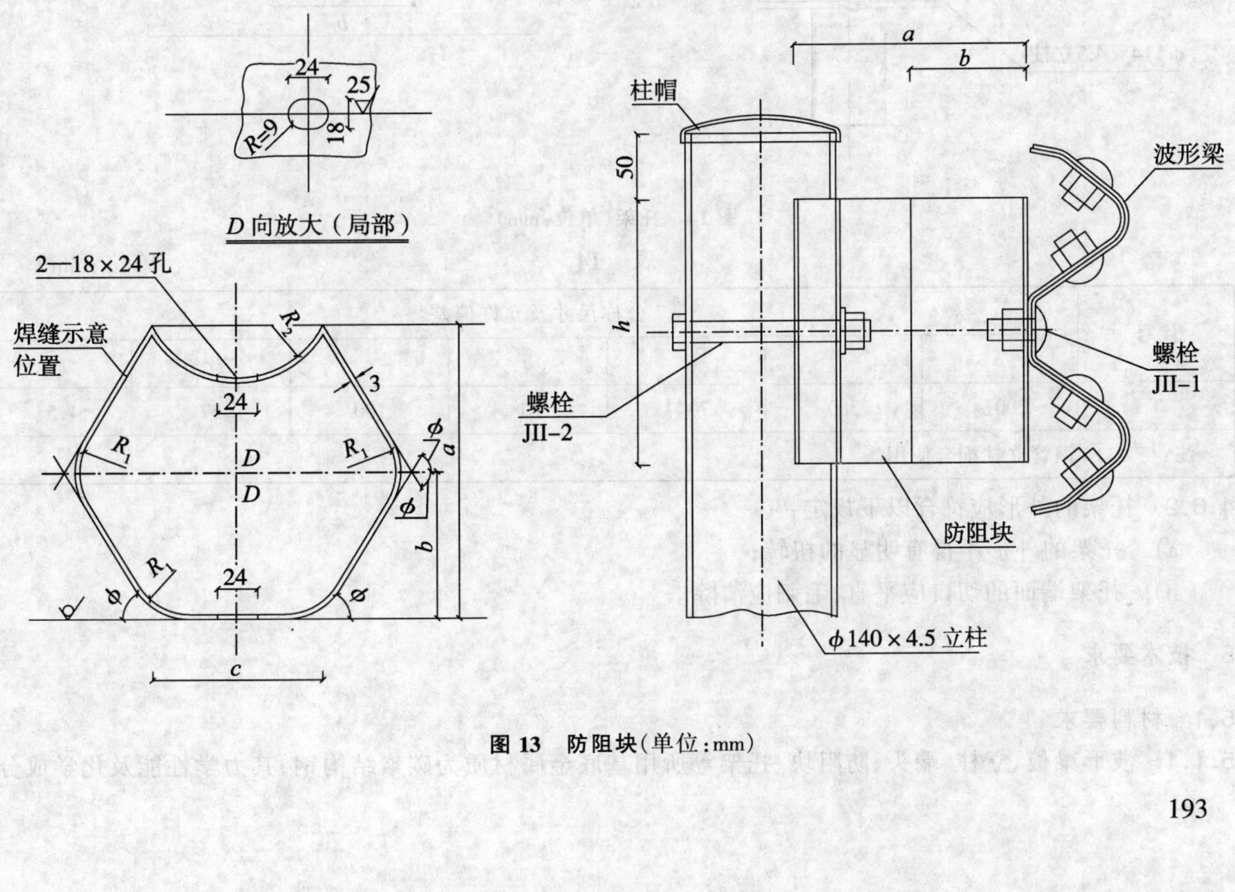

图 13　防阻块(单位:mm)

表 13 单位:mm

代号	公称尺寸及允许偏差								
	a	*h*	*B*	*c*	*d*	*t*	ϕ	R_1	R_2
F	178^{+3}_{-3}	200^{+3}_{-3}	89^{+1}_{-1}	102^{+2}_{-2}	—	3	60°	36	70
注:与 ϕ140 钢管立柱配合使用。									

4.6 托架

4.6.1 托架的外形见图 14,其公称尺寸及允许偏差应符合表 14 所示的规定。

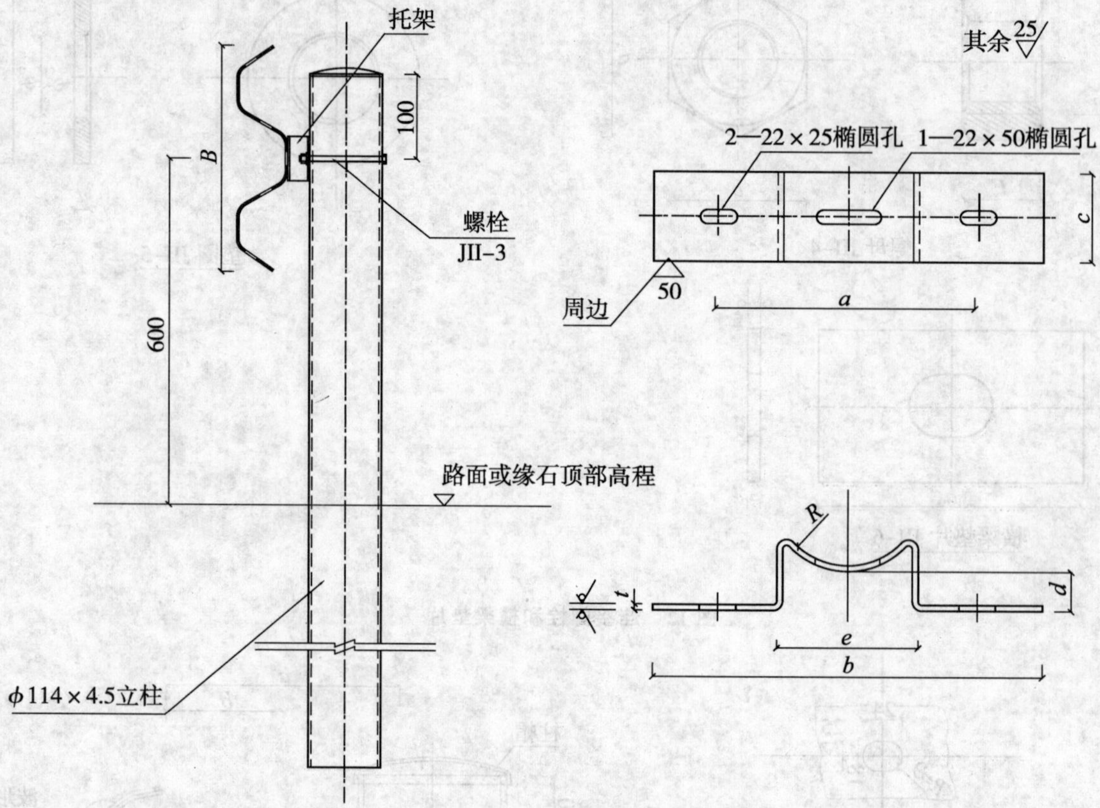

图 14 托架(单位:mm)

表 14 单位:mm

代号	公称尺寸及允许偏差						
	a	*b*	*c*	*d*	*e*	*r*	*t*
T	200^{+2}_{-2}	300	70^{+1}_{0}	31	100	57	4.5
注:与 ϕ114 钢管立柱配合使用。							

4.6.2 托架的外形应符合以下规定:

a) 托架的外形不得有明显的扭转;

b) 托架端面的切口应平直,毛刺应清除。

5 技术要求

5.1 材料要求

5.1.1 波形梁板、立柱、端头、防阻块、托架等所用基底金属材质为碳素结构钢,其力学性能及化学成分指标应不低于 GB/T 700 规定的 Q235 钢的要求。

5.1.2 连接螺栓、螺母、垫圈、横梁垫片等所用基底金属材质为碳素结构钢，其力学性能的主要考核指标为抗拉强度 $σ_b$，$σ_b$ 不小于 375N/mm²。

5.1.3 高强度拼接螺栓连接副应选用优质碳素结构钢或合金结构钢制造，其化学成分及力学性能应符合 GB/T 699 或 GB/T 3077 的规定；公称直径 16mm，8.8S 级抗拉荷载不小于 133kN。

5.2 加工要求

5.2.1 波形梁板一般宜采用连续辊压成形。

5.2.2 变截面波形梁板采用液压冷弯成形时，每块波形梁板应一次压制完成，不得分段压制。采用连续辊压成形的等截面波形梁板进一步加工成变截面板时，应采用液压冷弯成形，不得采用冲压方式加工。

5.2.3 波形梁板上的螺栓孔，应定位准确，每一端部的所有拼接螺孔应一次冲孔完成。

5.2.4 钢护栏端头应采用模压成形。

5.2.5 安装于曲线半径小于 70m 路段的钢护栏，其波形梁板应根据曲线半径的大小加工成相应的弧线形。

5.3 外观质量及防腐处理

5.3.1 波形梁钢护栏的冷弯黑色构件表面不得有裂纹、气泡、折叠、夹杂和端面分层，允许有不大于公称厚度 10% 的轻微凹坑、凸起、压痕、擦伤。表面缺陷允许用修磨方法清理，其整形深度不大于公称厚度的 10%；切断面及安装孔不允许有卷沿、飞边和严重毛刺。

5.3.2 护栏的所有构件均应进行金属防腐处理，一般宜采用热浸镀锌方法。当采用热浸镀铝、涂塑等其他防腐方法时，其防腐层要求应符合 GB/T 18226 的相关规定。

5.3.3 采用热浸镀锌方法进行金属防腐处理时，锌层要求如下：

a) 采用热浸镀锌方法进行金属防腐处理时，热浸镀锌所用的锌应为 GB/T 470 规定的特一号、一号锌锭。镀锌构件的锌附着量应符合表 15 的要求。

表 15　　单位：g/m²

构件名称	三点法试验平均锌附着量（单面）	三点法试验最低锌附着量（单面）
波形梁板、立柱、端头	600	425
紧固件、防阻块、托架	350	275

b) 镀锌构件表面应具有均匀完整的涂层，颜色一致，表面具有实用性光滑，不允许有流挂、滴溜或多余结块。镀件表面应无漏镀、露铁等缺陷。有螺纹的构件在热浸镀锌后，应清理螺纹或作离心分离。

c) 镀锌构件的锌层应均匀，试样经硫酸铜溶液浸蚀五次不变红。

d) 镀锌构件的锌层应与基底金属结合牢固，经锤击试验镀锌层不剥离、不凸起。

e) 锌层耐盐雾性，镀锌构件经 6.4.4 的试验后，基体钢材不应出现腐蚀现象，基体钢材在切割边缘出现的腐蚀不予考虑。

6 试验方法

6.1 基材的化学成分及机械性能

护栏供方应提供本批构件原材料生产厂出具的质量证明书。需方认为有必要时，有权要求对制造本批护栏构件的基底材料取样进行力学性能或(和)化学分析试验，试验方法按 GB/T 228、GB/T 232 等相关标准的规定。高强度拼接螺栓连接副的试验方法按 GB/T 1231 的有关规定执行。其他紧固件的试验方法按相关标准的规定执行。

6.2 外形尺寸

采用量具、样板按常规方法进行。

6.3 外观质量

目测及手感检查。

6.4 镀锌层

6.4.1 锌附着量试验采用氯化锑法,按附录 A 进行,也可用镀层测厚仪直接测量锌层厚度,对试验结果发生争议时,以氯化锑法作为仲裁试验方法。

6.4.2 硫酸铜浸渍试验,按附录 B 进行。

6.4.3 锌层附着性试验,按附录 C 进行。

6.4.4 锌层耐中性盐雾试验,按 GB/T 10125 进行 200h。

7 检验规则

7.1 一般规定

护栏的质量由供方质检部门进行检验，产品经检验符合本标准的要求后并附有质量合格证方可交货。需方有权按本标准的规定进行抽检和验收。

7.2 组批规则

波形梁板、立柱等应成批检查，每批应由同一基底材料、同一规格尺寸、同一表面处理的产品组成,3mm 厚板每批的质量不得超过 50t,4mm 厚板每批的质量不得超过 100t。

7.3 抽样和判定

护栏板、立柱、防阻块、连接副等部件的抽样、判定按 JT/T 495 规定进行。

8 标志、包装、运输、质量证明书

8.1 每片波形梁板均应在其两端分别标明生产厂名(或厂标)、生产年月等标志，其位置在距端部 400mm 的波形梁板横截面正中处。

8.2 波形梁板、立柱等构件的包装和标志应符合 GB/T 6725 的规定。护栏不得散装交货,且应保证在吊装、运输、堆放过程中使产品不致变形、损坏(伤)。

8.3 高强度拼接螺栓连接副的包装和标志参照 GB/T 1231 的有关规定执行。其他紧固件的包装和标志参照相关标准的规定执行。

8.4 护栏产品在运输过程中应固定牢靠，防止因颠簸碰撞损坏涂层或使构件变形。

8.5 产品出厂应附产品质量证明书,并提供本批钢材原材料生产厂的材质质保书。

产品质量证明书应包括如下内容:

a) 产品(构件)名称;

b) 产品(构件)规格;

c) 产品(构件)的材质及原生产厂厂名;

d) 本批数量;

e) 生产及检验日期;

f) 标准规定的各项试验结果及检验部门准许出厂的意见(盖章);

g) 生产厂厂名;

h) 执行标准。

附录 A

（规范性附录）

热浸镀锌锌附着量实验方法（氯化锑法）

A.1 试件准备

A.1.1 供方检验

A.1.1.1 应按材质、材料规格、产品形状等选取有代表性的试样。

A.1.1.2 试样切成适当大小后，应与产品在同一工艺条件下镀锌。

A.1.1.3 附着量采用三点法计算。将镀锌后的试样，两端各切去 50mm，然后从试样的中部及两端切取三块，分别测定附着量，三块试样附着量的平均值为该试样的平均附着量。

A.1.1.4 每块试样测试面积不应小于 $100cm^2$，试样表面不得有损伤或锌瘤存在。

A.1.2 抽检

抽检时，应从被检构件的中部及两端适当位置切取三块试样，按三点法进行计算。

A.2 试验溶液配制

将 3.2g 三氯化锑（$SbCl_3$）或 2g 三氧化二锑（Sb_2O_3）溶于 500mL 相对密度 1.18 以上的浓盐酸中配制成原液，试验前用蒸馏水稀释至 1L 作为实验溶液。

A.3 实验方法

试样用四氯化碳、苯或三氯化烯等有机溶剂清除表面油污，然后以乙醇淋洗，清水冲净，净布擦干，充分干燥后，称量（精确到 1%）。

试验溶液的数量，按试样表面每平方厘米不少于 10mL 准备。将称量后的试样放入试验溶液中（保持试验溶液温度不高于 38℃），直至镀锌层完全溶解，氢气泡显著减少为止。将试样取出，以清水冲洗，同时用硬毛刷除去表面的附着物，用棉花或净布擦干，然后浸入乙醇中，取出后迅速干燥，以同一精确度重新称量。称重后，测量试样的表面尺寸（精确到 0.01mm）。

A.4 附着量计算

附着量按式（A.1）计算：

$$A = \frac{m_1 - m_2}{S} \times 10^6 \tag{A.1}$$

式中：A——附着量，g/m^2；

m_1——试验前试样质量，g；

m_2——试验后试样质量，g；

S——试样表面积，mm^2。

A.5 镀锌层近似厚度

镀锌层近似厚度按式（A.2）计算：

$$\delta = \frac{A}{\rho} \tag{A.2}$$

式中：δ——镀锌层厚度，μm；

ρ——镀锌层密度，g/cm^3。

A.6 锌附着量和锌层厚度的近似关系

锌附着量和锌层厚度的近似关系见表 A.1。

表 A.1

锌附着量（g/m^2）	镀锌层近似厚度（μm）	锌附着量（g/m^2）	镀锌层近似厚度（μm）
600	85	350	50
425	61	275	39

附录 B
（规范性附录）
热浸镀锌锌层均匀性试验方法（硫酸铜法）

B.1 试件准备

B.1.1 供方检验

B.1.1.1 应按材质、材料规格、产品形状选取有代表性的试样。

B.1.1.2 试样切成适当大小后，应与产品在同一工艺条件下镀锌。

B.1.1.3 在试样上切取面积 $100cm^2$ 以上的试件作硫酸铜试验。

B.1.1.4 螺栓、螺母等小型构件，取原件作硫酸铜试验。

B.1.1.5 试样用四氯化碳、苯等有机溶剂除去表面油污，清水冲净，净布擦干，在浸入 2% 硫酸铜溶液中（2mL 相对密度 1.84 的硫酸以 98mL 水稀释）15s 后，取出以清水冲净，净布擦干。

B.1.1.6 试件表面不得有粗糙面或任何损伤。

B.1.2 抽检

抽检时，对波形梁板、立柱等构件，应从被检构件的中部及两端适当位置切取三块试样进行试验（如有一块试样不合格，则判该构件不合格）。其余构件仅在适当位置切取一块试样或取一件进行测试。

B.2 实验溶液配置方法

B.2.1 将 36g 化学纯硫酸铜（$CuSO_4 \cdot 5H_2O$）溶于 100mL 蒸馏水中，加热溶解后，冷却至室温，加入氢氧化铜或碳酸铜（每 1L 硫酸铜溶液加入 1g），搅拌均匀后，静止 24h 以上，然后过滤或吸出上面的澄清溶液供使用。该溶液在 18℃时，相对密度应为 1.18，否则应该以浓硫酸铜溶液或蒸馏水调整。硫酸铜的浓度在任何情况下不应低于标称溶液的 90%。

B.2.2 氢氧化铜制法：用 10% 的氢氧化钠溶液加入质量比为 1:5 的硫酸铜溶液中，生成浅绿色的氢氧化铜沉淀，然后过滤洗涤至溶液无游离碱为止。

B.3 实验准备

B.3.1 硫酸铜溶液应以不与硫酸铜产生化学反应的惰性容器盛装，容器应有适当的容积，使硫酸铜溶液能将试样浸没，并使试样与容器壁保持不少于 25mm 的距离。

B.3.2 硫酸铜溶液注入的数量按试样被测试面积每平方厘米不少于 10mL 准备。

B.4 实验方法

B.4.1 将准备好的试样，置于 18℃ ± 2℃的溶液中浸泡 1min，此时不许搅动溶液，亦不得移动试样，1min 后立即取出试样，以清水冲洗，并用软毛刷除掉黑色沉淀物，特别要刷掉孔洞凹处沉淀物，然后用净布擦干立即进行下一次浸蚀。

B.4.2 除最后一次浸蚀外，试样应立即重新浸入溶液。

B.4.3 实验溶液经 15 次浸蚀后应予倒弃。

B.5 浸蚀终点的确定

B.5.1 经上述试验后，试样上出现红色的金属铜时为试样达到浸蚀终点。出现金属铜的那次浸蚀不计入硫酸铜试验次数。

B.5.2 将附着的金属铜用无锋刃的工具将铜刮掉，如铜的下边仍有金属锌时，可不算浸蚀终点。

B.5.3 对金属铜红色沉积下的底面是否存在锌层有怀疑时，可将金属铜红色沉积刮除，在该处滴一至数滴稀盐酸，若有锌层存在，则有活泼氢气产生。此外，可用锌的定性试验来判定：即用小片滤纸或汲液管等把滴下来的酸液收集起来，用氢氧化铵中和，使呈弱酸性，在此溶液中通过硫化氢，看其是否生成白色沉淀（硫化锌）来加以判定。

B.5.4 下列情形不作为浸蚀终点：

a） 试样端部25mm内出现红色金属铜时；

b） 试样的棱角出现红色金属铜时；

c） 镀锌后损伤的部位及其周围出现红色金属铜时。

附录 C
（规范性附录）
热浸镀锌锌层附着性试验方法（锤击法）

C.1 锤击实验装置

试验用的锤子应安装在稳固的木制台上，试验面应保持与锤底座同样的高度并与其处于同一水平面上。

锤击实验装置如图 C.1 所示。

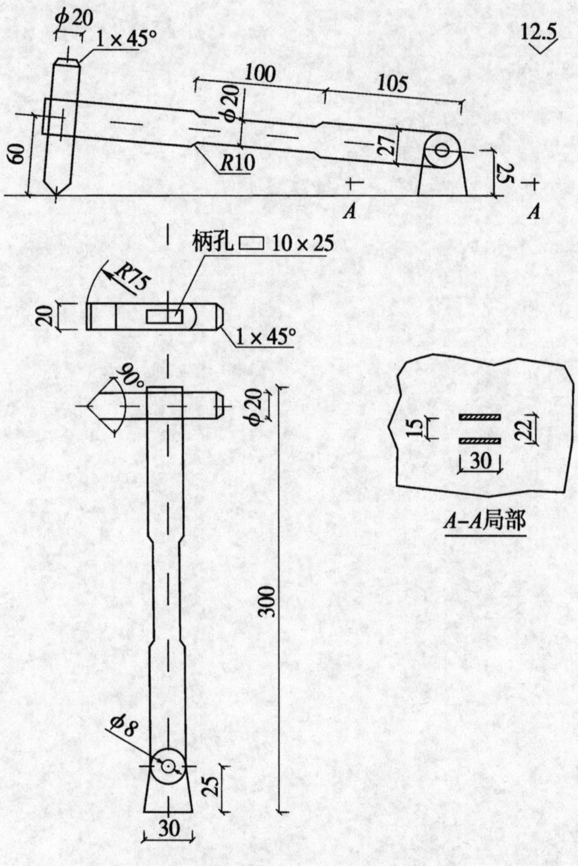

图 C.1 锤击实验装置图（单位：mm）

C.2 试验规则

试件应放置水平，锤头面向台架中心，锤柄与底座平面垂直后自由落下，以 4mm 的间隔平行打击五点，检查锌层表面状态。打击点应离端部 10mm 以外，同一点不得打击两次。

C.3 试验装置材料

C.3.1 锤头用 45 号钢，质量 210g ± 10g，锤刃硬度（肖氏）40 以上。

C.3.2 锤柄用橡木制作，质量约 70g。

C.3.3 底座钢板厚 15mm，尺寸 250mm × 250mm，材质 Q235。

JT

中华人民共和国交通行业标准

JT/T 333—1997

公路防眩设施技术条件

Specification of highway glare screen

1997-09-29 批准　　　　1997-12-31 实施

中华人民共和国交通部　发布

中华人民共和国交通行业标准

JT/T 333—1997

公路防眩设施技术条件

Specification of highway glare screen

1 范围

本标准规定了公路防眩设施的技术要求、试验方法、检验规则以及防眩设施产品的标志、包装、运输和质量证明书。

本标准适用于高速公路上使用的防眩设施，设置中央分隔带的其它等级公路可以参照采用。

2 引用标准

下列标准所包含的条文，通过在本标准中的引用而构成为本标准的条文。在标准出版时，所示版本均为有效。所有标准都会被修订，使用本标准的各方应探讨使用下列标准最新版本的可能性。

GB 470—83	锌锭
GB 1196—93	重熔用铝锭技术条件
GB 1764—77	漆膜厚度测定法
GB/T 1839—93	钢铁产品镀锌层质量试验法
GB 2423—81	盐雾试验法
GB/T 2972—91	镀锌钢丝锌层硫酸铜试验方法
GB/T 2973—91	镀锌钢丝锌层重量试验方法
GB 3681—83	塑料自然气候暴露试验方法
GB 5933—86	轻工产品金属镀层结合强度测试方法
GB 8013—87	铝及铝合金阳极氧化－阳极氧化膜的总规范
GB 8014—87	铝及铝合金阳极氧化－阳极氧化膜厚度的定义和有关测量厚度的规定
GB 9344—88	塑料氙灯光源暴露试验方法
GB/T 12967—91	铝及铝合金阳极氧化
JTJ 011—94	公路路线设计规范
JTJ 074—94	高速公路交通安全设施设计及施工规范
ZB J36 011—89	钢铁热浸镀铝工艺及质量检验

3 定义

本标准采用下列定义。

3.1 眩光 glare

指在视野范围内出现亮度极高的物体或强烈的亮度对比，而引起视觉机能或视力降低的现象。

3.2 防眩设施 glare screen

中华人民共和国交通部 1997-09-29 批准 1997-12-31 实施

设置在道路中央分隔带上用于消除汽车前照灯夜间眩光影响的道路交通安全设施。

3.3 遮光角 cutoff angle

防眩设施遮挡对向车辆前照灯入射光线的角度。

4 防眩设施代号

4.1 防眩设施代号由图1中所示的设置方式代号、构造形式代号、防眩设施代号三部分组成。

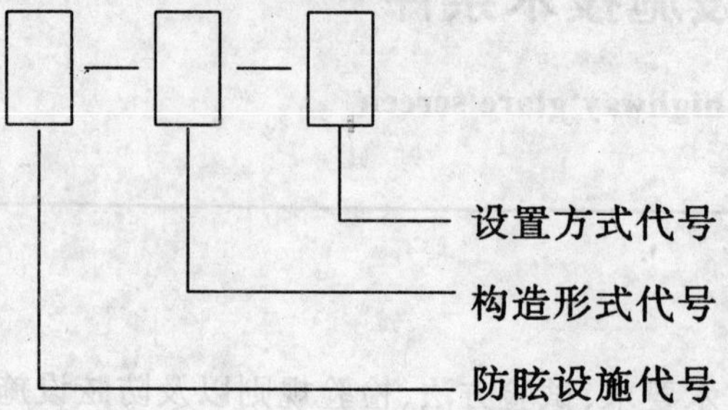

图1 防眩设施产品代号

型号举例：

Gs—P—Gw 表示设置在混凝土护栏上板状的防眩设施。

4.2 防眩设施代号应符合 JTJ 074—94 中 2.2.4 的规定。

5 基本要求

5.1 防眩设施宜按部分遮光原理进行设计，直线路段防眩设施的遮光角不得低于 8°，平(竖)曲线路段防眩设施的遮光角为 8°～15°。

5.2 防眩设施高度

5.2.1 直线路段防眩设施的高度可按公式(1)和(2)进行计算，汽车前照灯高度和司机视线高度见表1，防眩设施高度计算图式见图2。

$$H = h_1 + (h_2 - h_1)B_1/B \tag{1}$$

或

$$H = h_2 - (h_2 - h_1)B_2/B \tag{2}$$

式中：H——防眩设施高度，m；

h_1——汽车前照灯高度，m；

h_2——司机视线高度，m；

B_1、B_2——分别为行车道上车辆距防眩设施中心线的距离，m；

B——相对行驶车辆相距的横向距离，m，$B=B_1+B_2$。

表 1

车 种	视线高度 h_2,m	前灯高度 h_1,m	车 种	视线高度 h_2,m	前灯高度 h_1,m
大型车	2.0	1.0	小型车	1.30	0.8

5.2.2 平曲线路段应按公式(3)和(4)验算防眩设施高度对停车视距的影响，平曲线路段防眩设施高度验算图式见图3，停车视距 S 按 JTJ 011—94 中 7.9.2 取值。

$$H < \frac{D - (R + m/2)\cos\gamma}{D}(h_2 - h) + h \tag{3}$$

$$D = 2R\sin\frac{S}{2R} \tag{4}$$

式中：H——防眩设施高度，m；

D——司机与障碍物通视的直线距离，m；

h_2——司机视线高度，m；

h——障碍物高度，m；

R——平曲线半径，m；

m——道路中央分隔带宽度，m；

S——停车视距，m。

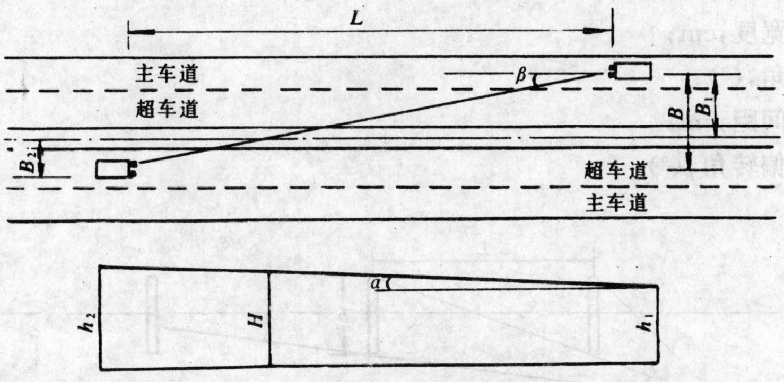

图 2　直线路段防眩设施高度计算图式

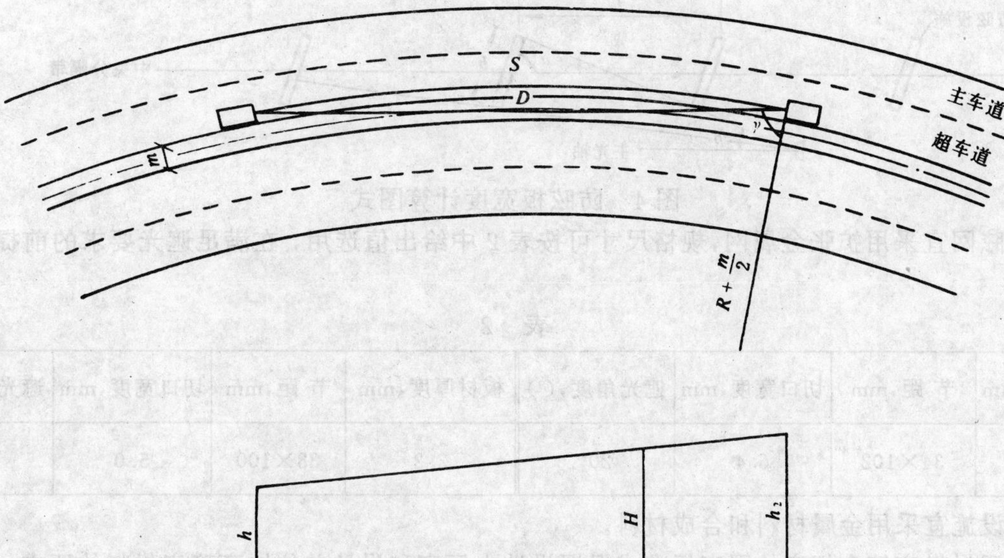

图 3　平曲线路段防眩设施高度验算图式

5.2.3　竖曲线路段防眩设施高度应根据前后纵坡情况进行适当调整，以满足遮光要求。

5.3　防眩设施的外观、结构型式应注意和道路景观相协调。长距离设置防眩设施时，型式或颜色应有一定的变化，颜色采用柔和中介色。防眩设施表面不允许有反光。

5.4　防眩设施的安装设计应满足稳定性的要求，并易于施工，便于维护。在不影响防眩效果的条件下，应选用现有的标准型材和标准紧固件作为附件。

5.5　防眩设施应具有优良的耐候性和耐腐蚀性。

6　防眩设施产品

6.1　产品规格

6.1.1　防眩设施产品包括防眩板、防眩网等，产品的结构型式和规格尺寸应结合具体道路交通条件进行设计。

6.1.2 防眩板的宽度按公式(5)和(6)进行计算,防眩板宽度计算图式见图4。

a)当防眩板与设置中线垂直时:

$$b = L\text{tg}\beta \tag{5}$$

b)当防眩板与设置中线偏转 α 角时:

$$b = \frac{L\text{tg}\beta}{\sin\alpha + \cos\alpha\text{tg}\beta} \tag{6}$$

式中:b——防眩板的宽度,cm;

β——防眩遮光角,(°);

L——防眩板的间距,cm;

α——防眩板的偏转角,(°)。

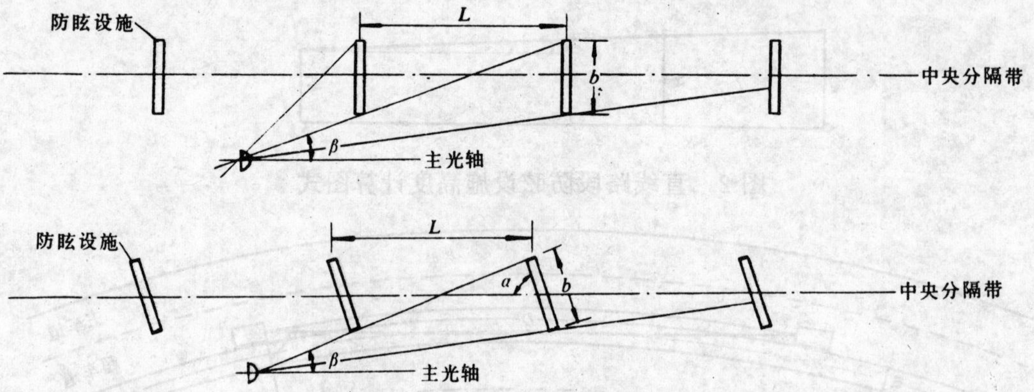

图4 防眩板宽度计算图式

6.1.3 防眩网宜采用扩张金属网,规格尺寸可按表2中给出值选用,在满足遮光要求的前提下,可另行设计。

表 2

板材厚度,mm	节 距,mm	切口宽度,mm	遮光角度,(°)	板材厚度,mm	节 距,mm	切口宽度,mm	遮光角度,(°)
1.3	34×102	6.4	20°	2.2	38×100	5.0	10°

6.2 防眩设施宜采用金属材料和合成材料。

6.2.1 金属材料应符合相应的国家标准或根据设计由厂家和设计单位协商确定材料的要求。

6.2.2 合成材料应满足耐候性和耐腐蚀性的要求。因环境条件或其它原因而需要进行其它指标测试时,设计单位可提出具体要求。

7 金属防腐处理

7.1 钢构件防腐处理可采用热浸镀锌、热浸镀铝、表面涂塑和涂刷油漆等方式,推荐采用热浸镀锌。铝合金的防腐处理可以采用阳极氧化。

7.2 在进行防腐处理前,应对所有构件进行有效的除锈和去油脂处理。

7.3 热浸镀锌

7.3.1 热浸镀锌所用锌应不低于GB 470规定的0号或1号锌。

7.3.2 镀锌构件的锌附着量应大于350 g/m²,近似的锌层厚度应大于50 μm。

7.3.3 镀锌构件表面应颜色一致,具有实用性光滑,不允许有流挂、滴瘤或多余结块。有螺纹的构件在热浸镀锌后,应清理螺纹或进行离心分离。

7.3.4 镀锌构件应具有完整均匀的镀层，试样经硫酸铜溶液浸蚀六次不变红（镀铜色）。

7.3.5 镀锌构件的锌层应具有良好的附着性，与基底金属结合牢固。

7.4 热浸镀铝

7.4.1 热浸镀铝用铝锭含铝量不小于99.5%，GB 1196中的特一级、特二级铝锭均适用。

7.4.2 镀铝构件的铝附着量应大于180 g/m^2，近似的铝层厚度应大于80 μm。

7.4.3 热浸镀铝层应连续，在基体表面覆盖完好；铝层表面不允许存在明显影响外观质量的熔渣、色泽暗淡以及假渗、漏渗等缺陷。有螺纹的构件在热浸镀铝后，应清理螺纹或进行离心分离。

7.4.4 热浸镀铝层不允许有针孔。

7.4.5 镀层和基体应具有良好的附着性。

7.5 涂塑处理

7.5.1 可采用浸塑法或喷涂工艺对金属构件进行涂塑处理。

7.5.2 涂敷允许1～2次，涂塑层的厚度一般在300 μm～500 μm之间。

7.5.3 涂塑层表面应平整、光滑，不得有褶皱、流挂、剥落、龟裂等。

7.6 涂刷油漆

7.6.1 应在构件表面涂刷两道防锈漆后，再涂刷两道以上油漆。所涂底漆厚度不得小于40 μm，涂完面漆后，总厚度为125 μm～175 μm。

7.6.2 漆膜应光滑均匀，不得有金属外露或漆液流挂及褶皱，外层漆干燥后的颜色应符合设计要求。

7.6.3 所用底漆和面漆必须符合设计要求，并有出厂质检证书，涂前应对油漆进行抽样检查。

7.7 铝合金采用阳极氧化进行防腐处理时，可以参照GB 8013的规定进行。

8 试验方法

8.1 金属材料化学分析试验按现行有关金属化学分析国家标准进行。

8.2 热浸镀锌的构件要求对锌附着量、锌层均匀性及附着性进行检验，其检验方法分别按GB/T 2973.1、GB/T 1839、GB/T 2972和GB 5933的有关规定参照执行。

8.3 热浸镀铝的构件要求对铝层厚度、有孔度及附着性进行检验，检验方法可参照ZB J36 011的有关规定执行。

8.4 表面涂塑处理的构件，主要检查外观质量和涂层厚度。外观质量由目测及手感检验，涂层厚度由测厚仪量测。

8.5 涂刷油漆进行防腐的构件，主要检查外观质量及漆膜厚度。外观质量由目测及手感检验，漆膜厚度按GB 1764进行检验，或用测厚仪量测。

8.6 铝合金构件阳极氧化质量及氧化膜厚度按照GB/T 12967、GB 8013和GB 8014的规定进行检验。

8.7 合成材料耐候性试验可按GB 3681或GB 9344进行；耐盐雾腐蚀性试验可参照GB 2423的有关规定进行。

8.8 防眩设施外形尺寸的检验可采用量具按常规方法进行。

9 检验规则

9.1 防眩设施产品的质量由供方质检部门进行自检，经检验合格后方可出厂。

9.2 防眩设施产品抽样检查应以200件为一单位，从各类构件中分别取出一件进行检验，如果检验的这一组构件不符合要求，则另选两组进行检验，如果这两组中也有一组不符合要求，则以该样品为代表的整批货应被拒收。

9.3 防眩设施产品一般不做化学分析试验，但供货方应提供本批构件原材料生产厂出具的质量证明书。验收方认为有必要时，有权对产品取样，对其材料进行化学分析试验，试验结果应符合本标准及相关标准的规定。

10 标志、包装、运输、质量证明书

10.1 防眩设施产品均应在其显著位置标明生产厂名(或厂标),生产日期等标志。

10.2 防眩设施产品可根据不同构件、不同运输方式分别选用框架包装、袋装或钢丝捆扎。无论采用何种包装,均应保证在吊装、运输、堆放过程中不致使产品变形、损坏。防眩设施产品经包装后,应标明产品名称、规格、数量、外形尺寸、重量、收发货单位等。

10.3 防眩设施产品在运输过程中应固定牢靠,防止因颠簸碰撞损坏防腐层或使构件变形。

10.4 产品出厂应附产品质量证明书,并提供本批产品材料生产厂的材质质保书。产品质量证明书应包括如下内容:

a)产品(构件)名称;

b)产品(构件)规格;

c)产品(构件)的材质及生产厂;

d)本批数量;

e)生产及检验日期;

f)检验部门准许出厂的意见(盖章);

g)生产厂名。

JT

中华人民共和国交通行业标准

JT/T 388—1999

轮廓标技术条件

Specification for Delineators

1999-04-12 发布　　　　1999-09-01 实施

中华人民共和国交通部　发布

中华人民共和国交通行业标准

JT/T 388—1999

轮廓标技术条件

Specification for Delineators

1 范围

本标准规定了轮廓标的分类、结构形式、技术性能要求、检验规则、测试方法、标志、包装、运输及贮存。

本标准适用于我国公路上设置的轮廓标。在城市道路或其他道路上设置的轮廓标可参照执行。

2 引用标准

下列标准所包含的条文,通过在本标准中引用而构成为本标准的条文。本标准出版时,所示版本均为有效。所有标准都会被修订,使用本标准的各方应探讨使用下列标准最新版本的可能性。

GB/T 2423.17—93 盐雾试验方法

GB 2517—81 一般结构用热轧钢板和钢带

GB 2828—87 逐批检查计数抽样程序及抽样表

GB 2829—87 周期检查计数抽样程序及抽样表

GB 3199—82 铝及铝合金加工产品的包装、标志、运输、贮存

GB 3681—83 塑料自然气候暴露试验方法

GB 3880—1997 铝及铝合金轧制板材

GB/T 3978—94 标准照明体及照明观测条件

GB 3979—83 物体色的测量方法

JT/T 279—1995 道路交通标志板技术条件

3 定义

本标准采用下列定义。

下列定义中 3.2 ~3.6、3.9 ~3.11 引自 JT/T 279。

3.1 轮廓标 Delineator

沿道路两侧边缘设置的、用于指示道路前进方向和边界的、具有逆反射性能的交通安全设施。

3.2 逆反射 Retroreflection

反射光线从靠近入射光线的反方向,向光源返回的反射(图 1)。

3.3 参考中心 Reference Center

在确定逆反射材料特性时,在试样反射面的中心或接近中心所给定的一个点(图 1)。

3.4 参考轴 Reference Axis

起始于参考中心,垂直于被测试样反射面的直线(图 1)。

3.5 照明轴 I11umination Axis

连接参考中心和光源中心的直线(图 1)

中华人民共和国交通部 1999 -04 -12 批准　　　　1999 -09 -01 实施

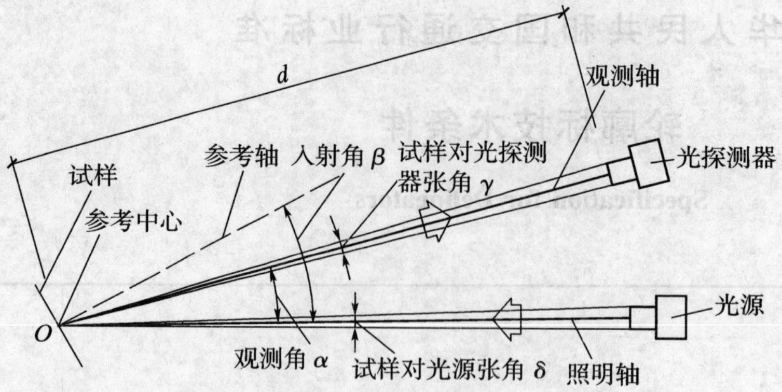

图 1　逆反射系统术语及光学测试原理

3.6　观测轴　Observation Axis

连接参考中心和光深测器中心的直线(图 1)。

3.7　观察半平面　Observation Half-plane

从照明轴开始,包含了观察轴的平面(图 1)。

3.8　入射角 β　Entrance Angle(图 2)

β_1:从照明轴到包含参考轴和第一轴平面的夹角。

β_2:从包含观察半平面的平面到参考轴的夹角。

3.9　观测角 α　Observation Angle

照明轴与观测轴之间的夹角(图 2)。

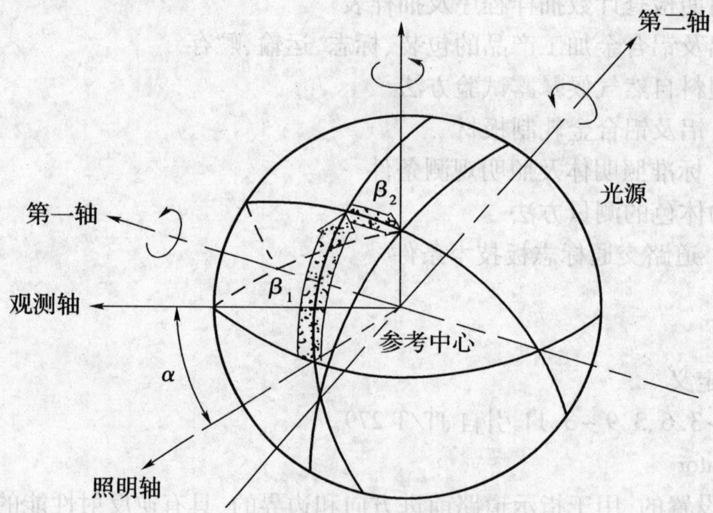

图 2　逆反射测试的角度参考系统

3.10　发光强度系数 R　Coefficient of Luminous Intensity

逆反射在观察方向的发光强度 I 与投向逆反射体且落在垂直于入射光方向的平面内的光照度 E_1 的比值。

$$R = \frac{I}{E_{\perp}} \tag{1}$$

式中:R——试样的发光强度系数,cd · lx^{-1};

I——试样的发光强度,cd;

$E_{\perp}$——试样在参考中心的垂直照度,lx。

3.11　逆反射系数 R'　Coefficient of Retroreflection

平面逆反射表面上的发光强度系数 R 与它的表面面积的比值。

$$R' = \frac{R}{A} = \frac{I}{E_{\perp} A} \tag{2}$$

式中：R'——试样的逆反射系数，$cd \cdot lx^{-1} \cdot m^{-2}$；

A——试样表面的面积，m^2。

4 产品分类

轮廓标分为柱式轮廓标和附着式轮廓标。

根据所附着建筑物的种类可分为附着于护栏和附着于其他建筑物两类。

5 产品结构

5.1 柱式轮廓标

柱式轮廓标由柱体和逆反射材料组成(图3)。柱体为圆角的三角形断面，顶面斜向行车道。轮廓标的柱身为白色，在柱体上部应有250mm长的一圈黑色标记，黑色标记的中间设有180mm×40mm的逆反射材料，逆反射材料应镶嵌在轮廓标柱体的表面，不易脱落。

在柱式轮廓标安装中，应使其含逆反射材料的柱体表面与道路中线垂直(图3)。

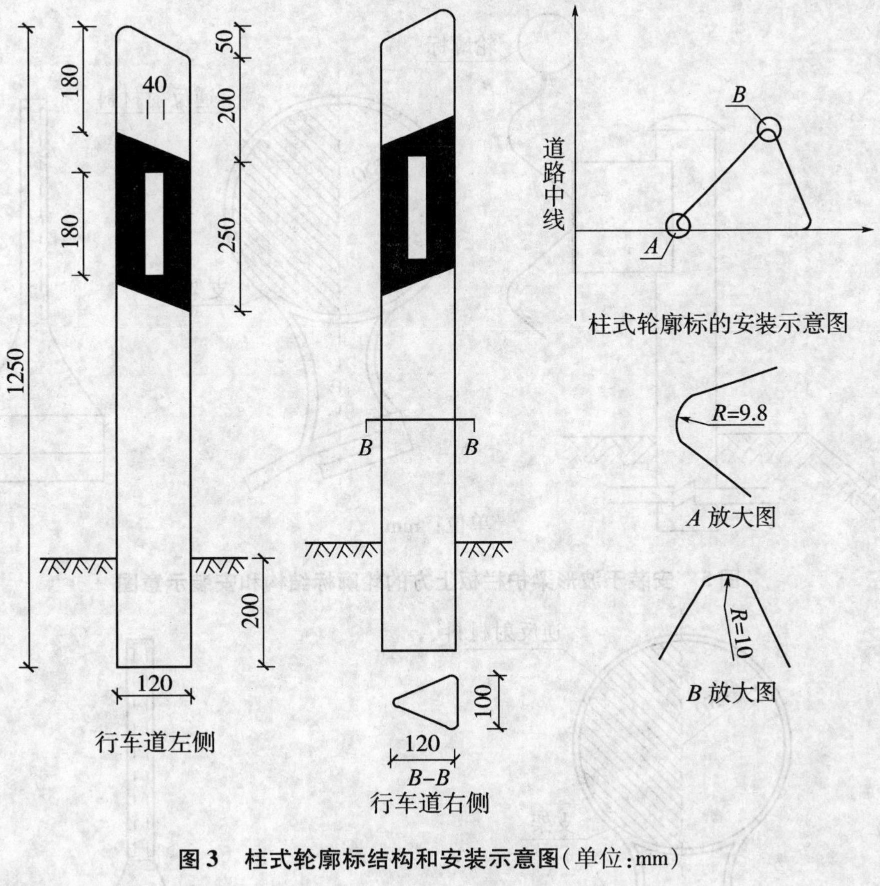

图3 柱式轮廓标结构和安装示意图(单位：mm)

5.2 附着式轮廓标

5.2.1 附着于护栏的附着式轮廓标，由逆反射材料、支架和连接件组成(图4、图5和图6)。轮廓标附着于波形梁护栏中间的槽内，其逆反射材料的形状为梯形，通过支架固定在护栏与连接螺栓中，构造如图4。轮廓标安装于波形梁护栏板的上方，其逆反射材料的形状为圆形，构造如图5。安装于中央分隔带混凝土护栏上的轮廓标，构造如图6。在附着式轮廓标安装中，应使其逆反射材料表面与道路中线垂直。

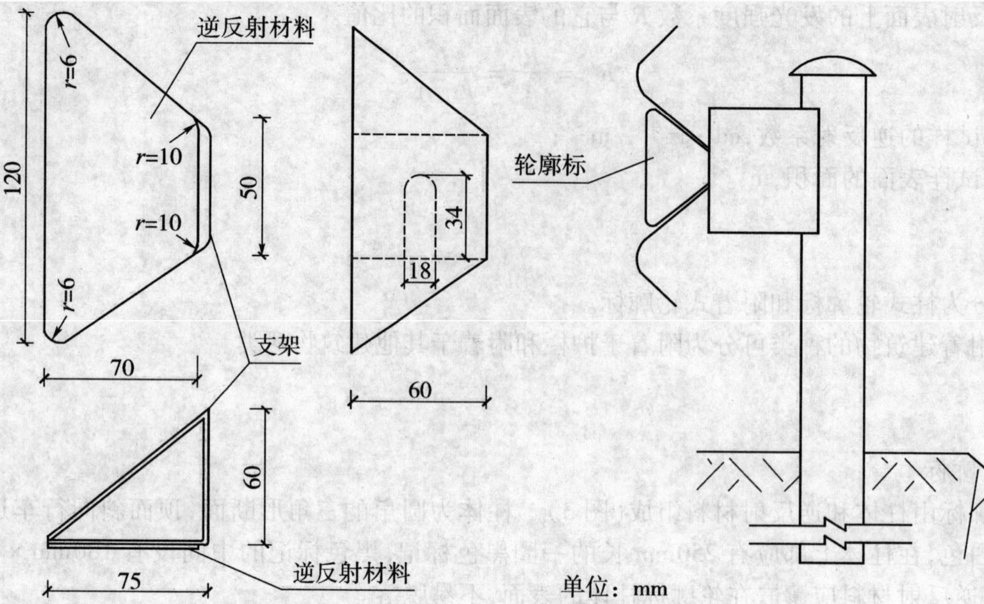

图 4　附着于波形梁护栏的轮廓标结构和安装示意图

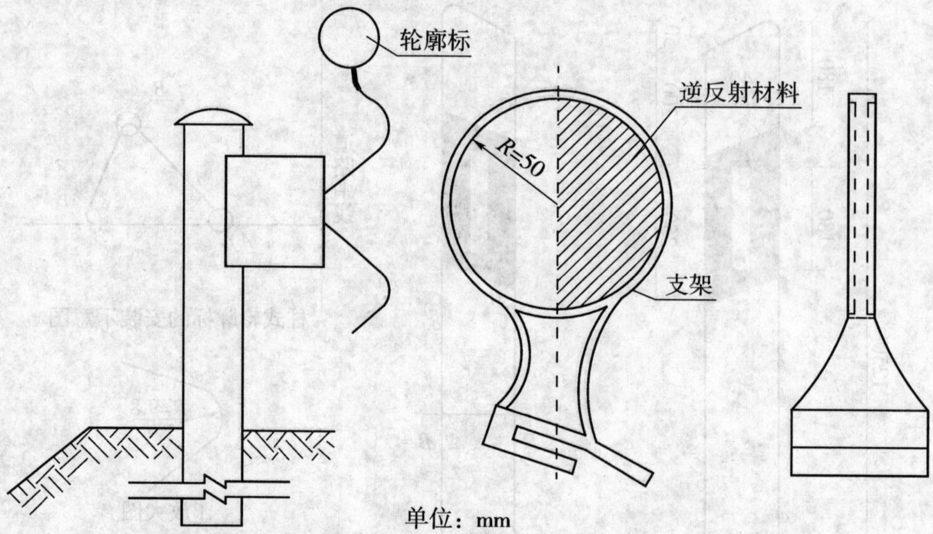

图 5　安装于波形梁护栏板上方的轮廓标结构和安装示意图

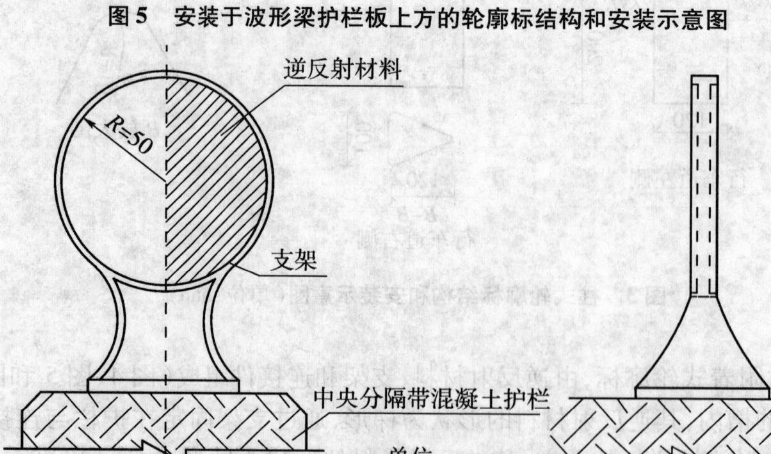

图 6　安装于中央分隔带混凝土护栏上的轮廓标结构示意图

5.2.2 附着于其他建筑物上的轮廓标，包括在挡墙、桥墩、桥台和隧道侧壁等处设置的轮廓标，其逆反射材料可制成上述的长方形或圆形。根据建筑物的种类及设置部位，可采取不同形式的支架与建筑物连接。在安装中应使逆反射材料表面与道路中线保持垂直。

6 产品材料

6.1 逆反射材料

逆反射材料应采用反射器或反光膜。反射器有微棱镜型和玻璃珠型两种形式。

6.2 柱式轮廓标柱体

柱式轮廓标柱体宜采用合成树脂类材料。

6.3 附着式轮廓标

附着式轮廓标的后底板、支架，应采用铝合金板或钢板制造，也可采用合成树脂类板材。连接件应采用钢材制造。

7 轮廓标的外观要求

按本标准9.3.1规定的方法检测，轮廓标的各部分应成型完整，不应有明显的划伤、裂纹、缺陷或损坏。金属基体表面不得有砂眼、毛刺、飞边或其他缺陷；合成树脂类材料基体表面不得有毛刺、裂缝或气泡等缺陷。

7.1 柱式轮廓标柱体表面应平整光滑，无明显凹痕或变形。按本标准9.3.2规定的方法测量，柱体表面平面度公差不应大于1.0mm。

7.2 柱式轮廓标柱体的色度性能

按本标准9.4.1规定的方法测试，柱式轮廓标柱体白色和黑色的色品坐标和亮度因素应在表1规定的范围内，其对应的颜色的色品图见图7。

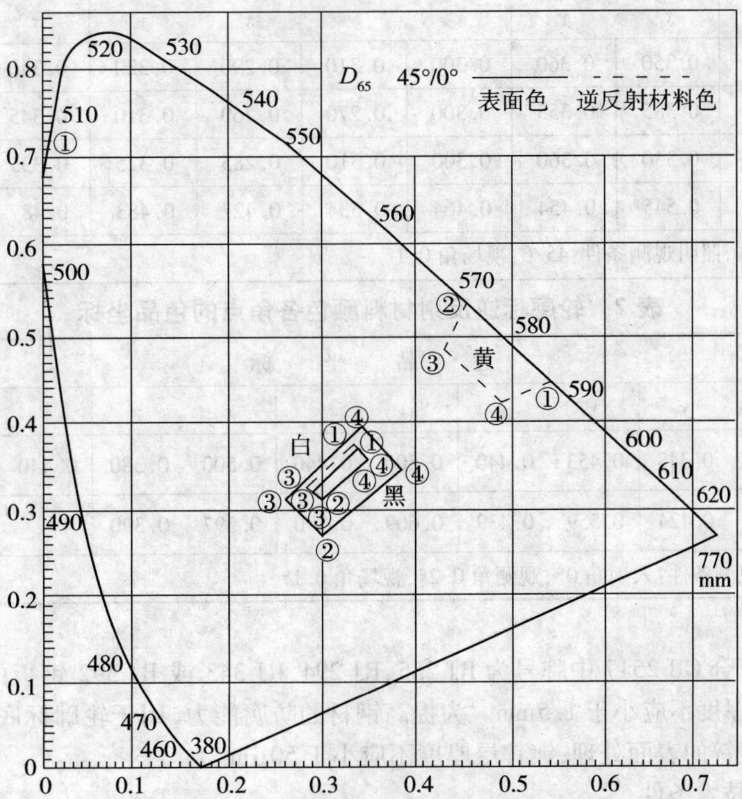

图7 颜色色品图

7.3　轮廓标用微棱镜型反射器应颜色均匀一致，整个反光面逆反射性能均匀。玻璃珠型反射器的玻璃珠应颜色一致，不应有漏珠、破损或其他缺陷。反光膜在柱体上应粘贴平整，无皱纹、气泡、拼接缝或其他缺陷。

8　技术条件

8.1　轮廓标柱体、支架、底板材料的技术条件

8.1.1　合成树脂类材料

合成树脂类材料包括聚乙烯树脂、玻璃纤维增强塑料、聚碳酸脂树脂、聚氯乙烯树脂等材料，其性能应符合以下要求：

a)耐候性能：按本标准9.6规定的方法，连续自然暴露二年或进行人工气候加速老化试验1 200h，轮廓标柱体不应有裂缝、刻痕、凹陷、变形、剥落、腐蚀、粉化、变色或层间分离的现象；

b)耐盐雾腐蚀性能：按本标准9.7规定的方法试验后，柱体不应有变色、损伤或被侵蚀的痕迹；

c)机械性能：制作轮廓标支架、底板的合成树脂类材料，其刚度及力学性能不应低于铝合金板的要求；

d)若合成树脂类柱体在制作时加了保护层，则保护层在经受耐候性能试验，盐雾腐蚀试验后，也不应出现变色、开裂、粉化或剥落等被损坏的痕迹；

e)合成树脂类板材的实测厚度不应小于3.0mm。

8.1.2　铝合金板

铝合金板的性能应符合GB 3880中牌号为2A14－T6或牌号为6A02－T6铝合金板的要求。用作支架及底板时，其最小实测厚度不应小于2.0mm。

表1　轮廓标颜色各角点的色品坐标

角点坐标		色品坐标								亮度因素
		x	y	x	y	x	y	x	y	
表面色	白	0.350	0.360	0.300	0.310	0.290	0.320	0.340	0.370	≥0.75
	黑	0.385	0.355	0.300	0.270	0.260	0.310	0.345	0.395	≤0.03
逆反射材料色	白	0.350	0.360	0.300	0.310	0.285	0.325	0.335	0.375	≥0.27
	黑	0.545	0.454	0.464	0.534	0.427	0.483	0.487	0.423	≥0.16

注：D_{65}标准照明体，照明观测条件：45/0，视场角0.1°

表2　轮廓标逆反射材料颜色各角点的色品坐标

角点坐标	色品坐标											
	x	y	x	y	x	y	x	y	x	y	x	y
白	0.310	0.348	0.453	0.440	0.500	0.440	0.500	0.380	0.440	0.380	0.310	0.283
黑	0.545	0.424	0.559	0.439	0.609	0.390	0.597	0.390				

注：A光源，照明观测条件：入射角0°，观测角0.2°，视场角0.1°

8.1.3　钢板

钢板的性能应符合GB 2517中牌号为RJ 255、RJ 294、RJ 343或RJ 392钢板的要求。用作支架及底板时，其最小实测厚度不应小于1.5mm。为提高钢材的防腐能力，用于轮廓标底板、支架或连接件的钢构件应进行热浸镀锌的表面处理，镀锌层厚度不应小于50μm。

8.2　逆反射材料的技术条件

8.2.1　色度性能

逆反射材料的颜色有白色和黄色两种。在行车道右侧应安装含白色逆反射材料的轮廓标;在行车道左侧或中央分隔带上应安装含黄色逆反射材料的轮廓标。

按本标准9.4.1规定的方法测试,轮廓标逆反射材料颜色的色品坐标和亮度因素应在表1规定的范围内,对应的颜色色品图见图7;或按本标准9.4.2规定的方法测试,轮廓标逆反射材料颜色的色品坐标应在表2规定的范围内,对应的颜色的色品图见图8。

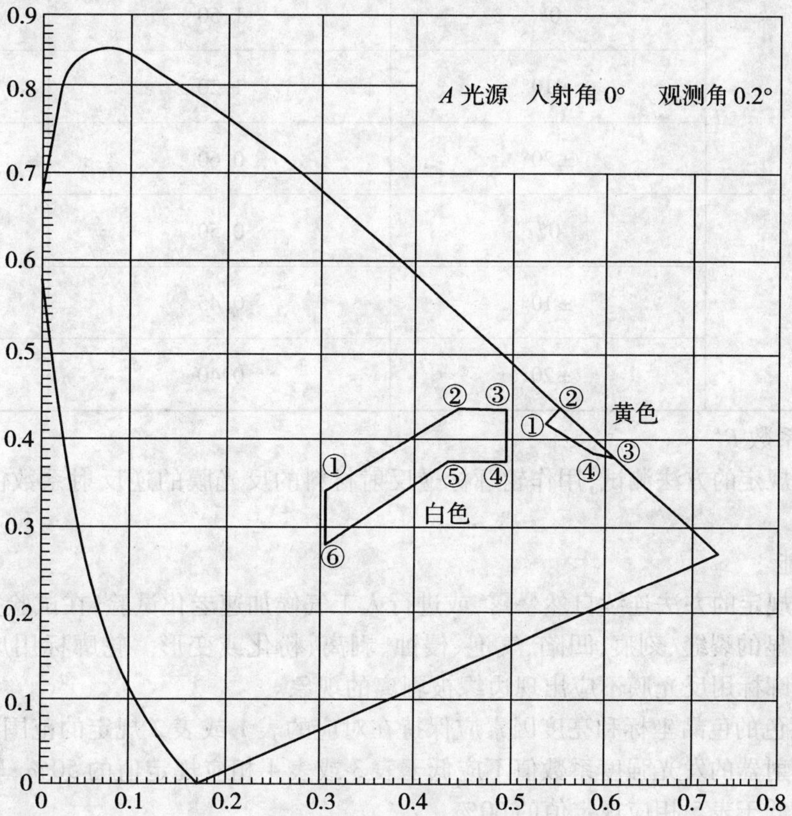

图8 逆反射颜色色品图

8.2.2 光度性能

8.2.2.1 发光强度系数 R

按本标准9.5规定的方法测试。用作轮廓标的微棱镜型反射器的发光强度系数值不应低于表3的规定;用作轮廓标的玻璃珠型反射器的发光强度系数值不应低于表4的规定。

表3 轮廓标用微棱镜型反射器

观测角	入射角	最小发光强度系数 cd·lx^{-1}	
		白色	黄色
12′	0°	4.65	2.90
	±10°	3.75	2.35
	±20°	2.80	1.75
30′	0°	2.25	1.45
	±10°	1.85	1.20
	±20°	1.30	0.80

表4　轮廓标用玻璃珠型反射器

观测角	入射角	最小发光强度系数 $cd \cdot lx^{-1}$	
		白色	黄色
12′	0°	1.50	0.75
	±10°	1.20	0.60
	±20°	0.60	0.30
30′	0°	0.50	0.25
	±10°	0.45	0.22
	±20°	0.40	0.20

8.2.2.2　逆反射系数 R'

按本标准9.5规定的方法测试,用作轮廓标逆反射材料的反光膜的逆反射系数值不应低于表5的规定。

8.2.2.3　耐候性能

按本标准9.6规定的方法连续自然暴露,或进行人工气候加速老化试验,在试验完成后:

a)试样应无明显的裂缝、刻痕、凹陷、气泡、侵蚀、剥离、粉化或变形。轮廓标用反射器不应出现被水渗入的痕迹。轮廓标用反光膜不应出现边缘被剥离的现象。

b)试样各种颜色的色品坐标和亮度因素应保持在对应的表1或表2规定的范围之内。

c)轮廓标用反射器的发光强度系数值不应低于表3或表4相应规定值的50%;轮廓标用反光膜的逆反射系数值不应低于表5相应规定值的60%。

表5　轮廓标用反光膜

观测角	入射角	最小逆反射系数 $cd \cdot lx^{-1} \cdot m^{-2}$	
		白色	黄色
12′	-4°	600	400
	15°	400	250
	30°	180	120
30′	-4°	360	240
	15°	240	160
	30°	120	80

8.2.2.4　耐盐雾腐蚀性能

按本标准9.7规定的方法试验后,轮廓标不应有变色或被侵蚀的痕迹。轮廓标用反射器不应出现被水渗入的痕迹。轮廓标用反光膜不应出现边缘被剥离的现象。

8.2.2.5 耐高低温性能

按本标准 9.8.1 和本标准 9.8.2 规定的方法分别试验后,轮廓标不应有裂缝、剥落、碎裂或翘曲等损坏的痕迹。

8.2.2.6 反光膜对底板的附着性能

轮廓标用反光膜对底板的附着性能应符合 JT/T 279 中反光膜对标志底板的附着性能的有关规定。

8.2.2.7 密封性能

按本标准 9.9 规定的方法试验后,轮廓标用微棱镜型反射器不应出现被水或雾气渗入的现象。

9 测试方法

9.1 轮廓标性能测试的准备

9.1.1 试样的制备

随机抽取轮廓标生产厂制作的轮廓标整体产品或截取柱式轮廓标具有代表性的、长度不小于 150mm 的一段柱体,制成试件,作为产品试样。

随机抽取轮廓标生产厂制作的或使用的轮廓标反射器作为反射器试样。

随机抽取轮廓标生产厂使用的反光膜,一般截成 150mm × 150mm,用反光膜生产厂商要求的粘贴工艺,粘贴在厚度为 2mm 的铝合金板上,作为反光膜试样。

9.1.2 试样的存放

试样测试前,应在温度 20℃ ±2℃,相对湿度 65% ±5% 的环境中,放置 24h,然后进行各种测试工作。

9.1.3 测试的条件

一般的测试工作宜在温度 20℃ ±2℃,相对湿度 65% ±5% 的环境中进行。

9.2 尺寸测量

用直尺、游标卡尺测量轮廓标的外形尺寸,结果应符合本标准 5.1 或 5.2 的要求。

9.3 外观检测

9.3.1 在白天室外照度大于 80lx 的条件下,目测产品外观,检测结果应符合本标准 7.1 和 7.3 的要求。

9.3.2 柱体表面平面度公差的测量

把刀口尺的刃口紧靠轮廓标柱体表面,测量柱体表面与刃口之间的最大间隙,即为平面度公差。

9.4 色度性能的测试

9.4.1 采用 GB/T 3978 规定的 D_{65} 标准照明体、视场角 0.1°及 45/0 的照明观测条件,按 GB 3979 规定的方法,测出试样光谱的反射比,然后计算出该颜色的色品坐标,或直接测得各种颜色的色品坐标。在同样条件下,分别测出试样和标准漫反射白板的光亮度,两者之比值即为亮度因素。

9.4.2 采用 GB/T 3978 规定的标准 A 光源,照明观测条件为:视场角 0.1°,入射角 0°,观测角为 12′,按 GB 3979 规定的方法,测出试样光谱的反射比,然后计算出该颜色的色品坐标或直接测得各种颜色的色品坐标。

9.5 光度性能的测试

9.5.1 测量装置

测试于暗室中进行,测试原理和装置如图 1 和图 9 所示。

光源采用 GB/T 3978 规定的标准 A 光源,试样参考中心对光源孔径张角应不大于 12′。试样整个受照区域的垂直照度的不均匀性不应大于 5%。

光探测器是经光谱光效率曲线校正的照度计,安装在光源的正上方。试样参考中心对光探测器孔径张角应不大于 12′,光探测器应能上下自由移动,以保证观测角从 12′至 1°或更大范围的变化。

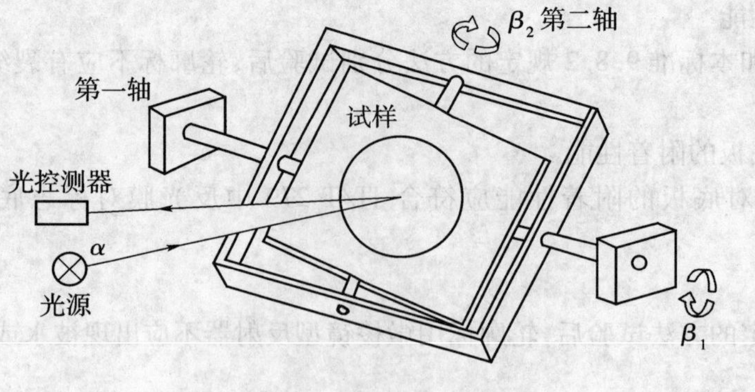

图 9　光度性能测试装置示意图

光探测器前表面至试样表面的距离一般不应小于 15m。

把反射器试样或尺寸不小于 150mm×150mm 的反光膜试样安装在一可转动的样品架上。当它沿垂直轴旋转时，试样能获得入射角 β_2；当它沿水平轴旋转时，试样能获得入射角 β_1。

9.5.2　轮廓标用反射器发光强度系数测量过程

a）把光探测器放在试样的参考中心位置上，正对着光源，测量出垂直于试样表面的照度值 $E_\perp$。

b）把上述光探测器置于图 1 的位置上，把试样按实际安装条件放在样品架上。移动光探测器使观测角为 12′，转动试样使光的入射角 $\beta_2(\beta_1=0)$ 分别为 0°，±10°，±20°，测出在每个入射角时试样反射光所产生的照度值 E_r。

c）重复步骤 b）的过程，使观测角为 30′，入射角 β_2 分别为 0°，±10°，±20°等各种几何条件下，测出试样反射光所产生的照度值 E_r。

d）用下列公式计算出不同观测角和入射角条件下的发光强度系数 R：

$$R=\frac{I}{E_\perp}=\frac{E_r d^2}{E_\perp} \tag{3}$$

式中：E_r——光探测器在不同观测角和入射角条件下测得反射光的照度，lx；

d——试样参考中心与光探测器孔径表面的距离，m。

9.5.3　轮廓标用反光膜逆反射系数的测量过程

a）把光探测器放在试样的参考中心位置上，正对着光源，测量出垂直于试样表面的照度值 $E_\perp$。

b）把上述光探测器置于图 1 的位置上，把反光膜试样固定在样品架上。移动光探测器使观测角为 12′，转动试样，使光的入射角 $\beta_2(\beta_1=0)$ 分别为 −4°，15°，30°，测出在每个入射角时，试样反射光所产生的照度值 E_r。

c）重复步骤 b）的过程，使观测角为 20′，入射角 β_2 分别为 −4°，15°，30°等各种几何条件下，测出试样反射光所产生的照度值 E_r。

d）用公式（3）和公式（4）计算出在不同观测角和入射角条件下的发光强度系数 R 和逆反射系数 R'：

$$R'=\frac{I}{E_\perp A}=\frac{E_r d^2}{E_\perp A} \tag{4}$$

9.6　耐候性能试验

9.6.1　耐候性能试验时间

a）自然暴露试验　　　　2 年

b）人工气候加速老化试验　　1 200h

9.6.2　自然暴露试验

参照 GB 3681，把试样（其中反光膜试样的尺寸应不小于 150mm×250mm）安装在至少高于地面0.8m的曝晒架面上，试样面朝正南方，与水平面呈当地的纬度角或 45°±1°。试样表面不应被其他物体遮挡阳光,不得积水。暴露地点的选择尽可能近似实际使用环境或代表某一气候类型最严酷的地方。

试样开始曝晒后,每一个月作一次表面检查,半年后每 3 个月检查一次,直至达到规定的曝晒期限,按本标准 8.2.2.3 的要求作一最终检查,并进行有关性能测试。

9.6.3 人工气候加速老化试验

老化箱可采用碳弧灯或氙灯作为光源,试样受到光谱波长为 300nm ~ 800nm 光线的辐射,其辐射强度为 $500W/m^2 \pm 50W/m^2$,光谱波长低于 300nm 光线的辐射强度不应大于 $1W/m^2$。整个试样面积内,辐射强度的偏差不应大于 ±10%。在试验过程中,应采用连续光照,周期性喷水。

箱　　内:黑板温度为 63℃ ±3℃

喷水周期为:18min(喷水)/102min(不喷水)

当试验时间规定为 1 200h,若试样所受累积辐射能量小于 $2.16 \times 10^6 kJ/m^2$,则应延长试验时间,以保证试样所受累积辐射能量值。

经过规定时间老化试验后的样品,用浓度 5% 的盐酸溶液清洗表面 45s,然后用水彻底冲洗,最后用干净软布擦干,即可置于标准测试条件下,按本标准 8.1.1 或 8.2.2.3 的要求用四倍放大镜进行各种检查并进行有关性能测试。

9.7 盐雾腐蚀试验

参照 GB/T 2423 中 17,把化学纯的氯化钠溶于蒸馏水,配制成 5% ±0.1%(质量比)的盐溶液(PH 值在 6.5 ~ 7.2 之间),使该盐溶液在盐雾箱内连续雾化,箱内温度保持 35℃ ±2℃。试样受试面与垂直方向成 30°角,相邻两样品保持一定的间隙,行间距不小于 75mm,试样在盐雾空间连续暴露,22h 为一周期,共试验五个周期,每两个周期允许恢复 1h ~ 2h,并检查一次。试验结束后,用流动水轻轻洗掉试样表面的盐沉积物,再用蒸馏水漂洗,然后置于标准测试条件下恢复 2h,最后对样品按本标准 8.1.1 或 8.2.2.4的要求用四倍放大镜进行全面检查。

9.8 高低温试验

9.8.1 高温试验

先将试验箱(室)温度升至 70℃,恒温后,立即将试样放入箱(室)内,使试样在 70℃ ±3℃下保持 24h,取出试样,在标准测试条件下放置 2h 后,按本标准 8.2.2.5 的要求用四倍放大镜检查其表面的变化。

9.8.2 低温试验

将试样放入试验箱(室)内,开动冷源,将箱(室)内温度逐渐降至 -40℃ ±3℃,使试样在该温度下保持 72h,取出试样,在标准测试条件下放置 2h 后,按本标准 8.2.2.5 的要求用四倍放大镜检查其表面的变化。

9.9 密封性能试验

拆除微棱镜型反射器试样上所有可卸部分,擦净其表面的油污和灰尘。将试样放入温度为 50℃ ±3℃、深度为 200mm ±10mm 的水中,使逆反射表面向上,浸泡 15min 之后,在 5s 内,迅速将试件取出并立即放入温度为 5℃ ±3℃、深度为 200mm ±10mm 的水中,再浸泡 15min。重复上述试验三次,使试样总计经受四个循环的浸泡。然后取出试样,揩干其表面的水分。按本标准 8.2.2.7 的要求,用四倍放大镜进行检查。

10 检验规则

10.1 检验的分类和要求

对轮廓标质量的检验分出厂检验、定型检验和周期检验三种形式。

10.1.1 出厂检验

每个轮廓标生产厂在产品出厂前,应按 GB 2828 的规定随机抽取足够数量的样品,按表 6 的要求进行自检,以保证出厂产品质量符合本标准的要求。

10.1.2　定型检验

轮廓标生产厂在新产品投入批量生产前,应提供足够数量、具有代表性的新产品,做本标准规定的全套性能试验。

10.1.3　周期检验

(1)轮廓标生产厂在发生下列情况之一者,应进行周期检验:

a)老产品转厂生产时;

b)停产一年或一年以上的产品再生产时;

c)正常生产的产品每经历两年生产时;

d)产品的设计、工艺或材料的改变影响产品性能时。

(2)周期检验的要求:

应按 GB 2829 的规定随机抽取足够数量的样品,做本标准规定的全套性能试验;或在产品的设计、工艺或材料的改变影响产品部分性能时,仅对受影响的项目进行检验。

表 6　出厂检验要求

序号	出厂检验项目	技术要求 (本标准章、条编号)	测试方法 (本标准章、条编号)	备　注
1	外观要求	7、7.1 和 7.3	9.3	
2	外形尺寸	5	9.2	
3	反射器的发光强度系数	8.2.2.1	9.5	适用制造反射器的轮廓标生产厂
4	微棱镜型反射器的密封性能	8.2.2.7	9.9	
5	供需双方合同规定的其他项目	按合同要求	按合同要求	

10.2　检验结果处理

本标准每项性能试验,至少取样三个,在试样测试结果全部合格的基础上,三个(或三个以上)试样测试结果的算术平均值为试验结果。若某一试样的测试结果不符合标准的要求,则应从同一批产品中再抽取双倍数量的试样进行该不合格项目的复验,若复验结果全部合格,则整批产品合格;若复验结果(包括该项试验所要求的任一指标)即使有一个指标不合格,则整批产品为不合格产品。

10.3　需方或上级质量监督部门有权按本标准或供需双方合同的规定,对轮廓标质量进行抽查或复查。

11　标志、包装、运输及贮存

11.1　标志、使用说明和产品合格证

11.1.1　轮廓标应有清晰、耐久的标志,柱式轮廓标的标志应设置在离地面 50mm ~ 200mm 的柱体表面上。其内容包括:

a)制造厂家的名称、商标或其他能代表生产厂的符号;

b)应用标准号,若符合本标准要求,其编号为 JT/T 388—1999;

c)生产的年、月、日。

11.1.2　对于每批轮廓标产品,厂方应提供使用说明书,内容包括:

a)轮廓标的装配和安装说明;

b)轮廓标的维修说明。

11.1.3　对于每批轮廓标产品,厂方应提供产品质量等级检验合格证。

11.2　包装、运输及贮存

11.2.1　轮廓标的包装、运输及贮存应符合 GB 3199 的规定。

11.2.2　轮廓标应采用垫纸装箱的包装方式,防止轮廓标逆反射材料及其他部位的损伤。

11.2.3　轮廓标装箱内,应随箱附有产品使用说明书及质量等级检验合格证。

11.2.4　轮廓标的贮存期不宜超过一年。

JT

中华人民共和国交通行业标准

JT/T 390—1999

突　起　路　标

Raised Pavement Markers

1999-04-12 发布　　　　1999-09-01 实施

中华人民共和国交通部　发布

中华人民共和国交通行业标准

JT/T 390—1999

突 起 路 标

Raised Pavement Markers

1 范围

本标准规定了突起路标的术语、定义、产品分类、技术要求、测试方法、检验规则、标志、包装、运输及储存。

本标准适用于我国各级公路上设置的突起路标,其他道路设置突起路标可参照执行。

2 引用标准

下列标准所包含的条文,通过在本标准中引用而构成为本标准的条文。在标准出版时,所示版本均为有效。所有标准都会被修订,使用本标准的各方应探讨使用下列标准最新版本的可能性。

GB 191—90 包装储运图示标志

GB 3681—83 塑料自然气候曝露试验方法

GB/T 3978—94 标准照明体及照明观测条件

GB 3979—83 物体色的测量方法

GB 5768—86 道路交通标志和标线

GB 6458—86 金属覆盖层中性盐雾试验

GB 8416—87 视觉信号表面色

GB 9344—88 塑料氙灯光源曝露试验方法

JT/T 388—1999 轮廓标技术条件

3 定义

本标准采用下列定义。

下列定义引自 JT/T 388—1999 中的第 3 章。

3.1 逆反射(Retroreflection)

反射光线从靠近入射光线的反方向向光源返回的反射。

3.2 参考中心(Reference Center)

在确定逆反射材料特性时,在试样反射面中心或接近中心所给定的一个点(图 1)。

3.3 参考轴(Reference Axis)

起始于参考中心,垂直于被测试样反射面的直线。

3.4 照明轴(Illumination Axis)

连接参考中心和光源中心的直线。

3.5 观察轴(Observation Axis)

连接参考中心和光探测器中心的直线。

3.6 观察半平面(Observation Half-plane)

中华人民共和国交通部 1999-04-12 发布　　1999-09-01 实施

从照明轴开始包含了观察轴的平面。

3.7　观察角(Observation Angle)

照明轴与观察轴之间的夹角。

3.8　入射角(Entrance Angle)

β_1:从照明轴到包含参考轴和第一轴平面的夹角。

β_2:从包含观察半平面的平面到参考轴的夹角。

3.9　发光强度系数 R(Coefficient of Luminous Intensity)

逆反射在观察方向上的发光强度 I 除以投向逆反射体且落在垂直于入射光方向的平面内的光照度 $E_{\perp}$ 的商。

$$R = I/E_{\perp}$$

3.10　第一轴(First Axis)

通过参考中心垂直于观察半平面的一条轴。

3.11　第二轴(Second Axis)

通过参考中心垂直于观察第一轴和参考轴的一条轴。

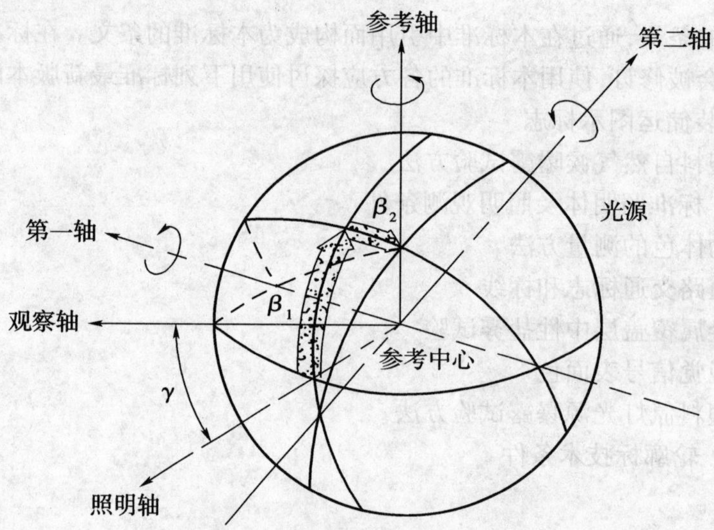

图1　逆反射测试的角度参考系统

4　产品分类

4.1　按照突起路标是否具备逆反射性能分为 A、B 两类。

4.2　A 类突起路标:

具备逆反射性能的突起路标为 A 类突起路标,基体为工程塑料、金属、陶瓷或玻璃组成。按其反光单元的不同构造,共分为三种。

4.2.1　A1 类突起路标:

按全反射原理(图 2),反光单元由透明反射体(金属反射膜)、骨架、表面层构成的突起路标为 A1 类突起路标,基体由工程塑料、金属、陶瓷或玻璃组成。

4.2.2　A2 类突起路标:

按透镜原理(图 3),反光单元由玻璃柱、金属反射膜、骨架、表面层构成的突起路标为 A2 类突起路标,基体由工程塑料、金属、陶瓷或玻璃组成。

4.2.3　A3 类突起路标:

上述 A1 类、A2 类以外的其他各种反光突起路标,均称为 A3 类突起路标。

采用 GB/T 3978 中规定的 D65 标准光源及 45/0 的照明观测条件，按 GB 3979 规定的光谱亮度测色法的直接测量法测出样品光谱反射比值，然后计算出突起路标的色品坐标，结果应符合表 1 的要求；或直接测量各种颜色的色品坐标，结果应符合表 1 的要求。

6.4.2 反射性颜色的色品坐标 x、y 的试验：

参照 6.4.1 的测量方法，测量的几何条件为：入射角 0°，观察角 0.2°，视场角 0.1°，采用标准 A(D65)光源，反射体颜色的色品坐标 x、y 应符合表 2 的规定。或 45/0 的观测条件，视场角 2°，采用 D65 光源，反射体颜色的色品坐标应符合表 3 的规定。

6.5 逆反射特性试验

测试于暗室中进行，测试原理图参见图 7。

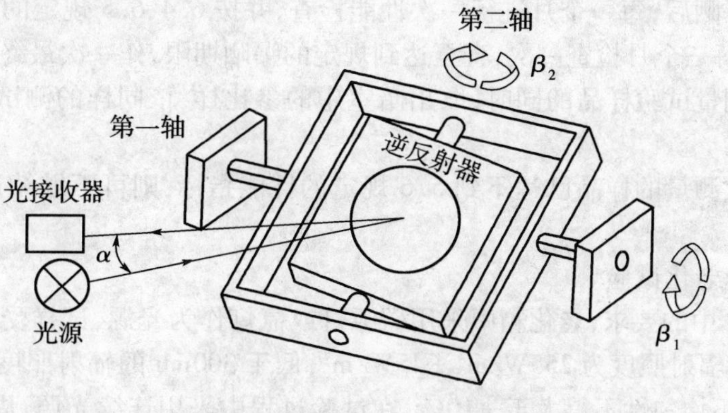

图 7　发光强度系数测试原理图

a)将试样安装于一个可在水平及垂直方向转动的支架上，当支架沿垂直轴转动时，可使试样获得不同的入射角 β_2，当支架沿水平轴转动时，可使试样获得不同的入射角 β_1。

b)将光探测器放置于试样的参考中心位置上，正对光源，测量出垂直于试样的照度值 $E_\perp$。

c)采用 GB/T 3978 中规定的标准 A 光源，将经光谱效率曲线校正的照度计安装于标准 A 光源的正上方，A 光源中心与试样参考中心应处于同一水平面和同一垂直面上。

d)移动光探测器，使观测角为 0.2°，试样沿垂直轴转动，水平轴静止($\beta_1 = 0°$)，入射角 β_2 分别为 0°、±20°，测量出试样反射光所产生的照度值 E_r。

e)重复步骤 d)，使观测角为 0.33°，入射角 β_2 为 ±5°，测量出试样反射光所产生的照度值 E_r。

f)用下式计算出不同观测角和入射角条件下的发光强度系数 R：

$$R = I/E_\perp = E_r d2/E_\perp$$

式中：R——试样的发光强度系数($cd \cdot lx^{-1}$)；

I——试样的发光强度(cd)；

$E_\perp$——试样在参考中心上的垂直照度(lx)；

E_r——光探测器在不同观测角和入射角条件下测得的反射光强度(lx)；

d——试样参考中心与光探测器表面中心的距离(m)。

g)测量时，试样参考中心与光探测器前表面的距离不得小于 15m。

6.6 突起路标的机械性能试验

6.6.1 突起路标放置于一个平面上，用质量为 1kg 的实心钢球在突起路标正上方 1m 的高度自由落下，位置应为突起路标受冲击面的中心，检查试验结果应符合 5.5.1 规定的要求。

6.6.2 将突起路标平放于压力试验机平台上(压力头面积大于试验突起路标受压面的面积)，突起路标上覆盖 8mm ~ 15mm 厚的软橡胶片，逐步加载，加载速度为 20kN/min ~ 30kN/min，突起路标加载至 160kN，检查试验后的样品，应符合 5.5.2 的规定。

6.7 耐候试验

6.7.1　样品制备:取40个样品,按6.4的试验方法测试基体颜色的色品坐标、反射体的色品坐标,按6.5的试验方法测试发光强度系数,基体颜色的色品坐标应符合表1的要求,反射体颜色的色品坐标应符合表2或表3的要求,发光强度系数应符合表4的要求,除6.7.2和6.7.3作试验的样品外,其余样品做为参比样,放置于暗室保存。

6.7.2　自然气候暴露试验

6.7.2.1　取6.7.1所述样品,按GB 3681中的要求安装在至少高于地面0.8m的曝晒架上,试样面朝正南方,与水平面成当地纬度角或采用45°±1°的曝露角,试样表面不得被其他物品遮挡阳光,不得积水,曝露地点的选择尽可能接近实际使用环境或代表某一气候类型最严酷的地区,进行自然气候曝露试验,试验样品数不少于12个。

6.7.2.2　试样开始曝晒后,每一个月进行一次性能检查,并按6.4、6.5规定的试验方法测试色度性能和光学性能;半年后,每三个月检查一次,直至达到规定的曝晒期限,作一次最终检查。

6.7.2.3　在每一次测量试验样品的同时,取出暗室中的参比样,依同样的测试条件测试,并记录测试结果。

6.7.2.4　试验中某次测量的样品已达不到5.6规定的性能指标,则可不继续试验,记录此时结果,作为不合格产品。

6.7.3　人工气候加速老化试验

6.7.3.1　按GB 9344中的要求,老化箱中采用碳弧灯或氙灯作为光源,试样受到光谱波长为300nm~800nm光线的辐射,其辐射照度为$255W/m^2 \pm 45W/m^2$,低于300nm的辐射照度不得大于$1W/m^2$,整个试样面积内辐射照度不均匀性不得大于±10%,在试验过程中采用连续光照,周期性喷水;老化箱内黑板温度63℃±3℃,喷水周期18min/102min(喷水时间/不喷水时间),即每120min喷水18min。试验时,每组样品不少于6个,至少测试3组。

6.7.3.2　试验规定时间为1 200h,若试样所受累积辐射能量小于$8 \times 10^5 kJ/m^2$,则应延长试验时间,以保证试验累积辐射能量值。

6.7.3.3　经规定时间老化试验后的样品,应用5%盐酸溶液清洗表面45s,然后用蒸馏水彻底冲洗,最后用镜头纸或干净软布擦拭干净,即可进行各种检查和性能测试。

6.7.3.4　在测量试验样品的同时,取出暗室中的参比样,依同样的测试条件测试,并记录测试结果。

6.8　耐盐雾、腐蚀性能试验

6.8.1　按GB 6458的要求,将化学纯的氯化钠溶于蒸馏水,配制成5%±1%(重量比)的盐溶液(pH值在6.5~7.2之间),使该盐溶液在盐雾箱内连续雾化,箱内温度保持在35℃±2℃,其受试面(A类突起路标为反光面)与垂直方向成30°角,相邻两样品保持一定的间隙,行间距不少于7.5cm,试样在盐雾空间暴露,每24h为一周期,每周期检查一次,共试验5个周期,试验结束后,用流动水冲洗掉试样表面的盐沉积物,再用蒸馏水漂洗,然后置于标准条件下2h,自然干燥,最后对样品进行全面检查,其结果应符合5.7.1的规定。

6.8.2　耐溶剂试验

将试样浸于表5溶剂中,经规定时间取出后,室温下干燥,检查其变化,其结果应符合5.7.2的规定。

表5　各种溶剂浸渍时间

溶剂种类	浸渍时间
煤油	10min
松节油	10min
乙醇	1min

6.8.3　耐水性试验

经蒸馏水浸泡48h后,检查试验结果,其结果应符合5.7.3的规定。

6.8.4 耐油试验

用90号或93号汽油擦拭B类突起路标基体及A类突起路标基体和反射体各1min后,检查试验结果,其结果应符合5.7.4的规定。

7 检验规则

突起路标须经检验合格后才能出厂,并应有证明产品质量合格的文件。

7.1 出厂检验

突起路标出厂前,应按本标准相应测试项目所要求测试的数目进行随机抽样,检验项目包括5.1、5.2规定的内容,对于A类突起路标,还应测试5.3、5.4规定的内容。

7.2 型式检验

突起路标的型式检验,依据本标准5、6的要求进行。

8 标志、包装、运输及储存

8.1 标志

8.1.1 产品标志

在金属或塑料基体的突起路标的基体上表面应标有生产厂、公司名称或注册商标。

8.1.2 运输与储存标志

应有"小心轻放"、"勿受潮湿"、"禁用手钩"等字样和图案。标志符号应符合GB 191的规定。

8.2 包装

8.2.1 包装每个突起路标用塑料袋或软纸袋包装。外包装采用多层瓦楞纸箱或木箱,包装箱外壁应标有:产品名称、制造厂名称、厂址、产品分类型号、产品数量、颜色、净质量、毛质量、出厂日期、长、宽、高、收货人单位等。

8.2.2 产品装箱时应随箱带有以下文件:

a)产品等级合格证;

b)产品安装说明书。

8.3 运输

突起路标在运输过程中应采取防雨措施,装卸中应轻放并不得使用手钩。

8.4 储存

储存突起路标的仓库应保持通风、干燥。

(R10)
备案号:7761—2000

JT

中华人民共和国交通行业标准

JT/T 429—2000

公路临时性交通标志技术条件

Specification for road temporary traffic signs

2000-10-27 发布　　2001-02-01 实施

中华人民共和国交通部　发布

中华人民共和国交通行业标准

JT/T 429—2000

公路临时性交通标志技术条件

Specification for road temporary traffic signs

1 范围

本标准规定了公路临时性交通标志的组成、技术要求、测试方法及包装、运输和贮存。

本标准适用于我国各级公路用临时性交通标志，其他道路用临时性标志可参考使用。

2 引用标准

下列标准所包含的条文，通过在本标准中引用而构成为本标准的条文。本标准出版时，所示版本均为有效。所有标准都会被修订，使用本标准的各方应探讨使用下列标准最新版本的可能性。

GB/T 700—1988	碳素结构钢
GB/T 2828—1987	逐批检查计数抽样程序及抽样表
GB 5768—1999	道路交通标志和标线
GB/T 18226—2000	高速公路交通工程钢构件防腐技术条件
JT/T 279—1995	公路交通标志板技术条件

3 定义

本标准采用下列定义。

公路临时性交通标志 road temporary traffic signs

临时设置于公路上或在公路上临时使用的道路交通标志。

4 组成

临时性公路标志由标志板和支架及连接件组成，标志板包括标志面、标志底板。

5 技术要求

5.1 标志板

5.1.1 标志面

5.1.1.1 标志面宜用逆反射材料制作，各种材料制作的标志面，它的性能应符合 JT/T 279 的规定。

5.1.1.2 标志面上的图案、符号、文字应符合 GB 5768 的规定。

5.1.2 标志底板

5.1.2.1 标志底板可用铝合金板、薄钢板、合成树脂类板材等与标志面材料相适应的材料制作。应采用允许塑性变形的材料，不能采用易碎的材料，并应符合JT/T 279的规定。

5.1.2.2 标志底板应采用型钢加固，满足平面度、刚度、变形的要求，并能与支架牢固连接。

5.1.3 在同一块标志板上，标志底板和标志面所采用的材料应具有相容性，防止因不同的热膨胀系数

中华人民共和国交通部 2000-10-27 发布　　2001-02-01 实施

或其他反应造成标志板的变形、弯曲和损坏。

5.1.4 标志面与标志底板的附着性能应符合 JT/T 279 的规定。

5.1.5 标志板与支架应能固定连成一体，加固方式可参照 GB 5768—1999 的附录 E 的规定，安装好的标志板不应在支架上活动(旋转、摆动等)。

5.1.6 抗变形强度

标志板能抗意外破坏作用，当受到任意方向的 500N 的力的作用时，标志板残余变形应不大于 100mm/m，按 6.2 的方法进行试验。

5.2 标志支架及连接件

5.2.1 公路临时性交通标志支架可采用以下几种形式(见图 1)，并要符合以下规定：

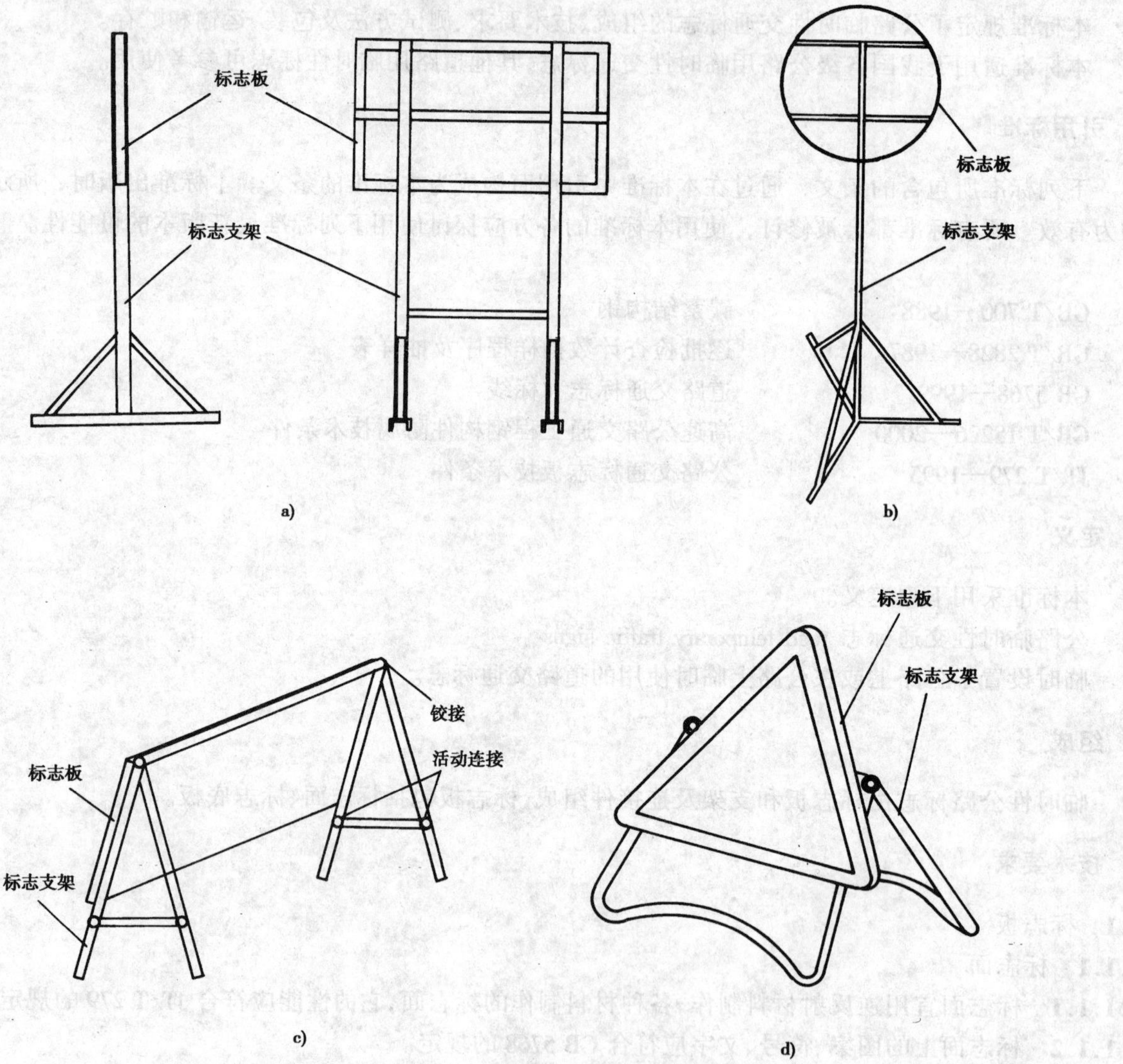

图 1 公路临时性交通标志的支架形式

5.2.1.1 标志支架所用基底金属材质为碳素结构钢，其力学性能及化学成分指标应不低于 GB/T 700 规定的 Q235 号钢的要求。

5.2.1.2 标志安装好后，标志板下缘应在支撑面 200mm 以上，见图 2a)；当标志是一个路障时，标志板下缘部分应在支撑面 500mm 以上，标志板中心线应在支撑面 750mm 到 1 250mm 之间，见图 2b)；安装后的标志板面应与驾驶员视线近似垂直。

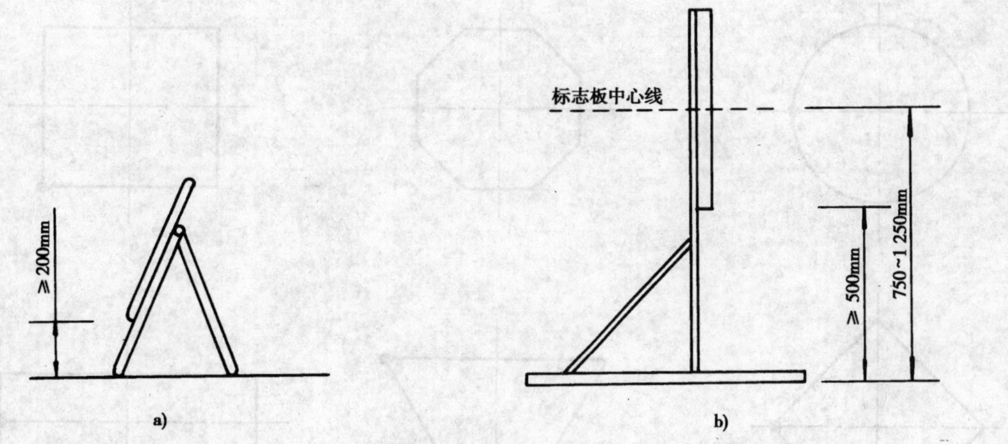

图 2　标志板安装高度要求示意图

5.2.1.3　倾覆稳定性

支架应具有稳定性，无压载时，支架和标志板在 15°的斜面上应不会倾覆，按照 6.2 的方法进行斜面稳定性试验。

5.2.1.4　抗风强度及稳定性

支架应能承受水平作用于标志板的相当于 300Pa 的风压。在模拟风压作用时，支架和标志板应能通过自重或配重保持整体稳定性，并且标志板的挠度较初始位置不能超过 5°。

5.2.2　标志支架的所有焊接、穿孔应在与标志板连接之前进行；所有夹子、卡子等连接件的颜色都要和标志背面颜色基本一致。

5.2.3　连接件所用基底金属材质为碳素结构钢，其抗拉强度 σ_b 应不小于 375N/mm²。

5.2.4　标志支架及连接件应按照 GB/T 18266 的规定做防腐处理。

.6　试验方法

6.1　标志板的外观检测及性能试验方法参照 JT/T 279。

6.2　标志板抗变形强度试验

对各种类型标志板(见图 3)，沿纵向轴固定，记录下初始位置，在图示作用点处施加力，逐渐加大到 500N，然后解除，用毫米直尺测量永久变形。

6.3　标志支架稳定性试验

6.3.1　斜面无压载稳定性试验

测定活动支架和标志整体的前稳定性、后稳定性和侧稳定性，见图 4，支架不应在三个方向的任何一个方向摇晃、倾覆(滑移限位块紧靠支架)。

6.3.2　抗风强度试验

试验装置见图 5，支架和标志安装好，置于水平面上，并在一端放置滑移限位块，另一端放置制造商规定的压载物(配重)，相当于锚固作用力。施一水平力作用于标志板的重心，其大小 $F = PS\sin\alpha$(牛顿)。

其中：S——标志板的面积(m^2)；

P——应能承受的最大风压(Pa)；

α——标志面与水平面的夹角。

作用力 F 用测力计测定。试验应在前后两个方向进行，试验中，压载物处的标志支架不应脱离地面。

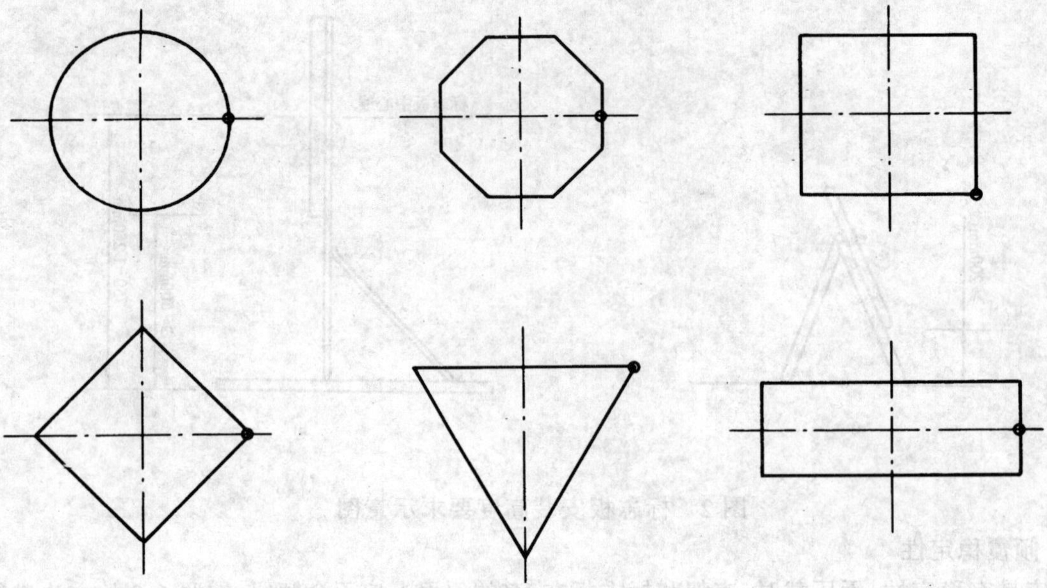

图 3　标志板抗变形强度试验

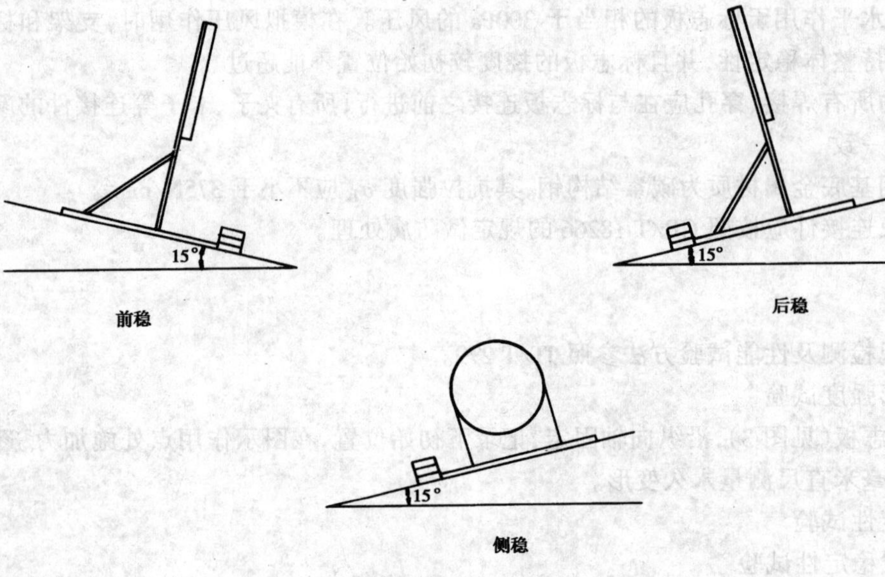

图 4　斜面无压载稳定性试验

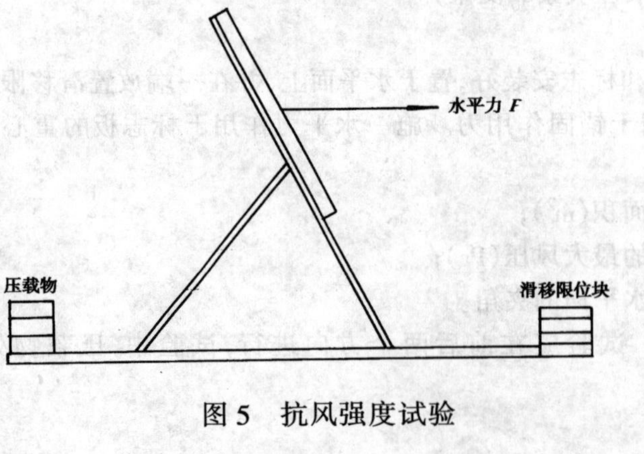

图 5　抗风强度试验

7 产品检验

每种型式的临时标志在出厂前，都应按照 GB/T 2828 的规定随机抽取足够数量的样品，按表 1 的要求进行自检，以保证出厂产品质量符合本标准的要求。

表 1

序 号	检 验 项 目	技 术 要 求	测 试 方 法
1	标志面材料、性能	5.1.1.1	按照 JT/T 279
2	标志面上图案、符号、文字	5.1.1.2	符合 GB 5768
3	标志底板材料	5.1.2.1	按照 JT/T 279
4	标志面与标志板的附着性能	5.1.3 和 5.1.4	按照 JT/T 279
5	标志板抗变形	5.1.6	6.2
6	标志支架及连接件材料	5.2.1.1 和 5.2.3	按照 GB 700
7	标志外形要求	5.2.1.2	尺量
8	标志抗倾覆稳定性	5.2.1.3	6.3.1
9	抗风强度及稳定性	5.2.1.4	6.3.2

8 标志包装、运输和贮存

8.1 标记、产品合格证和使用说明

8.1.1 标志上应有标记，注明以下内容：

a)生产企业名称、详细地址、产品原产地；

b)生产许可证号；

c)产品名称、规格、产品标准编号、商标；

d)数量；

e)生产日期；

f)检验印记。

8.1.2 标志产品应有出厂检验合格证，标明产品的等级及质量状况。

8.1.3 对每批标志产品，制造厂应提供使用说明，内容包括：

a)标志的装配、安装；

b)维护及维修；

c)使用地点和限制条件。

8.2 包装、运输及贮存

8.2.1 标志的安装、运输及贮存应符合国家相关标准的规定。

JT

中华人民共和国交通行业标准

JT/T 446—2001

路面标线用玻璃珠

Glass beads for road-marking materials

2001-04-10 发布　　2001-08-01 实施

中华人民共和国交通部　发布

中华人民共和国交通行业标准

JT/T 446—2001

路面标线用玻璃珠

Glass beads for road-marking materials

1 范围

本标准规定了路面反光标线用玻璃珠的分类、技术要求、测试方法、检验规则和标志、包装、运输、贮存的要求。

本标准适用于为改善路面标线涂料逆反射性能所使用的无色透明的玻璃微珠。

2 引用标准

下列标准所包含的条文,通过在本标准中引用而构成为本标准的条文。本标准出版时,所示版本均为有效,所有标准都会被修订,使用本标准的各方应探讨使用下列标准最新版本的可能性。

GB/T2828—1987 逐批检查计数抽样程序及抽样表

GB/T2829—1987 周期检查计数抽样程序及抽样表

GB/T 6003.1—1997 金属丝编织网试验筛

GB/T 6582—1997 玻璃在98℃耐水性的颗粒试验方法和分级

3 定义

本标准采用下列定义。

3.1 表面铺撒玻璃珠(简称面撒玻璃珠) drop-on beads

涂料在路面划出标线后,播撒在未干的标线涂料表面的玻璃珠。

3.2 预混玻璃珠 premix beads

在路面标线涂料划线以前,均匀混合在该涂料中的玻璃珠。

3.3 贝克线 Becke line

在两种不同光程的介质边界上成像的一条明亮线。

注:此现象通常用来识别两种介质折射率的相对差异。

4 产品的分类和材质

4.1 玻璃珠根据不同的使用情况,可分为面撒玻璃珠和预混玻璃珠两种。

4.2 玻璃珠根据不同的用途,可分为1号、2号、3号等三个号型(其粒径分布见表1)。

——1号玻璃珠宜用作热熔涂料标线的面撒玻璃珠;

——2号玻璃珠宜用作热熔涂料的预混玻璃珠;

——3号玻璃珠宜用作常温溶剂型涂料标线的面撒玻璃珠。

对于加热型等涂料,可根据其标线漆膜的厚薄,选用不同号型的玻璃珠作表面铺撒。

4.3 玻璃珠应使用钠钙硅酸盐玻璃制造,不应夹杂含铅或含其它重金属元素的特种玻璃。

中华人民共和国交通部 2001-04-10 批准　　　　2001-08-01 实施

表 1　玻璃珠的粒径分布

号　型	玻璃珠粒径范围(μm)	玻璃珠质量百分比(%)
1 号	>850	0
	850~600	5~30
	600~300	30~80
	300~106	10~40
	<106	0~5
2 号	>600	0
	600~300	40~90
	300~150	5~60
	<150	0~5
3 号	>212	0
	<90	0~4

5　技术条件

5.1　外观要求

5.1.1　玻璃珠在容器中的状态应为无色松散球状颗粒之群体。清洁无杂物,不应含有经轻度冲击仍不崩散的结块物。

5.1.2　外观要求:按本标准 6.3 规定的方法观测,玻璃珠应为无色透明的球体,光洁圆整,玻璃珠内无明显气泡或杂质。

5.2　玻璃珠的粒径分布

按本标准 6.4 规定的方法观测,玻璃珠粒径分布应符合表 1 的规定,标准筛网孔尺寸与目数对照表见附录 A(提示的附录)。

5.3　成圆率

按本标准 6.5 规定的方法测试,有缺陷的玻璃珠如椭圆形珠、不圆的颗粒、失透的珠、熔融粘连的珠、有气泡的玻璃珠和杂质等的质量应小于玻璃珠总质量的 30%,即玻璃珠成圆率不小于 70%,其中粒径在 850~600μm 范围内玻璃珠的成圆率不应小于 60%。

5.4　密度

按本标准 6.6 规定的方法测试,玻璃珠的密度应在 2.4~2.6g/cm^3 的范围内。

5.5　折射率

按本标准 6.7 规定的方法测试,玻璃珠的折射率不应小于 1.50。

5.6　耐水性

按本标准 6.8 规定的方法测试,玻璃珠表面不应呈现发雾现象;对 1 号或 2 号玻璃珠,中和所用 0.01mol/L 盐酸应在 10ml 以下;对 3 号玻璃珠,中和所用盐酸应在 15ml 以下。

5.7　磁性颗粒含量

按本标准 6.9 规定的方法测试,玻璃珠中磁性颗粒的含量不得大于 0.1%。

6 测试方法

6.1 试样的制备

随机抽取有代表性的整袋玻璃珠产品。将该袋 玻璃珠倒入一容器中,然后再从这个容器倒入另一个容器,如此重复三次,以保证整袋玻璃珠在分选前能混合均匀。混合均匀的玻璃珠倒入二份分割器(见图 1)中重复分割,最后得到约 1000g 玻璃珠,作为试样。

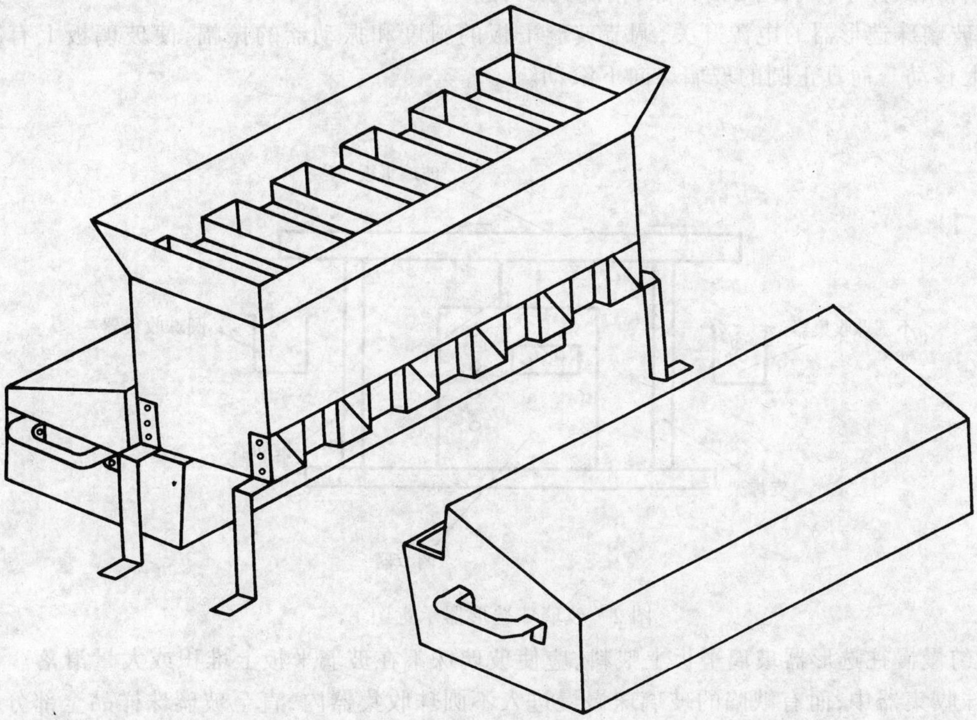

图 1 二份分割器结构示意图

6.2 测试条件

一般的测试工作宜在温度 23±2℃,相对湿度 50%±5%的环境中进行。

6.3 玻璃珠的外观检查

把少许玻璃珠样品放在载玻片上,用放大倍数不小于 10 倍的显微镜或投影仪进行观察检查。

6.4 玻璃珠粒径分布的测定

将若干玻璃珠试样在 105~110℃的温度下干燥 1h。冷却至室温后,称取约 200g 样品,精确到 0.1g,倒入一组标准试验筛中(该组筛网的孔径应依次为 850μm、600μm、300μm、212μm、150μm、106μm、90μm,标准试验筛的质量应符合 GB/T6003.1 的有关规定)。盖上试验筛网盖,开动振筛机(振筛机的摇动次数为 290 次/min,拍击次数 156 次/min)振动 5min,然后将试验筛从振筛机上取下,分别称出各筛网上的样品质量及托盘上留存的样品质量,精确到 0.1g。若网眼被玻璃珠堵住,可用刷子从下面将它刷出,作为该筛网上筛余的样品。如果筛后玻璃珠总质量少于最初所取样品的 98%,需要重新取样测试。

根据下面的公式,分别计算出各筛网筛余样品的质量百分比,精确到小数后 1 位。

$$G=\frac{m}{M}\times 100$$

式中:G——各试验筛网或托盘上筛余样品的质量百分比,%;

M——筛后样品的总质量,g;

m——各试验筛网或托盘上筛余样品的质量,g。

根据各标准试验筛网和托盘上筛余样品的质量百分比,对照表1的规定,检查玻璃珠的粒径分布。

6.5 成圆率的规定

6.5.1 用醮有少许工业酒精的脱脂棉球,清洁玻璃珠选形器(见图2)的玻璃平板及玻璃珠收集器。

6.5.2 玻璃珠选形器是由玻璃平板、振动器、调节器和支架等部件组成。玻璃平板宽150mm,长380mm,与水平方向的夹角应在0°~5°之间可调节。振动器使玻璃平板产生频率为50Hz的振动,通过调节器可使玻璃平板的竖向振幅在0~0.5mm间变化。

6.5.3 从玻璃珠试样中称取约20g样品,精确到0.1g。

6.5.4 开启玻璃珠选形器的电源开关,调节玻璃平板的斜度和振动器的振幅,使玻璃板上有缺陷的玻璃珠慢慢向上移动。而真正圆的玻璃珠向下滚动。

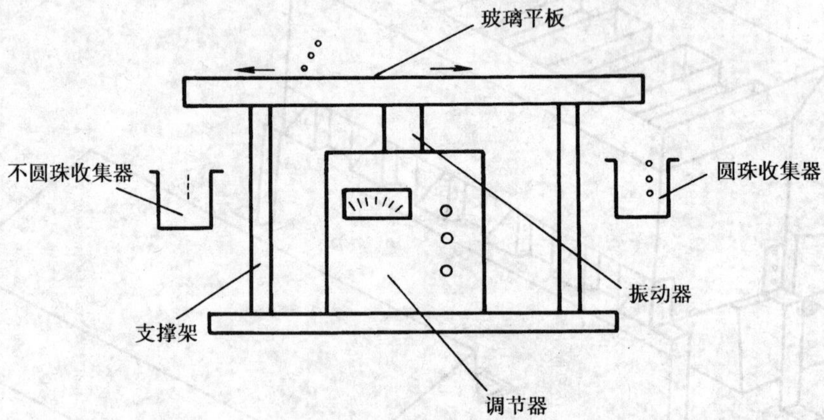

图2 玻璃珠选形器示意图

6.5.5 用小勺慢慢往选形器玻璃平板上喂料,应使玻璃珠不在玻璃平板上堆积或大量滑落。所有圆珠将滚落到圆珠收集器中,而有缺陷的玻璃珠慢慢进入不圆珠收集器内,直至玻璃珠样品全部分离完毕。

6.5.6 把收集到的圆玻璃珠和有缺陷的玻璃珠分别再通过玻璃珠选形器进行分离。直至所有的圆玻璃珠通过选形器后,没有带缺陷的玻璃珠分离出来;而所有有缺陷玻璃珠通过选形器后,没有圆玻璃珠分离出来。

6.5.7 分别称出分离得到的所有圆玻璃珠的总质量 N(g)和有缺陷玻璃珠的总质量 C(g),精确到0.1g。

6.5.8 玻璃珠的成圆率 P 用下列公式计算:

$$P=\frac{N}{N+C}$$

式中:P——成圆率,%;

N——圆玻璃珠的总质量,g;

C——有缺陷的玻璃珠的总质量,g。

6.5.9 按本标准6.4规定的方法,筛得一定量粒径为850~600μm范围的玻璃珠。称取约20g样品,精确到0.1g。重复步骤6.5.4~6.5.8即可得到该粒径范围玻璃珠的成圆率。

6.6 密度的测试

6.6.1 把若干玻璃珠用蒸馏水或去离子水清洗干净,然后置于110±5℃的烘箱内干燥1h,取出冷却至室温(本测试工作应在23±2℃的环境中进行)。称取约100g玻璃珠样品的质量 W_1,精确到1g,待测密度。

6.6.2 把化学纯的二甲苯倒入100ml量筒内,至刻度100ml处。称其质量 W_2,精确到1g,然后把二甲苯从量筒内倒出来。

6.6.3 把待测密度的、质量为 W_1 的玻璃珠样品倒入量筒内,加入二甲苯至100ml刻度,称其质量 W_3,精确到1g。

6.6.4 按下式计算出玻璃珠密度,精确到小数点后2位。

$$D = \frac{W_1 \cdot d}{W_1 + W_2 - W_3}$$

式中:D——玻璃珠的密度,g/cm^3;

W_1——玻璃珠样品的质量,g;

W_2——装有100ml二甲苯后,量筒的质量,g;

W_3——加入玻璃珠样品和二甲苯至刻度100ml后,量筒的质量,g;

d——在该室温下二甲苯密度,g/cm^3。

6.7 折射率的测定

6.7.1 把少许玻璃珠放在研钵里粉碎,然后置于载玻片上。往载玻片滴1~2滴折射率为1.50的浸油,使浸油完全浸没玻璃粉。

6.7.2 把载玻片置于放大倍数为100倍的显微镜的载物台上,使用钠光灯作光源供给透过光线。调整显微镜的照明灯光,从下方以暗淡光线照射玻璃粉覆盖区域,将显微镜聚焦在玻璃粉上。

6.7.3 缓慢提升显微镜镜筒,观察每颗玻璃粉周围贝克线的移动,若贝克线向玻璃粉中心方向移动,则玻璃的折射率大于1.50;若贝克线向浸油方向移动,则玻璃的折射率小于1.50,当提升或下降显微镜镜筒时,玻璃粉的轮廓呈模糊状态;当完全聚焦时,玻璃粉几乎不可见,此时玻璃的折射率与浸油的折射率相等,为1.50。

6.8 耐水性的测试

参照GB/T6582,称取10.0g玻璃珠,倒入250ml的锥形瓶中,然后往瓶内注入100ml的蒸馏水。把锥形瓶置于沸腾的水浴中加热1h。从锥形瓶中直接观察玻璃珠表面的状态。等瓶中的水冷却至室温,用酚酞作指示剂,接着用0.01mol/L的盐酸溶液滴定至中性。算出所用盐酸溶液的用量(ml)。

6.9 磁性颗粒含量的测试

6.9.1 从玻璃珠试样中称取约200g样品 m_1,精确到0.01g。

6.9.2 把永久磁铁安装在一框架上,如图3所示。在磁铁上放一块玻璃珠,组成一个磁性颗粒分选架。

6.9.3 在玻璃板上放一张光滑的白纸,一手拿着白纸,一手慢慢将玻璃珠样品播撒到磁性区域中,玻璃珠从纸上流过,进入样品盘,磁性颗粒留在纸上,把纸从下边慢慢提起至水平位置,将纸上的磁性颗粒用毛刷刷到样品杯中。

6.9.4 重复6.9.3步骤,使玻璃珠反复通过磁性区。直至通过三次或在纸上已见不到磁性颗粒为止。称取收集到的全部磁性颗粒的质量 m_2,精确至0.01g。

6.9.5 玻璃珠中磁性颗粒的含量 C,用下列公式计算(结果计算至小数后两位):

$$C = \frac{m_2}{m_1} \times 100$$

式中:C——磁性颗粒含量,%;

m_1——玻璃珠样品的质量,g;

m_2——收集到的全部磁性颗粒的质量,g。

7 检验规则

7.1 检验的分类和要求

对玻璃珠质量的检验分出厂检验、定型检验和周期检验三种形式。

7.1.1 出厂检验

每家玻璃珠生产厂在产品出厂前,应按GB/T 2828的规定随机抽取足够数量的样品,按表2的要求

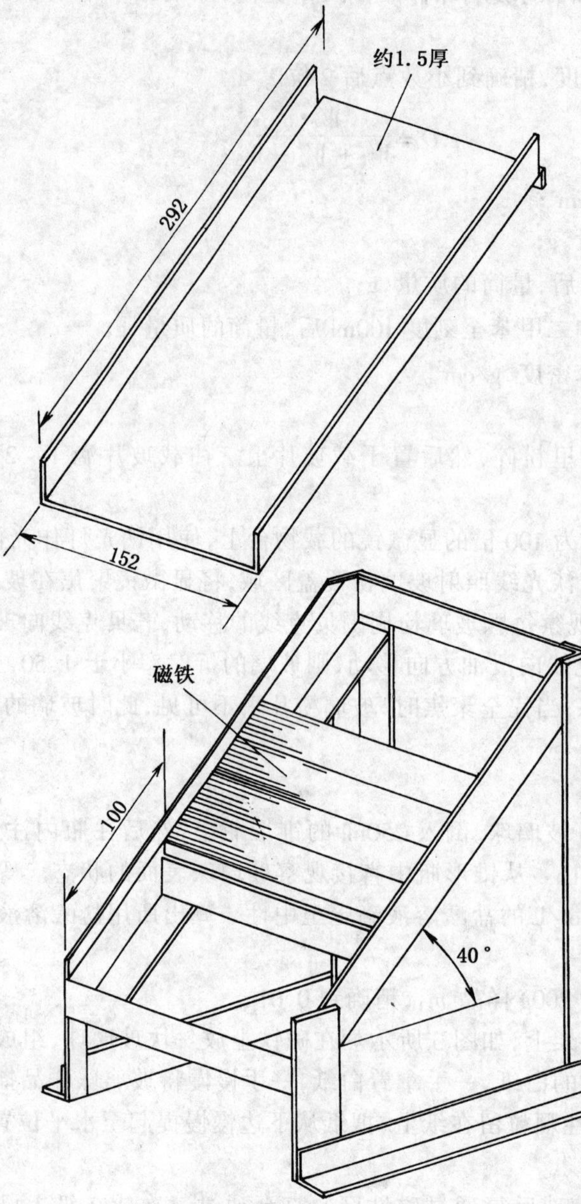

图3 磁性颗粒分选架示意图(单位:mm)

进行自检,以保证出厂产品质量符合标准的要求。

表2 出厂检验要求

序 号	出厂检验项目	技术要求（本标准章、条编号）	测试方法（本标准章、条编号）
1	玻璃珠在容器中的状态	5.1.1	目测
2	外观要求	5.1.2	6.3
3	玻璃珠的粒径分布	5.2	6.4
4	成圆率	5.3	6.5
5	供需双方合同规定的其它项目	按合同要求	按合同要求

7.1.2 定型检验

玻璃珠生产厂在新产品投入批量生产前,应提供足够数量的、具有代表性的新产品,做本标准规定的全套性能试验。

7.1.3 周期检验

7.1.3.1 玻璃珠生产厂在发生下列情况之一时,应进行周期检验:

a)老产品转厂生产时;

b)停产一年或一年以上的产品再生产时;

c)正常生产的产品每经历两年生产时;

d)产品的设计、工艺或材料的改变可能影响产品性能时。

7.1.3.2 周期检验的要求

应按 GB/T 2829 的规定随机抽取足够数量的样品,做本标准规定的全套性能试验。当产品的设计、工艺或材料的改变可能影响产品部分性能时,可仅对受影响的性能进行检验。

7.2 检验结果的处理

本标准每项性能试验,至少取样三组,在试样测试结果全部合格的基础上,三组(或三组以上)试样测试结果的算术平均值为试验结果。若某一试样的测试结果不符合标准的要求,则应从同一批产品中再抽取双倍数量的试样进行该不合格项目的复验,若复验结果全部合格,则整批产品合格;若复验结果(包括该项试验所要求的任一指标)即使有一个指标不合格,则整批产品为不合格产品。

7.3 质量检查

需方或上级质量监督部门有权按本标准或供需双方合同的规定,对玻璃珠质量进行抽查或复查。

8 包装、标志、运输及贮存

8.1 包装

玻璃珠应使用双层口袋包装,内袋为聚乙烯薄膜,厚度不小于 0.5mm,热压封口;外袋为塑料编织袋,以防散漏和受潮。每袋净重 25±0.2kg。

8.2 标志

8.2.1 包装袋外应有清晰、耐久的标记。其内容包括:

a)产品名称和类别;

b)包装袋内玻璃珠的净重;

c)生产厂家的名称或注册商标;

d)生产年、月或批号。

8.2.2 每袋玻璃珠包装中,应有产品质量检验合格证。

8.2.3 每批玻璃珠产品,厂方应提供使用说明。

8.3 运输

运输中应防止雨淋和碰撞硬物,以免玻璃珠受潮或包装袋破损。

8.4 贮存

玻璃珠应贮存在干燥通风的仓库内。按类堆码,严禁与强酸、强碱等对玻璃珠有腐蚀作用的物品混放。

附 录 A

（揭示的附录）

标准筛网孔尺寸与目数对照表

标准筛网孔尺寸(μm)	标准筛目数
850	20
600	30
300	50
212	70
150	100
106	140
90	170

ICS 93.080.30
P 66
备案号：

JT

中华人民共和国交通行业标准

JT/T 457—2007
代替 JT/T 457—2001

公路三波形梁钢护栏

Thrie-beam guardrail for highway

2007-04-03 发布　　2007-08-01 实施

中华人民共和国交通部　发布

公路三波形梁钢护栏

1 范围

本标准规定了三波形梁钢护栏产品的组成、外形尺寸及允许偏差、技术要求、试验方法、检验规则及标志、包装、运输和质量证明书。

本标准适用于公路用三波形梁钢护栏,城市道路用三波形梁钢护栏可参照使用。

2 规范性引用文件

下列文件中的条款通过本标准的引用而成为本标准的条款。凡是注日期的引用文件,其随后所有的修改单(不包括勘误的内容)或修订版均不适用于本标准,然而,鼓励根据本标准达成协议的各方研究是否可使用这些文件的最新版本。凡是不注日期的引用文件,其最新版本适用于本标准。

GB/T 90 紧固件验收检查、标志与包装
GB/T 470 锌锭(GB/T 470—1997, ISO 752:1981,EQV)
GB/T 700 碳素结构钢(GB/T 700—1988, DIN 630:1987,NEQ)
GB/T 1196 重熔用铝锭
GB/T 1231 钢结构用高强度大六角头螺栓、大六角头螺母、垫圈技术条件
GB/T 1591 低合金高强度结构钢
GB/T 2101 型钢验收、包装、标志及质量证明书的一般规定
GB/T 3098.1 紧固件机械性能 螺栓、螺钉和螺柱
GB/T 6728 结构用冷弯空心型钢尺寸、外形、重量及允许偏差
GB/T 10125 人造气氛腐蚀试验 盐雾试验
GB/T 18226—2000 高速公路交通工程钢构件防腐技术条件
JT/T 281—2007 公路波形梁钢护栏
JT/T 495 公路交通安全设施质量检验抽样及判定
JTG/T D81 公路交通安全设施设计细则

3 产品分类及组成

3.1 产品分类

三波形梁钢护栏(以下简称护栏)按设置位置可分为路侧护栏和中央分隔带护栏两类。

3.2 产品构成

3.2.1 组成

三波形梁钢护栏由三波形梁板、立柱、防阻块、三波形梁垫板、端头、紧固件等构件组成。

3.2.2 三波形梁板

三波形梁板采用750mm宽的薄钢板连续辊压成形,其尺寸规格应符合表1的规定。

表 1

单位:mm

品名	代号	规格（板长×板宽×波高×板厚）
三波形梁板	RTB01	4320×506×85×4
	RTB02	3320×506×85×4
	RTB03	2320×506×85×4

3.2.3 立柱

立柱分为方形空心型钢(以下简称方管)立柱与H型钢立柱两种，其尺寸规格应符合表2的规定。

表 2

单位:mm

<table>
<tr><th>品 名</th><th>代 号</th><th>规 格</th></tr>
<tr><td rowspan="2">立柱</td><td>PB</td><td>130×130×6(方管外边长×外边长×壁厚)</td></tr>
<tr><td>PH</td><td>150×100(H型钢高×H型钢宽)</td></tr>
</table>

3.2.4 防阻块

防阻块尺寸规格应符合表3的规定。

表 3

单位:mm

<table>
<tr><th>品 名</th><th>代 号</th><th>规 格</th><th>用 途</th></tr>
<tr><td rowspan="5">防阻块</td><td>BF I</td><td>200×(66+300)×256×4.5(高×长×连接部位高×厚)</td><td>用于方管立柱</td></tr>
<tr><td>BF II</td><td>200×(66+300)×256×4.5(高×长×连接部位高×厚)</td><td>用于方管立柱</td></tr>
<tr><td>BF III</td><td>200×(66+350)×256×4.5(高×长×连接部位高×厚)</td><td>用于方管立柱</td></tr>
<tr><td>BH I</td><td>554×150×100(长×H型钢高×H型钢宽)</td><td>用于H型钢立柱</td></tr>
<tr><td>BH II</td><td>554×350×100(长×H型钢高×H型钢宽)</td><td>用于H型钢立柱</td></tr>
</table>

3.2.5 三波形梁垫板

三波形梁垫板的断面同三波形梁板,用于三波形梁钢护栏板的板中与立柱连接处,起加强作用。

3.2.6 端头

护栏端头可分为地锚式和圆头式两种。地锚式端头可按JTG/T D81的建议执行,圆头式端头的尺寸规格应符合表4的规定。

表 4

<table>
<tr><th>品 名</th><th>代 号</th><th>规 格</th></tr>
<tr><td rowspan="3">端头</td><td>DR1</td><td>R-160</td></tr>
<tr><td>DR2</td><td>R-250</td></tr>
<tr><td>DR3</td><td>R-350</td></tr>
<tr><td colspan="3">注:各种端头的半径 R,可根据公路几何线形作适当调整。</td></tr>
</table>

3.2.7 紧固件

紧固件用于板与板的拼接、防阻块与立柱的连接、防阻块与板的连接,其尺寸规格应符合表5的规定。

表 5

单位:mm

<table>
<tr><th>品 名</th><th>代 号</th><th>规 格</th><th>用 途</th></tr>
<tr><td>拼接螺栓</td><td>JI-1</td><td>M16×45</td><td rowspan="3">用于波形梁板的拼接</td></tr>
<tr><td>螺母</td><td>JI-2</td><td>M16</td></tr>
<tr><td>垫圈</td><td>JI-3</td><td>ϕ35×4</td></tr>
<tr><td rowspan="3">连接螺栓</td><td>JII-1</td><td>M16×36</td><td>用于波形梁板与防阻块的连接</td></tr>
<tr><td>JII-2</td><td>M16×170</td><td>用于防阻块与方管立柱连接</td></tr>
<tr><td>JII-3</td><td>M16×140</td><td>用于防阻块与H型钢立柱连接</td></tr>
<tr><td rowspan="2">螺母</td><td rowspan="2">JII-4</td><td>M16</td><td rowspan="3">与连接螺栓配套使用</td></tr>
<tr><td>M20</td></tr>
<tr><td>垫圈</td><td>JII-5</td><td>ϕ35×4</td></tr>
<tr><td>横梁垫片</td><td>JII-6</td><td>76×44×4</td><td>遮挡波形梁板的连接螺孔</td></tr>
</table>

3.2.8 过渡板

三波形梁护栏与波形梁护栏之间的过渡采用过渡板,其尺寸规格应符合表6的规定。

表 6 单位:mm

品名	代号	规格	用途
过渡板	TR-1	4000×130×130×6	用于波形梁板与方管立柱的三波形梁板过渡
	TR-2	2000×150×100	用于波形梁板与 H 型钢立柱的三波形梁板过渡

4 外形尺寸与允许偏差

4.1 三波形梁板

4.1.1 三波形梁板的外形见图 1～图 2,其横截面公称尺寸及允许偏差应符合表 7 的规定,其中板厚是

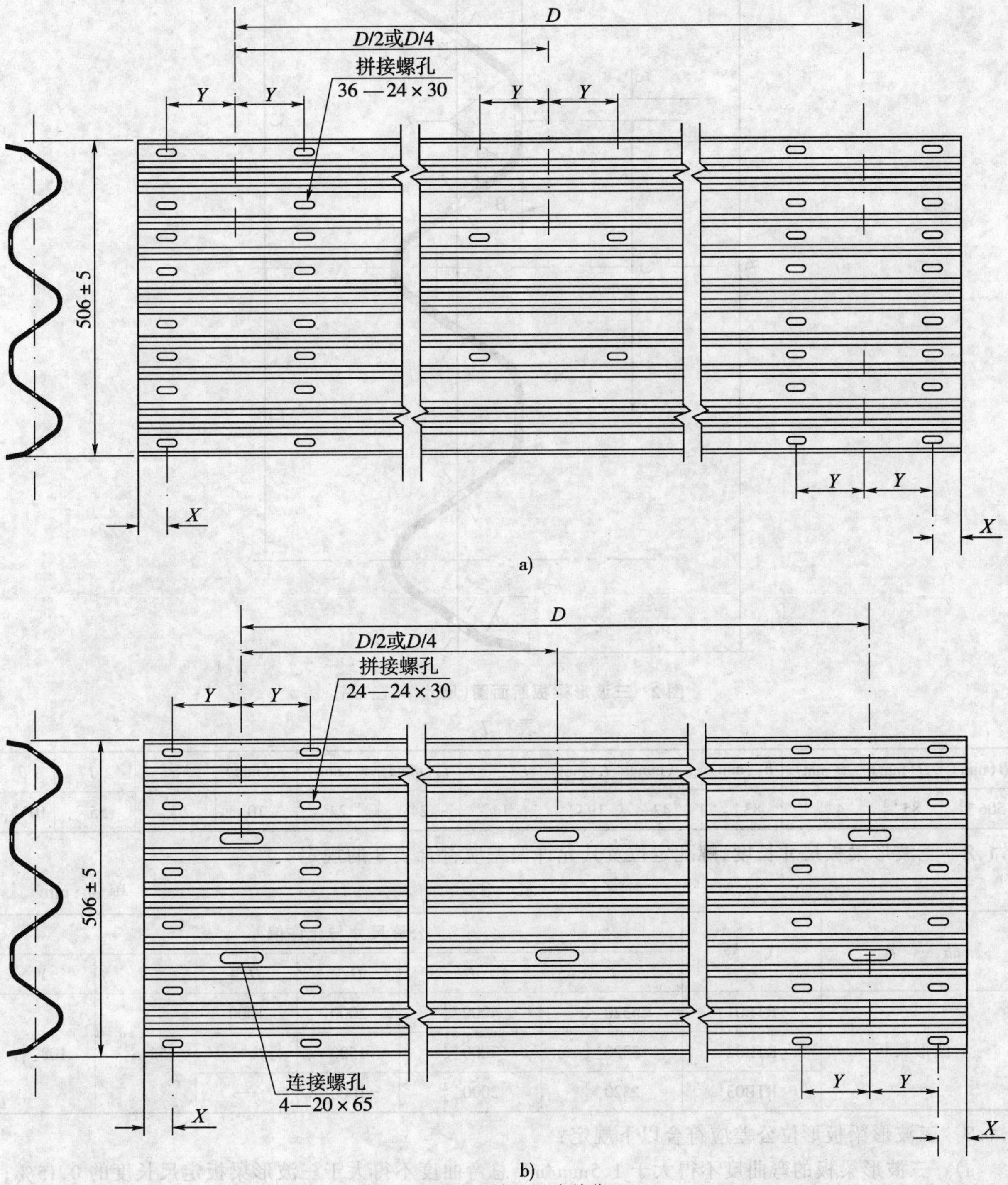

图 1 三波形梁板(尺寸单位:mm)

注:a)用于方管立柱;b)用于 H 型钢立柱

防腐处理前的厚度。

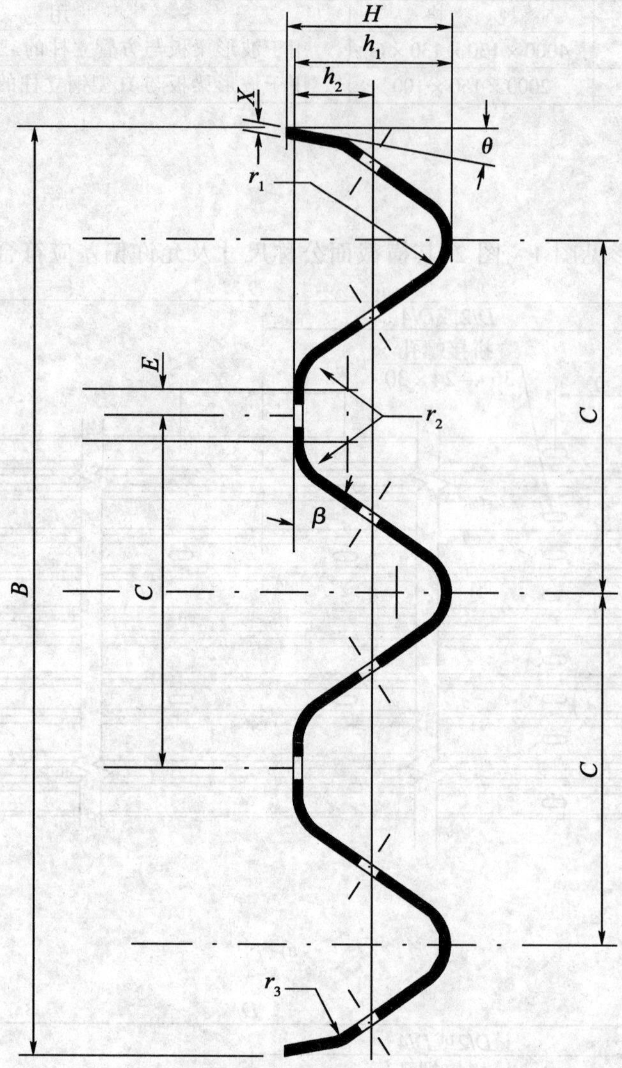

图 2　三波形梁板断面图(尺寸单位:mm)

表　7

B(mm)	H(mm)	t(mm)	h_1(mm)	h_2(mm)	C(mm)	E(mm)	r_1(mm)	r_2(mm)	r_3(mm)	α	β	θ
506^{+5}_{-5}	85^{+3}_{0}	$4^{+0.22}_{0}$	83^{+2}_{-2}	42	194^{+2}_{-2}	14	24	24	10	55°	55°	$10°^{+1°}_{-1°}$

4.1.2　三波形梁板尺寸长度,螺孔定位及其允许偏差应符合表 8 的规定。

表　8　　　　单位:mm

品　名	代　号	公称尺寸与允许偏差					
		L	D	$D/2$	$D/4$	X	Y
三波形梁板	RTB01	4320^{+5}_{-5}	4000^{+4}_{-4}	2000	1000	52^{+32}_{-5}	108^{+1}_{-1}
	RTB02	3320^{+4}_{-3}	3000^{+3}_{-3}	1500	—		
	RTB03	2320^{+3}_{-2}	2000^{+2}_{-2}	1000	—		

4.1.3　三波形梁板形位公差应符合以下规定:

a)　三波形梁板的弯曲度不得大于 1.5mm/m,总弯曲度不得大于三波形梁板定尺长度的 0.15%;

b)　三波形梁板端面切口应垂直,其垂直度公差不得超过 30′。

4.1.4　三波形梁板上螺栓孔分为连接螺孔和拼接螺孔两种。其尺寸规格见表9和图3。

表 9

单位：mm

品名	代号	公称尺寸与允许偏差		
		A	*b*	*R*
拼接螺孔	P-1	24^{+1}_{0}	$30^{+1}_{-0.5}$	12
连接螺孔	L-1	24^{+1}_{0}	$30^{+1}_{-0.5}$	12
	L-2	20^{+1}_{0}	65^{+1}_{-1}	10

4.1.5　三波形梁板不得有明显的扭转，不得焊接加长，端部毛刺应清除。

4.2　立柱

4.2.1　立柱宜采用方管立柱与H型钢立柱两种。

4.2.2　方管立柱断面形状、尺寸见图4，立柱断面公称尺寸及允许偏差应符合表10的规定，焊接方管立柱的壁厚防腐处理前为6mm。方管弯曲角度的偏差、外圆弧半径、截面平面部分凸凹度、扭转度等要求应符合GB/T 6728。

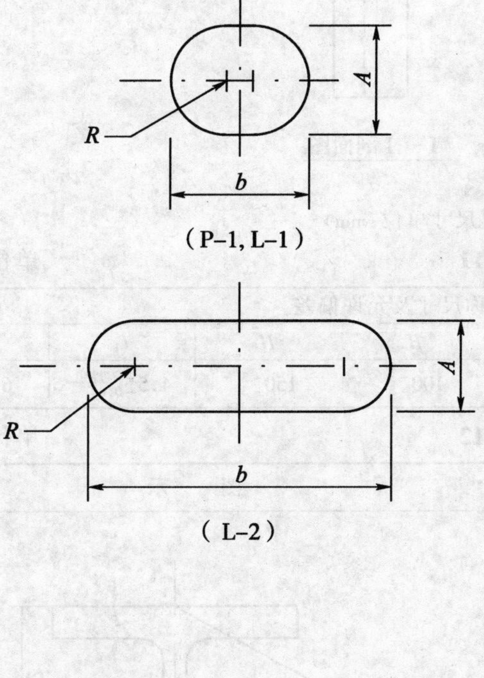

图3　三波形梁板螺孔尺寸（尺寸单位：mm）

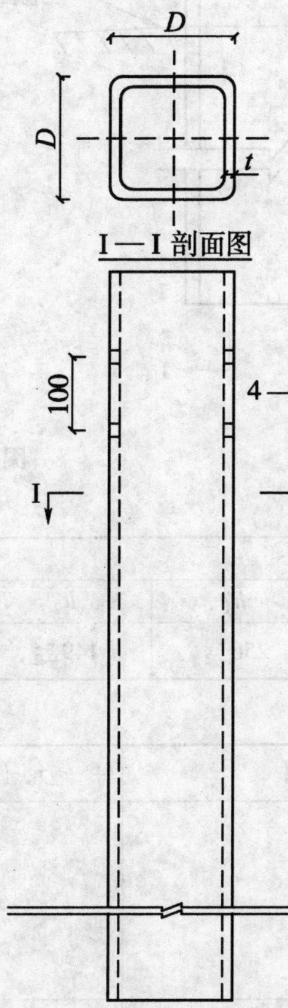

图4　方管立柱（尺寸单位：mm）

表 10

单位：mm

品名	类别	公称尺寸及允许偏差		
		D	*φ*	*t*
立柱	方管	$130^{+1.0}_{-1.0}$	22^{+1}_{0}	$6^{+0.6}_{-0.3}$

4.2.3　方管立柱的形位公差应符合以下规定：

a）　立柱的弯曲度每米不得大于2mm，总弯曲度不得大于立柱定尺长度的0.2%；

b）　立柱端面切口应垂直，其垂直度公差不得超过1°。

4.2.4　H型钢立柱断面形状、尺寸见图5，立柱断面公称尺寸及允许偏差应符合表11、表12的规定。

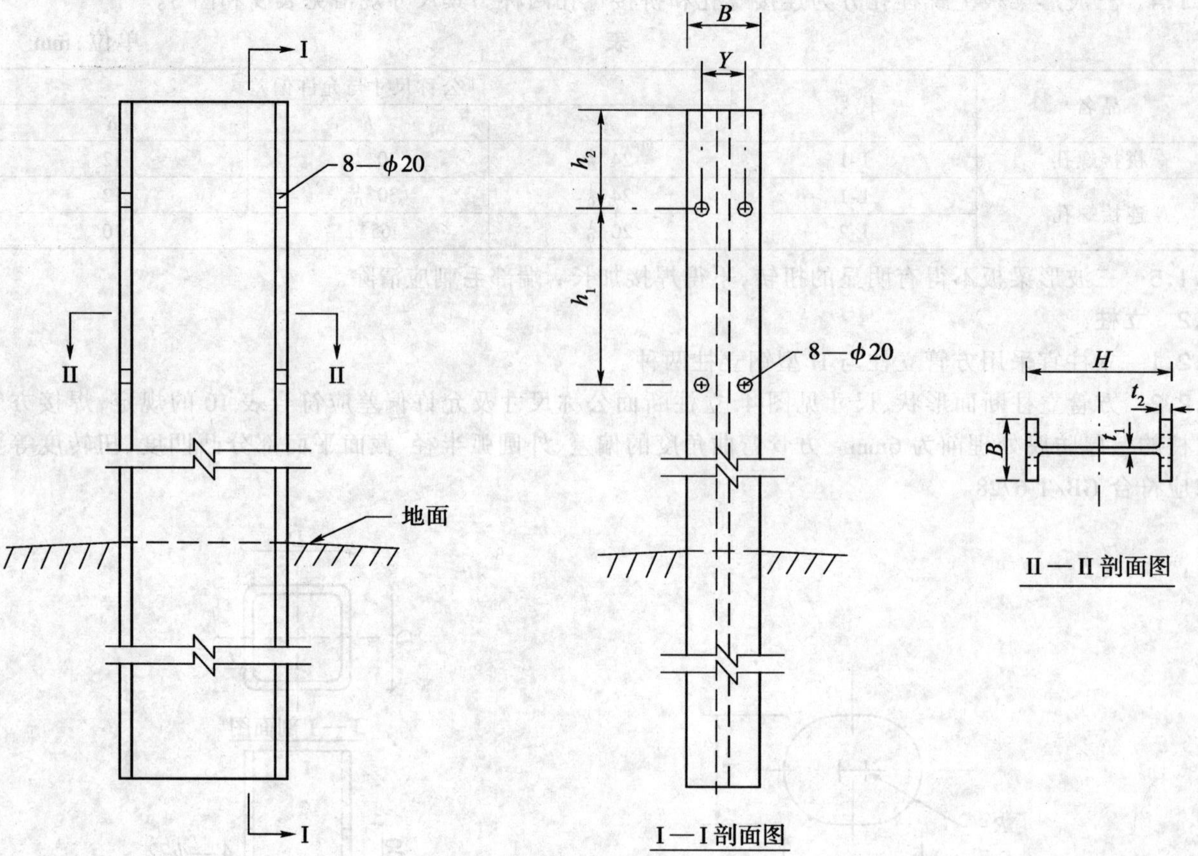

图5 H型钢立柱(尺寸单位:mm)

表 11 单位:mm

品名	类别	公称尺寸及允许偏差						
		h_1	h_2	Y	B	H	t_1	t_2
立柱	H型钢	256^{+2}_{-2}	149^{+2}_{-2}	60^{+1}_{-1}	100^{+3}_{-3}	150^{+3}_{-3}	$4.5^{+\text{不规定}}_{-0.8}$	$6.0^{+\text{不规定}}_{-0.8}$

表 12 单位:mm

项目	允许偏差	图示
高度 H	±3.0	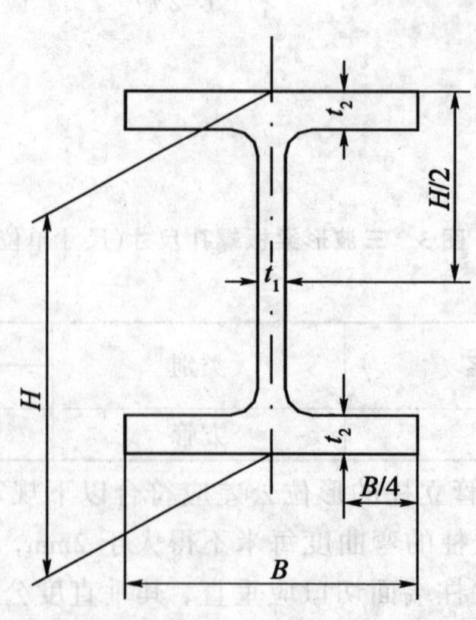
宽度 B	±3.0	
厚度 t_1,t_2	+不规定 -0.8	

表 12（续上表）

项　　目		允许偏差	图　　示
翼缘斜度 T	高度不大于 300	$T \leqslant 1.2\% B$	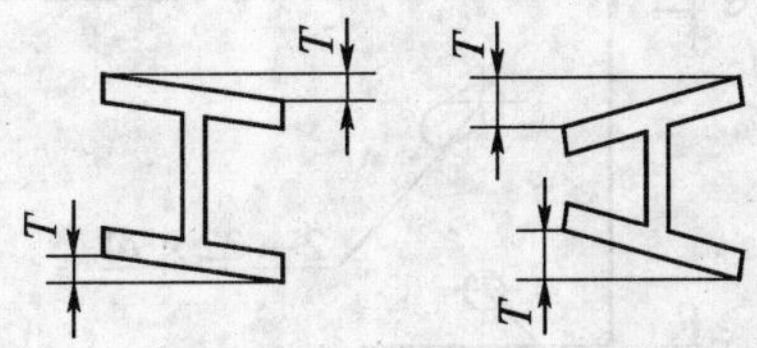
	高度大于 300	$T \leqslant 1.5\% B$	
弯曲度	高度不大于 300	≤长度的 0.20%	适用于上下、左右大弯曲
	高度大于 300	≤长度的 0.1%	
中心偏差 S	高度不大于 300	±3.0	$S=(b_1-b_2)/2$ 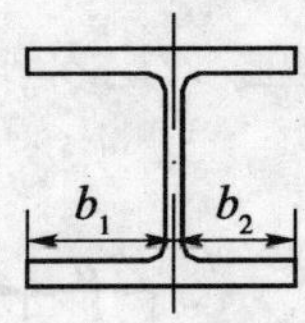
	高度大于 300	±4.5	
端面斜度 e		$e \leqslant 1.6\% \times (H$ 或 $B)$	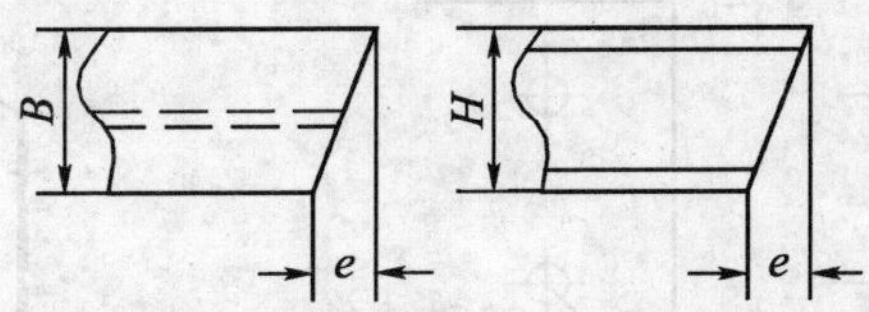

4.2.5　H 型钢立柱的形位公差应符合表 12 的规定。

4.2.6　方管立柱定尺长度应符合 JTG/T D81 的有关规定或按设计图确定，仅允许正公差；H 型钢立柱定尺长度应符合设计要求，仅允许正公差。可参见附录 A 确定。

4.2.7　立柱不得有明显的扭转，不得焊接加长，端部毛刺应清除。

4.3　防阻块

4.3.1　用于方管立柱的防阻块的外形及标注符号见图 6，其公称尺寸及允许偏差应符合表 13 的规定。

表　13　　　　单位：mm

代号	公称尺寸及允许偏差																
	a	b	c	d	d_1	d_2	d_3	d_4	e	h	h_1	h_2	h_3	X	Y	Z	t
BF Ⅰ		300^{+3}_{-3}						15									
BF Ⅱ	66	300^{+3}_{-3}	76	100^{+1}_{-1}	40	60	10	10	131	325	256	194^{+2}_{-2}	31	290	216^{+2}_{-2}	142	$4.5^{+不规定}_{-0.3}$
BF Ⅲ		350^{+3}_{-3}						10									

4.3.2　用于 H 型钢立柱防阻块的外形见图 7，其公称尺寸及允许偏差应符合表 14 的规定。

4.3.3　防阻块的外形应符合以下规定：

a）防阻块不得有明显的扭转；

b）防阻块端面切口应平直，毛刺应清除。

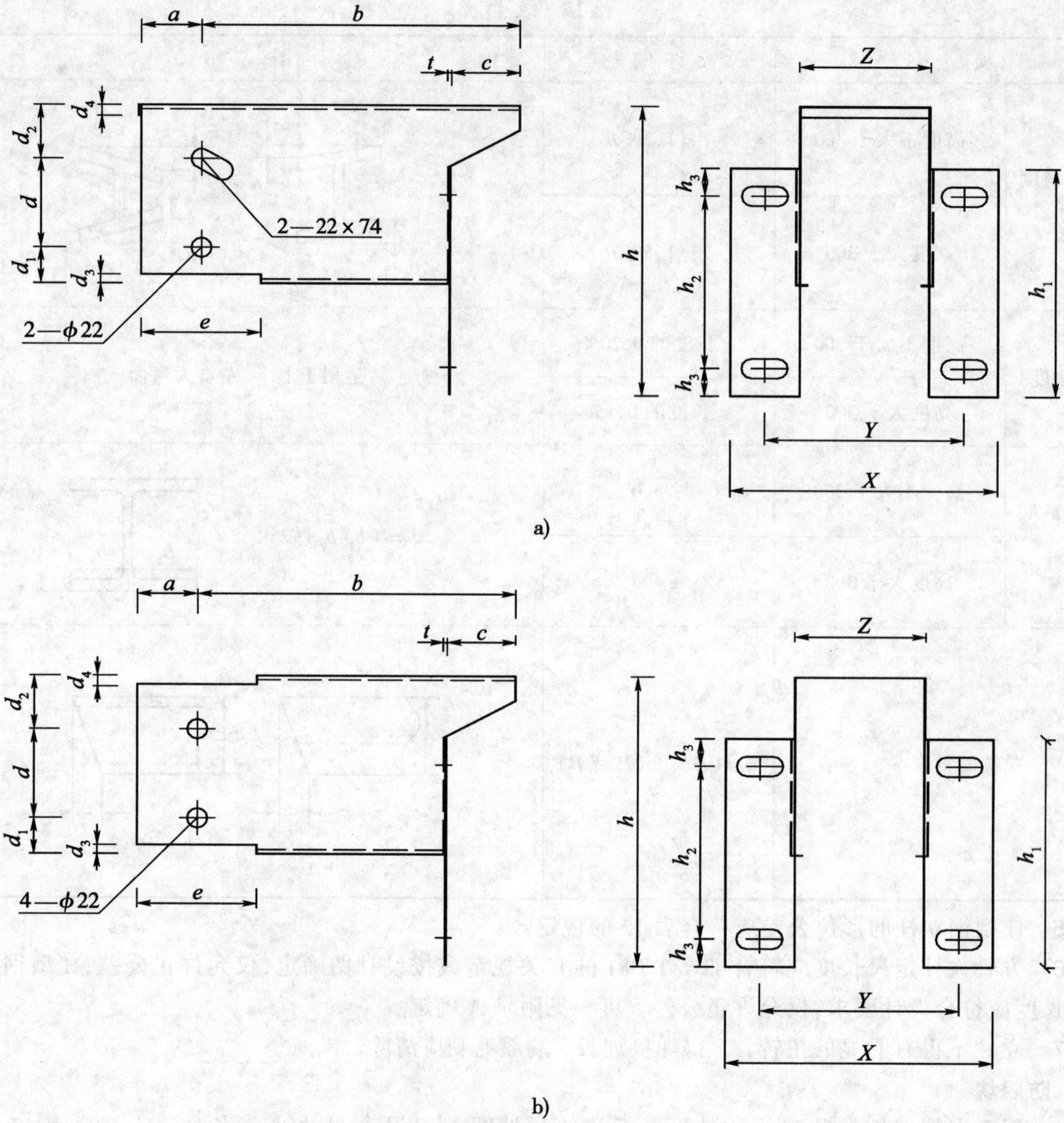

图 6　用于方管立柱的防阻块(尺寸单位:mm)

a)BF Ⅰ型;b)BF Ⅱ型(BF Ⅲ型)

表　14　　　　单位:mm

<table>
<tr><th rowspan="2">代号</th><th colspan="11">公称尺寸及允许偏差</th></tr>
<tr><th>H</th><th>h</th><th>h_1</th><th>h_2</th><th>h_3</th><th>h_4</th><th>B</th><th>t_1</th><th>t_2</th><th>X</th><th>Y</th></tr>
<tr><td>BH Ⅰ</td><td>150</td><td rowspan="2">554</td><td rowspan="2">256^{+2}_{-2}</td><td rowspan="2">149^{+2}_{-2}</td><td rowspan="2">180</td><td>194</td><td rowspan="2">100</td><td>4.5</td><td>6.0</td><td rowspan="2">100</td><td rowspan="2">60^{+1}_{-1}</td></tr>
<tr><td>BH Ⅱ</td><td>350</td><td>150</td><td>6.0</td><td>9.0</td></tr>
</table>

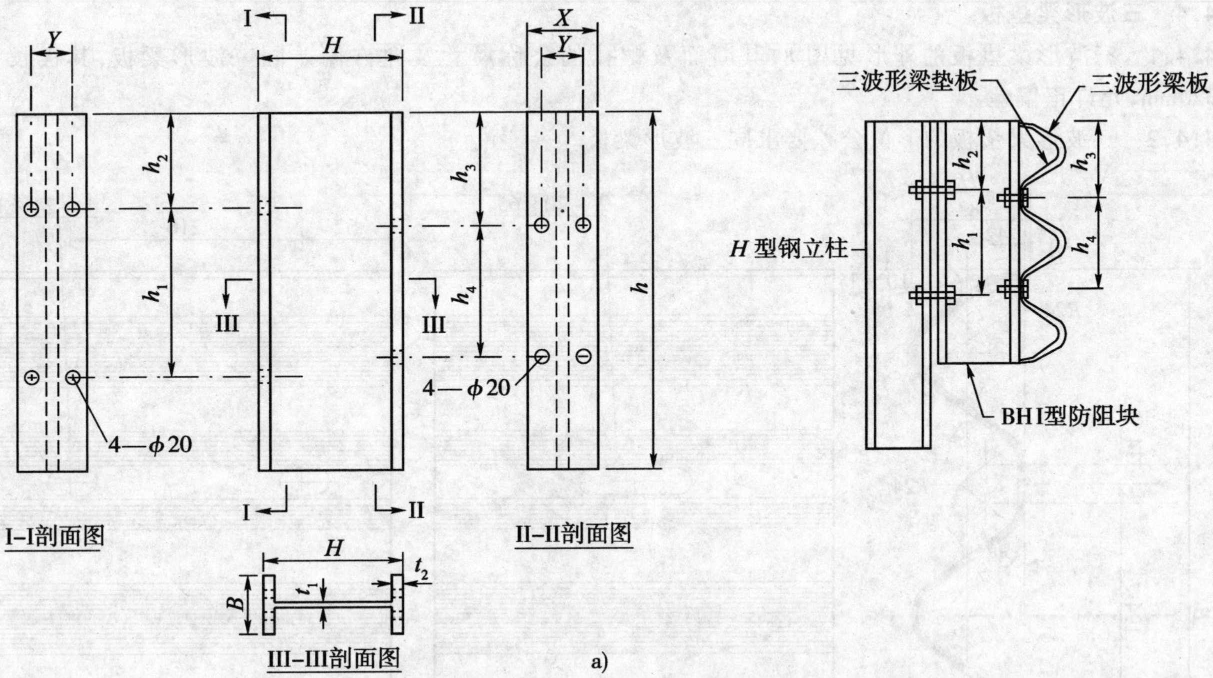

a)

注 1：用于 H 型钢立柱与 BH I 型防阻块连接的两个螺栓（JII-3），应两边上下交错布置，较低的一个位于交通流上游；

注 2：用于三波形梁板与 H 型钢防阻块连接的两个螺栓（JII-1），位于交通流上游。

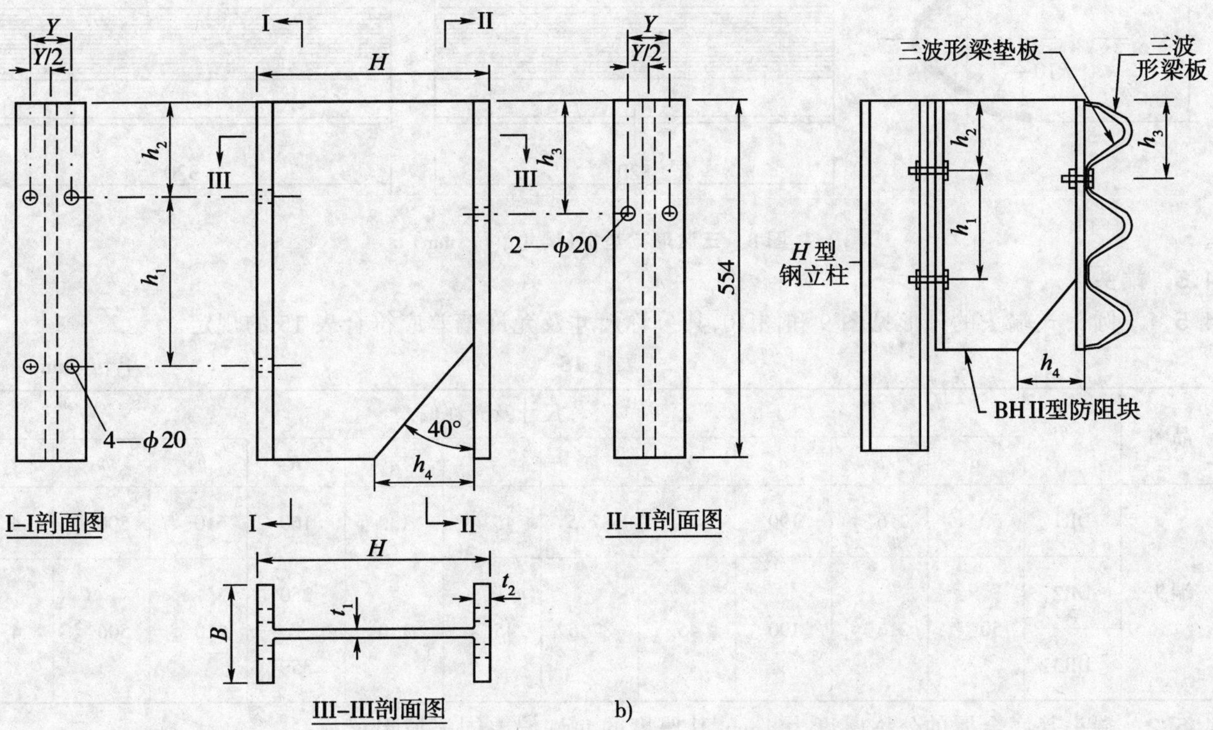

b)

注 1：用于 H 型钢立柱与 BH II 型防阻块连接的两个螺栓（JII-3），应两边上下交错布置，较低的一个位于交通流上游；

注 2：用于三波形梁板与 H 型钢防阻块连接的一个螺栓（JII-1），位于交通流上游。

图 7　用于 H 型钢立柱的防阻块（尺寸单位：mm）

a）BH I 型；b）BH II 型

4.4 三波形梁垫板

4.4.1 三波形梁垫板的外形见图 8,其断面及螺孔的公称尺寸及允许偏差同三波形梁板,其板长为 320mm,允许正偏差。

4.4.2 三波形梁垫板的形位公差要求同三波形梁板。

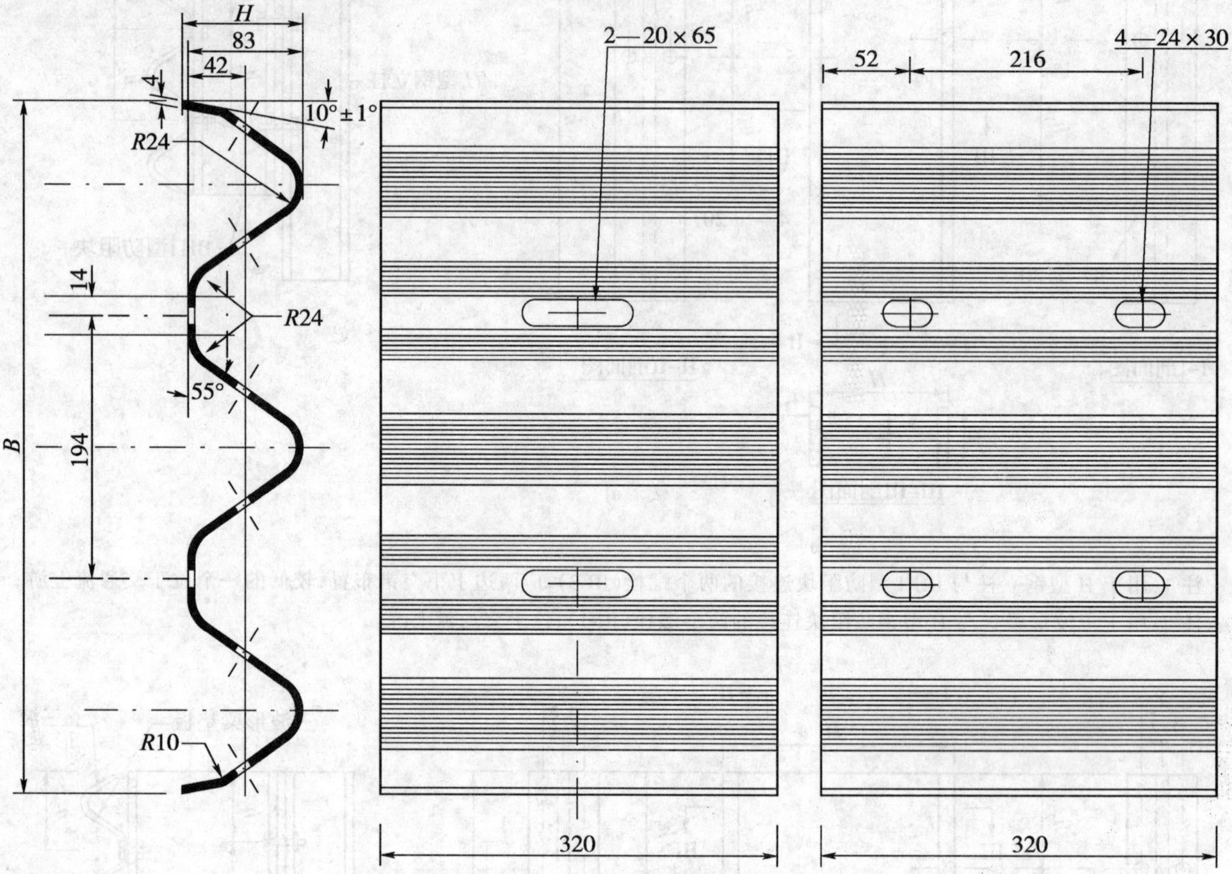

图 8 三波形梁垫板(尺寸单位:mm)

4.5 端头

4.5.1 圆头式端头的外形见图 9 和图 10,其公称尺寸及允许偏差应符合表 15 的规定。

表 15 单位:mm

品名	代号	公称尺寸及允许偏差										
		a	b	c	d	e	f	g	R	h_1	h_2	t
端头	DR1	50^{+32}_{-5}	216^{+2}_{-2}	190	45	87.5	45^{+1}_{-2}	130	160	610^{+5}_{-5}	506^{+5}_{-5}	4
	DR2	50^{+32}_{-5}	216^{+2}_{-2}	190	45	87.5	45^{+1}_{-2}	130	250	610^{+5}_{-5}	506^{+5}_{-5}	4
	DR3								350			

4.5.2 端头基底金属的公称厚度为 4mm,其厚度的允许偏差同三波形梁板。

4.5.3 端头外形应符合以下规定:

a) 端头不得有明显的扭转;

b) 端头切口应垂直,其垂直度公差不得超过 30′,端部毛刺应清除;

c) 端头曲线部分应圆滑平顺。

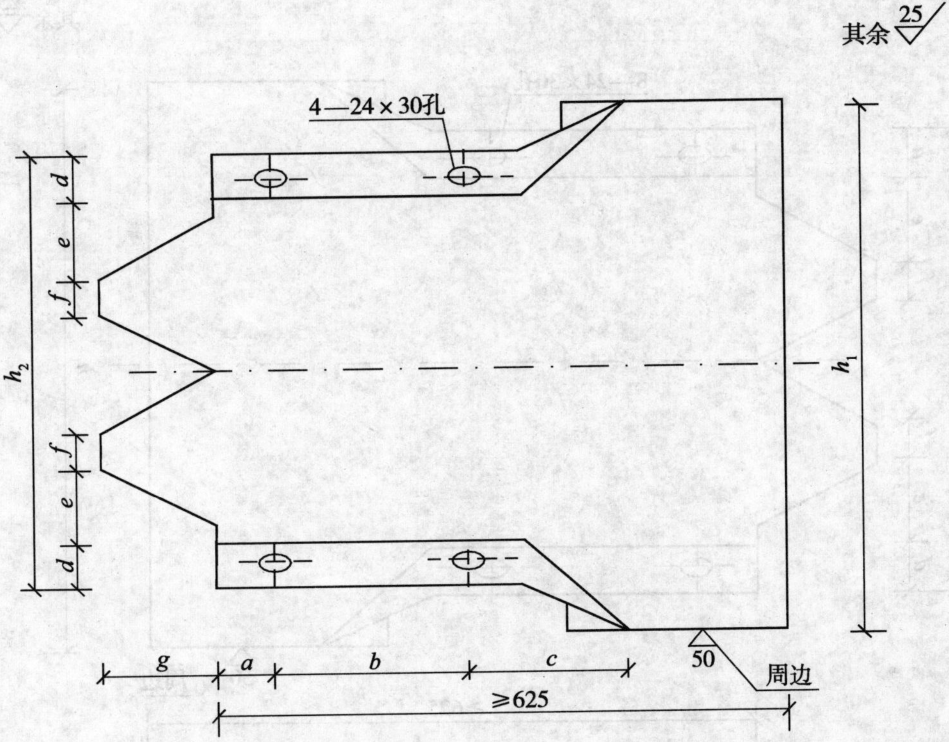

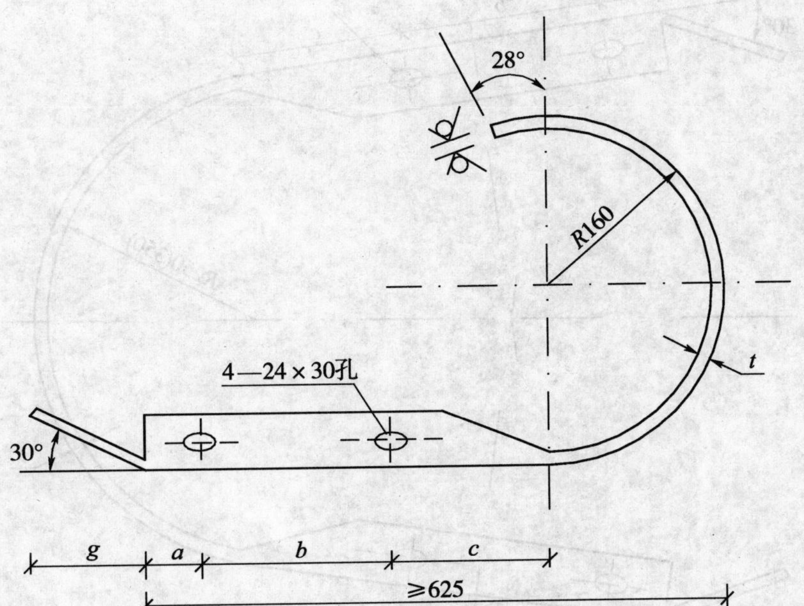

图 9　端头(A)(尺寸单位:mm)

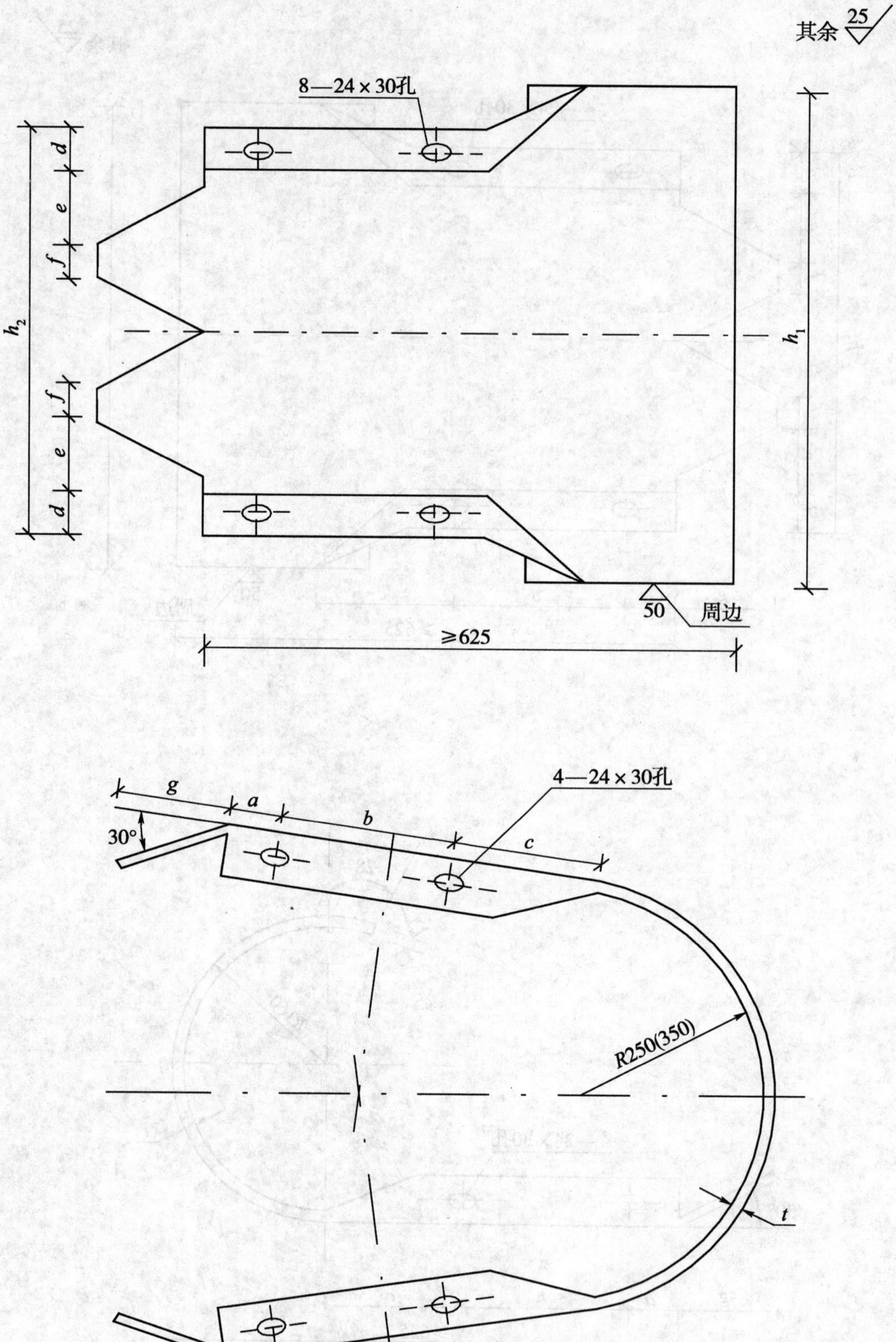

图 10　端头(B)(尺寸单位:mm)

4.6 紧固件

4.6.1 紧固件的外形见图 11 和图 12，其公称尺寸及允许偏差应符合表 16 的规定。

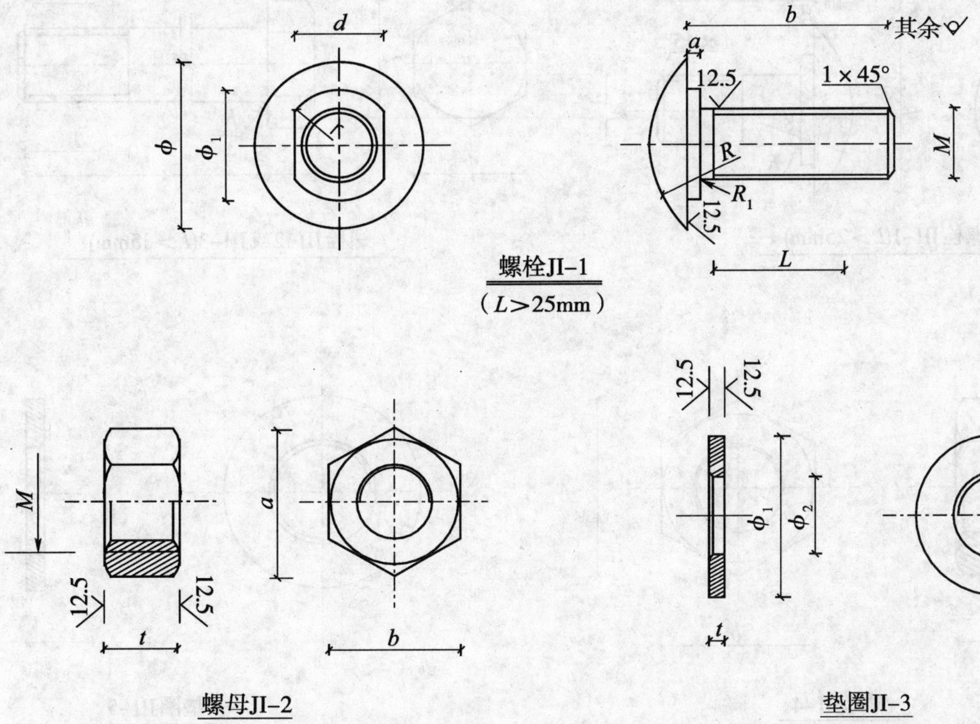

图 11 拼接螺栓

表 16 单位：mm

品名		公称尺寸及允许偏差										用途
		a	b	t	M	R	ϕ	d	R_1	ϕ_1	ϕ_2	
拼接螺栓	JI-1	3.0	45	—	M16-6g	SR20	36	16	10～12	19～23	—	
螺母	JI-2	31.2	27	16	M16-6H	—	—	—	—	—	—	
垫圈	JI-3	—	—	4	—	—	—	—	—	35	17	
连接螺栓	JII-1	2.5	45	—	M16-6g	SR24	36	16	10	—	—	用于波形梁与防阻块连接
	JII-2	12.5	170	—	M20-6g	—	30	34.6	—	—	—	用于防阻块与方管立柱连接
	JII-3	10	40	—	M16-6g	—	24	27.7				用于防阻块与H型钢立柱连接
螺母	JII-4	31.2	27	16	M16-6H	—	—	—	—	—	—	
		34.6	30	20	M20-6H	—	—	—	—	—	—	
垫圈	JII-5	—	—	4	—	—	—	—	—	35	17	
横梁垫片	JII-6	76^{+1}_{-1}	44^{+1}_{-1}	4	—	—	—	—	—	—	—	
注：拼接螺栓的 R_1 值应根据拼接螺栓尺寸的不同相应调整。												

4.6.2 带螺纹的紧固件进行涂层处理后，不应因镀层而影响配合。

4.6.3 当护栏采用防盗紧固技术时，其紧固件的机械性能和装拆操作性能应满足本标准的要求。

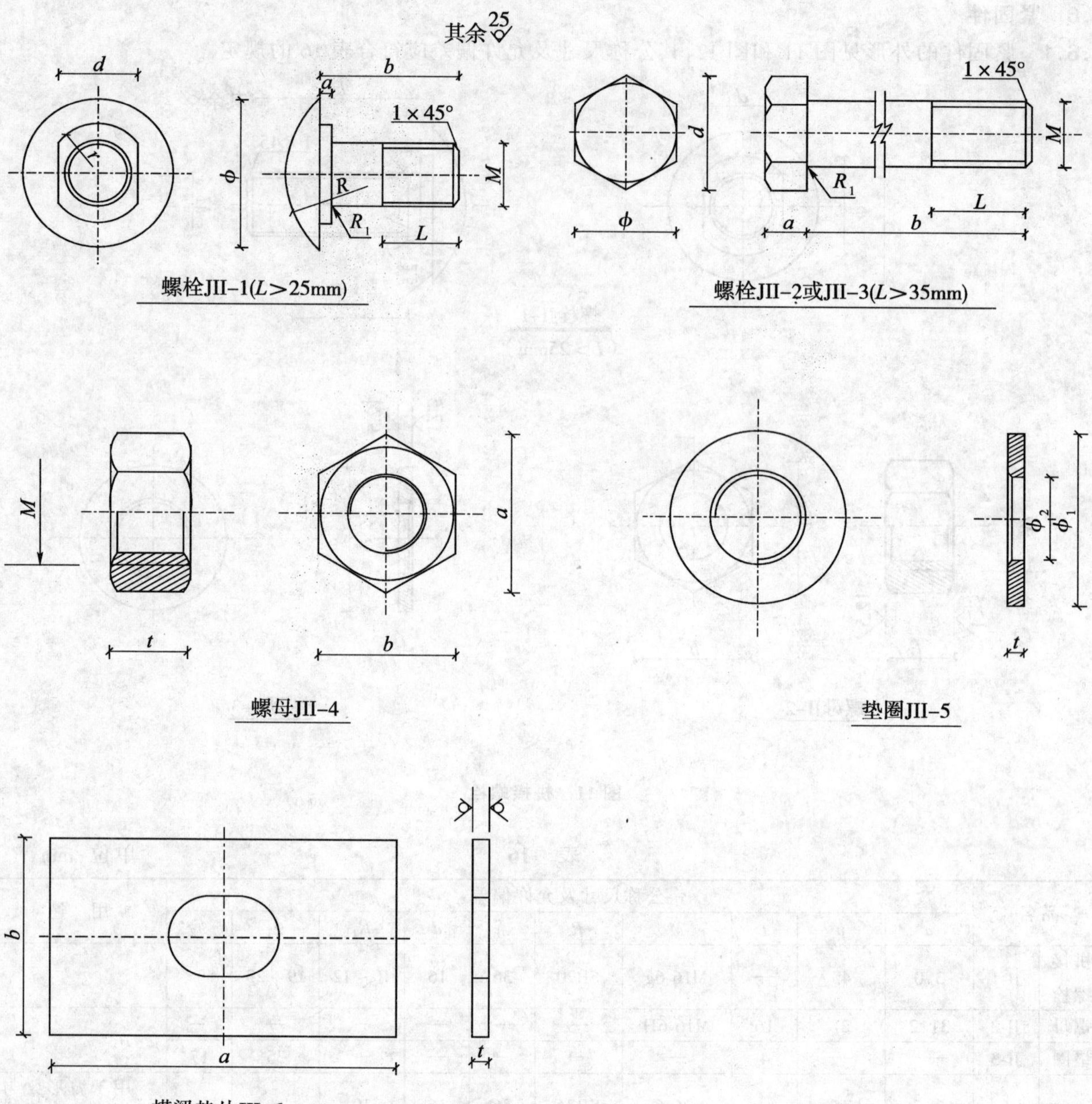

图 12 连接螺栓和横梁垫片

4.7 过渡板

过渡板外形见图 13 和图 14,其公称尺寸及允许偏差应符合表 17 的规定。

表 17

单位:mm

品名	B_1	B_2	t		L	D	X_1	X_2	Y_1	Y_2
TR-1	506^{+5}_{-5}	310^{+5}_{0}	$4^{+0.22}_{0}$	$3^{+0.18}_{0}$	4320^{+3}_{-2}	4000^{+2}_{-2}	52^{+32}_{-5}	50^{+32}_{-5}	108^{+1}_{-1}	100^{+1}_{-1}
TR-2					2310^{+3}_{-2}	2000^{+2}_{-2}				

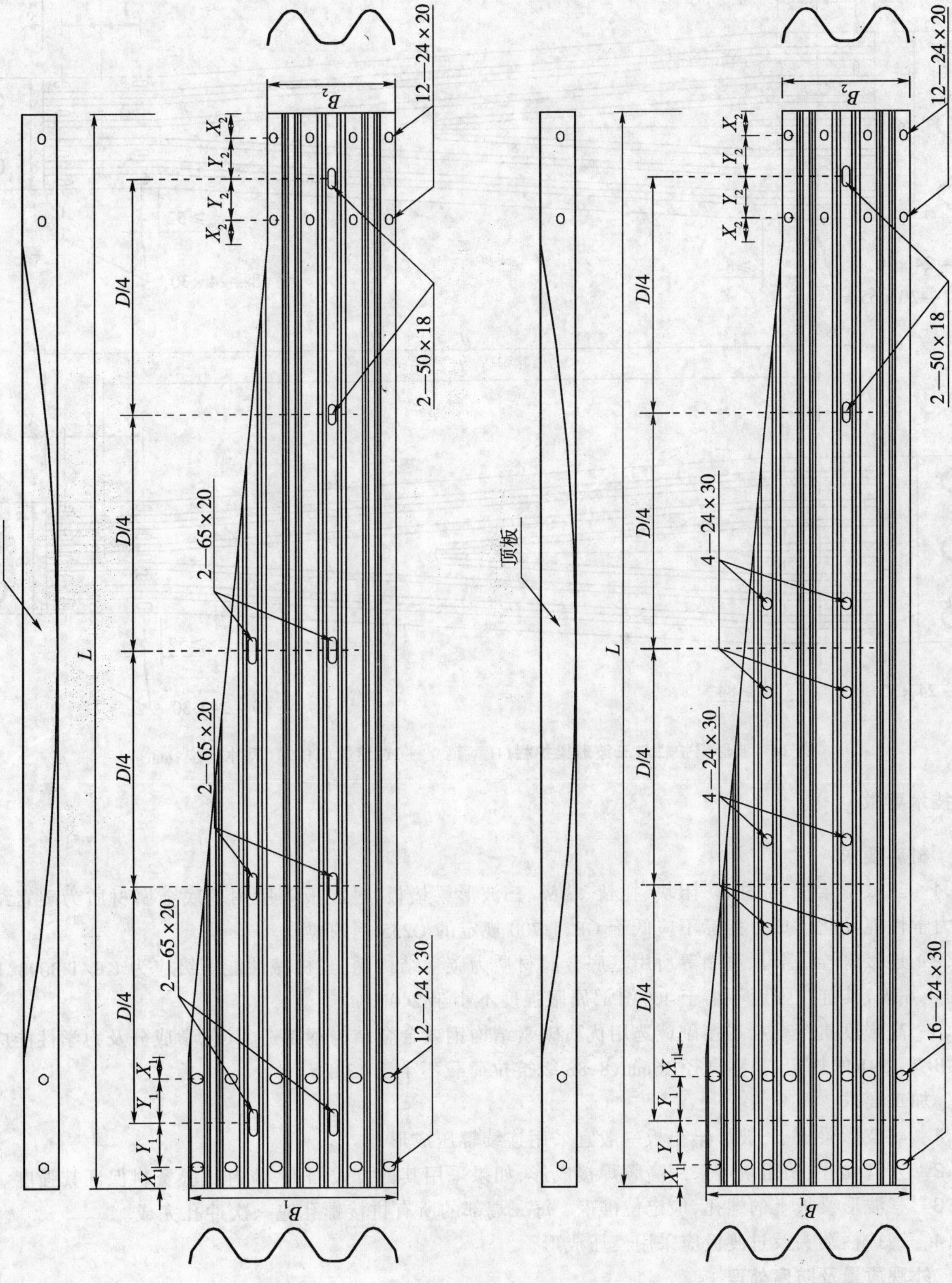

图 13 波形梁护栏与三波形梁护栏（方管立柱）过渡板（TR-1）（尺寸单位：mm）

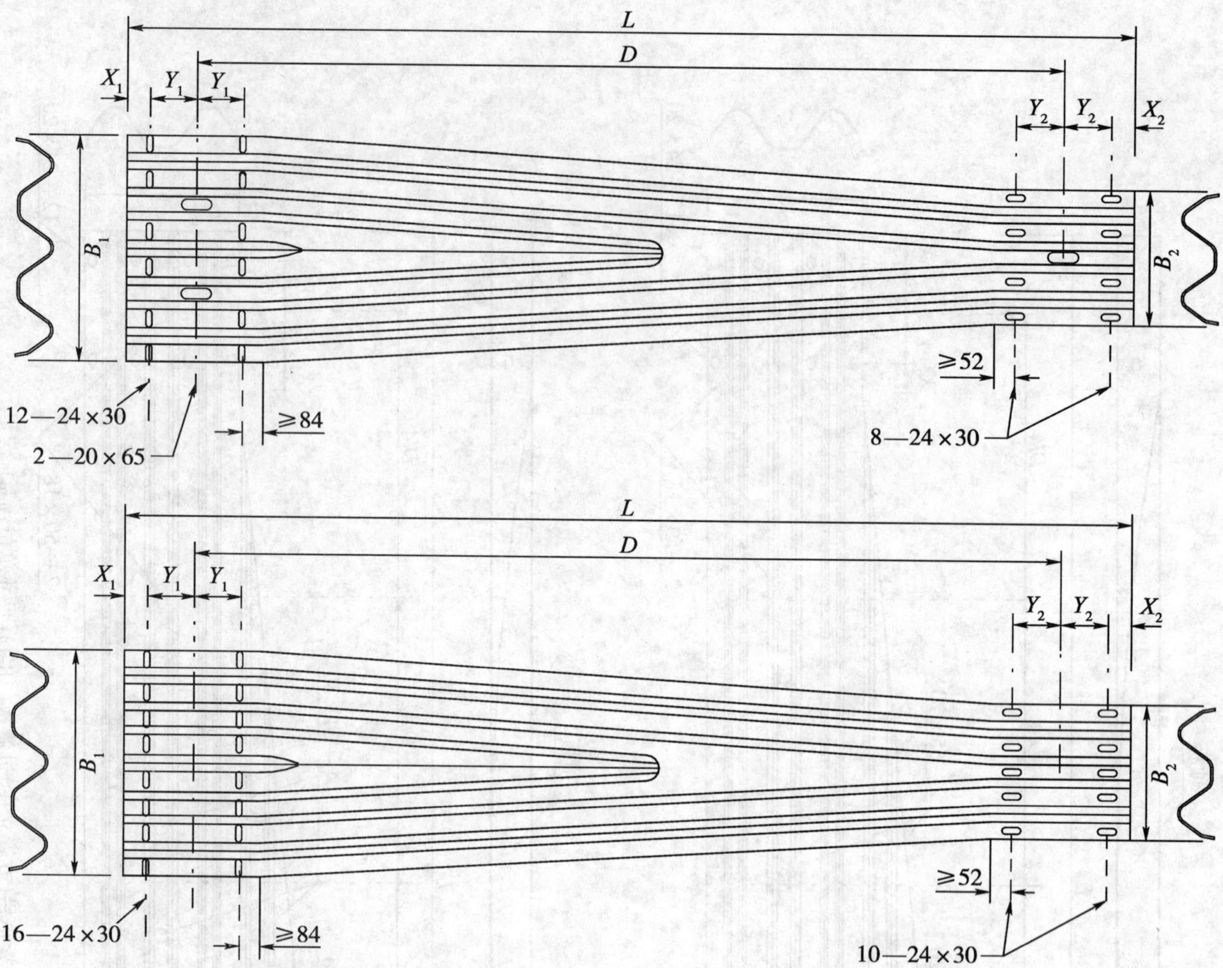

图 14 波形梁护栏与三波形梁护栏(H 型钢立柱)过渡板(TR-2)(尺寸单位:mm)

5 技术要求

5.1 材料要求

5.1.1 三波形梁板、立柱、防阻块、托架、端头、三波形梁垫板、过渡板等所用基底金属材质为碳素结构钢,力学性能及化学成分指标不应低于 GB/T 700 规定的 Q235 钢的要求。

5.1.2 连接螺栓、螺母、垫圈等所用基底金属材质为碳素结构钢,其机械性能等级应为 GB/T 3098.1 规定的 4.6 级,其抗拉强度不小于 400MPa,屈服强度不小于 240MPa。

5.1.3 高强度拼接螺栓连接副应选用优质碳素结构钢或合金结构钢制造,其化学成分及力学性能应符合 GB/T 1591 的规定,公称直径 16mm,8.8S 级抗拉荷载不小于 133kN。

5.2 加工要求

5.2.1 三波形梁板、三波形梁垫板一般宜采用连续辊压成形。

5.2.2 方管立柱、防阻块可采用高频焊接成形,如果采用其他方式加工,应有试验资料保证其强度。

5.2.3 三波形梁板上的螺孔,应定位准确,每一端部的所有拼接螺孔应一次冲孔完成。

5.2.4 钢护栏端头及过渡板应采用模压成形。

5.3 外观质量及防腐处理

5.3.1 三波形梁钢护栏的冷弯黑色构件表面不得有裂纹、气泡、折叠、夹杂和端面分层,允许有不大于公称厚度 10% 的轻微凹坑、凸起、压痕、擦伤。表面缺陷允许用修磨方法清理,其整形深度不大于公称厚度的 10%;切断面及安装孔不允许有卷沿、飞边和严重毛刺。

5.3.2 护栏的所有构件均应进行金属防腐处理，一般宜采用热浸镀锌或热浸镀铝方法。当采用涂塑的防腐方法时，其防腐层要求应符合 GB/T 18226 的相关规定。如果采用合金或其他材料做防腐层，应有可靠的技术数据和试验验证资料保证其防腐性能不低于本标准规定的热浸镀锌(铝)的相应要求。

5.3.3 热浸镀锌

5.3.3.1 热浸镀锌所用的锌应为 GB/T 470 规定的特一号、一号锌锭。

5.3.3.2 镀锌构件锌层重量应符合表 18 的要求。

表 18

单位：g/m^2

构件名称	平均锌层重量
护栏板、立柱、垫板、过渡板、端头	600
防阻块、紧固件、托架	350

5.3.3.3 外观质量

镀锌构件表面锌层应均匀完整、颜色一致，表面具有实用性光滑，不允许有流挂、滴瘤或多余结块。镀件表面应无漏镀、露铁等缺陷。有螺纹的构件在热浸镀锌后，应清理螺纹或作离心分离。

5.3.3.4 锌层均匀性

镀锌构件的锌层应均匀，试样经硫酸铜溶液浸蚀五次后，无金属铜的红色沉积物。

5.3.3.5 锌层附着性

镀锌构件的锌层应与基底金属结合牢固，经锤击试验后，锌层不剥离、不凸起。

5.3.3.6 锌层耐盐雾性

镀锌构件经 6.4.4 的试验后，基体钢材不应出现腐蚀现象，基体钢材在切割边缘出现的腐蚀不予考虑。

5.3.4 热浸镀铝

5.3.4.1 热浸镀铝所用的铝应为 GB/T 1196 规定的特一级、特二级、一级铝锭。

5.3.4.2 铝层重量应符合表 19 的要求

表 19

单位：g/m^2

构件名称	平均铝层重量
护栏板、立柱、垫板、过渡板、端头	120
防阻块、紧固件、托架	110

5.3.4.3 外观质量

镀铝构件表面铝层应连续，不允许存在明显影响外观质量的熔渣、色泽暗淡以及假浸、漏浸等缺陷。

5.3.4.4 铝层均匀性

镀铝构件的铝层应均匀，不允许有针孔，试样经 6.5.2 的试验后，无红褐色的氢氧化铁沉积物。

5.3.4.5 铝层附着性

锌铝构件的铝层应与基底金属结合牢固，经 6.5.3 试验后，铝层不剥离、不凸起，不得开裂或起层到用裸手指能够擦掉的程度。

5.3.4.6 铝层耐盐雾性

镀铝构件经 6.5.4 的试验后，基体钢材不应出现腐蚀现象，基体钢材在切割边缘出现的腐蚀不予考虑。

6 试验方法

6.1 基材的化学成分及机械性能

护栏供方应提供本批构件原材料生产厂出具的质量证明书。需方认为有必要时，有权要求对制造本批护栏构件的基底材料取样进行力学性能或(和)化学分析试验,试验方法按相关标准的规定执行。高强度拼接螺栓连接副的试验方法按 GB/T 1231 的有关规定执行。其他紧固件的试验方法按相关标准的规定执行。

6.2 外形尺寸

采用量具、样板按常规方法进行。

6.3 外观质量

目测及手感检查。

6.4 镀锌层

6.4.1 锌附着量试验采用氯化锑法,按 JT/T 281—2007 附录 A 进行,也可用镀层测厚仪直接测量锌层厚度,对试验结果发生争议时,以氯化锑法作为仲裁试验方法。

6.4.2 硫酸铜浸渍试验,按 JT/T 281—2007 附录 B 进行。

6.4.3 锌层附着性试验,按 JT/T 281—2007 附录 C 进行。

6.4.4 锌层耐中性盐雾试验,按 GB/T 10125 进行 200h。

6.5 镀铝层

6.5.1 铝层附着量试验,按 GB/T 18226—2000 附录 A 进行。

6.5.2 铝层有孔度试验,按 GB/T 18226—2000 附录 B 进行。

6.5.3 铝层附着性试验,按 GB/T 18226—2000 附录 C 进行弯曲试验;也可采用 JT/T 281—2007 的附录 C 的锤击试验装置,以 4mm 的间隔平行打击 11 点,打击点应离端部 10mm 以外,同一点不得打击两次;对试验结果发生争议时,以弯曲试验作为仲裁试验方法。

6.5.4 铝层耐中性盐雾试验,按 GB/T 10125 进行 200h。

7 检验规则

7.1 一般规定

护栏的质量由供方质检部门进行检验,产品经检验符合本标准的要求后并附有质量合格证方可交货。需方有权按本标准的规定进行抽检和验收。

7.2 组批规则

三波形梁板、立柱等应成批检查,每批应由同一基底材料、同一规格尺寸、同一表面处理的产品组成,每批的重量不得超过 100t。

7.3 检查和验收

护栏板、立柱、防阻块、连接副等部件的抽样、判定按 JT/T 495 规定进行。

8 标志、包装、运输和质量证明书

8.1 每片三波形梁板均应在其两端分别标明生产厂名(或厂标)、生产年月等标志,其位置在距端部 400mm 的三波形梁板横截面正中处。

8.2 三波形梁板、立柱等构件的包装和标志应符合 GB/T 2101 的规定。护栏不得散装交货,且应保证在吊装、运输、堆放过程中不使产品变形、损坏(伤)。

8.3 高强度拼接螺栓连接副的包装和标志应符合 GB/T 1231 的有关规定。其他紧固件的包装和标志应符合 GB/T 90 的有关规定。

8.4 护栏产品在运输过程中应固定牢靠,防止因颠簸碰撞损坏镀层或使构件变形。

8.5 产品出厂应附产品质量证明书,并提供本批钢材原材料生产厂的材质质保书。

产品质量证明书应包括如下内容:

a) 产品(构件)名称;

b) 产品(构件)规格;

c) 产品(构件)的材质及原生产厂厂名;

d) 本批数量;

e) 生产及检验日期;

f) 标准规定的各项试验结果及检验部门准许出厂的意见(盖章);

g) 生产厂厂名;

h) 执行标准。

附 录 A

（资料性附录）

H型钢立柱三波形梁钢护栏实车碰撞试验资料

A.1 H型钢立柱和BH I型防阻块的三波形梁钢护栏

A.1.1 护栏系统描述

板中距离路面550mm，路面下立柱打入深度1137mm，立柱间距1905mm。

A.1.2 试验结果

美国FHWA进行的三波形梁钢护栏(H型钢立柱和BH I型防阻块的)的有关碰撞试验归纳如下：按照NCHRP230的试验标准，作为路侧护栏，其碰撞试验见表A.1；作为中央带护栏，其碰撞试验见表A.2。

表A.1 路侧护栏试验汇总表

项　目	试验号			
	AS－45[a]	GR-2	GR13	4098-1
碰撞条件				
碰撞速度 (km/h)	90.8	95.4	95.8	89.5
碰撞角 (°)	25.2	15.4	22.6	13.5
车辆类型	4500S	1800S	1800S	20000P
车辆总质量 (kg)	1814	884	907	9081
结构性能				
A.引导平滑	是	是	是	翻滚
动态变形 (mm)	460	150	385	穿透
D.有无脱落	NR	无	无	有
评价	合格	合格	合格	不合格
乘员危险性				
E.车辆保持直立	是	是	是	否
F.乘员危险性				
横向碰撞速度 (m/s)	NA	6.2	5.7	NA
纵向碰撞速度 (m/s)	NA	NR	4.3	NA
横向减加速度 (g's)	NA	10.6	11.4	NA
纵向减加速度 (g's)	NA	NR	1.0	NA
评价	合格	临界	合格	不合格
车辆轨迹				
H.侵入行车道	NR	NR	NR	无
I.驶回条件				
驶回速度 (km/h)	NR	83.9	74.8	NR
驶回角 (°)	NR	4.0	2.2	NR
评价	NR	合格	合格	NR

注1：NR—试验报告中未列出；NA—不适用此试验。

注2：车辆类型：1800S—小轿车；40000P—大型城市间巴士；20000P—公共巴士；2000P—皮卡；2250S—小轿车；4500S—大型小轿车。

a 试验在NCHRP230发布前进行，因此NCHRP230要求的一些参数没有测。

表 A.2 中央带护栏试验汇总表

项　目	试验号	
	AS-1[a]	AS-3[a]
碰撞条件		
碰撞速度 (km/h)	106.0	87.0
碰撞角 (°)	26.8	16.8
车辆类型	4500S	2250S
车辆总质量 (kg)	2041	998
结构性能		
A.引导平滑	是	是
动态变形 (mm)	970	100
D.有无脱落	无	无
评价	合格	合格
乘员危险性		
E.车辆保持直立	是	是
F.乘员危险性		
横向碰撞速度 (m/s)	NA	NA
纵向碰撞速度 (m/s)	NA	NA
横向减加速度 (g's)	NA	NA
纵向减加速度 (g's)	NA	NA
评价	合格	合格
车辆轨迹		
H.侵入行车道	无	无
I.驶回条件		
驶回速度 (km/h)	NR	NR
驶回角 (°)	NR	NR
评价	合格	合格

a 试验在 NCHRP230 发布前进行,因此 NCHRP230 要求的一些参数没有测。

A.2 H 型钢立柱和 BH Ⅱ型防阻块的三波形梁钢护栏

A.2.1 护栏系统描述

板中距离路面 610mm,路面下立柱打入深度 1237mm,立柱间距 1905mm。

A.2.2 试验结果

美国 FHWA 进行的三波形梁钢护栏(H 型钢立柱和 BH Ⅱ型防阻块的)的有关碰撞试验归纳如下:按照 NCHRP230 的试验标准,作为路侧护栏,其碰撞试验见表 A.3;按照 NCHRP230 和 NCHRP350 的试验标准,作为中央带护栏,其碰撞试验见表 A.4;按照 NCHRP350 中 3 级试验水平,作为路侧护栏,其碰撞试验见表 A.5。

表 A.3 路侧护栏试验汇总表

项 目	试验号			
	4098-4	4098-5	4098-6	4098-3
碰撞条件				
碰撞速度 (km/h)	101	99.1	95.9	89.8
碰撞角 (°)	15	18	14	15
车辆类型	1800S	1800S	40000P	20000P
车辆总质量 (kg)	2276	2108	14515	9090
结构性能				
A.引导平滑	是	是	是	是
动态变形 (mm)	240	310	900	870
D.有无脱落	无	无	无	无
评价	合格	合格	合格	合格
乘员危险性				
E.车辆保持直立	是	是	是	是
F.乘员危险性				
横向碰撞速度 (m/s)	6.0	NR	NA	NA
纵向碰撞速度 (m/s)	3.2	NR	NA	NA
横向减加速度 (g's)	NR	NR	NA	NA
纵向减加速度 (g's)	NR	NR	NA	NA
评价	合格	合格	合格	合格
车辆轨迹				
H.侵入行车道	NR	NR	无	无
I.驶回条件				
驶回速度 (km/h)	89.0	79.8	NR	NR
驶回角 (°)	2.7	1.0	NR	NR
评价	合格	合格	NR	NR

表 A.4 中央带护栏试验汇总表

项 目	试验号	
	4798-12	1769-D-2-88
碰撞条件		
碰撞速度 (km/h)	95.9	82.1
碰撞角 (°)	14.5	15
车辆类型	40000P	单节货车
车辆总质量 (kg)	18146	8170

表 A.4（续上表）

项　　目	试验号	
	4798-12	1769-D-2-88
结构性能		
A.引导平滑	拼接处损坏	是
动态变形　(mm)	1400	700
D.有无脱落	无	无
评价	不合格	合格
乘员危险性		
E.车辆保持直立	否	是
F.乘员危险性		
横向碰撞速度　(m/s)	NA	NA
纵向碰撞速度　(m/s)	NA	NA
横向减加速度　(g's)	NA	NA
纵向减加速度　(g's)	NA	NA
评价	不合格	合格
车辆轨迹		
H.侵入行车道	无	无
I.驶回条件		
驶回速度(km/h)	NR	33.6
驶回角(°)	NR	1.0
评价	NR	合格

表 A.5　路侧护栏 NCHRP350 等级 3 试验汇总表

项　　目	试验号	
	4798-5	471470-30
碰撞条件		
碰撞速度　(km/h)	99.1	100.2
碰撞角　(°)	18.0	25.1
车辆类型	1800S	2000P
车辆总质量　(kg)	2108	2076
结构性能		
A.包容	是	是
车辆反应	平滑	绊阻
动态变形　(mm)	310	1020
评价	合格	合格
乘员危险性		
D.穿透乘客舱	否	否

表 A.5（续上表）

项目	试验号	
	4798-5	471470-30
F.车辆保持直立	是	是
H.乘员碰撞速度		
横向碰撞速度 (m/s)	NR	NA
纵向碰撞速度 (m/s)	NR	NA
I.乘员减加速度		
横向减加速度 (g's)	NR	NA
纵向减加速度 (g's)	NR	NA
评价	合格	合格
车辆轨迹		
K.侵入行车道	NR	轻微
L.纵向乘员危险		
碰撞速度 (km/h)	NA	7.8
减加速度 (g's)	NA	9.7
M.驶回角 (°)	1.0	11.1
评价	合格	合格

参考文献

[1] NCHRP Report 230. Recommended Procedures for the Safety Performance Evaluation of Highway Appurtenances.1981(公路设施安全性能评价的推荐程序)

[2] NCHRP Report 350. Recommended Procedures for the Safety Performance Evaluation of Highway Features. 1993(公路设施安全性能评价的推荐程序)

ICS 93.080.99
P66
备案号

JT

中华人民共和国交通行业标准

JT/T 493—2003

道路预成形标线带

Preformed pavement marking tape

2003-08-27 发布　　　　2003-12-01 实施

中华人民共和国交通部　发布

道路预成形标线带

1 范围

本标准规定了道路预成形标线带的技术要求、试验方法、检验规则、标志、包装、运输及贮存。

本标准适用于包括文字、符号等的各类道路交通标线所使用的预成形标线带，厂矿、港口、停车场等处使用的预成形标线带可参照使用。

2 规范性引用文件

下列文件中的条款通过本标准的引用而成为本标准的条款。凡是注日期的引用文件，其随后所有的修改单(不包括勘误的内容)或修订版均不适用于本标准，然而，鼓励根据本标准达成协议的各方研究是否可使用这些文件的最新版本。凡是不注日期的引用文件，其最新版本适用于本标准。

GB/T 1768 漆膜耐磨性测定法

GB 2828 逐批检查计数抽样程序及抽样表

GB/T 2918—1988 塑料试样状态调节和试验的标准环境

GB 2893—2001 安全色

3 术语和定义

下列术语和定义适用于本标准。

3.1 长效标线带 marking tape for extended service life

按照厂商推荐的工序铺设在每车道平均日交通总量不大于 15000 辆的路面上，使用寿命达到 12 个月以上的标线带。

3.2 临时标线带 marking tape for limited service life

按照厂商推荐的工序铺设在每车道平均日交通总量不大于 15000 辆的路面上，使用寿命达到三个月以上的标线带。

3.3 逆反射系数 R' coefficient of retroreflection

平面逆反射表面上的发光强度系数 R 与它的表面面积之比。

3.4 亮度因数 luminance factor

在相同照明和观测条件下，试样表面的亮度与标准漫反射白板的亮度之比。

3.5 表面花纹 surface pattern

一种突起高度在 0.8mm 以上，约占标线带总面积 50% 的表面突起花纹。

4 产品分类

4.1 长效标线带

4.1.1 长效标线带分为两种类型。

I 型长效标线带：标线带无预涂胶，使用时涂敷液态粘合剂。

II 型长效标线带：标线带预涂压敏胶，使用时预备或不预备粘接剂或底胶。

4.1.2 长效标线带根据其初始逆反射系数的大小分为 I 级反光和 II 级反光。

I 级反光：按照本标准规定的测试方法，初始逆反射系数满足表 2 中 I 级要求的标线带。

II 级反光：按照本标准规定的测试方法，初始逆反射系数满足表 2 中 II 级要求的标线带。

4.1.3　长效标线带的抗滑性能分为 A 级、B 级。

A 级抗滑：按照本标准规定的测试方法，抗滑值至少为 45BPN 的标线带。

B 级抗滑：按照本标准规定的测试方法，抗滑值至少为 55BPN 的标线带。

4.2　临时标线带

临时标线带分为两种类型。

Ⅰ型(可清除)：标线带材料使用期限超过预计的有限寿命之后，可以人工或使用机械手段，在 4℃以上从沥青或水泥混凝土路面上整块或以大于 60cm 的碎片除去。不允许使用加热、溶解、击碎或炸开等破坏性手段对路面留下痕迹。

Ⅱ型(不可清除)：标线带材料不必具备可清除的特性。

5　技术要求

5.1　物理性能

5.1.1　标线带应柔韧、易成型。

5.1.2　标线带应清洁、无裂纹，边界清晰、顺直、无破损。

5.1.3　标线带厚度一般为0.3mm～2.5mm。

5.1.4　标线带应按照厂商推荐的工序，在使用温度至 10℃之间粘贴在沥青混凝土路面或水泥混凝土路面上。

5.2　色度性能

按 6.2 规定的测试方法，试样颜色的色品坐标和亮度因数应遵照 GB 2893—2001 中 5.1 的规定，符合表 1 和图 1 的要求。

表 1　色品坐标和亮度因数

颜色		色品坐标								亮度因数
		x	y	x	y	x	y	x	y	
表面色	白	0.350	0.360	0.300	0.310	0.290	0.320	0.340	0.370	≥0.75
	黄	0.519	0.480	0.468	0.442	0.427	0.483	0.465	0.534	≥0.45
逆反射材料色	白	0.350	0.360	0.300	0.310	0.290	0.320	0.340	0.370	≥0.35
	黄	0.545	0.454	0.487	0.423	0.427	0.483	0.465	0.534	≥0.27
注：标准照明体 D65，观测条件为 45/0，视场角为 2°。										

5.3　逆反射性能

标线带的逆反射色分白色和黄色，在夜间用车灯照射应容易识别。按 6.3 规定的方法测试后，具有逆反射性能的标线带干态的初始逆反射系数值应达到表 2 要求。

表 2　标线带干态的逆反射系数值

标线带类型		观测角/入射角	逆反射系数值，$mcd \cdot lx^{-1} \cdot m^{-2}$	
			白	黄
临时	Ⅰ型	1.05°/88.76°	500	300
	Ⅱ型	1.05°/88.76°	500	300
长效	Ⅰ级反光	1.05°/88.76°	500	300
	Ⅱ级反光	1.05°/88.76°	250	175

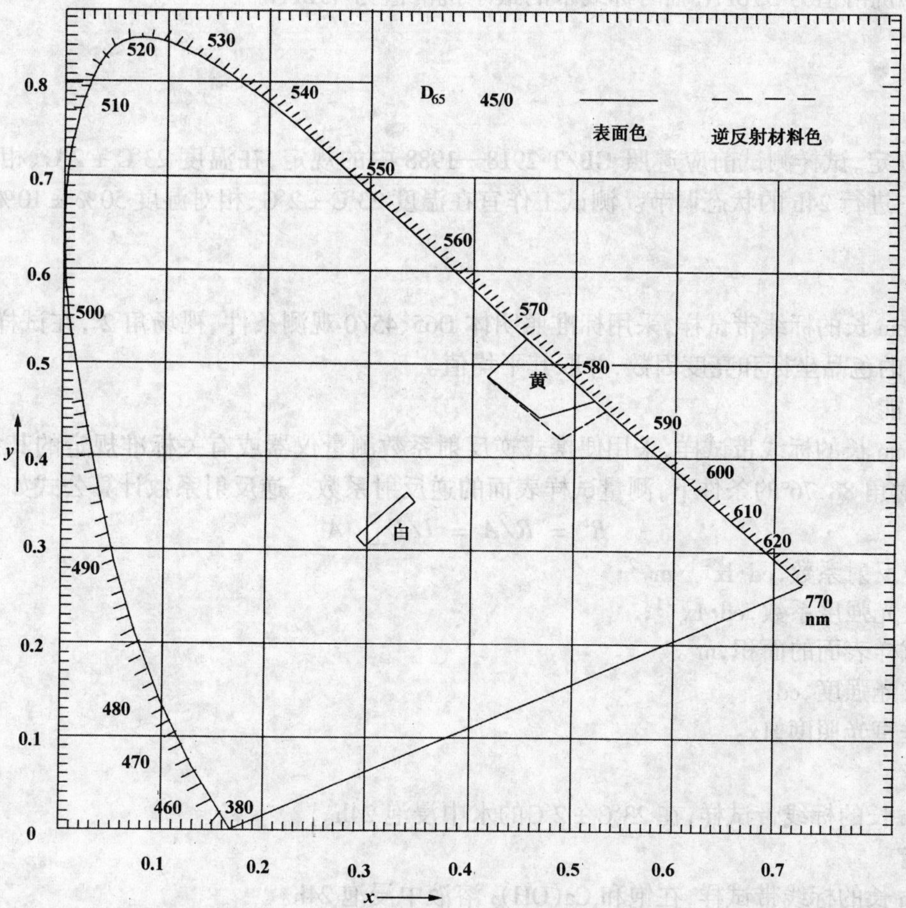

图 1　颜色范围图

5.4　耐水性能

按 6.4 规定的测试方法，试样在水中浸泡 24h 后，应无明显的褪色、起皮、收缩、开裂等异常现象。

5.5　耐碱性能

按 6.5 规定的测试方法，试样在饱和 $Ca(OH)_2$ 溶液中浸泡 24h 后，应无明显的褪色、起皮、收缩、开裂等异常现象。

5.6　耐磨性能

标线带在正常的使用寿命期间，应无明显的褪色、起皮或收缩。按 6.6 规定的方法测试后，试样在 1000g 载荷、200 转后的耐磨性（200 转/1000g 后减重）不大于 60mg。临时标线带 I 型在试验 2000 转每 1000g 后、II 型在试验 1000 转每 1000g 后不应穿透。长效标线带使用 24 个月后，在入射角 88.76°、观测角 1.05°的条件下进行测量，其平均逆反射系数值应不小于 $100mcd \cdot lx^{-1} \cdot m^{-2}$。

5.7　粘接性能

裁取宽度 25mm 的试样，按 6.7 方法进行测试，其最小粘接值见表 3。

表 3　粘 接 性 能

使用温度，℃	测试温度，℃	最小粘接力，N	使用温度，℃	测试温度，℃	最小粘接力，N
10	10	4.88	46	46	4.88
24	24	4.88			

5.8　抗滑性能

按 6.8 规定的方法测试后，长效标线带 A 级抗滑的最小抗滑值为 45BPN（British Pendulum Number），

B 级抗滑的最小抗滑值为 55BPN;临时标线带的最小抗滑值为 45BPN。

6 试验方法

6.1 测试条件

除非另有规定,试样测试前应遵照 GB/T 2918—1988 中的规定,在温度 23℃ ± 2℃、相对湿度 50% ± 10%的环境中进行 24h 的状态调节。测试工作宜在温度 23℃ ± 2℃、相对湿度 50% ± 10%的环境中进行。

6.2 色度性能

裁取 1000mm 长的标线带试样,采用标准照明体 D65、45/0 观测条件、视场角 2°,在试样表面任取三点,测量标线带的色品坐标和亮度因数,并取其平均值。

6.3 逆反射性能

裁取 1000mm 长的标线带试样,采用便携式逆反射系数测量仪器或有关标准规定的其它方法,在观测角 1.05°、入射角 88.76°的条件下,测量试样表面的逆反射系数。逆反射系数计算公式如下:

$$R' = R/A = I/E_{\perp} \cdot A$$

式中:R'——逆反射系数,$cd \cdot lx^{-1} \cdot m^{-2}$;

R——发光强度系数,$cd \cdot lx^{-1}$;

A——试样表面的面积,m^2。

I——发光强度,cd;

$E_{\perp}$——垂直光照度,lx。

6.4 耐水性能

裁取 25mm 长的标线带试样,在 23℃ ± 2℃的水中浸泡 24h。

6.5 耐碱性能

裁取 25mm 长的标线带试样,在饱和 $Ca(OH)_2$ 溶液中浸泡 24h。

6.6 耐磨性能

按 GB/T 1768 规定的方法进行试验。

6.7 粘接性能

按附录 A 进行试验。

6.8 抗滑性能

按附录 B 进行试验。

7 检验规则

7.1 出厂检验

产品出厂前,应按 GB 2828 的规定随机抽样,对本标准要求的有关性能进行自检,合格者附合格证才可出厂。

7.2 型式检验

有下列情况发生时,须按本标准要求,对产品的全项性能进行型式检验:

a)老产品转厂生产时;

b)停产一年或一年以上的产品再生产时;

c)正常生产的产品经历两年生产时;

d)产品结构、材料、工艺有较大改变时;

e)国家授权的质量监督部门提出质量抽查或复查时。

8 标志、包装、运输和贮存

8.1 标线带应有清晰、耐久的产品标志,内容包括:

a)生产厂商的名称、商标或其他有关信息；

b)应用的标准号，如 JT/T×××－××××；

c)标线带的类别、生产日期及批号等。

8.2 标线带应整卷包装，每 50m 长度内其接头数不应超过三个。

8.3 标线带应按照可接受的商业标准包装。

8.4 标线带宜在10℃～38℃的环境下贮存。

附 录 A
(规范性附录)
粘接性能试验方法

A.1 试验装置

A.1.1 试验机

恒定拉伸速率、示值误差在±1%范围内的拉力试验机。其上下两个夹具中心位于同一平面,该平面平行于受力夹具的移动方向,保持样品完全在同一平面。

A.1.2 测试板

尺寸为50mm×125mm×1.5mm的平面不锈钢钢板,表面平整。

A.1.3 表面覆盖橡胶的钢质滚轮

钢质滚轮直径为80mm±2.5mm,宽度为45mm±1mm,表面覆盖厚约6mm、硬度为80±5邵氏A的橡胶。滚轴重量为2000g±50g。使用时手柄重量不加到滚轮上。

A.2 测试样品

A.2.1 试样长250mm、宽25mm,从整卷中裁取。保持粘接面洁净,操作者的手指或其他外部物品不准接触测试样品表面。

A.2.2 每卷准备三个测试样品。

A.3 测试步骤

A.3.1 准备测试板,用蘸有可利于除掉粘接残余物的溶剂纱布彻底擦洗。每次擦拭完毕将纱布丢弃。溶剂挥发后,用干纱布将其痕迹擦去。

注:对于仲裁试验,使用新的干净钢板。

A.3.2 从卷中裁取样品,让它自然放置2min以上。将样品粘接面朝下贴到钢板的光亮面。样品的125mm伸出钢板的一端。

A.3.3 对于宽度小于25mm的样品,从同一卷中另外剪下一条,靠近测试样品平行粘贴,以保证总的宽度为25mm。不另外施加压力,使滚轴在样品背面沿长度方向每次以大约300mm/min的速度通过。样品粘在钢板上20min后,以180°双折测试样品自由端,并由打折端部从板上剥去25mm。用拉力机样品夹下部夹住钢板突出部位,用样品夹上部夹住样品自由端。样品夹移动速度为300mm/min。样品从钢板剥离25mm之后,以约13mm间隔读取接下来大约50mm的粘接值。样品从钢板剥离的最后25mm不要读取数值。

注:为加速试验,除仲裁试验之外,样品粘贴到钢板之后可立即测试。这样得出的数值略微偏低,离散较大。

附 录 B
（规范性附录）
抗滑性能试验方法

B.1 仪器

B.1.1 摆式仪

带有滑块的摆锤重1500g + 30g。振荡中心到摆锤重心的距离为411mm ± 5mm。仪器可上下调节，以保证测试时滑块在平整表面的碰撞路径为125mm ± 1.6mm。

B.1.2 滑块

B.1.2.1 滑块由铝质支撑盘和固定在其上的橡胶条组成。橡胶条尺寸为6mm × 25mm × 76mm。橡胶为天然橡胶或人工合成橡胶。

B.1.2.2 新滑块使用前应使用60号砂纸在干燥状态摆动10次。摆动前应做测试校准。

B.1.2.3 滑块边缘的撞击磨损水平方向不应超过3.2mm，垂直方向不应超过1.6mm。

B.1.3 附件

B.1.3.1 接触路径度量工具由一薄板尺组成，根据测试需要测量路径长度在124mm～127mm之间。

B.1.3.2 准备盛水容器、表面温度计、刷子等器具备用。

B.2 测试样品

B.2.1 测试表面应清洁、无松散颗粒并固定牢固，受摆锤冲击时不致移动。

B.2.2 测试面积至少为90mm × 150mm。

B.3 仪器准备

B.3.1 水平调整

仔细调整调平旋钮，直到水准仪的气泡位于中心。

B.3.2 零点调整

松开锁定旋钮，升高摆锤装置，拧动测试仪器中心部位的一对移动旋钮，使滑块离开测试表面摆动。拧紧锁定旋钮。将摆锤置于自由状态，逆时针旋转拖动指针直到指针靠近摆锤臂调节旋钮。释放摆捶并记录指针读值。如果读值非零，松开锁定环，轻轻旋转支撑轴上的摩擦环然后再锁定。重复试验并调整摩擦环直到摆锤摆动指针值为零。

B.3.3 滑动长度调整

B.3.3.1 摆锤悬空，将调整架放在提升手柄的旋钮之下。放低摆锤使滑块边缘正好接触测试表面。锁紧摆锤头，提升手柄，移去调整架。

B.3.3.2 用提升手柄升高滑块，将摆锤移动到稍低于滑块，使摆锤缓慢移动直到滑块边缘接触测试表面。将标尺与摆动方向平行放在滑块边，以调整碰撞路径的滑动长度。用提升手柄升高滑块，将摆锤移开，然后缓慢降低直到滑块边缘再次接触表面。如果滑动长度测试不在124mm～127mm之间，通过调整调平旋钮升降仪器，再次测量橡胶滑块边缘从轨迹一边到另一边的长度。如有必要，重新调整仪器使其水平。将摆锤放置到自然状态，逆时针旋转拖动指针，直到指针靠在摆锤调整旋钮上。

B.4 测试步骤

B.4.1 用水将测试表面整个浇一遍，进行一次摆动，但不记录数据。

注：摆锤摆动返回早期应一直抓住摆锤，用手柄升高滑块以阻止滑块和测试表面的碰撞。每次摆动之前指针应返回直到靠住调节旋钮。

B.4.2 立刻再进行四次摆动，记录测试结果。每次测试重新浇湿测试面，并检查滑动长度。

注1：注意滑动期间保持滑块与测试表面平行。

注2：带有表面花纹的标线带，其抗滑值的测试结果离散较大。该类标线带应在平行于车流方向和与车流成45°的方向分别测试抗滑值，然后取其平均值。

ICS 93.080.99
P 66
备案号：

JT

中华人民共和国交通行业标准

JT/T 495—2004

公路交通安全设施质量检验抽样及判定

Sampling method and Judgement for highway safety appurtenances quality audit

2004-03-17 发布 2004-06-01 实施

中华人民共和国交通部 发布

公路交通安全设施质量检验抽样及判定

1 范围

本标准规定了公路交通安全设施质量检验中的常用名词术语、抽样原则、检验分类、抽样检验程序和批质量的判定、不合格品和不合格批的处置方法等内容。

本标准适用于公路波形梁钢护栏、交通标志板、交通标志反光膜、路面标线涂料、路面标线用玻璃珠、预成型标线带、突起路标、轮廓标、防眩板、隔离栅等安全设施产品及构件的验收检验和监督抽查检验,企业自检可参照使用。

2 规范性引用文件

下列文件中的条款通过在本标准的引用而成为本标准的条款。凡是注日期的引用文件,其随后所有的修改单(不包括勘误的内容)或修订版均不适用于本标准。然而,鼓励根据本标准达成协议的各方研究是否可使用这些文件的最新版本。凡是不注日期的引用文件,其最新版本适用于本标准。

GB/T 2828—2003 计数抽样检验程序 第一部分:按接收质量限(AQL)检索的逐批检验抽样计划
GB/T 3186 涂料产品的取样
GB 5768—1999 道路交通标志和标线
GB/T 10111 利用随机数骰子进行随机抽样的方法
GB/T 14437—1997 产品质量监督计数一次抽样检验程序及抽样方案
GB/T 15239 孤立批计数抽样检验程序及抽样表
GB/T 15482—1995 产品质量监督小总体计数一次抽样检验程序及抽样表
GB/T 18226 高速公路交通工程钢构件防腐技术条件
GB/T 18833 公路交通标志反光膜
JT/T 279 公路交通标志板技术条件
JT/T 280 路面标线涂料
JT/T 281 高速公路波形梁钢护栏
JT/T 374 隔离栅技术条件
JT/T 388 轮廓标技术条件
JT/T 390 突起路标
JT/T 446 路面标线用玻璃珠
JT/T 457 公路三波形梁钢护栏
JT/T 493—2003 道路预成形标线带

3 术语、定义和符号

下列术语、定义和符号适用于本标准。

3.1 单位产品 Item

可独立描述和考察的事物。如单件产品,一个部件,一组产品,一定体积、重量的产品,一套螺栓等。

3.2 批 Lot

汇集在一起的一定数量的某种产品、材料、服务。

3.3 连续批 Continuing lot

待检批可利用最近已检批所提供的质量信息的连续提交检验批。

3.4 批量 Lot size

N

批中产品的数量。

3.5 样本 Sample

取自一个批并且提供有关该批的信息的一个或一组产品。

3.6 样本量 Sample size

n

样本中产品的数量。

3.7 不合格 Nonconformity

不满足规范的要求。

3.8 不合格品 Nonconforming item

具有一个或一个以上的不合格的产品。

3.9 (总体或批)不合格品百分数 Percent nonconforming(in a population or lot)

批中所有不合格品总数除以批量,再乘以100,即:

$$不合格品百分数 = \frac{批(总体)中不合格品数}{批量(总体量)} \times 100$$

3.10 (总体或批)每百单位产品不合格数 Nonconformities per 100 items(in a population or lot)

总体或批中的不合格数除以总体量或批量,再乘以100,即:

$$每百单位产品不合格数 = \frac{批(总体)中不合格数}{批量(总体量)} \times 100$$

注:一个不合格产品可有多项不合格,因此每百单位产品不合格数可能大于100。

3.11 过程平均 Process average

$\bar{p}$

一系列初次提交检验批的平均质量(用每百单位产品不合格品数或不合格数表示)。

3.12 接收质量限 Acceptance quality limit

AQL

当一个连续系列批被提交验收抽样时,可允许的最差过程平均质量水平。

3.13 检验 Inspection

为确定产品或服务的各特性是否合格,测定、检查、试验或度量产品或服务的一种或多种特性,并且与规定要求进行比较的活动。

3.14 计数检验 Inspection by attributes

关于规定的一个或一组要求,或者仅将单位产品划分为合格或不合格,或者仅计算单位产品中不合格数的检验。

3.15 合格判定数(接收数) Acceptance number

Ac

作出批合格判断时样本中所允许的最大不合格品数或不合格数。

3.16 不合格判定数(拒收数) Rejection number

Re

作出批不合格判断时样本中所不允许的最小不合格品数或不合格数。

注:一般来说,对于一次抽样方案,Re = Ac + 1。例如合格判定数为1即允许有一个不合格,则不合格判定数为2,即

不允许有2个不合格。

3.17 判定数组 Estimating array

合格判定数和不合格判定数或者合格判定数系列和不合格判定数系列结合在一起,称为判定数组。

3.18 抽样方案 Sampling plan

所使用的样本量和有关批接受准则的组合,称为抽样方案。

注:根据批量大小、接收质量限检验严格程度等因素决定出样本大小和判定数组,有了这两个参数就可以对给定的批进行抽样和判定。

3.19 抽样程序 Sampling procedure

使用抽样方案判断批接收与否的过程。

3.20 一次抽样方案 Single sampling plan

由样本大小 n 和判定数组(Ac、Re)结合在一起组成的抽样方案。

3.21 正常检验 Normal inspection

当过程平均优于接受质量限时抽样方案的一种使用方法。此时抽样方案具有为保证生产方以高概率接收而设计的接收准则。

3.22 检验水平 Inspection level

IL

提交检验批的批量与样本大小之间的等级对应关系称为检验水平,有时也称监督水平。

3.23 样本大小字码 Code of sample size

根据提交检验批的批量与检验水平确定的样本大小字母代码。

3.24 批合格概率 Probability of acceptance

Pa

对一个过程平均质量水平(不合格品百分数或每百单位产品不合格数)已知的批,按给定抽样方案判该批为合格批的可能性大小,称为批合格概率,有时也称批接收概率。

3.25 孤立批 Lot in isolation

脱离已生产或汇集的批系列,不属于当前检验批系列的批。

3.26 极限质量 Limiting quality

LQ

对于孤立批,为进行抽样检验,限制在某一低的接收概率的过程平均质量水平。

注:实际上,极限质量也是一种不合格品率。

3.27 监督质量水平 Audit quality level

D_0(或 p_0)

监督总体中允许的不合格品数或不合格品率的上限值。当监督总体量较小时用不合格品数表征监督质量水平,用符号 D_0;当监督总体量较大时用不合格品率表征监督质量水平,用符号 p_0。

3.28 监督检验等级 Audit inspection level

监督抽样检验中样本量与检验功效之间的对应关系,称为监督检验等级。

注:监督检验等级代表了监督检验的严格程度,分第一监督检验等级和第二监督检验等级。样本量越大,检验的功效越高。对于涉及人身安全的产品,监督抽样检验时,应选用功效高的监督检验等级。

3.29 错判风险 Type error probability

a

将实际上符合规定质量要求的监督总体判为不可通过的概率。

3.30 特殊样本数 Special sample size

本标准特指对破坏性或检测时间较长的检验项目而规定的样本大小。

注:特殊样本,一般从按抽样方案已经抽出的样本中再次随机抽取。

3.31 特殊合格判定数 Special acceptance number

As

本标准特指重要的质量特性和特殊样本规定的质量特性的合格判定数。

3.32 试样 A portion of sample

本标准特指为了满足检验要求,从样品上(中)裁下或取出的样块或部分样品。

4 一般规定

4.1 抽样原则

抽样时应遵循科学、经济的原则。抽出的样本质量特性应能代表检验批的质量。通过对样本的检验做出检验批是否可以被接收的结论,使错判和漏判的概率都达到最小。用最少的费用、时间和人力做出科学的判定,具有可操作性。

4.2 抽样检验的分类

按照检验目的和检验实施主体将公路交通安全设施抽样检验分为工厂验收检验(简称工厂验收)、工地抽查验收检验(简称工地抽验)、国家或行业组织的监督抽查检验(简称监督抽查)三种。

工厂验收一般由订货方在产品生产地组织实施,工地抽验一般由监理方在产品到达工地后、安装前组织实施,监督抽查由国家或交通建设主管部门组织有资质的质量监督检测机构在产品生产工厂、流通领域、工地安装现场以及安装后的工程上进行。

4.3 三种检验的相互关系

工厂验收在供货方检验合格的批中抽样,工地抽验在工厂验收合格的批中抽样,监督抽查可在任何时间、地点对产品进行抽样。

4.4 检验中缺陷(不合格)的分类与处置

4.4.1 分类

公路交通安全设施有缺陷的产品分为A、B、C三类。

A类:主要质量特性不符合产品技术标准要求;

B类:外观有较明显缺陷,其他质量特性符合产品技术标准的要求;

C类:外观有轻微缺陷,其他质量特性符合产品技术标准的要求。

4.4.2 对于从不合格批中剔出来的有缺陷的产品的处置

对于A类缺陷品,应无条件拒收;

对于B类缺陷品,经订货方同意后,可以修复的应予以降价、降级使用;

对于C类缺陷品,经订货方同意后,可以修复的一般予以接收。

注:产品标准或合同中允许的缺陷不在上述三类缺陷之内。

4.4.3 不合格批的处置

在工厂验收时出现不合格批,应予拒收。经订货方同意,供货方可以对该不合格批进行100%的检验,剔除所有缺陷品后重新组批提交检验。

在工地抽验时出现不合格批,供货方需对不合格批进行100%检验,剔除所有缺陷品后方可使用。考虑经济和工期等因素,经业主和监理工程师同意,对剔除的B类和C类缺陷品应修复后降级使用,对A类缺陷品不得使用并应当场销毁。

在监督抽查中没有通过的批,由监督部门按照国家监督抽查有关规定处置。

4.5 抽样标准的选用

4.5.1 在工厂验收时,采用GB/T 2828—2003,并规定AQL=1.0。

4.5.2 在工地抽验时,采用GB/T 2828—2003,并规定AQL=4.0。

4.5.3 在验收检验中,当供货方不能提供批的质量信息时,应作孤立批处理,按GB/T 15239的规定执行。

4.5.4 对路面标线涂料和玻璃珠等散粒料或液体进行检验时,按GB/T 3186的规定执行。

4.5.5 监督抽查时

当批量≤250时,用 GB/T 15482—1995;

当批量>250时,用 GB/T 14437。

4.5.6 批的形成与批量大小

通常每个检验批应由同型号、同等级、同种类(尺寸、特性、成分等),且生产工艺、条件和时间基本相同的单位产品组成。批量的大小与施工标段、施工企业及供货单位有关,划分批量应充分考虑上述因素,不同供货单位的产品不能组成同一个批次。

4.5.7 质量特性(检验项目)

质量特性应与产品技术标准一致,本标准涉及的公路交通安全设施质量特性应不少于附录 A 规定的项目,订货方可以附加其他技术要求。

5 抽样检验程序

5.1 采用 GB/T 2828—2003

5.1.1 一般程序

一般程序包括以下方面:

——确定单位产品的质量特性;

——确定接收质量限;

——确定检验水平;

——规定检验严格程度;

——按 4.5.6 组成批并提交;

——确定抽样方案;

——抽取样本;

——检验样本;

——判断批质量是否合格;

——批检验后的处置。

5.1.2 实施细则

5.1.2.1 接收质量限 AQL(指百单位产品的不合格品数)

工厂验收时 AQL≤1.0;

工地抽验时 AQL≤4.0;

5.1.2.2 检验水平:一般检验水平 II。

5.1.2.3 严格程度:本标准直接采用正常检验。

5.1.2.4 抽样方案:按一次抽样方案。

5.1.2.5 样本数与合格判定数组

特殊样本数和特殊合格判定数按附录 A 的规定执行,其他检验项目根据接收质量限和其他相关信息,查 GB/T 2828—2003 的有关表格,得到样本数及合格判定数组,常用数据如表 1 所示。

表 1 一次抽样、一般检验水平 II、正常检验时的样本数及判定数组表

批 量	AQL=1.0		AQL=4.0	
	样本数	判定数组[Ac,Re]	样本数	判定数组[Ac,Re]
1~8	2	[0,1]	2	[0,1]
9~15	3	[0,1]	3	[0,1]

表 1(续)

批 量	AQL = 1.0		AQL = 4.0	
	样本数	判定数组[Ac,Re]	样本数	判定数组[Ac,Re]
16 ~ 25	5	[0,1]	5	[0,1]
26 ~ 50	8	[0,1]	8	[1,2]
51 ~ 90	13	[0,1]	13	[1,2]
91 ~ 150	20	[0,1]	20	[2,3]
151 ~ 280	32	[1,2]	32	[3,4]
281 ~ 500	50	[1,2]	50	[5,6]
501 ~ 1200	80	[2,3]	80	[7,8]
1201 ~ 3200	125	[3,4]	125	[10,11]
3201 ~ 10000	200	[5,6]	200	[14,15]
10001 ~ 35000	315	[7,8]	315	[21,22]

5.1.2.6　抽取样本

用 GB/T 10111 规定的方法在待检批中进行简单随机抽样,也可视情况采用其他随机抽样方法。

5.1.2.7　检验样本

对抽出的样本按附录 A 规定的检验项目,按相应产品技术标准中的检验方法及样品是否合格的判别准则,逐一检验样本中每一个样品,统计出被检样本中的不合格品数 A。

5.1.2.8　判断受检批是否合格

当 5.1.2.7 中的不合格品数 $A \leqslant Ac$,并且相关不合格数不大于附录 A 中特殊合格判定数 As 时,则判该批为合格批;否则,为不合格批。

5.2　采用 GB/T 15239

5.2.1　一般程序

一般程序包括以下方面:

——确定单位产品的质量特性;

——确定极限质量水平;

——确定检验水平;

——按 4.5.6 组成批并提交;

——确定抽样方案;

——抽取样本;

——检验样本;

——判断批质量是否合格;

——批检验后的处置。

5.2.2　实施细则

5.2.2.1　极限质量水平 LQ

工厂验收时 LQ = 2;

工地抽验时 LQ = 5。

5.2.2.2　检验水平:一般检验水平 III。

5.2.2.3　抽样方案：一次抽样方案。

5.2.2.4　样本数 n 和合格判定数组[Ac,Re]

当 LQ＝2 时，判定数组按表 2 规定取。

表 2　孤立批 LQ＝2 时的抽样方案表

批量 N	样本数 n	判定数组[Ac,Re]
201～3200	200	[1,2]
3201～10000	315	[3,4]
10001～35000	500	[5,6]
注：当 $N \leqslant 200$ 时的批，全部检验		

当 LQ＝5 时，判定数组按表 3 规定取。

表 3　孤立批 LQ＝5 时的抽样方案表

批量 N	样本数 n	判定数组[Ac,Re]
81～500	80	[1,2]
501～1200	125	[3,4]
1201～3200	200	[5,6]
＞3200	315	[10,11]
注：当 $N \leqslant 81$ 时的批，全部检验		

5.2.2.5　抽取样本

抽取样本的方法同 5.1.2.6。

5.2.2.6　检验样本

同 5.1.2.7。

5.2.2.7　判断受检批是否合格

当不合格品数 $A \leqslant$ Ac，并且相关不合格数不大于附录 A 中特殊合格判定数 As 时，则判该孤立批为合格批；否则，为不合格批。

5.3　采用 GB/T 15482—1995

5.3.1　监督抽查的一般程序

一般程序包括以下方面：

——确定监督总体；

——确定单位产品的质量特性；

——确定监督质量水平；

——确定监督检验等级；

——确定抽样方案；

——抽取样本；

——检验样本；

——判断监督总体是否通过；

——监督检验后的处置。

5.3.2　实施细则

5.3.2.1　确定监督总体

根据监督的需要确定监督总体。监督总体中的产品可以是同厂家、同型号、同一生产周期生产的产品，也可是不同厂家、不同生产周期生产的同类产品。

5.3.2.2　监督质量水平 D_0

工厂监督抽查时 $D_0=2.0$,即用监督总体中的不合格品数是否超过了两个的抽样方案;

工地监督抽查时 $D_0=5.0$,即用监督总体中的不合格品数是否超过了五个的抽样方案。

5.3.2.3 检验等级

选用第二监督检验等级,即不合格判定数 Re = 2。

注:在 GB/T 15482—1995 中不合格判定数用 r 表示。

5.3.2.4 样本数

特殊样本数和特殊合格判定数按附录 A 的规定执行,其他性能指标的样本根据批量大小和监督质量水平 D_0 查表 4 可得出样本数 n。

表 4 第二监督检验等级抽样方案表

批量 N		10	15	20	25	30	35	40	45	50	60	70	80	90	100
样本数 n	$D_0=2$	3	4	5	6	7	8	9	10	11	14	16	18	19	21
	$D_0=5$	2	2	2	2	3	3	3	4	4	5	6	6	7	8

批量 N		110	120	130	140	150	170	190	210	230	250
样本数 n	$D_0=2$	25	25	30	30	35	35	40	45	50	60
	$D_0=5$	9	10	10	11	12	13	15	16	18	19

5.3.2.5 抽取样本

用 GB/T 10111 规定的方法在整个监督总体中进行简单随机抽样,也可视情况采用其他随机抽样方法。

5.3.2.6 检验样本

对本标准附录 A 规定的检验项目,按相关的产品技术标准中规定的检验方法及样品是否合格的判别准则,逐一检验样本中的每一个样品,统计出被检样本中的不合格品数 A。

注:在 GB/T 15482—1995 中,样本中的不合格品数用 d 表示。

5.3.2.7 判断受检批是否通过监督抽查

当 5.3.2.6 中的不合格品数 A 小于 5.3.2.3 中规定的不合格判定数 Re,并且相关不合格数不大于附录 A 中特殊合格判定数 As 时,则判该监督总体为通过监督抽查,当 $A \geqslant$ Re 时则判该监督总体为不通过。

5.4 采用 GB/T 14437—1997

5.4.1 监督抽查的一般程序

一般程序包括以下几个方面:

——确定监督总体;

——确定单位产品的质量特性;

——确定监督质量水平,即监督批中允许的不合格品数;

——确定错判风险;

——确定抽样方案;

——抽取样本;

——检验样本;

——判断监督总体是否通过;

——监督检验后的处置。

5.4.2 实施细则

5.4.2.1 确定监督总体

根据监督的需要确定监督总体。样本应在监督总体中随机抽取，总体量一般大于250，且总体量与样本量之比大于10。

5.4.2.2 监督质量水平 p_0

在工厂监督抽查时 $p_0=1\%$；

在工地监督抽查时 $p_0=5\%$。

5.4.2.3 错判风险 α

取 α 为0.05。

5.4.2.4 样本数 n 与不合格判定数 Re

样本数 n 按批量的1.0%取，当 n 取值为非整数时，进位到整数。

当样本数 $n\leqslant 50$ 时，按表5取 Re 值

表5 不合格判定数 Re

样本数	n	3~10	11~31	32~44	45~48	49~50
不合格判定数	$p_0=1\%$	1	2	2	2	3
	$p_0=5\%$	2	4	5	6	6

当 $n>50$ 时，按公式(1)试算不合格判定数 Re。

$$2\left(\sqrt{(1-p_0)\mathrm{Re}}-\sqrt{(n-\mathrm{Re}+1)p_0}\right)=1.64 \tag{1}$$

当 Re 的值使上式左边的值最接近1.64时此值即作为不合格判定数。

注：在 GB/T 14437—1997 中不合格判定数用 r 表示。

5.4.2.5 抽取样本

用 GB/T 10111 规定的方法在整个监督总体中进行简单随机抽样，也可视情况采用其他随机抽样方法。

5.4.2.6 检验样本

对附录A规定的检验项目，按相关的产品技术标准中规定的检验方法及样品是否合格的判别准则，逐一检验样本中的每一个样品，统计出被检样本中的不合格品数 A。

注：在 GB/T 14437—1997 中，样本中的不合格品数用 d 表示。

5.4.2.7 判断监督总体是否可通过监督抽查

当5.4.2.6中的不合格品数 A 小于5.4.2.3中规定的不合格判定数 Re，并且相关不合格数不大于附录A中特殊合格判定数 As 时，则判该监督总体通过监督抽查，当 $A\geqslant\mathrm{Re}$ 时则判该监督总体没有通过监督抽查。

附 录 A
(规范性附录)

质量特性、特殊样本数和特殊合格判定数表

A.1 波形梁钢护栏板质量特性、特殊样本数和特殊合格判定数,见表 A.1。

表 A.1 波形梁钢护栏板质量特性、特殊样本数和特殊合格判定数表

质量特性(检验项目)		特殊样本数	取样或测试部位	特殊合格判定数 As	抽样类别			
					工厂验收	工地抽验	监督抽查	
							工厂	工地
1.产品标志		—	按 JT/T 281、JT/T 457 规定	—	√	√	√	√
2.外观质量		—	按 JT/T 281、JT/T 457 规定	—	√	√	√	√
3.原材料性能	3.1 抗拉强度	3件/批,每件取3个试样	平缓平面部位	0	√	○	√	√
	3.2 屈服强度	3件/批,每件取3个试样	平缓平面部位	—	√	○	√	√
	3.3 伸长率	3件/批,每件取3个试样	平缓平面部位	0	√	○	√	√
	3.4 化学成分	3件/批,每件取3个试样	平缓平面部位	0	√	×	○	○
4.加工成型要求		—	按 JT/T 281、JT/T 457 规定	0	√	×	○	×
5.外形尺寸	5.1 板宽 B	—	平缓平面部位	—	√	√	√	○
	5.2 板厚 t	—	平缓平面部位	0	√	√	√	√
	5.3 外波高 H	—	平缓平面部位	—	√	√	√	√
	5.4 内波高 h_1	—	平缓平面部位	—	√	√	√	○
	5.5 定尺长度 L	—	平缓、波峰、波谷等部位	0	√	√	√	√
	5.6 连接螺孔定位距 D	—	按 JT/T 281、JT/T 457 规定	—	√	○	√	○
6.防腐层性能	6.1 镀层厚度	—	平缓、波峰、波谷等部位	—	√	√	√	√
	6.2 镀层附着量	3件/批,每件取3个试样	平缓平面部位	0	√	×	√	○
	6.3 附着性	—	平缓、波峰、波谷等部位	—	√	√	√	√
	6.4 均匀性	3件/批,每件取5个试样	平缓部位	2个试样	√	○	√	○
	6.5 耐化学介质	3件/批,每件取3个试样	平缓部位	1个试样	√	×	√	○
	6.6 耐盐雾腐蚀性能	3件/批,每件取3个试样	平缓部位	1个试样	√	×	√	○
	6.7 耐候性能	3件/批,每件取6个试样	平缓部位	1个试样	○	×	○	○

注:①以件为单位产品。

②"√"必检项目,"○"选做项目,"×"不检项目,"—"不作特殊要求按正常检验规定执行。

③单金属涂层不做耐化学介质和耐候性检验,下表同

A.2 波形梁钢护栏立柱质量特性、特殊样本数和特殊合格判定数,见表 A.2。

表 A.2 波形梁钢护栏立柱质量特性、特殊样本数和特殊合格判定数表

质量特性(检验项目)		特殊样本数	取样或测试部位	特殊合格判定数 As	抽样类别			
					工厂验收	工地抽验	监督抽查	
							工厂	工地
1.产品标志		—	按 JT/T 281、JT/T 457 规定	—	√	√	√	√
2.外观质量		—	按 JT/T 281、JT/T 457 规定	—	√	√	√	√
3.原材料性能	3.1 抗拉强度	3 件/批,每件取 3 个试样	沿轴向裁取	0	√	○	√	√
	3.2 屈服强度	3 件/批,每件取 3 个试样	沿轴向裁取	—	√	○	√	√
	3.3 伸长率	3 件/批,每件取 3 个试样	沿轴向裁取	0	√	○	√	√
	3.4 化学成分	3 件/批,每件取 3 个试样	沿轴向裁取	0	√	×	○	○
4.加工成型要求		—	按 JT/T 281、JT/T 457 规定	0	√	×	○	×
5.外形尺寸	5.1 直径	—	在上中下三个部位各测 3 点	—	√	√	√	√
	5.2 壁厚 t	—	在上下两端各测 3 点	0	√	√	√	√
	5.3 定尺长度 L	—	按 JT/T 281、JT/T 457 规定	—	√	√	√	√
	5.4 连接螺孔定位距 D	—	按 JT/T 281、JT/T 457 规定	—	√	√	○	○
6.防腐层性能	6.1 镀层厚度	—	在上中下 3 个部位各测 3 点	—	√	√	√	√
	6.2 镀层附着量	3 件/批,每件取 3 个试样	在上中下 3 个部位各取 1 个	0	√	×	√	○
	6.3 附着性	—	在上中下 3 个部位各测 3 点	—	√	√	√	√
	6.4 均匀性	3 件/批,每件取 5 个试样	在上中下 3 个部位均布取样	2 个试样	√	○	√	○
	6.5 耐化学介质	3 件/批,每件取 3 个试样	在上中下 3 个部位各取 1 个	1 个试样	√	×	√	○
	6.6 耐盐雾腐蚀性能	3 件/批,每件取 3 个试样	在上中下 3 个部位各取 1 个	1 个试样	√	×	√	○
	6.7 耐候性能	3 件/批,每件取 6 个试样	在上中下 3 个部位均布取样	1 个试样	○	×	○	○
注:以件为单位产品								

A.3 波形梁钢护栏防阻块质量特性、特殊样本数和特殊合格判定数，见表 A.3。

表 A.3 波形梁钢护栏防阻块质量特性、特殊样本数和特殊合格判定数表

质量特性(检验项目)		特殊样本数	取样或测试部位	特殊合格判定数 As	抽样类别			
					工厂验收	工地抽验	监督抽查	
							工厂	工地
1.产品标志		—	按 JT/T 281、JT/T 457 规定	—	√	√	√	√
2.外观质量		—	按 JT/T 281、JT/T 457 规定	—	√	√	√	√
3.原材料性能	3.1 抗拉强度	3 件/批，每件取 3 个试样	平缓平面部位	0	√	○	√	√
	3.2 屈服强度	3 件/批，每件取 3 个试样	平缓平面部位	—	√	○	√	√
	3.3 伸长率	3 件/批，每件取 3 个试样	平缓平面部位	—	√	○	√	√
	3.4 化学成分	3 件/批，每件取 3 个试样	平缓平面部位	0	√	×	√	√
4.焊缝质量		—	按 JT/T 281、JT/T 457 规定	0	√	○	○	○
5.外形尺寸	5.1 公称尺寸 *a*	—	按 JT/T 281、JT/T 457 规定	—	√	√	√	√
	5.2 公称尺寸 *b*	—	按 JT/T 281、JT/T 457 规定	0	√	√	√	√
	5.3 公称尺寸 *c*	—	按 JT/T 281、JT/T 457 规定	—	√	√	√	√
	5.4 公称尺寸 *d*	—	按 JT/T 281、JT/T 457 规定	—	√	√	√	√
	5.5 公称尺寸 *h*	—	按 JT/T 281、JT/T 457 规定	0	√	√	√	√
	5.6 板厚 *t*	—	按 JT/T 281、JT/T 457 规定	0	√	√	√	√
	5.7 安装螺孔尺寸	—	按 JT/T 281、JT/T 457 规定	0	√	√	√	√
6.防腐层性能	6.1 镀层厚度	—	平缓部位	—	√	√	√	√
	6.2 镀层附着量	3 件/批，每件取 3 个试样	平缓部位	0	√	×	√	○
	6.3 附着性	—	平缓部位	—	√	√	√	√
	6.4 均匀性	3 件/批，每件取 3 个试样	平缓部位	2 个试样	√	○	√	○
	6.5 耐化学介质	3 件/批，每件取 3 个试样	平缓部位	1 个试样	√	×	√	○
	6.6 耐盐雾腐蚀性能	3 件/批，每件取 3 个试样	平缓部位	1 个试样	√	×	√	○
	6.7 耐候性能	3 件/批，每件取 3 个试样	平缓部位	1 个试样	○	×	○	○
注：以件为单位产品								

A.4 波形梁钢护栏连接副质量特性、特殊样本数和特殊合格判定数，见表 A.4。

表 A.4 波形梁钢护栏连接副质量特性、特殊样本数和特殊合格判定数表

质量特性(检验项目)		特殊样本数	取样或测试部位	特殊合格判定数 As	抽样类别			
					工厂验收	工地抽验	监督抽查	
							工厂	工地
1.产品标志		—	按 JT/T 281、JT/T 457 规定	—	√	√	√	√
2.外观质量		—	按 JT/T 281、JT/T 457 规定	—	√	√	√	√
3.原材料性能	3.1 抗拉强度	8 套/批	样品整体	1	√	√	√	√
3.原材料性能	3.2 化学成分	8 套/批	样品整体	1	√	○	√	√
4.加工成型要求		—	按 JT/T 281、JT/T 457 规定	—	√	×	○	○
5.外形尺寸	5.1 螺栓 *M*	—	按 JT/T 281、JT/T 457 规定	—	√	√	√	√
5.外形尺寸	5.2 螺栓 *b*	—	按 JT/T 281、JT/T 457 规定	—	√	√	√	√
5.外形尺寸	5.3 螺栓 *L*	—	按 JT/T 281、JT/T 457 规定	—	√	√	√	√
5.外形尺寸	5.4 螺母 *a*	—	按 JT/T 281、JT/T 457 规定	—	√	√	√	√
5.外形尺寸	5.5 螺母 *b*	—	按 JT/T 281、JT/T 457 规定	—	√	√	√	√
5.外形尺寸	5.6 螺母 *t*	—	按 JT/T 281、JT/T 457 规定	—	√	√	√	√
5.外形尺寸	5.7 垫圈 ϕ_1	—	按 JT/T 281、JT/T 457 规定	—	√	√	√	√
5.外形尺寸	5.8 垫圈 ϕ_2	—	按 JT/T 281、JT/T 457 规定	—	√	√	√	√
5.外形尺寸	5.9 垫圈 *t*	—	按 JT/T 281、JT/T 457 规定	—	√	√	√	√
5.外形尺寸	5.10 光洁度	—	按 JT/T 281、JT/T 457 规定	—	√	√	√	√
6.防腐层性能	6.1 镀层厚度	—	平缓部位	—	√	√	√	√
6.防腐层性能	6.2 镀层附着量	8 套/批	样品整体	1	√	√	√	√
6.防腐层性能	6.3 附着性	—	平缓部位	—	√	○	√	√
6.防腐层性能	6.4 均匀性	8 套/批	样品整体	1	√	○	√	○
6.防腐层性能	6.5 耐化学介质	8 套/批	样品整体	2	√	○	√	○
6.防腐层性能	6.6 耐盐雾腐蚀性能	8 套/批	样品整体	1	√	×	√	√
6.防腐层性能	6.7 耐候性能	8 套/批	样品整体	2	○	×	○	○

注：以套为单位产品。

A.5 交通标志板质量特性、特殊样本数和特殊合格判定数，见表A.5。

表A.5 交通标志板质量特性、特殊样本数和特殊合格判定数表

质量特性(检验项目)		特殊样本数	取样或测试部位	特殊合格判定数As	抽样类别			
					工厂验收	工地抽验	监督抽查	
							工厂	工地
1.产品标记		—	按JT/T 279的规定	1	√	√	√	√
2.外观质量	2.1 图案相似性	—	按JT/T 279的规定	0	√	√	√	√
	2.2 外形尺寸偏差	—	按JT/T 279的规定	1	√	√	√	√
	2.3 邻边夹角偏差	—	按JT/T 279的规定	1	√	√	√	√
	2.4 板面平整度公差	—	按JT/T 279的规定	1	√	√	√	√
	2.5 板面缺陷	—	按JT/T 279的规定	1	√	√	√	√
	2.6 标志面反光膜的拼接质量	—	按JT/T 279的规定	0	√	√	√	√
3.原材料要求		—	按JT/T 279的规定	0	√	√	√	√
4.加工成型要求		—	按JT/T 279的规定	0	√	○	○	○
5.标志底板厚度		—	按JT/T 279的规定	0	√	√	√	√
6.标志面色度性能		—	按JT/T 279的规定	0	√	√	√	√
7.逆反射系数		—	按JT/T 279的规定	0	√	√	√	√
8.耐溶剂性能		1块/批	按JT/T 279的规定	0	√	×	○	○
9.反光膜对标志底板的附着性能		1块/批	按JT/T 279的规定	0	√	×	○	○
10.抗冲击性能		1块/批	按JT/T 279的规定	0	√	×	○	○
11.耐低温性能		1块/批	按JT/T 279的规定	0	√	×	○	○
12.耐高温性能		1块/批	按JT/T 279的规定	0	√	×	○	○
13.耐盐雾腐蚀性能		1块/批	按JT/T 279的规定	0	√	×	○	○
14.耐候性能		1块/批	按JT/T 279的规定	0	√	×	○	○
注：按GB 5768—1999规定的类别，以块为单位产品								

A.6 交通标志反光膜质量特性、特殊样本数和特殊合格判定数，见表A.6。

表A.6 交通标志反光膜质量特性、特殊样本数和特殊合格判定数表

质量特性(检验项目)		特殊样本数	取样或测试部位	特殊合格判定数As	抽样类别			
					工厂验收	工地抽验	监督抽查	
							工厂	工地
1.外观质量		—	按GB/T 18833规定	0	√	√	√	√
2.色度性能		—	按GB/T 18833规定	0	√	√	√	√
3.逆反射系数		—	按GB/T 18833规定	0	√	√	√	√
4.耐溶剂性能	4.1 耐甲苯性能	—	按GB/T 18833规定	1	√	○	√	√
	4.2 耐二甲苯性能	—	按GB/T 18833规定	1	√	○	√	√
	4.3 耐甲醇性能	—	按GB/T 18833规定	0	√	○	√	√
	4.4 耐煤油性能	—	按GB/T 18833规定	0	√	○	√	√
5.可剥离性能		—	按GB/T 18833规定	0	√	√	√	√
6.收缩性能		—	按GB/T 18833规定	0	√	√	√	√
7.耐弯曲性能		—	按GB/T 18833规定	0	√	√	√	√
8.抗拉荷载		—	按GB/T 18833规定	0	√	√	√	√
9.附着性能		—	按GB/T 18833规定	0	√	√	√	√
10.抗冲击性能		—	按GB/T 18833规定	0	√	○	√	√
11.耐低温性能		—	按GB/T 18833规定	0	√	○	√	√
12.耐高温性能		—	按GB/T 18833规定	0	√	○	√	√
13.耐盐雾腐蚀性能		—	按GB/T 18833规定	0	√	○	√	√
14.耐候性能		—	按GB/T 18833规定	0	√	×	○	○
注：以卷为单位产品								

A.7 热熔路面标线涂料质量特性、特殊样本数和特殊合格判定数,见表 A.7。

表 A.7 热熔路面标线涂料质量特性、特殊样本数和特殊合格判定数表

质量特性(检验项目)	特殊样本数	取样或测试部位	特殊合格判定数 As	抽样类别			
				工厂验收	工地抽验	监督抽查	
						工厂	工地
1.密度	GB/T 3186	用均匀四分法取样,按 JT/T 280的规定测试	0	√	√	√	√
2.软化点	GB/T 3186	用均匀四分法取样,按 JT/T 280的规定测试	0	√	√	√	√
3.不粘胎干燥时间	GB/T 3186	用均匀四分法取样,按 JT/T 280的规定测试	0	√	√	√	√
4.涂膜颜色与外观	GB/T 3186	用均匀四分法取样,按 JT/T 280的规定测试	0	√	√	√	√
5.色度性能	GB/T 3186	用均匀四分法取样,按 JT/T 280的规定测试	0	√	√	√	√
6.抗压强度	GB/T 3186	用均匀四分法取样,按 JT/T 280的规定测试	0	√	√	√	√
7.耐磨性	GB/T 3186	用均匀四分法取样,按 JT/T 280的规定测试	1	√	√	√	√
8.耐水性	GB/T 3186	用均匀四分法取样,按 JT/T 280的规定测试	0	√	√	√	√
9.耐碱性	GB/T 3186	用均匀四分法取样,按 JT/T 280的规定测试	0	√	√	√	√
10.加热残留分	GB/T 3186	用均匀四分法取样,按 JT/T 280的规定测试	0	√	×	○	○
11.玻璃珠含量	GB/T 3186	用均匀四分法取样,按 JT/T 280的规定测试	1	√	×	○	○
12.流动度	GB/T 3186	用均匀四分法取样,按 JT/T 280的规定测试	0	√	√	√	√
13.逆反射系数	GB/T 3186	用均匀四分法取样,按 JT/T 280的规定测试	0	√	√	√	√
14.耐候性能	GB/T 3186	用均匀四分法取样,按 JT/T 280的规定测试	0	√	×	○	○
15.标识与包装	GB/T 3186	按 GB/T 3186 和 JT/T 280规定	3	√	√	√	√
注:以袋为单位产品							

A.8 常温溶剂路面标线涂料质量特性、特殊样本数和特殊合格判定数,见表 A.8。

表 A.8 常温溶剂路面标线涂料质量特性、特殊样本数和特殊合格判定数表

质量特性(检验项目)	特殊样本数	取样或测试部位	特殊合格判定数 As	抽样类别			
				工厂验收	工地抽验	监督抽查	
						工厂	工地
1.容器中状态	GB/T 3186	按 GB/T 3186 的规定取样,按 JT/T 280 的规定测试	0	√	√	√	√
2.密度	GB/T 3186	按 GB/T 3186 的规定取样,按 JT/T 280 的规定测试	0	√	√	√	√
3.粘度	GB/T 3186	按 GB/T 3186 的规定取样,按 JT/T 280 的规定测试	0	√	√	√	√
4.细度	GB/T 3186	按 GB/T 3186 的规定取样,按 JT/T 280 的规定测试	0	√	√	√	√
5.施工性能	GB/T 3186	按 GB/T 3186 的规定取样,按 JT/T 280 的规定测试	0	√	√	√	√
6.涂膜外观	GB/T 3186	按 GB/T 3186 的规定取样,按 JT/T 280 的规定测试	0	√	√	√	√
7.不粘胎干燥时间	GB/T 3186	按 GB/T 3186 的规定取样,按 JT/T 280 的规定测试	0	√	√	√	√
8.遮盖率	GB/T 3186	按 GB/T 3186 的规定取样,按 JT/T 280 的规定测试	0	√	√	√	√
9.色度性能	GB/T 3186	按 GB/T 3186 的规定取样,按 JT/T 280 的规定测试	0	√	√	√	√
10.耐磨性	GB/T 3186	按 GB/T 3186 的规定取样,按 JT/T 280 的规定测试	0	√	√	√	√
11.耐水性	GB/T 3186	按 GB/T 3186 的规定取样,按 JT/T 280 的规定测试	0	√	√	√	√
12.耐碱性	GB/T 3186	按 GB/T 3186 的规定取样,按 JT/T 280 的规定测试	0	√	√	√	√
13.柔韧性	GB/T 3186	按 GB/T 3186 的规定取样,按 JT/T 280 的规定测试	0	√	√	√	√
14.固体含量	GB/T 3186	按 GB/T 3186 的规定取样,按 JT/T 280 的规定测试	0	√	×	○	○
15.逆反射系数	GB/T 3186	按 GB/T 3186 的规定取样,按 JT/T 280 的规定测试	0	○	○	○	○
16.耐候性能	GB/T 3186	按 GB/T 3186 的规定取样,按 JT/T 280 的规定测试	0	√	×	○	○
17.标识与包装	GB/T 3186	按 GB/T 3186 和 JT/T 280 规定	3	√	√	√	√
注:以桶为单位产品							

A.9 路面标线用玻璃珠质量特性、殊殊样本数和特殊合格判定数，见表 A.9。

表 A.9 路面标线用玻璃珠质量特性、特殊样本数和特殊合格判定数表

质量特性(检验项目)	特殊样本数	取样或测试部位	特殊合格判定数 As	抽样类别			
				工厂验收	工地抽验	监督抽查	
						工厂	工地
1.外观	GB/T 3186	用均匀四分法取样，按 JT/T 446 的规定测试	0	√	√	√	√
2.粒径分布	GB/T 3186	用均匀四分法取样，按 JT/T 446 的规定测试	0	√	√	√	√
3.成圆率	GB/T 3186	用均匀四分法取样，按 JT/T 446 的规定测试	0	√	√	√	√
4.密度	GB/T 3186	用均匀四分法取样，按 JT/T 446 的规定测试	0	√	√	√	√
5.折射率	GB/T 3186	用均匀四分法取样，按 JT/T 446 的规定测试	0	√	√	√	√
6.耐水性	GB/T 3186	用均匀四分法取样，按 JT/T 446 的规定测试	0	√	√	√	√
7.磁性颗粒含量	GB/T 3186	用均匀四分法取样，按 JT/T 446 的规定测试	0	√	√	√	√
8.标识与包装	GB/T 3186	按 JT/T 446 的规定	3	√	√	√	√
注：以袋为单位产品							

A.10 预成型标线带质量特性、特殊样本数和特殊合格判定数，见表A.10。

表A.10 预成型标线带质量特性、特殊样本数和特殊合格判定数表

质量特性(检验项目)	特殊样本数	取样或测试部位	特殊合格判定数As	抽样类别			
				工厂验收	工地抽验	监督抽查	
						工厂	工地
1.外观	—	整卷	—	√	√	√	√
2.柔韧性	—	按JT/T 493，每卷取1m	0	√	√	√	√
3.厚度	—	按JT/T 493，从整卷中取9点	—	√	√	√	√
4.色度性能	—	按JT/T 493，从整卷裁3段，每段测3点，共9点	—	√	√	√	√
5.逆反射性能	—	按JT/T 493，从整卷裁3段，每段测3点，共9点	—	√	√	√	√
6.耐水性能	—	按JT/T 493，从整卷裁3段，每段测3个试样，共9个试样	0	√	√	√	√
7.耐碱性能	—	按JT/T 493，从整卷裁3段，每段测3个试样，共9个试样	0	√	√	√	√
8.耐磨性能	—	按JT/T 493，从整卷裁3段，每段测3个试样，共9个试样	0	√	√	√	√
9.粘接性能	—	按JT/T 493，从整卷裁3段，每段测3个试样，共9个试样	1点	√	√	√	√
10.抗滑性能	—	按JT/T 493，从整卷裁3段，每段测3个试样，共9个试样	1点	√	√	√	√
11.标识与包装	—	整卷	—	√	√	√	√

注：以卷为单位产品

A.11 突起路标质量特性、特殊样本数和特殊合格判定数,见表 A.11。

表 A.11 突起路标质量特性、特殊样本数和特殊合格判定数表

<table>
<tr><th colspan="2" rowspan="3">质量特性(检验项目)</th><th rowspan="3">特殊样本数</th><th rowspan="3">取样或测试部位</th><th rowspan="3">特殊合格判定数 As</th><th colspan="4">抽样类别</th></tr>
<tr><th rowspan="2">工厂验收</th><th rowspan="2">工地抽验</th><th colspan="2">监督抽查</th></tr>
<tr><th>工厂</th><th>工地</th></tr>
<tr><td colspan="2">1.产品标志</td><td>—</td><td>按 JT/T 390 规定</td><td>—</td><td>√</td><td>√</td><td>√</td><td>√</td></tr>
<tr><td colspan="2">2.外观质量</td><td>—</td><td>按 JT/T 390 规定</td><td>—</td><td>√</td><td>√</td><td>√</td><td>√</td></tr>
<tr><td rowspan="4">3.外形尺寸</td><td>3.1 面对行车方向长度</td><td>—</td><td>按 JT/T 390 规定</td><td>—</td><td>√</td><td>√</td><td>√</td><td>√</td></tr>
<tr><td>3.2 平行于行车方向长度</td><td>—</td><td>按 JT/T 390 规定</td><td>—</td><td>√</td><td>√</td><td>√</td><td>√</td></tr>
<tr><td>3.3 高度</td><td>—</td><td>按 JT/T 390 规定</td><td>0</td><td>√</td><td>√</td><td>√</td><td>√</td></tr>
<tr><td>3.4 边缘高度</td><td>—</td><td>按 JT/T 390 规定</td><td>0</td><td>√</td><td>√</td><td>√</td><td>√</td></tr>
<tr><td colspan="2">4.色度性能</td><td>—</td><td>按 JT/T 390 规定</td><td>—</td><td>√</td><td>√</td><td>√</td><td>√</td></tr>
<tr><td colspan="2">5.发光强度系数</td><td>—</td><td>按 JT/T 390 规定</td><td>—</td><td>√</td><td>√</td><td>√</td><td>√</td></tr>
<tr><td colspan="2">6.抗冲击性能</td><td>8 只/批</td><td>按 JT/T 390 规定</td><td>1</td><td>√</td><td>√</td><td>√</td><td>√</td></tr>
<tr><td colspan="2">7.抗压荷载</td><td>8 只/批</td><td>按 JT/T 390 规定</td><td>1</td><td>√</td><td>√</td><td>√</td><td>√</td></tr>
<tr><td rowspan="3">8.耐溶剂性能</td><td>8.1 耐煤油性能</td><td>8 只/批</td><td>按 JT/T 390 规定</td><td>1</td><td>√</td><td>○</td><td>√</td><td>○</td></tr>
<tr><td>8.2 耐松节油性能</td><td>8 只/批</td><td>按 JT/T 390 规定</td><td>1</td><td>√</td><td>○</td><td>√</td><td>○</td></tr>
<tr><td>8.3 耐乙醇性能</td><td>8 只/批</td><td>按 JT/T 390 规定</td><td>1</td><td>√</td><td>○</td><td>√</td><td>○</td></tr>
<tr><td colspan="2">9.耐水性能</td><td>—</td><td>按 JT/T 390 规定</td><td>—</td><td>√</td><td>○</td><td>√</td><td>○</td></tr>
<tr><td colspan="2">10.耐油性能</td><td>8 只/批</td><td>按 JT/T 390 规定</td><td>1</td><td>√</td><td>○</td><td>√</td><td>○</td></tr>
<tr><td colspan="2">11.耐盐雾腐蚀性能</td><td>8 只/批</td><td>按 JT/T 390 规定</td><td>1</td><td>√</td><td>○</td><td>√</td><td>○</td></tr>
<tr><td colspan="2">12.耐候性能</td><td>8 只/批</td><td>按 JT/T 390 规定</td><td>1</td><td>√</td><td>×</td><td>○</td><td>○</td></tr>
<tr><td colspan="9">注:以只为单位产品</td></tr>
</table>

A.12　轮廓标质量特性、特殊样本数和特殊合格判定数，见表 A.12。

表 A.12　轮廓标质量特性、特殊样本数和特殊合格判定数表

质量特性(检验项目)		特殊样本数	取样或测试部位	特殊合格判定数 As	抽样类别：工厂验收	抽样类别：工地抽验	抽样类别：监督抽查 工厂	抽样类别：监督抽查 工地
1.产品标志		—	按 JT/T 388 规定	—	√	√	√	√
2.外观质量		—	按 JT/T 388 规定	—	√	√	√	√
3.外形尺寸	3.1　圆形直径 ϕ	—	按 JT/T 388 规定	—	√	√	√	√
	3.2　支架底板厚度 t	—	按 JT/T 388 规定	—	√	√	√	√
	3.3　支架底板镀锌层厚度 δ	—	按 JT/T 388 规定	0	√	√	√	√
4.色度性能		—	按 JT/T 388 规定	—	√	√	√	√
5.发光强度系数		—	按 JT/T 338 规定	—	√	√	√	√
6.机械力学性能		8 只/批	按 JT/T 388 规定	0	√	○	√	○
7.反光膜与底板的附着性能		8 只/批	按 JT/T 279 规定	0	√	○	○	○
8.密封性能		8 只/批	按 JT/T 388 规定	0	√	○	√	○
9.耐低温性能		8 只/批	按 JT/T 388 规定	0	√	○	√	○
10.耐高温性能		8 只/批	按 JT/T 388 规定	0	√	○	√	○
11.耐盐雾腐蚀性能		8 只/批	按 JT/T 388 规定	0	√	○	√	○
12.耐候性能		8 只/批	按 JT/T 388 规定	0	√	×	○	○
注：以只为单位产品								

A.13 塑料防眩板质量特性、特殊样本数和特殊合格判定数,见表 A.13。

表 A.13 塑料防眩板质量特性、特殊样本数和特殊合格判定数表

质量特性(检验项目)		特殊样本数	取样或测试部位	特殊合格判定数 As	抽样类别			
					工厂验收	工地抽验	监督抽查	
							工厂	工地
1.产品标志		—	整体产品	—	√	√	√	√
2.外观质量		—	整体产品	—	√	√	√	√
3.结构尺寸	3.1 长度	—	整体产品	—	√	√	√	√
	3.2 宽度	—	整体产品	—	√	√	√	√
	3.3 厚度	—	整体产品	—	√	√	√	√
4.遮光角		—	整体产品	—	√	√	√	√
5.抗风荷载		—	整体产品	—	√	√	√	√
6.抗变形量		—	整体产品	—	√	√	√	√
7.抗拉强度		3只/批	每只取9个试样	1个试样	√	√	√	√
8.抗弯曲强度		3只/批	每只取9个试样	1个试样	√	√	√	√
9.抗冲击性能		3只/批	每只取9个试样	1个试样	√	√	√	√
10.耐低温性能		3只/批	每只取9个试样	1个试样	√	○	√	○
11.耐湿热性能		3只/批	每只取9个试样	1个试样	√	○	√	○
12.耐溶剂性能	12.1 耐汽油性能	3只/批	每只取9个试样	1个试样	√	○	√	○
	12.2 耐水性能	3只/批	每只取9个试样	1个试样	√	○	√	○
	12.3 耐酸性能	3只/批	每只取9个试样	1个试样	√	○	√	○
	12.4 耐碱性能	3只/批	每只取9个试样	1个试样	√	○	√	○
13.耐盐雾腐蚀性能		3只/批	每只取9个试样	1个试样	√	○	√	○
14.耐热老化性能		3只/批	每只取9个试样	1个试样	√	√	√	○
15.耐候性能		3只/批	每只取9个试样	1个试样	√	×	○	○
注:以块为单位产品								

A.14 焊接网隔离栅(含立柱)质量特性、特殊样本数和特殊合格判定数,见表 A.14。

表 A.14 焊接网隔离栅(含立柱)质量特性、特殊样本数和特殊合格判定数表

质量特性(检验项目)		特殊样本数	取样或测试部位	特殊合格判定数 As	抽样类别			
					工厂验收	工地抽验	监督抽查	
							工厂	工地
1.产品标志		—	按 JT/T 374 规定	—	√	√	√	√
2.外观质量	2.1 表面外观	—	按 GB/T 18226 和 JT/T 374 规定	—	√	√	√	√
	2.2 网片断丝数	—	JT/T 374 规定	—	√	√	√	√
	2.3 网片网格焊点脱落数		JT/T 374 规定		√	√	√	√
3.原材料化学成分要求		3 件/批,每件裁 3 个试样	JT/T 374 规定	0	√	×	○	○
4.原材料力学性能要求		3 件/批,每件裁 3 个试样	JT/T 374 规定	0	√	√	√	√
5.结构尺寸		—	JT/T 374 规定	—	√	√	√	√
6.网格焊点抗拉力		3 件/批,每件裁 3 个试样	JT/T 374 规定	—	√	√	√	√
7.镀膜防腐层质量	7.1 镀膜平均厚度	3 件/批,每件裁 3 个试样	按 GB/T 18226 和 JT/T 374 规定	0	√	○	√	○
	7.2 镀锌量	3 件/批,每件裁 3 个试样	按 GB/T 18226 和 JT/T 374 规定	0	√	√	√	√
	7.3 镀锌层厚度	3 件/批,每件裁 3 个试样	按 GB/T 18226 和 JT/T 374 规定	0	√	√	√	√
	7.4 附着性能 镀锌层	3 件/批,每件裁 3 个试样	按 GB/T 18226 和 JT/T 374 规定	1 个试样	√	√	√	√
	7.4 附着性能 有机层	3 件/批,每件裁 3 个试样	按 GB/T 18226 和 JT/T 374 规定	1 个试样	√	√	√	√
	7.5 镀膜耐低温冲击性能	3 件/批,每件裁 3 个试样	按 GB/T 18226 和 JT/T 374 规定	0	√	○	√	○
	7.6 镀膜阻燃性能	3 件/批,每件裁 3 个试样	按 GB/T 18226 和 JT/T 374 规定	0	√	○	√	○
	7.7 耐酸溶液浸泡	3 件/批,每件裁 3 个试样	按 GB/T 18226 和 JT/T 374 规定	0	√	○	√	○
	7.8 耐碱溶液浸泡	3 件/批,每件裁 3 个试样	按 GB/T 18226 和 JT/T 374 规定	0	√	○	√	○
	7.9 耐盐水溶液浸泡	3 件/批,每件裁 3 个试样	按 GB/T 18226 和 JT/T 374 规定	0	√	○	√	○
8.耐候性能		3 件/批,每件裁 3 个试样	按 GB/T 18226 和 JT/T 374 规定	0	√	×	○	○

注:①网片以片为单位产品,立柱以根为单位产品;
②对聚酯类涂层不做耐碱溶液浸泡试验

附 录 B
(资料性附录)

应用示例

B.1 对1010件波形梁钢护栏板产品进行工厂验收检验,试确定抽样方案。

从表1可查得样本数为80,判定数组为[2,3],即从该批产品中随机抽取80件作为样本进行检验,若不合格品数不大于2,并且不合格项符合附录A的规定,则判该批产品合格应予接收,若不合格品的不合格项不符合表A.1的规定,例如不均匀性试样的不合格累计数是3个;或者不合格品数大于等于3,则判该批产品不合格,应拒收。

B.2 在某公司仓库对5000只突起路标进行监督抽查,试确定抽样方案。

因为监督总体的数量5000大于250所以应用GB/T 14437,又因是在公司仓库,属于工厂监督抽查,所以按5.4的规定,监督质量水平 p_0 应取0.01,样本数 $n=5000/10=500$ 只,通过公式(1)试算得出 $Re=9$。对这500只突起路标的质量特性,按JT/T 390逐项进行检验,若不合格品数 $A<9$,并且不合格项符合附录A的规定,则判该批产品通过监督检验,如果不合格品数 $A\geqslant 9$,则该批产品没有通过本次质量监督抽查。

附 录 C
(资料性附录)

GB/T 2828—2003 抽样合格批接收概率

按照 GB/T 2828—2003 抽样方案进行验收检验时,用给定抽样方案判定一个实际质量水平符合要求的合格批被接收的概率,见表 C.1。

表 C.1 GB/T 2828—2003 抽样批合格接收概率表

判定数组[Ac,Re]	当 p/AQL≤1.0 时 合格批被接受的概率不低于	判定数组[Ac,Re]	当 p/AQL≤1.0 时 合格批被接受的概率不低于
[0,1]	0.8817	[7,8]	0.9842
[1,2]	0.9094	[10,11]	0.9860
[2,3]	0.9533	[14,15]	0.9836
[3,4]	0.9608	[21,22]	0.9898
[5,6]	0.9836		

ICS 93.080.30
P66
备案号：

JT

中华人民共和国交通行业标准

JT/T 593—2004

公路沿线设施 塑料制品耐候性指标及测试方法

Technical requirements and determination of weathering quality for plastics of highway furnatures

2004-11-02 发布 2005-02-01 实施

中华人民共和国交通部 发布

公路沿线设施塑料制品耐候性指标及测试方法

1 范围

本标准规定了公路沿线设施用塑料制品的耐候性指标及测试方法,适用于公路户外沿线设施所用的塑料制品、玻璃纤维增强塑料制品、橡胶制品、机电设施的机箱防腐涂层,路面标线涂料制品和有机防腐涂层可参照使用。

2 规范性引用文件

下列文件中的条款通过在本标准中引用而成为本标准的条款。凡是注日期的引用文件其随后所有的修改单(不包括勘误的内容)或修订版均不适用于本标准。然而,鼓励根据本标准达成协议的各方研究是否可使用这些文件的最新版本。凡是不注日期的引用文件,其最新版本适用于本标准。

GB/T 2423.18—2000	电工电子产品环境试验 第2部分:试验 试验Kb:盐雾,交变(氯化钠溶液)(idt IEC 60068-2-52)
GB/T 2423.22	电工电子产品环境试验 第2部分:试验方法 试验N:温度变化 (GB/T 2423.22—2002,IEC 60068-2-14:1984, IDT)
GB/T 2423.33	电工电子产品基本环境试验规程 试验Kca:高浓度二氧化硫试验方法(neq DIN 50018)
GB/T 2423.37—1993	电工电子产品基本环境试验规程 试验L:砂尘试验方法(neq DIN 40046)
GB/T 2918	塑料试样状态调节和试验的标准环境(idt ISO 291)
GB/T 3681	塑料大气暴露试验方法(neq ISO 877)
GB/T 7141	塑料热空气暴露试验方法(neq JIS K 7212)
GB/T 12000—1989	塑料在恒定湿热条件下暴露试验方法(neq ISO 4611)
GB/T 16422.2—1999	塑料实验室光源暴露试验方法 第2部分:氙弧灯(idt ISO 4892-2)
GB/T 16422.3—1997	塑料实验室光源暴露试验方法 第3部分:荧光紫外灯(idt ISO 4892-3)

3 术语及定义

下列术语和定义适合于本标准。

3.1

紫外线—冷凝试验 test of fluorescent UV-Condensation type

以荧光紫外线灯作光源,模拟并强化对高分子材料劣化影响最显著的紫外光谱,并适当控制温度、湿度,在样品上周期性产生凝露的试验。

3.2

人工气候(氙灯)试验 test of exposure to artificial weathering (Xenon arc lamp as light source)

以氙灯作光源,模拟并强化到达地面的日光光谱,并适当控制温度、湿度和喷水条件的试验。

3.3

紫外区 ultraviolet regions

紫外区分为:

——UV-A段波长范围为315nm~400nm;

——UV-B段波长范围为280nm~315nm;

——UV-C 段波长小于 280nm。

3.4

荧光紫外灯　fluorescent UV lamp

通常指波长为 254nm 的低压汞灯,由于加入磷的共存物使转换成较长的波长,荧光紫外灯的能量分布取决于磷共存物产生的发光谱和玻璃的扩播。

3.5

辐照度　irradiance

照射到表面一点处面元的辐射能通量,除以该面元的面积。单位为瓦每平方米(W/m^2)。

[GB/T 12936.1—1991,定义 4.7]

注:辐照度即辐射通量的面密度,是按照不同的波长分布的,不同的光谱造成的光化学效应差异很大,所以不应采用不同的灯源作比较。

4　技术要求

4.1　一般要求

4.1.1　公路沿线设施用塑料制品耐候性能,应满足 4.2~4.10 的要求,其他性能由供需双方协商确定。

4.1.2　室外产品投入使用之前,应通过自然曝晒试验。由于时间问题,在没有得出结论前,应选用人工加速老化试验的方法检验产品的耐候性指标。

4.2　耐温度交变性能

将整个产品(条件受限时可用代表产品质量特性的小样)放入温度交变试验箱中(或一台高温试验箱和一台低温试验箱),产品按 5.2 规定的方法,在高温 +70℃保持 4h 后, 在 2min 内转移到低温 -40℃的试验箱内保持 4h,在 2min 内再转移到高温试验箱,如此共循环五次。试验期间和试验结束后,产品的外观应无 6.1 规定的缺陷;力学性能保留率应大于 90%。

4.3　耐高温湿热性能

在温度 +70℃, 相对湿度(98±2)%条件下, 产品按 5.3 规定的方法,每 24h 为一个试验周期, 共进行七个周期的试验后,产品的外观应无 6.1 规定的缺陷;力学性能保留率应大于 90%。

4.4　耐热氧老化性能

产品按 5.4 规定的方法试验后,在 +95℃条件下,试验 168h, 产品的外观应无 6.1 规定的缺陷;力学性能保留率应大于 80%。

4.5　耐循环盐雾腐蚀性能

产品按 5.5 规定的方法,选用严酷等级 1,即经过每喷雾 2h 之后在湿热条件下存放 7d 为一个周期,共四个周期的试验后, 应无明显锈蚀现象, 金属构件应无红色锈点,产品的外观应无 6.1 规定的缺陷;力学性能保留率应大于 80%。

4.6　耐 SO_2 腐蚀性能

产品按 5.6 规定的方法,经过 10 个周期共 240h 的试验后, 应无明显锈蚀现象, 金属构件应无红色锈点,产品的外观应无 6.1 规定的缺陷;力学性能保留率应大于 90%。

4.7　耐风沙吹蚀性能

产品按 5.7 规定的方法, 经过每持续吹尘 8h,停止 2h 为一个周期,共三个周期的试验后, 应无明显磨损现象,产品的光学性能保留率应大于 80%。

4.8　耐紫外光曝晒性能

产品按 5.8 规定的方法,经过 2 000h 紫外灯人工加速老化试验后, 产品外观应无明显褪色、粉化、龟裂、溶解、锈蚀等老化现象,材料的机械力学性能保留率应大于 80%。

4.9　耐氙弧灯人工加速老化性能

产品按 5.9 规定的方法,经过人工加速老化试验累积能量达到 $3.5\times10^6kJ/m^2$ 试验后, 产品外观应无明显褪色、粉化、龟裂、溶解、锈蚀等老化现象，材料的机械力学性能保留率应大于80%。

4.10 耐自然曝晒性能

产品按5.10规定的方法，经过两年自然曝晒试验，产品外观应无明显褪色、粉化、龟裂、溶解、锈蚀等老化现象，材料的机械力学性能保留率应大于80%。

5 试验方法

5.1 一般规定

5.1.1 试样制作

试样原则上应从产品上截取，取样困难时，经质检部门同意可用小样替代，但小样的处理工艺必须与整体产品相同。

5.1.2 状态调节

试样进行试验前，应按照GB/T 2918规定的标准条件进行至少48h的状态调节。

5.2 耐温度交变试验

按GB/T 2423.22的规定执行。

5.3 耐高温湿热试验

按GB/T 12000的规定执行。其中，暴露后的处理按GB/T 12000—1989中5.5.1规定执行。

5.4 耐热氧老化试验

按GB/T 7141的规定执行。

5.5 耐循环盐雾试验

耐循环盐雾试验用试验箱可用专用循环试验设备进行，也可用一台盐雾试验箱和一台湿热试验箱组合进行。最后一个试验周期结束后，对试验样品需按照GB/T 2423.18—2000的6.a进行恢复处理。其他规定按GB/T 2423.18执行。

5.6 耐 SO_2 试验

按GB/T 2423.33的规定执行。其中，二氧化硫气体的浓度等级选用2，即8.75mg/L(40℃时)，升温时间2h，高温高湿时间6h。

5.7 耐风沙试验

按GB/T 2423.37—1993规定的方法Lc，试验条件II执行。其中，沙尘的粒度分布为：

a） 小于1000μm占100%；

b） 小于500μm占99%；

c） 小于250μm占97%；

d） 小于200μm占90%。

5.8 耐紫外光曝晒试验

按GB/T 16422.3的规定执行。其中光源选用UV-A 340型灯管，样品架在340nm处光谱辐照度为(0.78±0.02)W/m^2.nm，试验条件选用暴露方式1，即：在黑板标准温度60℃±3℃下辐照暴露4h，然后，在黑板标准温度50℃±3℃下无辐照冷凝暴露4h为一个循环。

5.9 氙弧灯人工加速老化试验

5.9.1 试样的截取和准备条件同5.1.1。

5.9.2 试样的数量：总数量为20块，10块作为测试样，10块用作参比样，放于暗室保存。

5.9.3 试样的大小：优先选用65mm×142mm长方形试样（见图1）。

5.9.4 试验设备：水冷氙弧灯人工加速耐候性试验箱。

5.9.5 光源：选用GB/T 16422.2—1999中4.1.1方法A规定的石英套管。

5.9.6 试验条件：试样受到光谱波长为300nm～2450nm之间的总辐射照度为1000 W/m^2±100W/m^2，低于300nm的辐射照度不得大于1W/m^2，试样受到的辐射照度的不均匀性不得大于±10%；试验过程中采用连续照射，周期性喷水，喷水周期为 18min/102min（喷水时间/不喷水时间），即每 120min，喷水 18min；黑板温度 65℃ ± 3℃，喷淋和氙灯冷却用水为导电电阻大于 1MΩ·cm 的纯净水。

5.9.7 累积辐射能量按下式计算：

$$Q = ET \times 10^{-3} \tag{1}$$

式中：Q——累积辐射能量，kJ/m²；

E——平均辐射照度，W/m²；

T——总的照射时间，s。

单位为毫米

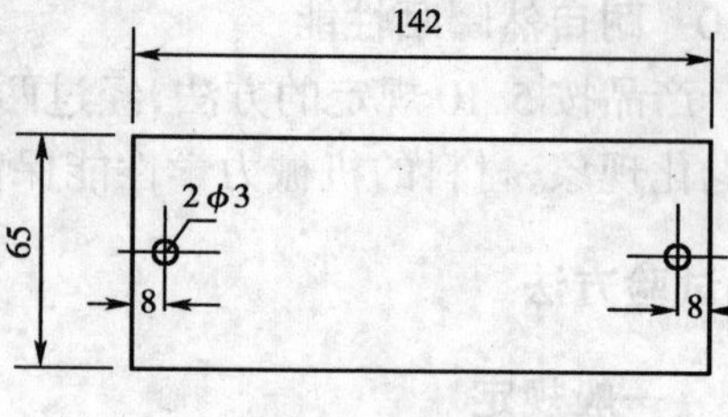

图 1 人工加速老化试验试样

5.9.8 其他规定按 GB/T 16422.2 执行。

5.10 自然曝晒试验

自然曝晒试验按 GB/T 3681 的规定进行。

6 试验结果与评定

6.1 外观的评定

对涂料主要是外观的评定，塑料和橡胶必要时也可以进行外观评定，检查的项目主要是粉化、斑点、起泡、裂纹及光泽、颜色变化（色差）、尺寸稳定性等，光泽、色差、尺寸稳定性等指标应尽量用仪器进行定量测试。

6.2 力学性能及其他性能的评定

力学性能试验前后的劣化指标用性能保留率评定，评定公式如下：

$$性能保留率 = \frac{X}{\overline{X}} \times 100\% \tag{2}$$

式中：X——试验后技术参数；

$\overline{X}$——试验前技术参数。

一般橡胶材料和塑料制品应测量抗拉强度、延伸率、硬度；玻璃钢制品测量弯曲强度、拉伸强度、冲击强度；防腐涂层应测量冲击强度、附着性能、柔韧性能。如必要可规定其他性能测试项目。

7 试验报告

试验报告应至少包括以下信息：

a) 样品来源；

b) 试验方法；

c) 试验条件：

包括光照时间、冷凝喷水时间及相应的温度、湿度、荧光紫外灯的光谱辐照度或氙灯照射时的辐照度；

d) 试验周期；

e) 试验材料名称和型号；

f) 试验样品的尺寸和制备方法；

g) 试验设备：

包括设备型号、规格，对于辐射暴露试验还应注明使用的光源和滤光罩类型；

h) 试验结果；

i) 试验日期和人员。

参 考 文 献

1 GB/T 12936.1—1991 太阳能热利用术语 第一部分

ICS 93.080.30
P66
备案号:

JT

中华人民共和国交通行业标准

JT/T 594—2004

公路沿线设施太阳能供电系统通用技术规范

General specifications of solar energy power system for highway furnaturs

2004-11-02 发布　　2005-02-01 实施

中华人民共和国交通部　发布

公路沿线设施太阳能供电系统通用技术规范

1 范围

本标准规定了公路沿线设施用太阳能供电系统的术语和定义、系统组成与分类、技术要求、检验规则以及标志、包装、运输与贮存等内容。

本标准适用于硅太阳电池供电系统,不适用于带聚光器的太阳电池供电系统。

2 规范性引用文件

下列文件中的条款通过在本标准中引用而成为本标准的条款。凡是注日期的引用文件其随后所有的修改单(不包括勘误的内容)或修订版均不适用于本标准。然而,鼓励根据本标准达成协议的各方研究是否可使用这些文件的最新版本。凡是不注日期的引用文件,其最新版本适用于本标准。

GB/T 191　包装储运图示标志(eqv ISO 780)

GB/T 2423.17　电工电子产品基本环境试验规程　试验 Ka:盐雾试验方法(eqv IEC 68-2-11)

GB/T 2297　太阳光伏能源系统述语

GB/T 9535—1998　地面用晶体硅光伏组件　设计鉴定和定型(eqv IEC 1215:1993)

GB/T 11013　碱性二次电池和电池组　圆柱密封镉镍可充单晶体电池(idt IEC 285)

GB/T 12632—1990　单晶硅太阳电池总规范

GB/T 15100—1994　金属氢氧化物镍圆柱密封碱性蓄电池总规范

GB/T 15142　方形开口镉镍单体蓄电池总规范(neq IEC 623)

GB/T 16422.3—1997　塑料实验室光源暴露试验方法　第 3 部分:荧光紫外灯(eqv ISO 4892-3)

JB/T 9653　储能用铅酸蓄电池

JT/T 431—2000　高速公路 LED 可变信息标志技术条件

JT/T 593—2004　公路沿线设施塑料制品耐候性指标及测试方法

SJ/T 10698　非晶硅标准太阳电池

3 术语和定义

GB/T 2297 确立的下列术语和定义适合于本标准。

3.1

光伏效应 photovoltaic effect

能量大于禁带宽度的光子射入具有结势垒的半导体材料时,激发电子—空穴对,在内建电场作用下,空间电荷在电场两侧有光生载流子的积累而产生光生电动势,这种现象称为光生伏打效应。

3.2

太阳电池 solar cell

将太阳辐射能直接转换成电能的一种器件。

3.3

硅太阳电池 sillicon solar cell

以硅为基体材料的太阳电池。

3.4

单晶硅太阳电池 single crystalline silicon solar cell

以单晶硅为基体材料的太阳电池。

3.5

多晶硅太阳电池 polycrystalline silicon solar cell

以多晶硅为基体材料的太阳电池。

3.6

化合物半导体太阳电池 compound semiconductor solar cell

用化合物半导体材料制成的太阳电池称为化合物半导体太阳电池,如砷化镓太阳电池、硫化镉太阳电池。

3.7

薄膜太阳电池 thin film solar cell

用辉光放电、化学气相淀积、溅射、真空蒸镀等方法制得的较大面积的薄膜(如硅、砷化镓、硫化镉)为基体材料的太阳电池。

3.8

聚光太阳电池 concentrator solar cell

在基体电阻率、结深和栅线结构等方面进行特殊设计后,适用于聚光条件下工作的太阳电池。

3.9

开路电压 open-circuit voltage

在一定的温度和辐照条件下,光伏发电器在空载(开路)情况下的端电压,通常用 V_{oc}表示。

3.10

短路电流 short-circuit current

在一定的温度和辐照条件下,光伏发电器在端电压为零时的输出电流,通常用 I_{oc}表示。

3.11

太阳电池的安-伏特性曲线 I-V characteristic curve of solar cell

受光照射的太阳电池,在一定的温度和辐照度以及不同的外电路负载下,流入负载的电流 I 和电池端电压 V 的关系曲线。

3.12

填充因子 fill factor

指太阳电池的最大输出功率与开路电压和短路电流乘积之比。通常用 FF 表示。

3.13

最大功率 maximum power

在太阳电池的伏安特性曲线上,电流电压乘积的最大值。

3.14

最大功率点 maximum power point

在太阳电池的伏安特性曲线上对应最大功率的点,也称最佳工作点。

3.15

最佳负载 optimum load

使受光照射的太阳电池工作在最大功率点时的负载。

3.16

最佳工作电压 optimum operating voltage

太阳电池伏安特性曲线上最大功率点所对应的电压,通常用 V_m 表示。

3.17

最佳工作电流 optimum operating current

太阳电池伏安特性曲线上最大功率点所对应的电流,通常用 I_m 表示。

3.18

转换效率 conversion efficiency

是指受光照太阳电池的最大输出电功率与入射到该电池受光表面上的全部光功率之比。

3.19

大气质量 AM air mass

太阳光束穿过大气层的光学路径，以该光学路径与太阳在天顶时其光束到达海平面所通过的光学路径的比值来表示，大气质量的值可近似的由下述公式算出：

$$大气质量 = (P/P_0) \times (1/\sin\theta)$$

式中：P——当地的大气压力，单位为帕(Pa)；

P_0——标准大气压力，等于 1.013×10^5Pa；

θ——太阳高度角，指太阳光线与观测点处水平面的夹角。

在地球的大气层外，$P = 0$，大气质量定义为零，记为 AM0；在海平面处 $P = 1.013 \times 10^5$Pa，无云的天空太阳在天顶时 $\sin\theta = 1$，大气质量定义为 1，记为 AM1。

3.20

AM1.5 条件 AM1.5 condition

指在地面标定和测试太阳电池时，用 $AM = 1.5$ 时所规定的太阳的辐照度和光谱分布条件。

3.21

太阳模拟器 solar simulator

模拟太阳光谱和辐照度的一种光源设备，可用来测试太阳电池的电性能。

3.22

标准太阳电池 standard solar cell

用规定的标定方法标定过的太阳电池，一般用作测量光源的辐照度，也用来比较同类型太阳电池的电性能，实际上是一种标准的接收器或仪表。

3.23

标准工作条件 standard operating conditions

标准工作条件是用标准太阳电池测量的辐照度为 1000W/m^2，并具有标准的太阳光谱辐照度分布，太阳电池温度为组件的电池额定工作温度(NOCT)。

3.24

额定电压 rated voltage

在规定的工作条件下，依据同一类型光伏发电器件的特性选择确定其输出电压，使这一类光伏发电器件的输出功率接近最大功率的电压。

3.25

额定电流 rated current

在规定的工作条件下，光伏发电器件在额定电压下所规定电流。

3.26

额定功率 rated power

在规定的工作条件下，光伏发电器件在额定电压下所规定的输出电功率。

3.27

浮充电 floating charge

把充电电路和储能元件的供电电路并联接到负载上，充电电路在向负载供电的同时，仍向储能元件充电，只有当充电电路断开时储能元件才向负载供电的一种充电运行方式。

4 系统组成与分类

4.1 组成

公路太阳能供电系统一般由太阳电池、蓄能装置、控制稳压电路等组成。对于道班、小型收费站等需要交流供电的场所还应配备逆变器等装置。

4.2 分类

4.2.1 按负载性质分为直流供电系统和交流供电系统。

4.2.2 按负载大小分为低功率型、中功率型和高功率型。

a) 低功率型适用于太阳能突起路标、轮廓标等小于0.5W的设施;

b) 中功率型适用于弯道诱导标、警告标志、闪烁警示灯、紧急电话等小于5W的设施;

c) 高功率型适用于太阳能LED可变信息标志、LED交通标志、无线基站、无人值守的通信站、小型收费站、道班等大于5W的设施。

4.2.3 按太阳电池的基体材料又分为单晶硅、多晶硅、非晶硅、化合物半导体等供电系统。

4.2.4 按光谱响应类型分为强光谱型和散射光谱型等供电系统。

5 技术要求和试验方法

5.1 选用原则

5.1.1 公路沿线设施应根据供电条件,本着经济适用、环保、安全的原则选用太阳能供电系统;

5.1.2 太阳能突起路标、轮廓标等低功耗安全设施宜选用散射光谱型太阳电池;

5.1.3 其他耗电较大的设施宜选用转换效率较高的单晶硅太阳电池,以减小外形尺寸;

5.1.4 收费站、公路养护道班等可选用单晶硅或多晶硅太阳电池阵列。

5.2 工作电压分级

公路沿线设施太阳能供电负载的工作电压分为1.5,3,6,9,12,15,24,36,48V以及交流220V等系列,公路沿线设施太阳能供电系统应优先按上述电压系列进行定型设计。

5.3 太阳电池

5.3.1 晶体硅太阳电池的性能要求应符合GB/T 9535的规定。

5.3.2 非晶硅太阳电池的性能要求应符合SJ/T 10698的规定。

5.3.3 太阳电池的外形尺寸应与沿线设施产品自身和周围环境协调一致。

5.4 蓄电池

5.4.1 铅酸蓄电池的性能要求应符合JB/T 9653的规定。

5.4.2 镉镍碱性蓄电池的性能要求应符合GB/T 11013或GB/T 15142的规定。

5.4.3 金属氢镍蓄电池的性能要求应符合GB/T 15100的规定。

5.5 耐环境适应性能

5.5.1 一般要求

5.5.1.1 公路沿线设施用太阳电池,除了符合GB/T 9535要求的环境试验外,还应满足5.5.2~5.5.5规定的试验要求。

5.5.1.2 太阳能供电系统中的蓄能装置、控制稳压电路等电子部件应经过高低温试验,满足安装场所的环境温度条件要求。

5.5.1.3 太阳能供电系统的其他外露部件应耐腐蚀、抗老化,其耐盐雾、耐SO_2腐蚀和耐候性能应符合JT/T 593—2004中4.5、4.6、4.8规定。

5.5.2 太阳电池耐UV紫外灯辐射试验

5.5.2.1 按GB/T 16422.3—1997中5.1.1的规定用UV-A340灯连续照射480h。

5.5.2.2 试验结束后,外观无GB/T 9535—1998中10.1.2所列的缺陷,标准测试条件下太阳电池和蓄电池的最大输出功率衰减不应超过试验前的5%;绝缘电阻应满足初始试验前的要求。

5.5.3 太阳电池耐盐雾腐蚀试验

按 GB/T 2423.17 的规定经过 168h 的试验后，应符合 5.5.2.2 的要求。

5.5.4 太阳电池耐风沙试验

按 JT/T 593 中要求的试验后，对太阳电池进行测试，应符合 5.5.2.2 的要求。

5.5.5 耐机械振动试验

按 JT/T 431—2000 中 5.11.9 的要求进行试验后，太阳电池无 GB/T 9535—1998 中 10.1.2 所列的缺陷；整个系统工作正常，输出工作电压达到初始试验前的要求。

6 检验规则

按 GB/T 12632 中对地面用太阳电池的规定执行。

7 标志、包装、运输与贮存

7.1 铅酸蓄电池和太阳电池按 GB/T 12632—1990 第 6 章规定执行。

7.2 镉镍蓄电池和金属氢镍蓄电池按 GB/T 15100—1994 第 7 章规定执行。

7.3 对于供电系统，由系统集成单位对上述单元进行汇总，提交供货清单、组装原理图及注意事项，并符合 GB/T 191 的有关规定。

ICS 93.080.30
P66
备案号:

JT

中华人民共和国交通行业标准

JT/T 595—2004

锥形交通路标

Traffic cones

2004-11-02 发布　　2005-02-01 实施

中华人民共和国交通部　发布

锥形交通路标

1 范围

本标准规定了锥形交通路标(简称交通锥)的技术要求、试验方法、检验规则、标志、包装、运输及贮存。

本标准适用于道路施工中用以临时阻挡或分隔车流、引导交通的锥形交通路标,用作其他用途的锥形交通路标可参照使用。

2 规范性引用文件

下列文件中的条款通过本标准的引用而成为本标准的条款。凡是注日期的引用文件,其随后所有的修改单(不包括勘误的内容)或修订版均不适用于本标准。然而,鼓励根据本标准达成协议的各方研究是否可使用这些文件的最新版本。凡是不注日期的引用文件,其最新版本适用于本标准。

GB/T 3681 塑料大气暴露试验方法(neq ISO 877)
GB/T 3979 物体色的测量方法
GB/T 10111 利用随机数骰子进行随机抽样的方法
GB/T 16422.2 塑料实验室光源暴露试验方法 第2部分 氙弧灯(idt ISO 4892-2)
GB/T 18833—2002 公路交通标志反光膜

3 术语和定义

下列术语和定义适用于本标准。

3.1

锥形交通路标(交通锥) traffic cone

一种由一个或多个部分包括底座、锥体等组成的锥形物体。

3.2

底座 base plate

交通锥底部与支撑面接触的部分。

3.3

锥体 cone body

交通锥除底座之外的锥形部分。

4 产品分类

锥形交通路标分为A、B两类。

——A类:交通锥有反光部分。

——B类:交通锥无反光部分。

5 技术要求

5.1 材料及外观

5.1.1 交通锥宜采用塑料或橡胶制作而成。交通锥所使用的塑料、橡胶、反光材料等应符合有关的材料性能要求。

5.1.2　交通锥表面应平整光洁、颜色均匀一致，无明显的划痕、变形及其他缺陷。

5.1.3　A类交通锥有安全提示作用的白色反光部分，在正常使用中不会与交通锥剥离脱开。

5.2　形状及质量

5.2.1　交通锥的顶部外径为60mm±15mm，其上表面可有一直径为40mm±5mm、边缘光滑的圆孔。

5.2.2　交通锥的锥体边界与其垂直轴成10°±2.5°。

5.2.3　交通锥的底座为边数不小于4而不大于8的正多边形或圆形。

5.2.4　当底座外边缘的厚度大于15mm时，底座外边缘的内切圆直径为交通锥高度的0.75。当底座外边缘的厚度小于或等于15mm时，底座外边缘的内切圆直径为交通锥高度的0.9。

5.2.5　交通锥的设计应确保在叠放时不会损坏其反光面。两个交通锥当一个叠放在另一个上时，其总体高度不超过单个交通锥高度的1.2倍。

5.2.6　交通锥顶部下端可设计有手持的结构，该部分不反光，并且高度不超过交通锥总高的0.1或从顶部测量不超过60mm。

5.2.7　交通锥表面反光部分的最小宽度为8cm，反光部分顶部距交通锥顶部10cm。

5.2.8　交通锥内部允许放置填充物，以增加自重。但填充物不能是可能对车辆行人造成二次伤害的物品。

5.2.9　交通锥的未注公差不超过本标准规定尺寸和质量的5%。

5.2.10　交通锥质量分级应符合表1的规定。

表1　交通锥高度与最小质量

高度(H)，mm	最小质量，kg		
	1级	2级	3级
$900<H\leqslant1000$	4.80	6.00	7.50
$750<H\leqslant900$	3.20	4.00	5.00
$500<H\leqslant750$	1.30	1.90	2.50
$450<H\leqslant500$	1.10	1.80	1.90
$300<H\leqslant450$	0.80	0.80	0.80
注：最小质量为交通锥自重。			

5.3　颜色

交通锥反光部分为白色，底座以上的内部外部均为红色。按6.1规定的方法测试后，交通锥及其反光部分的颜色应符合表2和图1的要求。

表2　色品坐标和亮度因数

颜色		色品坐标 光源为标准照明体D_{65}，观测条件为45/0								亮度因数
		1		2		3		4		
		x	y	x	y	x	y	x	y	
表面色	红色	0.690	0.310	0.595	0.315	0.569	0.341	0.655	0.345	≥0.07
逆反射材料色	白色	0.350	0.360	0.300	0.310	0.290	0.320	0.340	0.370	≥0.27

5.4　反光部分逆反射性能

A类交通锥白色反光部分的逆反射系数值应不低于GB/T 18833—2002中四级（工程级）反光膜的要求，见表3。

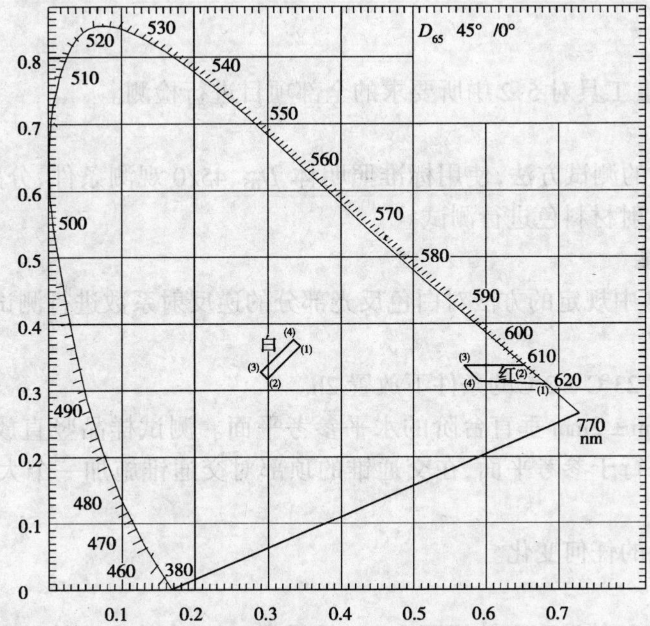

图 1　颜色范围图

表 3　反光部分逆反射性能

观测角	入射角	最小逆反射系数（cd·lx⁻¹·m⁻²）
		白色
0.2°	-4°	80
	15°	55
	30°	30
0.33°	-4°	50
	15°	45
	30°	24
1°	-4°	5.0
	15°	3.0
	30°	2.0

5.5　稳定性能

按 6.5 方法测试后，交通锥不能翻倒。

5.6　抗坠落性能

按 6.6 方法测试后，交通锥的任何一部分，包括填充物，不能出现碎裂、破损、分离、散落等现象。

5.7　低温抗撞击性能

按 6.7 方法进行测试，测试过程中交通锥的任何一部分，包括反光部分不得脱落、破裂或损坏，锥体冲击后应恢复原状。

5.8　耐候性能

按 6.8.1 或 6.8.2 方法进行测试后，交通锥及其反光部分应无变形、开裂、剥离或其他损坏，其颜色应符合表 2 的要求，反光部分的逆反射系数不能低于表 3 的 50%。

6　试验方法

6.1　材料及外观

核查交通锥所使用的塑料、橡胶、反光材料等材质证明单或检测报告。外观质量在光线良好的条件下进行目测。

6.2 **形状及质量**

用尺子、称重仪等测量工具对5.2中所要求的全部项目进行检测。

6.3 **颜色**

按GB/T 3979中规定的测试方法,使用标准照明体 D_{65}、45/0观测条件,分别对交通锥及其反光面的红色表面色和白色逆反射材料色进行测试。

6.4 **反光部分逆反射性能**

按GB/T 18833—2002中规定的方法对白色反光部分的逆反射系数进行测试。

6.5 **稳定性能**

样品测试前应在温度23℃±2℃的条件下放置2h。

需要提供一个有12mm±2mm垂直台阶的水平参考平面。测试样品竖直放置于参考平面上,其底座与台阶的立面接触。平行于参考平面,在交通锥的顶部对交通锥施加一个大小为7N±0.1N的水平作用力。

记录测试过程中样品的任何变化。

6.6 **抗坠落性能**

6.6.1 交通锥在32℃±2℃的温度下放置至少2h,然后在1min内将交通锥移出并完成测试工作。

6.6.2 交通锥在-18℃±2℃的温度下放置至少2h,然后在1min内将交通锥移出并完成测试工作。

6.6.3 测试样品应锥底朝下水平悬挂,由静止状态自由落下。其最低部分至水平测试表面的距离应为1500mm±5mm。

6.6.4 记录测试过程中样品的任何变化。

6.7 **低温抗撞击性能**

交通锥在-18℃±2℃温度下放置至少2h,并在1min内从调节环境移至测试环境完成测试工作。

将交通锥固定在参考平面上。质量为0.9kg±0.045kg的实心钢球悬挂在直径不超过1mm的钢丝上做摆锤运动,摆动半径为1750mm±10mm。将钢球自摆动最高点自由释放,钢球与测试样品的撞击点应位于摆球悬挂点的垂直底部,距支撑面的高度为 $H/3$~$H/2$ 之间(H 为交通锥的高度)。示意图见图2。

记录测试过程中样品的任何变化。

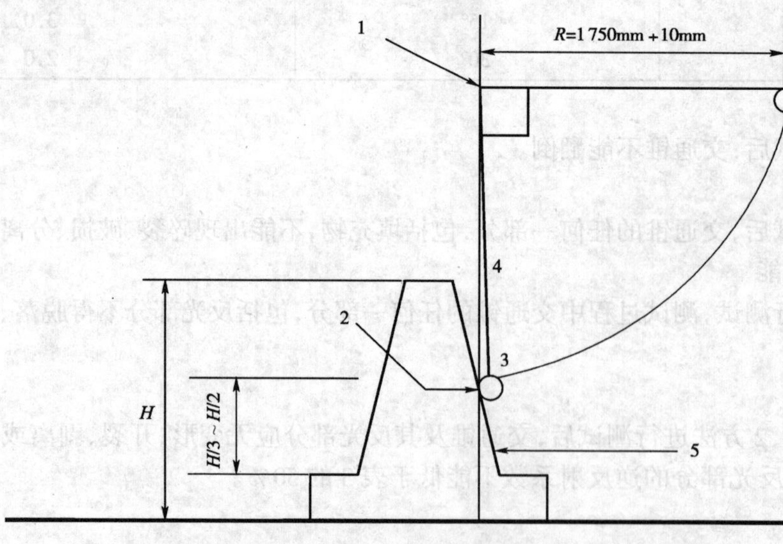

图2 低温抗撞击性能试验

1-摆球中心;2-撞击点;3-钢球;4-摆线;5-交通锥试样

6.8 耐候性能

6.8.1 自然暴露试验

按 GB/T 3681 的要求,将交通锥放置在平坦空旷的场地进行自然暴露试验,时间为一年。

6.8.2 人工气候加速老化试验

从交通锥上裁取试样放置于老化试验箱中。试样的尺寸可根据老化试验箱的要求来选定,一般不应小于 65mm × 140mm。按 GB/T 16422.2 的要求,老化箱可采用氙灯作为光源,其辐射强度为1000W/m^2 ± 100W/m^2;光谱波长低于 290nm 光线的辐射强度不应大于 1W/m^2。在整个试样面积内,辐照度的差别不应大于 10%。

在试验过程中,采用连续光照,周期性喷水。喷水周期为 18min/102min(喷水时间/不喷水时间);箱内黑板温度为 65℃ ± 3℃;试验时间为 600h。

7 检验规则

7.1 出厂检验

产品出厂前,应按 GB/T 10111 的方法随机抽样,对 5.1 ~ 5.7 的有关性能进行自检,合格者附合格证才可出厂。

7.2 型式检验

有下列情况发生时,应按本标准要求,对产品的全项性能进行型式检验:

a) 老产品转厂生产时;

b) 停产一年或一年以上的产品再生产时;

c) 正常生产的产品经历两年生产时;

d) 产品结构、材料、工艺有较大改变时;

e) 合同规定时;

f) 国家授权的质量监督部门提出质量抽查时。

7.3 判定规则

检测结果全部符合标准要求,判定该批产品合格;若检测结果有一项不符合标准要求,抽取双倍数量的产品对该项指标进行复检,若复检合格,判定该批产品合格;若复检不合格,判定该批产品不合格。

8 标志、包装、运输和贮存

8.1 交通锥应清晰、耐久地做出如下标志:

a) 生产厂商的名称、商标或其他有关信息;

b) 应用的标准号,如:JT/T ×××—××××;

c) 交通锥的类别;

d) 生产日期及批号等。

8.2 标志的面积不超过 30cm^2,在正常的视认距离内字迹清晰,并且在交通锥的有效使用期限该标志应牢固耐用。

8.3 交通锥的包装、运输和贮存:

a) 交通锥的包装、运输和贮存应考虑方便、安全,并保证交通锥的性能不会下降。

b) 每个独立的包装应附有产品合格证、使用说明书等必要的信息。

ICS 93.080.30
P66
备案号：

JT

中华人民共和国交通行业标准

JT/T 596—2004

公路防撞桶

Specification for road safety barrel

2004-11-02 发布　　2005-02-01 实施

中华人民共和国交通部　发布

公路防撞桶

1 范围

本标准规定了公路防撞桶产品的规格尺寸、技术要求、试验方法、检验规则及包装、标志、运输和贮存等内容。

本标准适用于高速公路及一二级公路,其他公路和城市道路可参照执行。

2 规范性引用文件

下列文件中的条款通过本标准的引用而成为本标准的条款。凡是注日期的引用文件,其随后所有的修改单(不包括勘误的内容)或修订版均不适用于本标准。然而,鼓励根据本标准达成协议的各方研究是否可使用这些文件的最新版本。凡是不注日期的引用文件,其最新版本适用于本标准。

GB/T 528　硫化橡胶或热塑橡胶拉伸应力应变性能的测定(eqv ISO 37)

GB/T 1040　塑料拉伸性能试验方法

GB/T 2423.17　电工电子产品基本环境试验规程　试验 Ka:盐雾试验方法(eqv IEC 68-2-11)

GB/T 2918　塑料试样状态调节和实验的标准环境(idt ISO 291)

GB/T 3681　塑料大气暴露试验方法(neq ISO 877)

GB/T 5470　塑料冲击脆化温度试验方法

JT/T 593—2004　公路沿线设施塑料制品耐候性指标及测试方法

GB/T 18833　公路交通标志反光膜

3 术语和定义

下列术语和定义适用于本标准。

3.1

事故严重度　accident severity

衡量一定质量的车辆以一定的碰撞条件与路侧障碍物碰撞造成事故的严重程度指标,它是事故造成财产损失、伤亡程度的综合估计值。

3.2

防撞桶　road safety barrel

设置在公路的转弯、出入口、收费岛头、桥梁护栏端头、上跨桥的桥墩处等存在严重安全隐患的地方,起警示和减缓冲击作用的圆形安全设施。在发生车辆冲撞时,能减轻事故严重度,降低事故损失。

4 产品型号

产品型号形式如下:

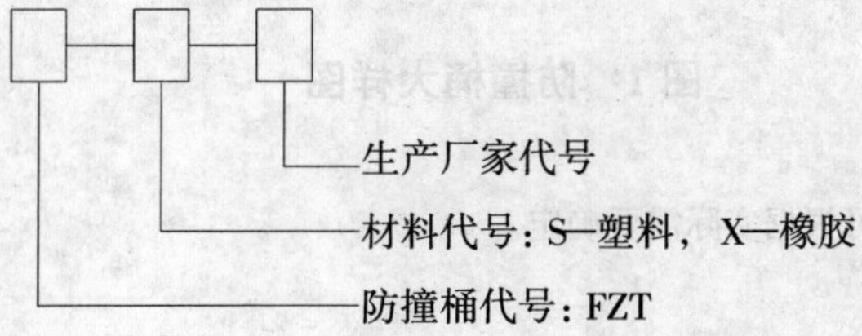

示例:SD 厂家生产的塑料防撞桶表示为:FZT—S—SD。

5 技术要求

5.1 防撞桶的结构

防撞桶由桶盖、桶身、横隔板、配载物及逆反射材料(反光膜)组成。

5.2 防撞桶的形状、尺寸及外观要求

5.2.1 形状及外观要求

防撞桶桶身为圆柱形,外表颜色为黄色,为中空形式,桶盖与桶身通过自攻螺丝固定;防撞桶桶身可设计结构件加固;防撞桶应有泄气孔;防撞桶表面不应有裂纹及明显凹痕和变形,不应有明显的划痕、损伤和颜色不均匀。

防撞桶内部应设置横隔板,放置水、砂等配载物;横隔板的强度应能承受配载物的自重;防撞桶在空桶状态及加载配载物后均可成型正面放置,加装配载物竖直放置时,配载物不能有内部和外向泄漏。

5.2.2 尺寸

防撞桶的直径为900mm,高为950mm,壁厚不小于6mm,防撞桶外贴红白相间的反光膜,反光膜方向可根据实际情况调整,见图1,其外形尺寸允许偏差为+0.5%。

5.3 材料

5.3.1 防撞桶桶盖、桶身、横隔板所用材料为塑料或橡胶;外贴反光膜等级为二级及以上;配载物所用砂为普通中砂,细度模数在3.0~2.3之间。

5.3.2 材料要求:

a) 拉伸强度应不小于15MPa。

b) 断裂伸长率(扯断伸长率)应不小于300%。

c) 塑料的冲击脆化温度低于-40℃。

d) 反光膜的色度性能、光度性能、耐候性、耐盐雾腐蚀性能、耐溶剂性能、抗冲击、耐弯曲、抗高低温性能应符合GB/T 18833的要求。

单位为厘米

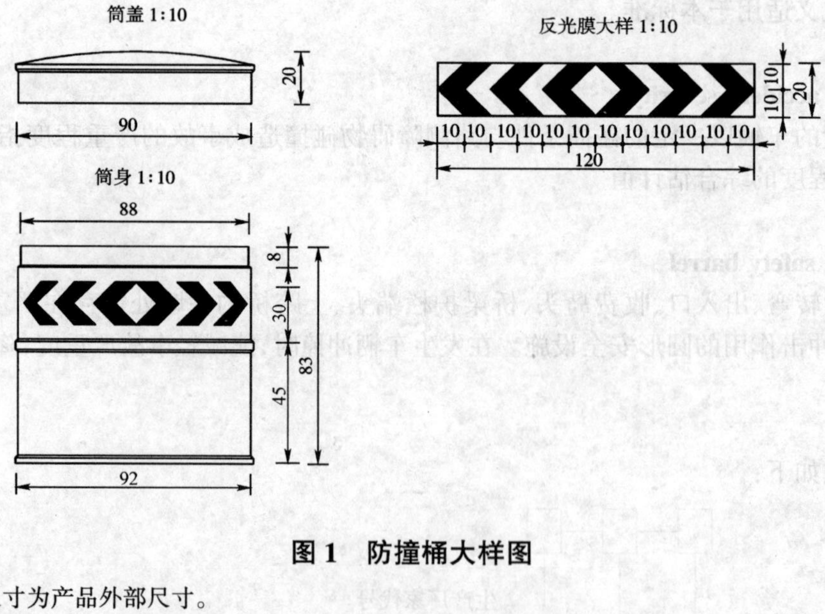

图1 防撞桶大样图

注1:防撞桶尺寸为产品外部尺寸。

注2:反光膜粘贴方向仅为示意,可根据实际需要确定。

5.4 系统碰撞性能要求

5.4.1 乘员安全性能

车辆碰撞防撞桶系统后,司机速度应小于12m/s,在最后10ms的平均加速度小于20g。

5.4.2 结构安全性

在发生碰撞时,防撞桶桶身材料及配载物不能飞散,不能对碰撞车辆、周围的行人及其他车辆产生伤害。

5.4.3 车辆行驶轨迹

碰撞车辆能被有效的减速和停止,不能产生碰撞车辆穿越防撞桶或侵入其他车道。

5.5 耐高温性能

承受高温后,不应有明显变色、永久性形变及表面贴膜剥裂等现象。

5.6 耐低温性能

承受低温后,不应有明显变色、永久性形变、裂纹、碎裂或翘曲及表面贴膜剥裂等现象。

5.7 耐候性能

经累积能量 $3.5 \times 10^6 kJ/m^2$ 的耐候性试验后,防撞桶应无明显的裂缝、刻痕、凹陷、气泡、侵蚀、剥离、粉化或变形,防撞桶用反光膜不应出现边缘被剥离的现象。拉伸强度试验数值不低于 5.3.2 a)要求规定值的 80%。

5.8 耐盐雾腐蚀性能

在正常使用盐雾环境下,防撞桶桶体及桶盖不应有变色、损伤或被侵蚀的痕迹。防撞桶用反光膜不应出现边缘被剥离的现象。

5.9 反光膜对防撞桶的附着性能

反光膜对防撞桶的附着性能应符合 GB/T 18833 中反光膜对标志底板的附着性能的规定。

6 试验方法

6.1 试样的制备

无特殊要求,试样按如下方法制备:

a) 随机抽取或截取防撞桶具有代表性的,尺寸不小于 150mm × 150mm 的试件,作为产品试样。

b) 随机抽取生产使用的反光膜,截成尺寸为 150mm × 150mm 大小,按生产工艺要求,粘贴在大小为 200mm × 200mm 的防撞桶试样上,作为反光膜试样。

6.2 测试的环境要求

如无特别说明,试验是在 GB/T 2918 所规定的"23/50"标准环境下进行。

6.3 外观检查

在白天室外照度大于 80lx 的条件下,目测产品外观,检测结果应符合 5.2.1 的规定。

6.4 尺寸测量

用直尺、钢卷尺、板厚千分尺测量防撞桶的外形尺寸和壁厚,结果应符合 5.2.2 的规定。

6.5 拉伸强度试验

塑料材料防撞桶按照 GB/T 1040 的规定和要求(试样类型选用Ⅱ型)进行试验,橡胶材料防撞桶按照 GB/T 528 的要求(试样选用哑铃状试样Ⅰ型)进行试验,试验后的测定结果应符合 5.3.2 a)的规定。

6.6 断裂伸长率(扯断伸长率)试验

塑料材料防撞桶按照 GB/T 1040 的规定和要求(试样类型选用Ⅱ型)进行试验,橡胶材料防撞桶按照 GB/T 528 的要求(试样选用哑铃状试样Ⅰ型)进行试验,试验后的测定结果应符合 5.3.2b)的规定。

6.7 冲击脆化温度试验

塑料防撞桶的冲击脆化温度按照 GB/T 5470 的规定进行测试,测试结果应符合 5.3.2c)的规定。

6.8 反光膜性能试验

反光膜的色度性能、光度性能、耐候性、耐盐雾腐蚀性能、耐溶剂性能、抗冲击、耐弯曲、抗高低温性能按照 GB/T 18833 的规定进行测试,测试结果应符合 5.3.2d)的规定。

6.9 碰撞性能测试

防撞桶以一组为一个防撞系统,包含五个防撞桶,按要求加载配载物、组合排列。

质量为 2000kg 的汽车,以 0°的碰撞角度,速度为 50km/h 对防撞桶实施碰撞试验,结果应满足 5.4 的要求。

6.10 高温试验

将防撞桶试件置入 65℃±2℃的环境中 24h 后取出,用四倍放大镜检查桶体外观,应符合 5.5 的要求。

6.11 低温试验

将防撞桶试件置入 -40℃±2℃的环境中 24h 后取出,用四倍放大镜检查桶体外观,应符合 5.6 的要求。

6.12 耐候性能试验

6.12.1 自然暴露试验

按照 GB/T 3681 的要求,将防撞桶安装在至少高于地面 0.8m 的曝晒架上,试验地点应尽可能近似实际使用环境或代表某一气候最严酷的地方。自然暴露时间为两年。试验后检查外观和性能,应符合 5.7 的规定。

6.12.2 氙弧灯暴露试验

按照 JT/T 593—2004 中 5.9 的规定执行。

6.13 盐雾腐蚀试验

按照 GB/T 2423.17,把化学纯的氯化钠溶于蒸馏水,配成 5%±0.1%(质量百分比)的盐溶液(pH 值在 6.5~7.2 之间),使该盐溶液在盐雾箱内连续雾化,箱内温度保持 35℃±2℃。试样受试面与垂直方向成 30°角,相邻两样品保持一定的间隙,行间距不小于 75mm,试样在盐雾空间连续暴露 120h。试验结束后,用流动水轻轻洗掉试样表面的盐沉积物,再用蒸馏水漂洗,洗涤水温不得超过 35℃,然后在标准的大气条件下放置 1h~2h,用四倍放大镜进行检查。试验结果应符合 5.8 的规定。

6.14 反光膜对防撞桶的附着性能试验

反光膜对防撞桶的附着性能按 GB/T 18833 中 7.12 的规定进行测试,测试结果应符合 5.9 的规定。

7 检验规则

7.1 检验的分类和要求

对防撞桶的质量检验分型式检验和出厂检验。

7.1.1 型式检验

有下列情况之一,生产厂家应进行产品的型式检验,检验项目见表 1。

a) 新产品鉴定;
b) 老产品转厂生产;
c) 停产一年或以上,又恢复生产;
d) 产品的设计、工艺或材料的改变影响产品性能时;
e) 产品在实际使用中出现较大质量问题时;
f) 正常生产的产品每经历两年时间;
g) 国家有关技术监督部门提出要求时。

7.1.2 出厂检验

防撞桶生产厂在产品出厂前,应按照表 1 的要求,逐一对防撞桶进行出厂检验,以保证出厂产品质量符合本标准要求。

表1 检验项目表

序 号	试验项目	试验方法	型式检验	出厂检验
1	外观检查	6.3	√	√
2	尺寸检查	6.4	√	√
3	拉伸强度试验	6.5	√	—
4	断裂伸长率试验	6.6	√	—
5	冲击脆化温度	6.7	√	—
6	反光膜性能试验	6.8	√	—
7	碰撞性能试验	6.9	√	—
8	高温试验	6.10	√	—
9	低温试验	6.11	√	—
10	自然暴露试验	6.12.1	√	—
11	氙灯暴露试验	6.12.2	√	—
12	耐盐雾腐蚀测试	6.13	√	—
13	反光膜对防撞桶的附着性能	6.14	√	—
注:表中"√"表示进行此项试验。				

7.2 判定规则

型式检验抽检的防撞桶不得少于10只,拉伸强度、断裂伸长率试验所需塑料或橡胶样品数量不得少于20块,按表1的要求进行检验,所有应检项目的检验结果必须全部符合本标准的要求,如有一项不合格,则判定产品不合格。

8 标志、包装、运输和贮存

8.1 防撞桶应有清晰耐久的标志,注明以下内容:

a) 生产厂家名称、地址;

b) 产品名称、代号;

c) 产品所执行或符合的标准编号及名称;

d) 生产日期及批号。

8.2 产品的包装应包含以下文件:

a) 产品使用、维护说明书;

b) 产品质量等级检验合格证。

8.3 运输

产品运输时应固定牢靠,防止损伤反光膜和其他部分。

8.4 贮存

产品在运输和贮存时应防止被化学物品腐蚀。

ICS 93.080.30
P66
备案号：

JT

中华人民共和国交通行业标准

JT/T 597—2004

LED 车道控制标志

Specification for LED lane control signs

2004-11-02 发布　　2005-02-01 实施

中华人民共和国交通部　发布

LED 车道控制标志

1 范围

本标准规定了 LED 车道控制标志产品(以下简称标志)的组成与分类、技术要求、试验方法、检验规则以及标识、包装、运输与贮存等内容。

本标准适用于公路上 LED 车道控制标志,其他道路可参照使用。

2 规范性引用文件

下列文件中的条款通过在本标准中引用而成为本标准的条款。凡是注日期的引用文件其随后所有的修改单(不包括勘误的内容)或修订版均不适用于本标准。然而,鼓励根据本标准达成协议的各方研究是否可使用这些文件的最新版本。凡是不注日期的引用文件,其最新版本适用于本标准。

GB/T 191	包装储运图示标志(eqv ISO 780)
GB/T 1804	一般公差 未注公差的线性和角度尺寸的公差
GB/T 2423.1	电工电子产品环境试验 第 2 部分:试验方法 试验 A:低温(idt IEC 68-2-1)
GB/T 2423.2	电工电子产品环境试验 第 2 部分:试验方法 试验 B:高温(idt IEC 68-2-2)
GB/T 2423.3	电工电子产品基本环境试验规程 试验 Ca:恒定湿热试验方法(eqv IEC 68-2-3)
GB/T 2423.10	电工电子产品基本环境试验规程 试验 R:振动(正弦)试验方法(idt IEC 68-2-6)
GB/T 2423.17	电工电子产品基本环境试验规程 试验 Ka: 盐雾试验方法(eqv IEC 68-2-11)
GB/T 3681	塑料大气暴露试验方法(neq ISO 877-2-1)
GB 4943	信息技术设备的安全(idt IEC 60950)
GB/T 5080.7	设备可靠性试验 恒定失效率假设下的失效率与平均无故障时间的验证试验方案(idt IEC 605-78)
GB/T 7000.1	灯具一般安全要求与试验(idt IEC 60598-1)
JT 432—2000	高速公路 LED 可变限速标志技术条件

3 术语及定义

JT 432—2000 确立的以及下列术语和定义适用于本标准。

3.1

半强角 half-intensity angle

发光强度为最大发光强度光轴方向一半时,测量轴与最大发光强度光轴的夹角。

3.2

视认角 viewing angle

观察者(正常人, 矫正视力 1.0 以上)在环境照度大于 50 000lx 的晴天、太阳光正面照射标志面的条件下,偏离标志面法线方向后,仍能正确认读标志内容的最大偏离角度。

注:半强角是一个客观参数,可用仪器度量;视认角是一个主观评定参数,两者数值不一定相等。

4 组成与分类

4.1 组成

LED 车道控制标志由机壳、显示屏、控制器及安装连接件组成。

4.2 分类

LED 车道控制标志按显示屏的外形分为方形和圆形两种；按外形尺寸分为 600mm 和 300mm 两种；按环境温度适用等级分为 A 型、B 型、C 型三种。

4.3 型号

产品型号如下：

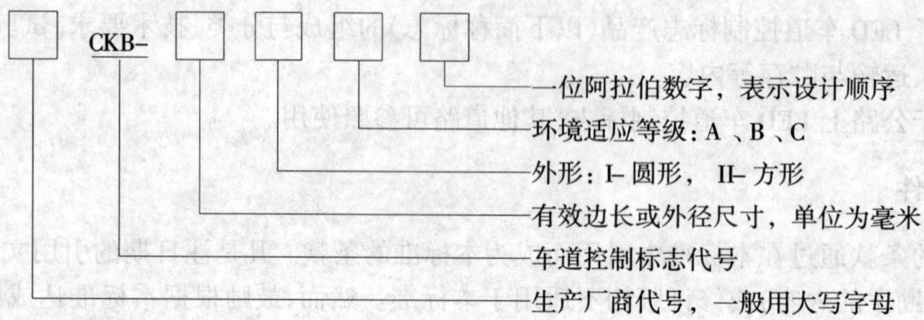

5 技术要求

5.1 适用条件

5.1.1 安装环境：户外无气候防护。

5.1.2 相对湿度：不大于 98%。

5.1.3 环境温度：

A 型：-20℃ ~ +55℃；

B 型：-40℃ ~ +50℃；

C 型：-55℃ ~ +45℃。

5.2 材料要求

5.2.1 产品的机壳等结构件在保证结构稳定的条件下，宜采用符合国家相关标准的轻质金属或非金属材料，以减少产品自身的重量和增加抗腐蚀能力，当采用钢板作机壳时应使用热镀锌板再加有机涂层防腐处理。

5.2.2 单粒 LED 在额定电流时的法向发光强度：红色不小于 3 000mcd，绿色不小于 4 500mcd；用于收费广场的半强角 $\theta_{1/2}$ 不小于 30°，用于匝道收费站和其他路段的半强角 $\theta_{1/2}$ 不小于 12.5°。LED 的平均无故障时间 MTBF 不小于 50 000h，其他电子元器件的 MTBF 不小于 30 000h。

5.3 结构和尺寸

5.3.1 显示屏上有叉号和向下箭头两种图形，叉号发光时为红色表示下方车道禁止通行，箭头发光时为绿色表示下方车道允许通行。

5.3.2 图形一般由单粒 LED 或像素构成，像素的尺寸及 LED 最小数量宜符合 JT 432—2000 附录表 A.1 中有关字符像素的要求。其他形式的图形，其颜色、尺寸应符合本标准有关要求，视场角 1°时的笔画平均亮度：红色不小于 4 000cd/m^2，绿色不小于 5 000cd/m^2。

5.3.3 标志外形及显示屏上的叉号和向下箭头尺寸见图 1 及表 1。机壳边框与显示屏图形外缘的距离应协调美观。

5.3.4 标志显示屏的显示模块内各像素之间及各显示模块之间，像素应排列均匀、平整，各像素点间距允许误差 ±1mm，不平整度不大于 2mm/m^2。

5.4 外观质量

5.4.1 标志构件应完整、装配牢固、结构稳定，边角过渡圆滑，无飞边、无毛刺。

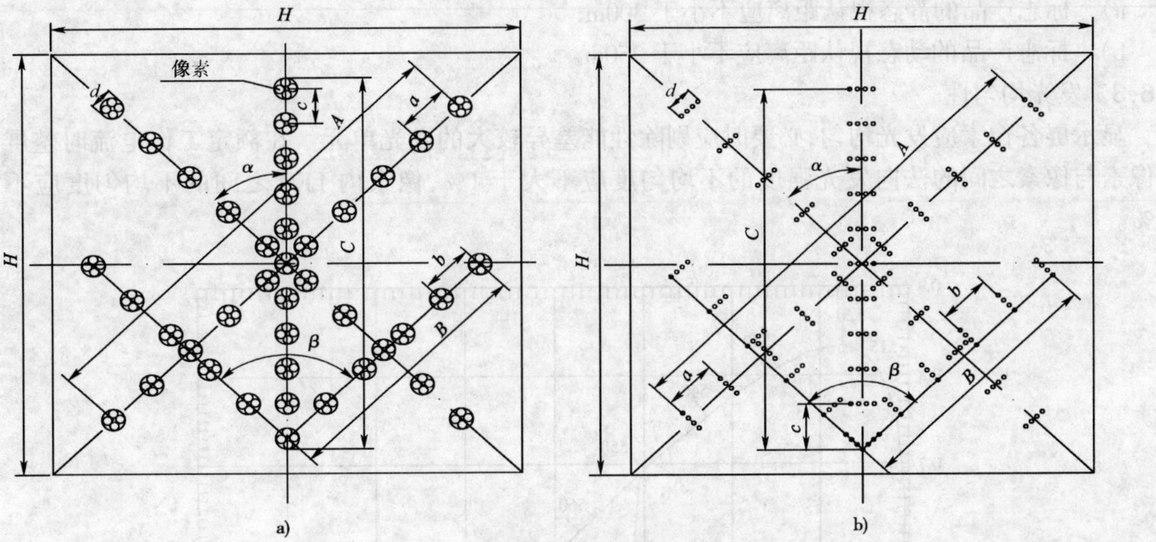

图1　车道控制标志结构图

a)像素结构图例；b)单粒 LED 结构图例

表1　LED 车道控制标志图形尺寸　　单位为毫米

名称	屏幕有效边长	叉号长度	箭头长度	箭头高度	叉号像素间距	箭头像素间距	箭头高像素间距	笔划宽度	叉号交角	箭头交角
符号	*H*	*A*	*B*	*C*	*a*	*b*	*c*	*d*	*α*	*β*
600 型	600	630	350	530	≤70	≤70	≤50	70 ± 3	45°	90°
300 型	300	315	175	265	≤70	≤70	≤50	33 ± 3	45°	90°
注：其他特殊要求可参照上述尺寸适当调整。										

5.4.2　安装连接件应设置可调节标志视认角度的机构，以便于安装施工；其活动零件应灵活、无卡滞现象，机壳及安装连接件应无明显变形、凹凸等缺陷。

5.4.3　外壳及连接件的防护层色泽应均匀、无划伤、无裂痕、无基体裸露等缺陷，其理化性能指标应符合相关国家或行业标准的要求。

5.4.4　机箱内元器件安装要求牢固端正、位置正确、部件齐全；箱体出线孔开口合适、切口整齐，出线管与箱体连接密封良好；箱内接线整齐，回路编号清楚，走线横平竖直，符合工艺和视觉美学要求；箱锁应采取防水、防锈措施，箱门开闭灵活轻便，密封良好，箱体内外清洁。

5.5　色度性能

5.5.1　机壳

机壳的颜色应符合国家标准油漆色卡的 510 号蓝灰色。

5.5.2　显示屏基底

显示屏基底应为亚光黑色。

5.5.3　显示屏的图形

禁行图形发光时为红色叉号，不发光时为黑色或无色；通行图形发光时，为绿色垂直向下箭头，不发光时为黑色或无色。发光时显示的红色及绿色图形的色品坐标应符合图 2 和表 2 的规定。

5.6　视认性能

5.6.1　视认角

在距离标志 100m 处，标志产品的视认角应不小于 30°。

5.6.2　视认距离

a） 标志产品的静态视认距离应不小于 300m；

b） 标志产品的动态视认距离应不小于 250m。

5.6.3 发光均匀性

显示屏各像素应发光均匀，必要时应剔除性能差异较大的发光单元。在额定工作电流时整屏范围内像素与像素之间的法向发光强度的不均匀度应不大于 1%，像素内 LED 之间的不均匀度应不大于 10%。

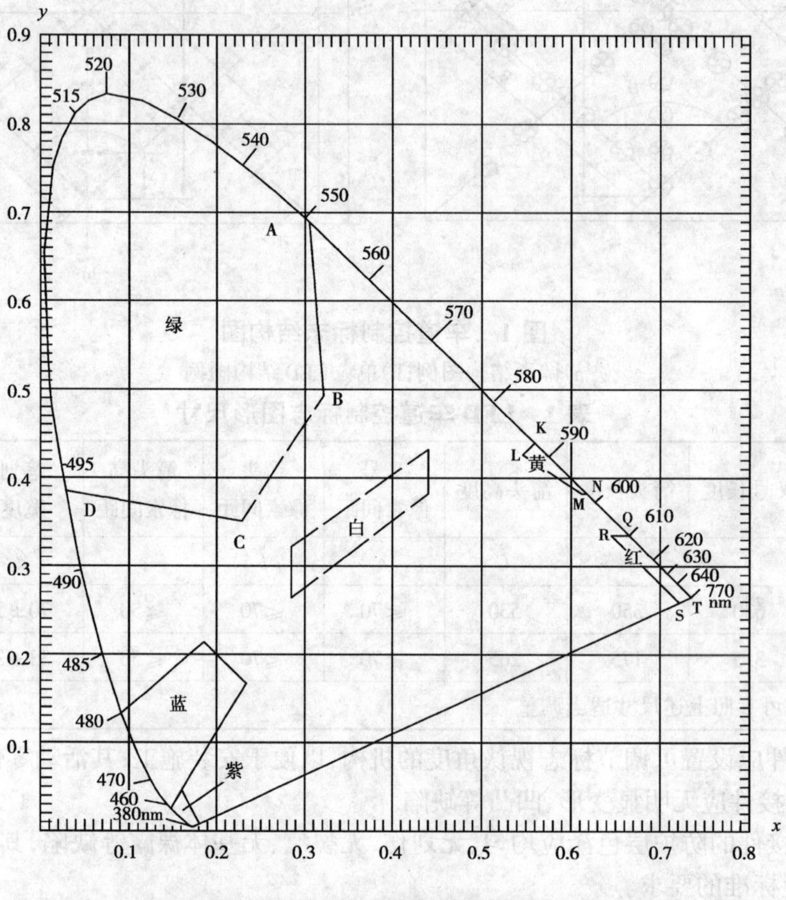

图 2 LED 车道控制标志像素发光颜色色品坐标图

表 2 LED 车道控制标志颜色边界线交点色品坐标

颜色		边界线交点色品坐标			
红色		Q	R	S	T
	x	0.665	0.645	0.721	0.735
	y	0.335	0.335	0.259	0.265
绿色		A	B	C	D
	x	0.305	0.321	0.228	0.028
	y	0.689	0.493	0.351	0.385

5.7 电气安全性能

5.7.1 绝缘电阻：产品的电源接线端子与机壳的绝缘电阻应不小于 100MΩ。

5.7.2 介电强度：在产品的电源接线端子与机壳之间施加频率 50Hz、有效值 1500V 正弦交流电压，历时 1min，应无火花、飞弧和击穿现象。

5.7.3 安全接地：产品应设安全保护接地端子，接地端子与机壳连接可靠，接地端子与机壳的接触电阻应小于 0.1Ω。

5.7.4 电源适应性：在以下输入电压条件下，产品应可靠工作：

电压：交流 220×(1±20%)V，频率：50×(1±4%)Hz。

5.7.5 产品的供电接口和控制接口应采取必要的防雷电和过电压保护措施，采用的元器件和防护措施应符合有关标准要求。

5.7.6 产品应采取防雨、防尘措施，外壳的防护等级按 GB 7000.1 的规定应不低于 IP55 级。

5.8 机械力学性能

5.8.1 产品结构应稳定，承受由 40m/s 风速产生的风压后，不影响标志的使用性能，由此产生的几何变形量应不大于 2mm。

5.8.2 机箱门和安装方式的设计应便于维护。

5.9 引出线及色标

5.9.1 标志引出控制线应用截面积不小于 $2.5mm^2$ 的护套线引出。

5.9.2 引出控制线的色标：红色叉号标志灯引出线，一根芯线外皮为红色、另一根芯线外皮为黑色；绿色箭头标志灯引出线，一根芯线外皮为绿色、另一根芯线外皮为白色。

5.10 环境适应性能

5.10.1 耐低温性能

在－20℃(－40℃、－55℃)条件下，按 6.10.1 的方法试验 8h，产品应启动正常，逻辑正确。

5.10.2 耐高温性能

在＋55℃(＋50℃、＋45℃)条件下，按 6.10.2 的方法试验 8h，产品应启动正常，逻辑正确。

5.10.3 耐湿热性能

在温度＋40℃，相对湿度(98±2)%条件下，按 6.10.3 的方法试验 48h，产品应启动正常，逻辑正确。

5.10.4 耐机械振动性能

标志通电工作时，在振动频率 2Hz～150Hz 的范围内按 6.10.4 的方法进行扫频试验。在 2Hz～9Hz 时按位移控制，位移 3.5mm；在 9Hz～150Hz 时按加速度控制，加速度为 $10m/s^2$。2Hz→9Hz→150Hz→9Hz→2Hz 为一个循环，扫频速率为 1oct/min，共 20 个循环，产品功能正常，结构不受影响，零部件无松动。

5.10.5 耐盐雾腐蚀性能

产品的外壳防腐层和像素及其支撑底板按 6.10.5 的方法，经过 168h 的试验后，应无明显锈蚀现象，金属构件应无红色锈点，电气部件应工作正常。

5.10.6 耐候性能

产品的外壳防腐层、发光元件及其支撑底板按 6.10.6 经过两年自然曝晒试验或经过人工加速老化试验累积能量达到 $3.5\times10^6kJ/m^2$ 后，产品外观应无明显老化现象，非金属材料的机械力学性能保留率应不小于 90%。

5.11 可靠性

5.11.1 整机 MTBF 不小于 20 000h；

5.11.2 平均维护时间小于 0.5h。

5.12 功能要求

5.12.1 显示功能

显示红色叉号和绿色垂直向下的箭头。

5.12.2 调光功能

LED 车道控制标志设置环境照度检测装置，根据环境照度调整光源的发光强度，以避免夜间照度较低时形成眩光，调光等级不少于三级。

6 试验方法

6.1 试验条件

除特殊规定外，一般试验条件如下：

——环境温度：15℃～35℃；

——相对湿度：35%～75%；

——大气压力：85kPa～106kPa。

6.2 一般规定

除特殊规定，一般对可重复的客观测量项目进行三次测试，取算术平均值为测试结果，根据需方要求，可给出标准差和不确定度。对于主观测试项目，测试人员应不少于三人，测试结果分为两种：合格或不合格。

6.3 材料检验

6.3.1 主要核查原材料的材质证明单是否齐全有效，根据需方要求，可对原材料的主要性能指标（如物理力学性能）进行检验。

6.3.2 像素的发光强度、半强角，可按图3所示原理进行测量．张角 γ 不大于12′，观测距离 d 不小于1m，光探测器精度误差应小于5%。

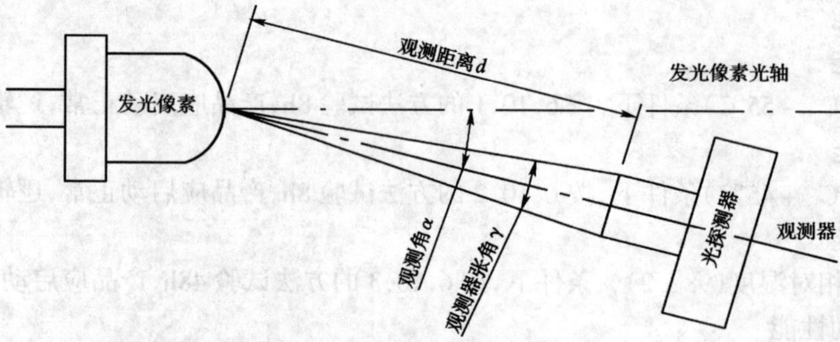

图3 发光强度测试原理图

6.3.3 平均无故障时间MTBF按GB/T 5080.7的规定进行检验。

6.4 外形尺寸

产品的外形尺寸，用分度值0.5mm、精度A级的钢板尺和卷尺，分度值0.02mm、精度0.02mm的游标卡尺测量。

6.5 外观质量

用目测和手感法，为主观评定项目。

6.6 色度性能

6.6.1 标志的外壳、显示屏基底以及发光单元不发光时的颜色为主观评定项目，用目测法。

6.6.2 像素发光时颜色的测量可在标准暗室中用色测量仪器直接读取色品坐标。将测试结果表示在图2上看其是否在规定的界限内，在边界点上的测量结果也应判为合格。

6.7 视认性能

视认性能是对整体产品而言的，以主观评定为主。

6.7.1 测试条件：将产品安装完毕通电后，置于手动测试状态。

6.7.2 测试图案：红色叉号和绿色垂直向下箭头。

6.7.3 测试人员：分为两组，一组为发出显示6.7.2图案的控制者，一般为两人，另一组为认读图案的视认者，一般为三人或五人。

6.7.4 视认角测试方案：控制者将6.7.2规定的图案按任意顺序组合编程，按每30s间隔显示，编程顺序和内容不得事先通知视认者。视认者在规定的视认角处，识读标志板的显示内容，按表3格式记录评定。

6.7.5 静态视认距离测试方案:控制者将6.7.2规定的图案按任意顺序组合编程,按每30s间隔显示,编程顺序和内容不得事先通知视认者。视认者在规定的视认角和视认距离内,识读标志板的显示内容,按表3格式记录评定。

6.7.6 对于动态视认距离的测试方案为从6.7.2中两图案,在视认者经过最大视认距离之前显示在标志上,每次显示一个图案,共进行三次,按表3的格式进行评定。

表3 LED车道控制标志视认性能主观评定

序 号	显示内容	很清楚	清 楚	不清楚	备 注
1					
2					
3					
小计					
结论					

6.7.7 测试结果:测试结果分为合格或不合格,以多数视认者的结论为最终结果。标志内容视读正确、很清楚、清楚为合格;标志内容视读错误或不清楚为不合格。

6.8 电气安全性能

6.8.1 绝缘电阻:用精度1.0级、500V的兆欧表在电源接线端子与机壳之间测量。

6.8.2 介电强度:用精度1.0级的耐电压测试仪在电源接线端子与机壳之间测量。

6.8.3 接触电阻:用精度0.5级、分辨率0.01Ω的电阻表在机壳顶部金属部位与安全保护接地端子之间测量。

6.8.4 用可调变频交流电源对标志进行供电,测试电压分别为175V→200V→220V→240V→265V→250V→230V→210V→175V。每调整到一档电压并稳定后,都分别开启和关闭标志电源开关,检查逻辑和功能是否正常。

6.8.5 标志产品的防雨、防尘及安全防护,按GB7000.1的方法进行。

6.9 产品结构稳定性试验

条件许可时,应用风洞模拟5.8规定的风速,对标志产品进行结构稳定性试验;无风洞试验条件时,用沙袋进行模拟试验。

6.9.1 试验装置

试验装置由基座和支撑臂构成,需有足够的稳定性和灵活性用以方便支撑标志的平放和侧放。

6.9.2 试验步骤

试验按下列步骤进行:

a) 将标志板显示面向下水平安装在支撑臂上,稳定10min,用6.4.1规定的量具对标志的结构尺寸进行测量;

b) 把沙袋均匀地加在标志板背面上,沙袋对标志板背面投影面产生的正压强为$1.5kN/m^2$,加载完毕后,持续10min之后卸去沙袋,立即对受试件进行测量;

c) 将标志板显示面向上水平安装在支撑臂上,稳定10min,用6.4.1规定的量具对标志板的结构尺寸进行测量;

d) 把沙袋均匀地加在标志板显示面上,沙袋对标志板显示面产生的正压强为$1.5kN/m^2$,加载完毕后,持续10min之后卸去沙袋,立即对受试件进行测量。

6.10 环境适应性能试验

6.10.1 耐低温性能试验方法,按GB/T 2423.1规定进行。

6.10.2 耐高温性能试验方法,按GB/T 2423.2规定进行。

6.10.3 耐湿热性能试验方法,按GB/T 2423.3规定进行。

6.10.4 耐机械振动性能试验方法，按 GB/T 2423.10 规定进行。

6.10.5 耐盐雾腐蚀性能试验方法，按 GB/T 2423.17 规定进行。

6.10.6 耐候性能试验：自然曝晒试验按 GB/T 3681 的规定进行，人工加速老化试验按 JT 432—2000 6.11.7.2 执行。

6.11 可靠性试验

按 GB/T 5080.7 规定进行。

6.12 功能测试

为主观评定项目，对 5.12 规定的内容逐项验证。

7 检验规则

产品的检验分为型式检验和出厂检验。

7.1 型式检验

7.1.1 凡有下列情况之一时，应进行型式检验：

a) 新产品试制定型鉴定或老产品转厂生产；

b) 正式生产后，如结构、材料、工艺有较大改变，可能影响产品性能；

c) 产品停产半年以上，恢复生产时；

d) 正常批量生产时，每年一次；

e) 国家质量监督机构提出型式检验要求时。

7.1.2 定型鉴定型式检验的样品应不少于三个，其他型式检验从出厂检验合格的产品中随机抽取三个。

7.1.3 型式检验的项目及顺序按表 4 规定。

7.1.4 型式检验中，安全性能不合格时，该次型式检验为不合格；若其他项目出现不合格，应在同一批产品中加倍抽取样品，对不合格项进行检验，若仍不合格，则该次型式检验不合格。

7.2 出厂检验

7.2.1 产品出厂检验由产品生产企业质量检验部门按表 4 规定逐项进行检验，合格后签发合格证，方可出厂。

表 4 LED 车道控制标志出厂检验表

序号	项目名称	技术要求	试验方法	型式检验	出厂检验	备注
1	材料要求	5.2	6.3	√	×	
2	结构尺寸	5.3	6.4	√	√	
3	外观质量	5.4	6.5	√	√	
4	色度性能	5.5	6.6	√	√	
5	视认性能	5.6	6.7	√	√	
6	绝缘电阻	5.7.1	6.8.1	√	√	
7	介电强度	5.7.2	6.8.2	√	×	
8	安全接地	5.7.2	6.8.2	√	√	
9	电源适应性	5.7.4	6.8.4	√	√	
10	防护性能	5.7.5	6.8.5	√	×	
11	结构稳定性	5.8.1	6.9	√	×	
12	耐低温试验	5.10.1	6.11.1	√	×	
13	耐高温试验	5.10.2	6.11.2	√	×	

表 4(续)

序号	项目名称	技术要求	试验方法	型式检验	出厂检验	备注
14	耐湿热试验	5.10.3	6.11.3	√	×	
15	耐机械振动试验	5.10.4	6.11.4	√	×	
16	耐盐雾腐蚀试验	5.10.5	6.11.5	√	×	
17	耐候性试验	5.10.6	6.11.6	√	×	
18	可靠性	5.11	6.12	√	×	
19	功能要求	5.12	6.13	√	√	
注:√为检验项目,×为不检验项目。						

7.2.2 出厂检验中,若出现一项不合格,则应返修,返修后重新对不合格项进行检验。若仍不合格,则判为不合格品。

8 标识、包装、运输与贮存

8.1 产品标识

8.1.1 产品标识可采用铭牌或直接喷刷、印字等形式,标识应清晰,其颜色要有益于识别且不易随自然环境的变化而褪色、脱落。产品标识上应注明:

a) 生产企业名称、地址及商标;
b) 产品名称及型号规格;
c) 输入额定电压、频率;
d) 功耗;
e) 重量;
f) 产品编号;
g) 制造日期。

8.1.2 包装标识:应符合 GB/T 191 的有关规定,应标有“注意防潮”、“小心轻放”等图案,还应在车道控制标志产品包装箱上印刷以下内容:

a) 生产企业名称、地址及商标;
b) 产品名称及型号规格;
c) 重量:× × × kg;
d) 外形尺寸 mm:长×宽×高;
e) 包装储运图示标志;
f) 产品编号。

8.2 包装

8.2.1 产品的外包装箱为瓦楞纸箱,内部宜用聚氨脂泡沫板和塑料泡沫等材料缓冲。包装应牢固可靠,能适应常用运输工具运送。

8.2.2 产品包装箱内应随带如下文件:

a) 产品合格证;
b) 产品使用说明书;
c) 装箱单;
d) 随机备用附件清单;
e) 接线图、安装图、支撑架结构图;
f) 其他有关技术资料。

8.3 运输

包装好的产品可用常规运输工具运输，运输过程应避免剧烈振动、雨雪淋袭、太阳久晒、接触腐蚀性气体及机械损伤。

8.4 贮存

产品应贮存于通风、干燥、无酸碱及腐蚀性气体的仓库中，周围应无强烈的机械振动及强磁场作用。

ICS 93.080.30
P66
备案号：

JT

中华人民共和国交通行业标准

JT/T 598—2004

塑料防眩板

Anti-glare board of plastic material

2004-11-02 发布　　2005-02-01 实施

中华人民共和国交通部　发布

塑料防眩板

1 范围

本标准规定了塑料防眩板的产品命名、分类、规格尺寸、技术要求、试验方法、检验规则以及标志、包装、运输和贮存。

本标准适用于聚乙烯、聚丙烯或其他类型合成树脂为原材料的塑料防眩板,不适用于玻璃纤维增强型塑料(玻璃钢)防眩板。

2 规范性引用文件

下列文件中的条款通过在本标准中的引用而成为本标准的条款。凡是注日期的引用文件其随后所有的修改单(不包括勘误的内容)或修订版均不适用于本标准。然而,鼓励根据本标准达成协议的各方研究是否可使用这些文件的最新版本。凡是不注日期的引用文件,其最新版本适用于本标准。

GB/T 1039 塑料力学性能试验方法总则

GB/T 1040 塑料拉伸性能试验方法

GB/T 2918 塑料试样状态调节和试验的标准环境(idt ISO 291)

GB/T 11547 塑料耐液体化学药品(包括水)性能测定方法(eqv ISO 176)

GB/T 16422.2—1999 塑料实验室光源暴露试验方法 第2部分:氙弧灯(idt ISO 4892-2)

GB/T 18226—2000 高速公路钢构件防腐技术条件

JT/T 495—2004 公路交通安全设施质量检验、抽样和判定

JT/T 593—2004 公路沿线设施塑料制品耐候性指标及测试方法

JTJ 074—94 高速公路交通安全设施设计及施工技术规范

3 产品分类

3.1 产品分类

按产品结构划分:

a) Z——中空型;

b) S——实体型;

c) T——特殊造型。

3.2 型号

防眩板产品的型号符合以下规定:

□ □ □ □×□

- 板宽,mm
- 板高,mm
- 类型:表示产品类型 Z、S、T
- 原材料:应用原材料英文缩写,如 HDPE、PVC、PP 等
- 产品名称:FXS

示例:以高密度聚乙烯为原材料的规格为高900mm、宽220mm的中空塑料防眩板应表示为"FXS HDPE Z 900×220"。

4 技术要求

4.1 一般要求

4.1.1 原材料

主要原材料应使用符合国家标准的树脂原料，其主要性能指标应符合相关国家标准和本标准的相关规定。

4.1.2 外观质量

产品表面颜色均匀一致，无明显的反光现象，边缘圆滑、无毛刺、无飞边；表面无剥离、无裂纹、无气泡、无沙眼等缺陷，整体成型完整、无明显歪斜。

4.1.3 结构尺寸

防眩板的结构尺寸见表1。

表1 塑料防眩板主要结构尺寸 单位为毫米

高 度 H	宽 度 W	厚 度 t	固定螺孔直径 ϕ
700 ~ 1000	80 ~ 250	2.5 ~ 4	8 ~ 10

结构尺寸的公差应符合下列规定：

a) 高度 H 的允许偏差为$_{0}^{+5}$mm；

b) 宽度 W 的允许偏差为$_{-2}^{+2}$mm；

c) 厚度 t 的允许偏差为$_{-0.3}^{+0.3}$mm；

d) 固定螺孔直径允许偏差为$_{0}^{+0.5}$mm；

e) 纵向直线度不大于2mm/m；

f) 端部不垂直度不大于30′。

4.1.4 防眩性能

防眩板的防眩性能应符合JTJ 074—94中10.1.2的规定。

4.2 理化性能

4.2.1 整体力学性能

4.2.1.1 抗风荷载

抗风荷载 F 应不小于 CS 的乘积，单位为牛(N)。其中 C 为抗风荷载常数，取值为1647.5N/m^2，S 为该规格防眩板的有效承风面积。

4.2.1.2 抗变形量 R

抗变形量 $R \geqslant 2$，单位为毫米每米(mm/m)。

4.2.1.3 抗冲击性能

以冲击点为圆心，半径6mm区域外，无开裂、剥离或其他破坏现象。

4.2.2 耐溶剂性能

产品应具有耐汽油、耐酸及耐碱性能，经168h耐溶剂试验后，产品表面不应出现软化、皱纹、起泡、开裂、被溶解、溶剂浸入等痕迹。

4.2.3 环境适应性能

4.2.3.1 耐盐雾性能

经240h的耐盐雾试验后，产品不应有变色或被侵蚀的痕迹。

4.2.3.2 耐低温坠落性能

经低温坠落试验后，产品应无开裂、破损现象。

4.2.3.3 耐候性能

经总辐照能量大于 3.5×10^6 kJ/m^2 的人工加速老化试验后，试样无明显变色、龟裂、粉化等老化现象，其拉伸强度不小于试验前的80%。

4.3 钢质支架及连接件的防腐蚀性能

公路用塑料防眩板的钢质支架及连接件的防腐蚀涂层性能指标应符合 GB/T 18226—2000 中第 4 章和第 5 章的相关规定。

5 试验方法

5.1 试样状态调节和试验环境条件

除特殊规定外，试样应按 GB/T 2918 的规定进行状态调节 24h，并且在(下述)条件下进行试验：

a) 试验环境温度：23℃ ± 2℃；

b) 试验环境相对湿度：50% ± 5%。

5.2 试剂

试剂应包括下列试剂：

a) 固体试剂：NaOH(化学纯)、NaCl(化学纯)；

b) 液体试剂：H_2SO_4(化学纯)、无铅汽油(120 号)。

5.3 试验仪器和设备

试验应包括下列主要仪器和设备：

a) 万能材料试验机：等级不低于 1 级；

b) 人工加速氙弧灯老化试验箱：应符合 GB/T 16422.2－1999 的相关要求；

c) 低温试验箱：低温下限温度不高于－40℃，温度波动范围不超过 ± 1℃；

d) 盐雾试验箱：80cm^2 的接收面内每小时的盐雾沉降量为 1 mL～2mL；

e) 试验平台：等级不低于 1 级；

f) 钢卷尺：等级不低于 2 级；

g) 其他长度、角度计量器具：等级不低于 1 级。

5.4 试样准备

5.4.1 耐溶剂性能和耐盐雾性能

试样应尽可能从防眩板平缓部位截取，试样面积大小应不小于 100cm^2。

5.4.2 耐候性能

试验所使用拉伸试样，应从防眩板样品上裁取相应数量的材料，经破碎后按相应材料的加工成型要求进行哑铃型试样的制备，试验的取样、制备除特殊规定外，应符合 GB/T 1039 的相关要求。

5.5 试验程序

5.5.1 外观质量

在正常光线下，目测直接观察。

5.5.2 结构尺寸

5.5.2.1 高度 H

将试样做平面投影，用分度值 0.5mm 的钢卷尺在试样投影的最大长度位置量取三个数值，取算术平均值作为测量结果。

5.5.2.2 宽度 W

将试样做平面投影，用分度值 0.5mm 的钢板尺在试样投影的上、中、下三个部位分别量取三个测量值，取最小测量值作为测量结果。

5.5.2.3 厚度 t

对板材厚度均匀的试样，用分度值 0.02mm 的板厚千分尺分别在板的中部及边缘部分量取三个测量值，取算术平均值作为测量结果。对厚度不均匀的试样，以厚度区间表示其测量结果，对其板面的最小和最大厚度值各量取三个测量值，分别取算术平均值作为厚度区间的测量结果。对于中空型的防眩板，厚度 t 为材料实壁单层厚度。

5.5.2.4 固定螺孔直径 ϕ

用分度值 0.01mm 的游标卡尺在不同方向量取三个测量值,取算术平均值作为测量结果。

5.5.2.5 纵向直线度

在试验平台上,用分度值为 0.01mm 的塞尺量取板侧与试验平台间的三个最大缝隙值 d,取算术平均值 $\overline{d}$,则纵向直线度按下面公式求出:

$$纵向直线度 = \overline{d}/H \times 100\% \tag{1}$$

式中:$\overline{d}$——最大缝隙值算术平均值,mm;

H——防眩板高度,mm。

5.5.2.6 端部不垂直度

对于规则方形防眩板,以万能角度尺在其板端量取三个测量值,取算术平均值作为测量结果。对于非规则方形防眩板,不作要求。

5.5.3 整体力学性能

5.5.3.1 抗风荷载 F

将防眩板底部固定于试验平台上,板的中部用标准夹具夹持,以标准夹具的中点为力学牵引点,用刚性连接介质通过定滑轮与试验机牵引系统牢固连接,牵引点应与定滑轮下缘在同一水平线上,且牵引方向应垂直于防眩板板面,在连接介质完全松弛的情况下,以 100mm/min 的速度牵引,直至板面破裂或已经达到最大负荷时,停止试验,所受最大牵引负荷即为试样的抗风荷载。如此共进行三组试验,取三次试验结果的算术平均值为测试结果。

试验牵引装置的设置按附录 A 的要求进行。

5.5.3.2 抗变形量 R

试验设备设置同抗风荷载,将防眩板固定于试验平台上,并与试验机良好连接。标记出板上端到操作台平面的投影 S_0,启动试验机,以 15mm/min 的速度进行牵引,当牵引负荷达到按 4.2.1.1 中规定的抗风荷载时,停止牵引,卸掉施加负荷,使防眩板自由恢复,5min 后作板上端到操作台平面的投影,标记为 S_1,则防眩板抗变形量 R 为:

$$R = (S_1 - S_0)/H \tag{2}$$

式中:R——抗变形量,mm/m;

S_1——终了投影位移(见图 A.2),mm;

S_0——初始投影位移(见图 A.2),mm;

H——板高,m。

如此共进行三组试验,取三次试验结果的算术平均值为测试结果。

5.5.4 抗冲击性能

试样应平整放置于硬质地面或试验台上,用重量为 1kg 钢球从距板面高度 1m 处自由下落,冲击试样,保证在冲击的过程中钢球与试样只接触一次,每件试样冲击点应选择上、中、下三个部位进行冲击试验。

5.5.5 耐溶剂性能

按照 GB/T 11547 的方法进行,浸泡温度为 23℃ ± 2℃。试验试剂选用以下类型:

a) 30% 的 H_2SO_4 溶液;

b) 40% 的 NaOH 溶液;

c) 120 号汽油。

5.5.6 环境适应性能

5.5.6.1 耐盐雾性能

盐雾溶液浓度为 5%(重量比),pH 值在 6.5 ~ 7.2 之间,试验箱内温度保持在 35℃ ± 2℃。试样的受试面向上放置并与垂直方向成 30°角,相邻两试样保持一定间隙,行间距不小于 7.5cm。

试样在盐雾空间暴露,每 24h 为一周期,每周期连续喷雾 22h 后暂停,恢复 2h。达到规定试验时间后,用流动水冲洗掉试样表面的腐蚀沉积物,然后置于标准条件下自然干燥 2h,立即对试样进行目测观察。耐盐雾性能的试件数量一般不少于三件。

5.5.6.2 耐低温坠落性能

将长度为 500mm 试样放置在低温试验箱中,温度降至 -40℃ ± 3℃,恒温调节 2h 后取出试样,板面平行于地面由 1m 高度处自由坠落至硬质地面,观测试验结果。

5.5.6.3 耐候性能(人工加速老化试验)

5.5.6.3.1 试样

按 JT/T 593—2004 中 5.9.1、5.9.2 和 5.9.3 的规定进行。

5.5.6.3.2 试验设备

按 JT/T 593—2004 中 5.9.4 和 5.9.5 的规定进行。

5.5.6.3.3 试验条件

按 JT/T 593—2004 中 5.9.6 的规定进行。

5.5.6.3.4 累积辐射能量计算

按 JT/T 593—2004 中 5.9.7 的规定进行。

5.5.6.3.5 材料性能保留率的测定

随机选取耐候性能试验后样品和试验前样品各一组,每组样品数为五件,按 GB/T 1040 的要求试验,按下式计算材料性能保留率:

$$\text{性能保留率} = \overline{X'}/\overline{X} \times 100\% \tag{3}$$

式中:$\overline{X'}$——试验后技术参数算术平均值;

$\overline{X}$——试验前技术参数算术平均值。

5.5.7 钢质支架及连接件的防腐蚀性能

按 GB/T 18226—2000 中的第 6 章进行。

6 检验规则

本标准对产品的检验分为两类,即型式检验和出厂检验。

6.1 型式检验

6.1.1 防眩板由通过计量认证的质检机构型式检验合格后才能批量生产。

6.1.2 型式检验应在生产线终端或生产单位成品库内抽取足够的样品,进行本标准规定的全部性能检验。

6.1.3 型式检验为每两年进行一次,如有下列情况之一时,也应进行型式检验:

a) 新设计试制的产品;

b) 正式生产过程中,如原材料、工艺有较大改变,可能影响产品性能时;

c) 出厂检验结果与上次型式检验有较大差异时;

d) 国家质量监督机构提出型式检验时。

6.1.4 在生产企业首次批量生产时,型式检验中的耐候性能为必检项目,若检验合格,在产品配方不发生变化的情况下,耐候性能四年检验一次。若生产配方发生变化,应立即提请质检机构进行耐候性能测试。

6.1.5 判定规则

型式检验时,如有任一项指标不符合要求时,则需重新抽取双倍试样,对该项目进行复验,复验结果仍然不合格时,则判该型式检验为不合格,反之判定为合格。

6.2 出厂检验

6.2.1 产品需经生产单位质量部门检验合格并附产品质量合格证方可出厂。

6.2.2 组批

用同一批号树脂,同一配方和同一工艺生产的产品可组成一批。

6.2.3 取样方法

按 JT/T 495—2004 中 5.1 的规定进行。

6.2.4 出厂检验项目

出厂检验项目:外观质量、结构尺寸、抗冲击性能、打印标志、包装。

7 标志、包装、运输及贮存

7.1 标志

7.1.1 交货时,产品整包装应该附有一张制造标签和一张合格证标签。

7.1.2 制造标签内容包括:产品型号、生产日期、批号、产品标准号、生产企业名称、联系地址。

7.1.3 合格证标签内容包括:合格证、检验合格、检验证编号、检验人员代号、检验日期等内容。

7.2 包装

产品外包装应能保证产品在运输和贮存过程中,不受外力的轻微影响,保持外观完整。

7.3 运输

产品在运输时，不得受剧烈的撞击和重压。

7.4 贮存

存放场地应有明显的“禁止烟火”标志。贮存和使用过程中，应防止利器刮碰，不与高温热源或明火接触。

附　录　A
（规范性附录）
防眩板整体力学性能牵引装置设置要求

A.1　防眩板整体力学性能牵引装置的设置应按图 A.1 图示的要求进行。

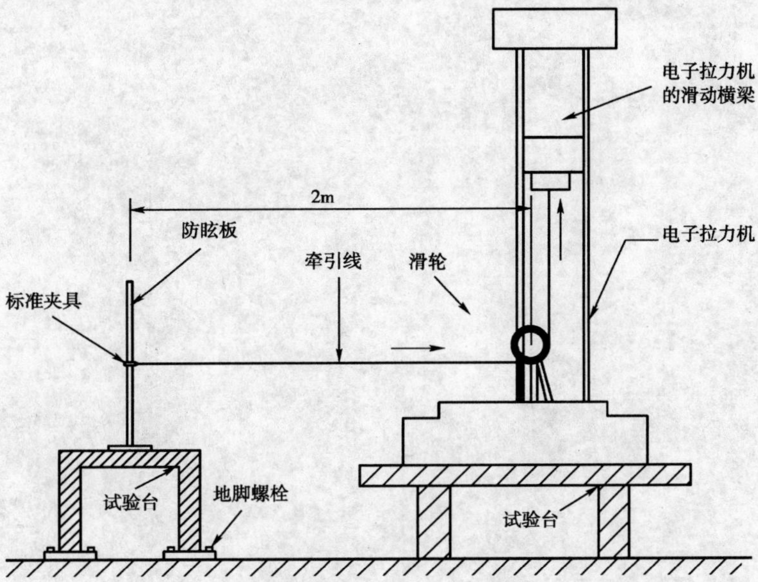

图 A.1　整体力学性能牵引装置设置图

A.2　防眩板抗变形量 R 的立面投影示意图示见图 A.2。

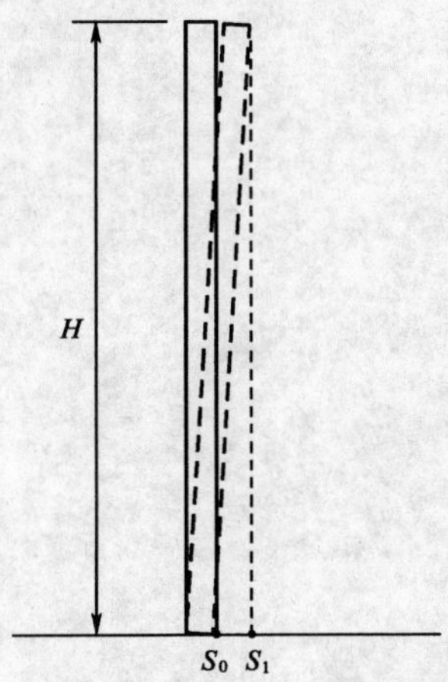

图 A.2　抗变形量 R 的立面投影示意图

ICS 93.080.01;17.040.30
P 66
备案号:

JT

中华人民共和国交通行业标准

JT/T 682—2007

突起路标耐冲击性能测试仪

Measurer for resistance to impact of raised pavement markers

2007-06-28 发布　　2007-10-01 实施

中华人民共和国交通部　发布

突起路标耐冲击性能测试仪

1 范围

本标准规定了突起路标耐冲击性能测试仪的技术要求、试验方法、检验规则以及标志、包装、运输与储存等。

本标准适用于公路交通工程突起路标耐冲击性能测试仪的生产、检验和使用。

2 规范性引用文件

下列文件中的条款通过在本标准中引用而成为本标准的条款。凡是注日期的引用文件,其随后所有的修改单(不包括勘误的内容)或修订版均不适用于本标准,然而,鼓励根据本标准达成协议的各方研究是否可使用这些文件的最新版本。凡是不注日期的引用文件,其最新版本适用于本标准。

GB/T 10125 人造气氛腐蚀试验 盐雾试验

GB/T 15464 仪器仪表包装通用技术条件

GB/T 18226 高速公路交通工程钢构件防腐技术条件

3 技术要求

3.1 外观结构

3.1.1 部件组成

突起路标耐冲击性能测试仪由支架、落球、落球释放装置、保护装置等部件组成。其结构示意图见图1所示。

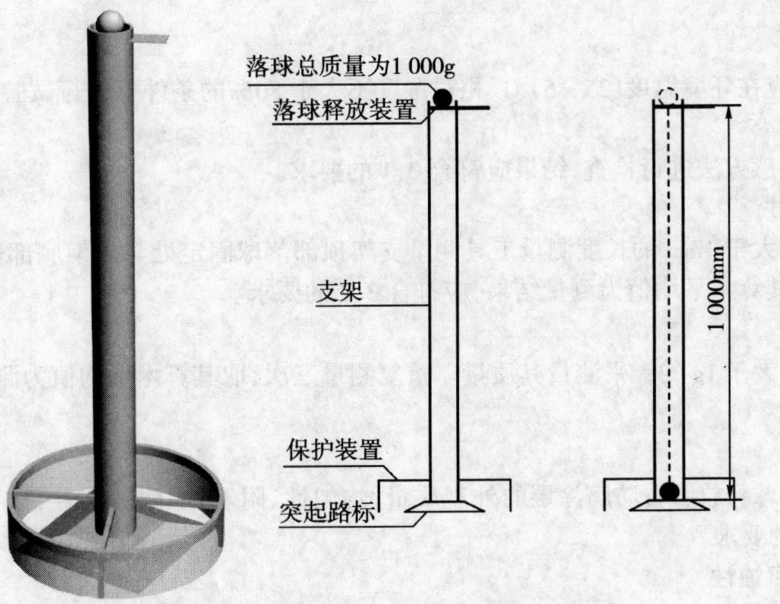

图1 突起路标耐冲击性能测试仪结构示意图

3.1.2 支架

支架包括顶部、底部以及连接部件。各部件应使用金属材料或具有足够刚度的材料制成。如使用钢铁材料制作,应进行镀锌等必要的防腐处理。

支架应稳定、牢固,正常操作时不会倾倒。

支架底部应开有一孔,孔的直径应保证落球顺利通过。

3.1.3　落球

落球应为实心球形。

落球由钢材料制作而成,表面应光洁、平整。

落球应有防腐措施,不易因锈蚀而使落球质量发生变化。

3.1.4　落球释放装置

落球释放装置应具有落球固定和释放功能,可使用多种方式,如机械固定释放、电磁固定释放等。

落球释放装置能顺利释放落球,且落球在下落时无阻碍。

落球释放装置应有防腐措施,不易因锈蚀而影响使用。

3.1.5　保护装置

保护装置应能有效控制落球在冲击突起路标后反弹的范围,防止反弹伤人。

3.2　支架外形尺寸

支架顶部落球固定处与支架底部落球出口处之间的高度应为(1 000 ± 5)mm。

3.3　落球质量

落球总质量为(1 000 ± 5)g。

3.4　防腐层质量

支架、落球释放装置、保护装置等防腐涂层的外观质量、均匀性、附着性、耐盐雾性,应满足 GB/T 18226 的要求。

3.5　落球耐盐雾腐蚀性

经 200h 盐雾腐蚀试验后,落球不应出现锈蚀或其他损坏。

3.6　保护装置

保护装置应能承受落球反弹的冲击,不易损坏。

4　试验方法

4.1　环境条件

一般情况下,应在环境温度(25 ± 5)℃、相对湿度不大于 80% 的条件下进行试验。

4.2　外观结构

采用目测及手感方法进行检查,结果应符合 3.1 的要求。

4.3　支架外形尺寸

使用分度值不大于 1mm 的长度测量工具测量支架顶部落球固定处与支架底部落球出口处的距离。重复测量三次,取其算术平均值为测量结果,应符合 3.2 的要求。

4.4　落球质量

使用分辨力不大于 1g 的天平测量其质量。重复测量三次,取其算术平均值为测量结果,应符合 3.3 的要求。

4.5　防腐层质量

支架、落球、落球释放装置防腐涂层的外观质量、均匀性、附着性、耐盐雾性,按 GB/T 18226 的规定进行,应符合 3.4 的要求。

4.6　落球耐盐雾腐蚀性

耐盐雾腐蚀性依据 GB/T 10125 进行,结果应符合 3.5 的要求。

4.7　保护装置

释放落球三次,目测观察保护部件能将落球控制在安全范围内,保护装置本身无可见损坏或缺陷。

5　检验规则

5.1　突起路标耐冲击性能测试仪的检验分为出厂检验和型式检验。有下列情况之一时,应进行型式检验：

a） 新产品定型鉴定时；

b） 当设计、工艺、材料有重大改变时；

c） 定型产品每两年至少检验一次；

d） 国家质量监督机构提出进行型式检验的要求时。

5.2 出厂检验时，应按 3.1、3.2 和 3.3 的要求进行检验。型式检验应按 3 的要求对各部件的全部项目进行检验。

5.3 若检验中出现任意一项不合格，即判定该测试仪不合格。

6 标志、包装、运输与储存

6.1 标志

铭牌标志包括以下内容：

a） 产品名称及型号；

b） 制造厂名或商标；

c） 产品执行标准号；

d） 产品编号；

e） 生产日期。

6.2 包装

包装应符合 GB/T 15464 的规定。

6.3 运输

6.3.1 装车应整齐、平稳、牢固，搬运和放置按照运输箱上的标志及有关规定进行。

6.3.2 不允许与易燃、易爆、易腐蚀的物品同车装运。

6.3.3 运输时有防雨、防晒、防撞击和防跌落措施。

6.4 储存

6.4.1 应储存在温度为 -30℃ ~ +65℃，相对湿度不大于 95%，无腐蚀性气体的库房内。

6.4.2 库房应具有良好的通风、隔热、保温、排水、防振、防火等措施。

第三部分　绿化环保

ICS 03.220.20;ICS 01.040.13
R 04
备案号:

JT

中华人民共和国交通行业标准

JT/T 643—2005

公路环境保护术语

Terminology for highway environmental protection

2005-09-21 发布　　2006-01-01 实施

中华人民共和国交通部　发布

公路环境保护术语

1 范围

本标准规定了公路环境保护的术语和定义。

本标准适用于公路的环境保护。

2 术语和定义

2.1

公路交通环境 highway traffic environment

公路交通与所在区域内的自然环境和社会环境相互制约、相互影响的环境体系。

2.2

公路交通噪声 highway traffic noise

机动车辆在公路上行驶时产生的噪声,包括机动车发动机壳体的振动噪声、进排气声、喇叭声和轮胎与路面的摩擦声。

2.3

公路声屏障 highway noise barrier

为减轻公路交通噪声污染环境而设置在公路与声环境保护目标之间的具有阻隔声源和受声点之间直达声的构造物。

2.4

建筑物隔声 sound insulation by building

为减轻公路交通噪声对附近声环境保护目标的污染,对建筑物本身采取的隔声措施。

2.5

低噪声路面 lower-noise road surface

具有特殊路面结构,能够降低公路交通噪声的路面。

2.6

环保搬迁 resettlement for environmental measure

为避免由于公路项目造成的环境污染而采取受影响人员的搬迁措施。

2.7

广挖浅取 excavating extensively and fetching shallowly

公路路基施工中所采取的一种取土方式,当取土量一定时,通过扩大取土范围而减少取土深度以利取土后复耕,一般适用于平原地区。

2.8

表土回填 backfill with surface soil

在公路施工初期将用地范围内的表层土集中堆放,施工后期用于临时用地或绿化用地表层回填的工程措施。

2.9

路面汇水 road surface runoff

大气降水落到路面后,在路面汇集的水流。

2.10

公路景观 highway landscape

公路本身形成的景观以及公路沿线的自然景观和人文景观,包括公路内部景观和公路外部景观。

2.11

公路内部景观 highway interior landscape

公路路域范围内的工程构造物所构成的景观因子,包括桥梁、互通立交、隧道、跨线桥、路堑边坡、附属设施建筑物、声屏障等。

2.12

公路外部景观 highway exterior landscape

公路路域以外的与公路及沿线设施关系密切的环境景观因子,包括自然、人文两种景观类型,如风景名胜区、自然保护区、森林公园、文物古迹等。

2.13

公路路域生态环境 highway roadside ecosystem

公路路域生态环境是在公路用地界内通过自然、人工综合恢复而形成的生态系统,与公路沿线乃至一定地区的自然生态环境有关联。其主要因素是指公路路线所处的地形、地貌、地质、植被、动物等。

2.14

减振沟 channel of vibration mitigation

为减轻公路施工或公路交通所产生的振动影响,在公路两侧开挖的具有一定规格的沟。

2.15

环境敏感区 environmental sensitive areas

具有下列特征的区域:

a) 需特殊保护地区:国家法律、法规、行政规章及规划确定或经县级以上人民政府批准的需要特殊保护的地区,如饮用水水源保护区、自然保护区、风景名胜区、生态功能保护区、基本农田保护区、水土流失重点防治区、森林公园、地质公园、世界遗产地、国家重点文物保护单位、历史文化保护地等;

b) 生态敏感与脆弱区:沙尘暴源区、荒漠中的绿洲、严重缺水地区、珍稀动植物栖息地或特殊生态系统、天然林、热带雨林、红树林、珊瑚礁、鱼虾产卵场、重要湿地和天然渔场等;

c) 社会关注区:人口密集区、文教区、党政机关集中的办公地点、疗养地、医院等以及具有历史、文化、科学、民族意义的保护地等。

2.16

公路运输事故污染风险 pollution risk of highway transport accident

公路施工期及营运期车辆运输有毒有害等物资造成交通事故后可能引起的环境质量变化,对人体健康、生态系统等所造成的污染风险。

汉语拼音索引

英文索引

参 考 文 献

1　JTJ 002　公路工程名词术语
2　JTJ/T 006　公路环境保护设计规范

ICS 03.220.20;ICS 01.040.65
R 04
备案号:

JT

中华人民共和国交通行业标准

JT/T 644—2005

公 路 绿 化 术 语

Terminology for highway revegetation

2005-09-21 发布　　　　2006-01-01 实施

中华人民共和国交通部　发布

公路绿化术语

1 范围

本标准规定了公路绿化工作中的相关术语，适用于公路绿化规划、设计、施工、管理、养护、验收以及科研等相关工作。

2 术语

2.1

公路绿化 highway revegetation

在公路用地范围内，种植植物以改善和美化环境的行为。

2.2

公路绿化用地 green within limits of highway right-of-way

公路用地范围内可进行绿化的用地。

2.2.1

路侧绿化带 road side green belt

公路填方路段边坡坡脚至用地界，挖方路段上方开挖线至用地界之间的可绿化用地。路侧绿带包括护坡道绿带、边沟外侧与隔离栅内侧之间绿带。

2.2.2

分车绿化带 median (lane) separator green belt

行车道之间可以绿化的分隔带，位于对向行驶机动车道之间的为中央分隔绿带，位于机动车道与非机动车道之间或同方向机动车道之间的为两侧分车绿带。

2.2.3

互通立交绿地 interchange green area

互通式立体交叉干道与匝道围合的绿化用地。

2.2.4

边坡绿地 side slope green area

为保证路基和边坡稳定，在上下边坡采用植物防护措施的绿化用地。

2.2.5

土路肩绿带 earth shoulder green belt

为保证公路土路肩稳定、防止冲刷，栽种地被植物形成的绿带。

2.3

标志性栽植 indicative planting

在需要将前方信息提示给使用者的位置，进行区别于路段前后的栽植形式而形成具有明显标志效应和交通提示作用的栽植。

2.4

视线诱导栽植 visual line induction planting

公路曲线外侧边缘平行等距栽植乔木，使前方视野范围的公路线形清晰，预告看不到的线形的栽植。

2.5

防眩栽植 anti-dazzling planting

在分车绿化带栽植一定高度和密度的植物,用以防止对向车辆眩光干扰的栽植。

2.6

缓冲栽植　buffer planting

采用高度适中的乔木或灌木,进行一定宽度的、以缓和驶离车道机动车冲击的栽植。

2.7

明暗过渡栽植　dark-light transition planting

在隧道进出口的中央分隔绿带宽阔处或在路侧栽植高大树木,以缓解隧道内部和外部明暗的急剧变化而进行的栽植。

2.8

遮蔽栽植　shield planting

用于遮挡公路前方或沿线两侧不良景观或产生不安全感的栽植。

2.9

先锋植物　pioneer plant

适应各种不良的生态因子而能够在裸地上最先生长起来的植物。

2.10

喷播绿化　jet seeding

将水、植物种子和辅助材料等按一定的比例加入到喷播机内,搅拌均匀后用高压喷枪将混合物均匀喷洒到绿化场地的机械化绿化施工方法。根据辅助材料中是否包含土壤,喷播绿化分为普通喷播、客土喷播两种方法。

2.10.1

普通喷播　hydro-seeding

一种喷播绿化方法,也称种子喷播,喷播材料中不包含土壤。喷播后的混合物在土壤表面形成一层膜状结构,能有效地防止冲刷,并在较短时间内,植物即可萌芽、生长,迅速覆盖地面,达到快速绿化之目的。

2.10.2

客土喷播　soil seeding

一种喷播绿化方法,喷播材料中包含土壤。喷播后的混合物在土壤表面形成一层类似自然表土的结构,既能防止冲刷,又能为植物提供生长的基础,可在岩石边坡、贫瘠土壤等立地条件很差的地段建立良好的植被。

2.11

成活　survive

植物种植后,能够正常生长发育。

2.12

成活率　survival rate

成活的植物数量与原种植数量的百分比。

2.13

覆盖率　covering rate

植被的地上部分法向投影面积与取样面积的百分比。

2.14

保存率　conservative rate

经过一定年限,现存的正常生长的植物数量与原种植数量的百分比。

2.15

植生袋法　sack-planting procedure

将植物种子混合在肥土中,装填在可以自降解的网袋里形成植生袋,再将植生袋按照带状或水平状,铺设在绿化场地上从而形成植被的施工工艺。

2.16

公路绿化率　highway greening rate

已绿化的公路里程数量占可绿化公路里程数量的百分比。

汉语拼音索引

英文索引

A

B

C

D

E

G

H

I

J

M

P

R

S

V

英文索引

ICS 13.060
Z 50
备案号:

JT

中华人民共和国交通行业标准

JT/T 645.1—2005

公路服务区生活污水再生利用
第1部分:水质

Living wastewater reuse of highway service area
Part 1: Water quality

2005-09-21 发布　　2006-01-01 实施

中华人民共和国交通部　发布

公路服务区生活污水再生利用　第1部分:水质

1　范围

JT/T 645—2005 的本部分规定了公路服务区生活污水再生利用水质、采样及分析方法以及水质监测。

本部分适用于公路服务区厕所便器冲洗、消防、车辆冲洗、建筑施工、道路清扫、道路绿化等用水。

2　规范性引用文件

下列文件中的条款通过 JT/T 645—2005 的本部分的引用而成为本部分的条款。凡是注日期的引用文件,其随后所有的修改单(不包括勘误的内容)或修订版均不适用于本部分,然而,鼓励根据本标准达成协议的各方面研究是否可使用这些文件的最新版本。凡是不注日期的引用文件,其最新版本适用于本部分。

GB/T 5750　生活饮用水标准检验法

GB/T 7488　水质　五日生化需氧量(BOD5)的测定　稀释与接种法(neq ISO 5815)

GB/T 7494　水质　阴离子表面活性剂的测定　亚甲蓝分光光度法(neq ISO 7875-1)

GB/T 11914　水质　化学需氧量的测定　重铬酸盐法(eqv ISO 6060)

GB/T 11898　水质　游离氯和总氯的测定　N,N-二乙基-1,4 苯二胺分光光度法(eqv ISO 7393-2)

GB/T 12997　水质　采样方案设计技术规定(idt ISO 5667-1)

GB/T 12998　水质　采样技术指导(neq ISO 5667-2)

GB/T 12999　水质采样　样品的保存和管理技术规定(neq ISO 5667-3)

JGJ 63　混凝土拌和用水标准

3　术语和定义

下列术语和定义适用于 JT/T 645 的本部分。

3.1

服务区　service area

公路上设置的为司乘人员提供临时休息、车辆修理、加油以及餐饮等服务的设施。

3.2

生活污水再生利用水　reuse water of living wastewater

经处理后的生活污水回用于冲厕、消防、车辆冲洗、建筑施工、道路清扫、道路绿化的非饮用水。

4　技术内容

公路服务区生活污水回用水质应符合表 1 的规定,混凝土拌和用水还应符合 JGJ 63 的有关规定。

表1　公路服务区生活污水再生利用水质

序号	项　目	标准值
1	pH	6.0~9.0
2	色,度	≤30
3	嗅	无不快感

表 1(续)

序号	项　目	标准值
4	浊度,度	≤10
5	溶解性总固体,mg/L	≤1500
6	化学需氧量(COD),mg/L	≤50
7	五日生化需氧量(BOD5),mg/L	≤10[a]
8	阴离子表面活性剂,mg/L	≤1.0
9	总余氯(接触 30min 后),mg/L	≥1.0[b]
10	总大肠菌群,个/L	≤3
a 对于用水目的以道路清扫、消防为主的再生利用水,其值为不大于 15mg/L; 对于用水目的以道路绿化为主的再生利用水,其值为不大于 20mg/L。 b 对于非加氯消毒的方式,无此项要求。		

5 采样及分析方法

5.1 采样及保管

水质采样的方案设计、组织按 GB/T 12997 和 GB/T 12998 的规定执行。样品保管按 GB/T 12999 的规定执行。

5.2 分析方法

分析方法按表 2 规定执行

表 2 公路服务区生活污水再生利用标准水质分析方法

序号	项　目	测定方法	引用标准
1	pH	pH 电位法	GB/T 5750
2	色	铂-钴标准比色法	GB/T 5750
3	浊度	分光光度法 目视比浊法	GB/T 5750
4	溶解性总固体	重量法(烘干温度 180℃ ±1℃)	GB/T 5750
5	化学需氧量(COD)	重铬酸盐法	GB/T11914
6	五日生化需氧量(BOD5)	稀释与接种法	GB/T 7488
7	阴离子表面活性剂	亚甲蓝分光光度法	GB/T 7494
8	总余氯	邻联甲苯铵比色法 邻联甲苯铵-亚砷酸盐比色法 N,N-二乙基对苯二胺-硫酸亚铁铵滴定法	GB/T 5750
		N,N-二乙基-1,4-苯二胺分光光度法	GB/T 11898
9	总大肠菌群	多管发酵法	GB/T 5750

6 水质监测

6.1 具备化验条件的应对经污水处理系统处理后的水进行水质检测,检测项目与周期,应符合表 3 的规定。

表3 污水处理检测项目与周期

序　号	项　　目	周　　期
1	pH值	每周一次
2	色度	每日一次
3	浊度	每日一次
4	嗅	每日一次
5	COD	每周一次
6	BOD_5	每周一次
7	总余氯	每日一次
8	溶解性总固体	每周一次
9	阴离子表面活性剂	每周一次
10	总大肠菌群	每周一次

6.2　化验人员应经培训后，持证上岗。

6.3　化验员应准确记录化验数据，并建立档案。

ICS 13.060.30
R 04
备案号：

JT

中华人民共和国交通行业标准

JT/T 645.2—2005

公路服务区生活污水再生利用
第2部分:处理系统技术要求

Living wastewater reuse of highway service area
Part 2: Specifications of treatment system

2005-09-21 发布　　2006-01-01 实施

中华人民共和国交通部　发布

公路服务区生活污水再生利用　第2部分:处理系统技术要求

1　范围

JT/T 645—2005 的本部分规定了公路服务区生活污水再生利用处理系统的设置原则、处理工艺、处理能力、系统设施、处理站等技术要求。

本部分适用于各类公路服务区的新建、改建和扩建的污水再生利用处理系统的设计、制造及安装。对于以达到排放标准为目的的各类公路服务区污水处理系统,可参照执行。

2　术语和定义

下列术语和定义适用于 JT/T 645—2005 的本部分。

2.1

原水　original wastewater

作为再生利用水的水源而未经处理的污水。

2.2

生活污水再生利用处理设施　wastewater reuse treatment establishment

公路服务区的生活污水收集、处理,再生利用水的供给、使用及配套设立的监测、计量等全套构筑物、设备和器具。

2.3

水量平衡　water quantity balance

对原水水量和再生利用水量以及自来水补给量进行计算,使其达到供与用的平衡。

2.4

深度处理　advanced treatment

进一步去除二级处理未能完全去除的污水中杂质的净化过程。深度处理一般由以下单元技术优化组合而成:混凝、沉淀(气浮)、过滤、活性炭吸附、脱氨、膜技术、膜式生物反应器、臭氧氧化、消毒等。

3　设置原则

3.1　应根据原水的水质、水量和再生利用水的用途,通过水量平衡和技术经济分析,合理确定污水回用处理设施的系统型式、处理工艺和规模。

3.2　污水再生利用处理系统应确保使用、维修的安全措施,再生利用水不得进入生活饮用水给水系统。

4　处理工艺

4.1　对于一般的公路服务区排放的生活污水,宜采用二级生物处理与物化处理相结合的处理工艺流程。

4.2　典型的工艺流程如下:

a)　生物处理与深度处理相结合的工艺流程见图1。

b)　土地处理工艺流程见图2。

c)　曝气生物滤池处理工艺流程见图3。

d)　膜生物反应器处理工艺流程见图4。

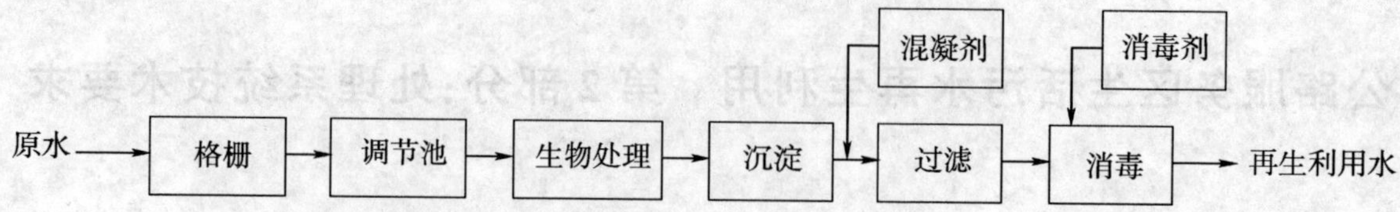

注：生物处理单元是指活性污泥法及其变种，生物接触氧化法及其他生物膜法。

图 1

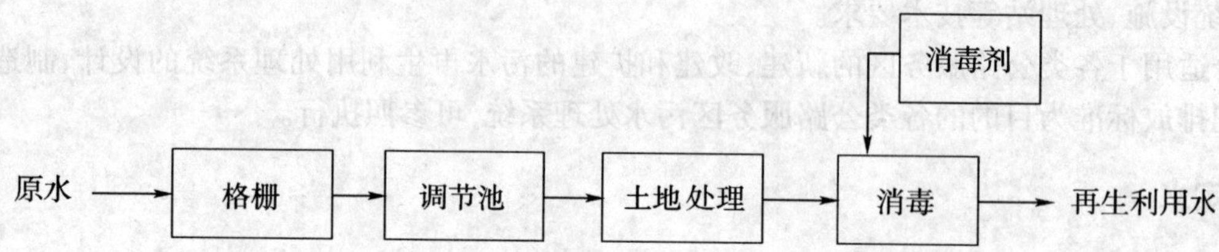

图 2

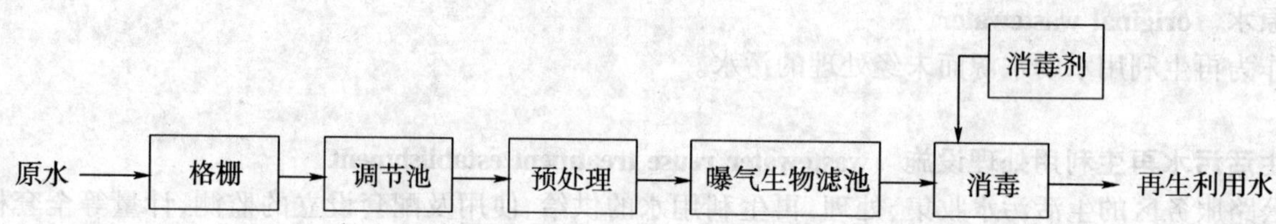

图 3

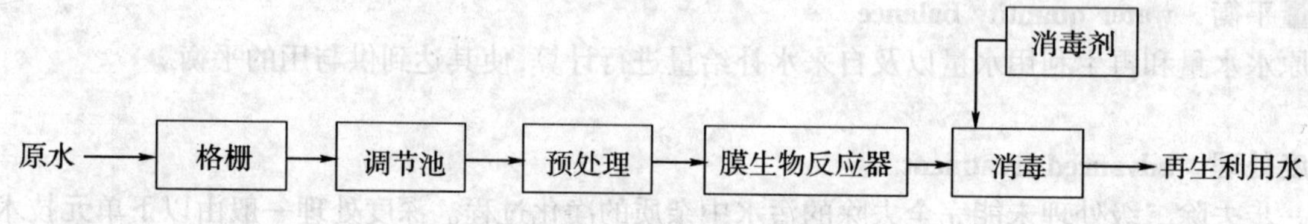

图 4

4.3 在确保再生利用水水质的前提下，提倡采用能耗低、效率高、经过实验的新处理工艺。

4.4 污水处理过程中所产生的剩余污泥，可排至化粪池处理。污泥量较大时，也可采用机械脱水或其他方法处置。

5 处理能力

污水再生利用处理设施的处理能力按下式计算：

$$q = Q/t$$

式中：

q——设施处理能力，单位为立方米每小时（m^3/h）；

Q——每日需处理的原水量，单位为立方米每天（m^3/d）；

t——处理设施每日运行时间，单位为小时每天（h/d）。

6 系统设施

6.1 主要设施

处理系统主要设施包括格栅、调节池、生物处理单元、膜生物反应器、沉淀池、过滤池、消毒单元等。

6.2 格栅

6.2.1 设置一道格栅时，栅条空隙宽度为 6mm ~ 8mm；设置两道格栅时，粗格栅栅条宽度为 10mm ~ 20mm，细格栅栅条宽度不大于 3mm。

6.2.2 设在格栅井内时，其倾角不小于 60°。格栅井应设置工作台，其位置应高出格栅前设计最高水位 0.5m，其宽度不宜小于 0.7m，格栅井应设置活动盖板。

6.3 调节池

6.3.1 根据工艺设计要求设置预曝气管的，曝气量不宜小于 $0.6m^3/m^3 \cdot h$。

6.3.2 采用地面设置的，底部应设有集水坑和泄水管，池底应有不小于 0.02 的坡度，坡向集水坑，池壁应设置爬梯和溢流管。对于采用地下设置的，顶部应设置人孔和直通地面的排气管。

6.4 生物处理单元

6.4.1 生物处理单元宜采用接触氧化池或曝气生物滤池。

6.4.2 接触氧化池

6.4.2.1 供氧方式宜采用鼓风机加曝气装置、水下曝气机或其他曝气设备。

6.4.2.2 接触氧化池的水力停留时间，应根据原水水质情况和出水水质要求确定，但不宜小于 4h。

6.4.2.3 接触氧化池宜采用易挂膜、无毒、耐用、比表面积大、维护简便的固定填料或悬浮填料。采用固定填料的，安装高度不小于 2m；采用悬浮填料的，装填体积不应小于池容积的 25%。

6.4.2.4 接触氧化池的曝气量可按 BOD_5 去除负荷计算，宜为 $40m^3/kg \sim 80m^3/kgBOD$。

6.5 膜生物反应器

6.5.1 根据原水水质情况和出水水质要求确定容积负荷，但不宜大于 $0.4kg/m^3 \cdot d \sim 0.9kg/m^3 \cdot d$。

6.5.2 采用的膜及其膜组件应耐污染和耐腐蚀，结构简单，便于安装、清洗和维修，使用寿命应在两年以上；膜的工作水通量宜大于 $10L/m^2 \cdot h$。

6.5.3 曝气量可按活性污泥法计算，同时应考虑膜表面清洗的用气量。

6.6 沉淀池

6.6.1 二次沉淀池和物化处理的混凝沉淀池，宜采用斜板(管)沉淀池或竖流沉淀池。

6.6.2 斜板(管)沉淀池宜采用矩形平面，表面水力负荷宜选取 $13m^3/m^2 \cdot h \sim 3m^3/m^2 \cdot h$，斜板(管)间距(孔径)宜大于 80mm，板(管)斜长宜为 1000mm，斜角宜为 60°。斜板(管)上部水深不宜小于 0.5m，下部缓冲层不宜小于 0.8m。

6.6.3 竖流沉淀池的设计表面水力负荷宜选取 $0.8m^3/m^2 \cdot h \sim 1.2m^3/m^2 \cdot h$，中心管流速不大于 30mm/s，中心管下部应设喇叭口和反射板，板底面距泥面不小于 0.3m，排泥斗坡度应大于 45°。

6.6.4 沉淀池宜采用静压排泥，静水头不应小于 1500mm，排泥管直径不宜小于 100mm。

6.6.5 沉淀池出水宜采用集水堰，其出水最大负荷不应大于 1.70 L/s·m。

6.7 过滤池

再生利用水过滤处理宜采用滤池或过滤器。对于采用新型滤器、滤料和工艺的，可按实验资料确定。

6.8 消毒单元

再生利用水处理设施应设有消毒单元。

6.9 其他组合装置

当采用其他污水再生利用处理工艺以及选用一体化污水处理装置或组合装置时，应有可靠的处理效果参数和主要处理环节处理效果参数。

7 再生利用水处理站

7.1 处理站设计原则

7.1.1 再生利用水处理站的位置应根据服务区的总体布局、回用水处理规模、用水的位置、卫生和管理要求等因素确定。处理站可单独设置也可设置在建筑物内,建筑物内的处理站宜设在建筑物的最底层,单独设置的地面处理站与主体建筑物的距离不宜小于 15m。

7.1.2 处理站的平面布局可按处理流程确定。单独设置的处理站,加药贮药间和消毒剂制备贮存间,宜与其他房间隔开,并有直接通向室外的门;建筑物内的处理站,宜设置药剂储存间。处理站应设有值班、化验等房间。

7.1.3 处理设施及设备应布置合理、紧凑,满足设施的施工、设备安装、运行调试、管道敷设及维护管理的要求,并应留有发展及设备更换的余地。

7.1.4 处理站应设有满足主要处理环节运行观察、水量计量、水质取样和进行水处理成本核算的条件。

7.1.5 处理站应设有适应处理工艺要求的采暖、通风、照明、给水和排水设施。

7.1.6 对采用药剂可能产生的危害,应采取有效的防护措施。

7.1.7 对设备所产生的噪声和振动,应采取有效的降噪和减振措施,满足环境噪声标准的要求。

7.2 卫生安全

7.2.1 再生利用水管道不得与生活饮用水管道连接。

7.2.2 再生利用水水箱内的自来水补水管出水口应高于水箱溢流水位,其间距不得小于 2.5 倍管径。不得采用淹没式浮球阀补水。

7.2.3 再生利用水管道应采取防止误接、误用、误饮措施:

a) 再生利用水管道外壁应涂 PB09 天酞蓝色。

b) 水池、阀门、水表、给水栓、取水口均应有明显的"非饮用水"标志。

c) 公共场所及绿化用水口应设带锁装置。

d) 工程验收时,应逐段检查,防止误接。

7.2.4 公路服务区的排水系统,应在粪便水排入污水再生利用处理设施前设置化粪池,化粪池容积按污水在池内停留时间不小于 12h 计算。

7.2.5 有餐厅、车辆维修和清洗设施的服务区,其厨房废水和车辆冲洗废水在排入污水再生利用处理设施前,应单独设置有效隔油装置。

参 考 文 献

1 GB/T 3181—1995 漆膜颜色标准
2 GB50015—2003 建筑给水排水设计规范
3 GB50336—2002 建筑中水设计规范
4 JT/T 645.1—2005 公路服务区生活污水再生利用 第1部分:水质
5 JT/T 645.3—2005 公路服务区生活污水再生利用 第3部分:处理系统操作管理要求
6 CECS 128:2001 生物接触氧化法设计规程
7 CECS 111:2000 寒冷地区污水活性污泥法处理设计规程
8 CECS 152:2003 一体式膜生物反应器污水处理应用技术规程

ICS 13.060
R 04
备案号:

JT

中华人民共和国交通行业标准

JT/T 645.3—2005

公路服务区生活污水再生利用
第3部分:处理系统操作管理要求

Living wastewater reuse of highway service area
Part 3: Operation management requirements of treatment system

2005-09-21 发布　　2006-01-01 实施

中华人民共和国交通部　发布

公路服务区生活污水再生利用 第3部分:处理系统操作管理要求

1 范围

JT/T 645—2005的本部分规定了污水再生利用处理系统操作管理的基本要求和主要设施操作管理要求。

本部分适用于公路服务区生活污水再生利用处理系统。

2 基本要求

2.1 运行管理

2.1.1 处理系统

2.1.1.1 污水处理系统建成,工程经验收后,应经专业技术人员调试,设施运行正常、稳定后方可投入正式运行。

2.1.1.2 污水处理系统交运行方运行管理时,应同时交付相应的施工技术、质量保证和质量评定资料,包括全部土建、电气、工艺、水暖竣工图;标准设备的质量合格证书、质量保证书、保养手册、维修卡;非标设备的养护手册及保修单;质量分项、分部及单位工程的质量评定资料等。

2.1.1.3 污水处理间内应有工艺系统图、安全操作手册、岗位责任书,并应示于明显部位。

2.1.1.4 各种工艺管线应按要求定期涂饰不同颜色的油漆或涂料。

2.1.2 操作人员

2.1.2.1 运行管理人员应熟悉污水处理系统和工艺、设备的运行要求、技术指标。

2.1.2.2 运行管理人员和操作人员应定期巡视检查处理设施、设备、电器和仪表的运行情况。

2.1.2.3 操作人员和维修人员应经过技术培训和生产实践,并考试合格后方可上岗。

2.1.2.4 操作人员应按时做好运行记录,包括:污水处理系统处理水量、设施和设备运转情况、设备维修情况、分析化验记录、交接班情况等,记录应准确无误。操作人员发现运行不正常时,应及时处理或向管理人员汇报。

2.2 安全操作

2.2.1 处理设备

2.2.1.1 启动设备应在做好启动准备工作后进行。

2.2.1.2 电源电压大于或小于额定电压5%时,不宜启动电机。

2.2.1.3 操作人员在启闭电器开关时,应按电工操作手册进行。

2.2.1.4 各种设备维修时应断电,并应在开关处悬挂维修标牌后,方可操作。

2.2.1.5 维修机械设备时,不得随意搭接临时动力电线。

2.2.1.6 清理机电设备及周围环境卫生时,严禁擦拭设备运转部位,冲洗水不得溅到电缆头和电机带电部位及润滑部位。

2.2.1.7 有电气设备的房间应按消防部门的有关规定设置消防器材。

2.2.2 操作人员

2.2.2.1 雨天或冰雪天气,操作人员在构筑物上巡视或操作时,应注意防滑。

2.2.2.2 凡在对具有有害气体或可燃性气体的构筑物或容器进行放空清理和维修时,应控制有害气体及可燃性气体的含量。

2.2.2.3 各岗位操作人员应穿戴齐全劳保用品,做好安全防范工作。

2.2.2.4 严禁非岗位人员启闭本岗位的机电设备。

2.3 维护保养

2.3.1 应对构筑物的结构及各种阀门、护栏、爬梯、管道、支架和盖板等定期进行检查、维修和防腐处理,并及时更换损坏的照明设备。

2.3.2 应经常检查和紧固各种设备的连接件,定期更换易损件。

2.3.3 各种管道闸阀应定期做启闭试验,丝杠应经常加润滑油脂。

2.3.4 应定期检查、清扫电器控制柜,并测试各项技术性能。

2.3.5 应定期检查电动闸阀的限位开关、手动与电动的连锁装置。

2.3.6 各种机械设备除应做好日常维护保养外,还应按设计要求或制造厂的要求进行大、中、小修。

2.3.7 构筑物之间的连接管道、明渠等应每年清理一次。

2.3.8 检修各类机械设备时,应根据设备的要求,应保证其同轴度、静平衡或动平衡的技术要求。

2.3.9 建筑物、构筑物等的避雷、防暴装置的测试、维修及周期应符合电业和消防部门的规定。

3 主要设施操作管理要求

公路服务区生活污水再生利用处理设施主要包括:格栅(预处理单元)、进水泵房及调节池、鼓风机房、沉淀池、生物处理单元、过滤池和消毒单元等。

3.1 格栅

3.1.1 运行管理

3.1.1.1 污水通过格栅的前后水位差宜小于 0.3m。

3.1.1.2 栅筛所截栅渣应定时清除。

3.1.1.3 定期检查格栅前后格栅沟内沉砂情况,并及时清除沉砂。

3.1.1.4 非机械格栅应注意观察水流情况,避免格栅阻塞。

3.1.1.5 清捞出的栅渣,应妥善处理和处置。

3.1.2 安全操作

3.1.2.1 机械格栅开启前,应检查机电设备是否具备开机条件。

3.1.2.2 检修机械格栅或人工清捞栅渣时,应注意安全,并有效监护。

3.1.2.3 机械格栅未停止运转时,不得随意进入格栅井进行清掏。

3.1.3 维护保养

3.1.3.1 格栅间应保持清洁。

3.1.3.2 发现机械格栅栅齿损坏较为严重时,应进行更换。

3.2 进水泵房及调节池

3.2.1 运行管理

3.2.1.1 应根据进水量的变化和工艺运行情况调节水量,保证处理效果。

3.2.1.2 水泵在运行中,应严格执行巡回检查制度,并符合下列规定:

a) 应注意观察各种仪表显示是否正常、稳定;

b) 轴承温度升高不得超过环境温度 35℃,总和温度最高不得超过 75℃;

c) 水泵机组不得有异常的噪声或振动;

d) 集水池水位应保持正常。

3.2.1.3 应使泵房的机电设备保持良好状态。

3.2.1.4 操作人员应保持泵房的清洁卫生,各种器具应摆放整齐。

3.2.1.5 应及时清除叶轮、闸阀、管道的阻塞物。

3.2.1.6 泵房的集水池应定期清洗。

3.2.2 安全操作

3.2.2.1 水泵启动和运行时,操作人员不得接触转动部位。

3.2.2.2 当泵房突然断电或设备发生重大事故时,应打开事故排放口闸阀,将进水口处闸阀全部关闭,并及时向主管部门报告。

3.2.2.3 清洗调节池时,应根据实际情况,事先制定操作程序。

3.2.2.4 操作人员在水泵开启至运行稳定后,方可离开。

3.2.2.5 水泵运行中发现下列情况时,应立即停机:

a) 水泵发生断轴故障;

b) 突然发生异常声响;

c) 轴承温度过高;

d) 压力表、电流表的显示值过低或过高;

e) 机房管线、闸阀发生大量漏水;

f) 电机发生严重故障。

3.2.3 维护保养

3.2.3.1 应至少半年检查、调整、更换水泵进出水闸阀填料一次。

3.2.3.2 应定期检查调节池水标尺或液位计及其转换装置。

3.2.3.3 备用泵应每月至少进行一次试运转。环境温度低于0℃时,应放掉泵壳内的存水。

3.2.3.4 应检查泵体连接管道处和泵机座螺栓处,应连接紧密,不得渗漏水。

3.3 鼓风机房

3.3.1 运行管理

3.3.1.1 应根据曝气池氧的需要量,调节鼓风机的风量。

3.3.1.2 风机发生突然断电等不正常现象时,应立即采取措施,确保风机不发生故障。

3.3.1.3 长期不使用的风机,应关闭进、出气闸阀和水冷系统,将系统内存水放空。

3.3.1.4 鼓风机的通风口处应保持清洁,严禁有任何物品。

3.3.1.5 风机在运行中,操作人员应注意观察风机及电机的油温、油压、风量、电流、电压等,并每小时记录一次。遇到异常情况不能排除时,应即时停机。

3.3.1.6 鼓风机房噪声、振动值应符合环保要求。

3.3.1.7 应定期调换备用风机与使用风机,合理安排使用周期,确保风机使用寿命。

3.3.2 安全操作

3.3.2.1 应在供给润滑油的情况下盘动联轴器。

3.3.2.2 调换或清洗空气过滤器的滤网和滤袋时,应在停机的情况下进行,并采取相应的防尘措施。

3.3.2.3 停电后,应关闭进、出气闸阀。

3.3.3 维护保养

应定期添加或更换鼓风机机油。

3.4 生物处理单元

3.4.1 曝气池

3.4.1.1 运行管理

3.4.1.1.1 应按曝气池池组设置情况及运行方式,调节各池进水量,使各池均匀配水。

3.4.1.1.2 应经常观察曝气池内曝气是否均匀,出现不均匀现象时应及时调整。

3.4.1.1.3 应保证曝气池连续曝气,不应无故停止曝气。

3.4.1.1.4 操作人员应经常排放曝气器空气管路中的存水,待放完后,应立即关闭放水闸阀。

3.4.1.1.5 曝气池产生泡沫和浮渣时,应根据泡沫颜色分析原因,采取相应的措施。

3.4.1.2 安全操作

曝气池产生泡沫和浮渣溢到走廊上,操作人员上池工作时应注意防滑。

3.4.2 膜式生物反应器

3.4.2.1 运行管理

3.4.2.1.1 反应器运行时应保持一定的活性污泥浓度。应在反应器运行稳定后开始膜的出水运行。

3.4.2.1.2 应保持操作条件稳定,以减少膜污染。

3.4.2.1.3 应保持使膜面有良好水力冲刷作用的曝气量。

3.4.2.1.4 反应器可连续进水,应间歇出水。出水运行时间宜占总时间的80%~90%。

3.4.2.1.5 反应器应通过调节污泥负荷、污泥龄或污泥浓度等方式进行工艺控制。

3.4.2.2 安全操作

3.4.2.2.1 保持反应池进水稳定。

3.4.2.2.2 膜化学清洗及更换应由专业人员进行。

3.4.2.3 维护保养

3.4.2.3.1 应每年放空并清理生物处理池一次,清通曝气管,检查各种装置。

3.4.2.3.2 当膜污染严重而无法恢复设计水量时,应进行化学清洗。

3.4.2.3.3 当膜的运行时间达到规定的使用寿命或在使用中造成损坏,化学清洗不能恢复其功能时,应对膜进行更换。

3.5 沉淀池

3.5.1 运行管理

3.5.1.1 操作人员应根据池组设置、进水量变化调节各池进水量,使之均匀配水。

3.5.1.2 沉淀池污泥需定期排放,避免污泥上浮。

3.5.2 安全操作

非操作人员不得随意开启排泥闸阀或排泥设备。

3.5.3 维护保养

3.5.3.1 气提设备应定期检查。

3.5.3.2 排泥阀定期维修,启闭连杆,添加润滑剂。

3.6 过滤池

3.6.1 运行管理

3.6.1.1 滤池应定期进行反冲洗,控制每次反冲洗时间不低于8min,滤池内污物较多时应增加反冲洗次数,至反冲洗出水洁净。

3.6.1.2 操作人员应注意观察滤池反冲洗出水水质情况及水中砂粒数量。

3.6.1.3 反冲洗出水应回流至调节池,进行处理,禁止直接外排。

3.6.2 安全操作

滤池反冲洗时应注意各管道阀门的启闭顺序,严禁非操作人员进行反冲洗。

3.6.3 维护保养

3.6.3.1 表层滤料应定期大强度表面冲洗或更换。

3.6.3.2 各种闸、阀应经常维护,保证开启正常。

3.6.3.3 定期放空滤池进行全面检查。

3.6.3.4 滤池出现以下情况,应停池大修:

a) 滤池含泥量显著增多,泥球过多并且靠改善冲洗已无法解决;
b) 砂面裂缝太多,甚至已脱离池壁;
c) 冲洗后砂面凹凸不平,砂层逐渐降低,出水中携带大量砂粒;
d) 配水系统堵塞或管道损坏,造成冲洗不均匀;
e) 滤池已连续运行10年以上。

3.7 消毒单元

再生利用水消毒应符合如下要求：

a） 消毒剂宜采用次氯酸钠、二氧化氯、二氯异氰尿酸钠或其他消毒剂。

b） 投加消毒剂宜采用自动定比投加，与水充分混合接触，接触时间应大于30min。

ICS 03.220.20;ICS 13.020
R 04
备案号:

JT

中华人民共和国交通行业标准

JT/T 646—2005

公路声屏障材料技术要求和检测方法

Specifications and examining methods for highway noise barriers materials

2005-09-21 发布　　2006-01-01 实施

中华人民共和国交通部　发布

公路声屏障材料技术要求和检测方法

1 范围

本标准规定了公路声屏障材料的分类、技术要求和检测方法。

本标准适用于各等级公路降低公路交通噪声的声屏障。

2 规范性引用文件

下列文件中的条款通过本标准的引用而成为本标准的条款。凡是注日期的引用文件，其随后所有的修改单(不包括勘误的内容)或修订版均不适用于本标准，然而，鼓励根据本标准达成协议的各方研究是否可使用这些文件的最新版本。凡是不注日期的引用文件，其最新版本适用于本标准。

GB 8624 建筑材料燃烧性能分级方法

GB/T 18226 高速公路交通工程钢构件防腐技术条件

GB 50003 砌体结构设计规范

GB 50010 混凝土结构设计规范

GBJ 17 钢结构设计规范

GBJ 47 混响室法吸声系数测量规范(试行)

GBJ 75 建筑隔声测量规范

GBJ 129 砌体基本力学性能试验方法标准

3 术语和定义

3.1

材料 materials

指由原材料构成的公路声屏障构件。

4 分类

4.1 公路声屏障材料分为声学材料和结构材料两类。

4.2 声学材料属于为满足声学性能所采取的材料，它用以构成声场分布改变的主要因素。声学材料可以是砌块形式或板材形式。声学材料根据声学性能分成隔声材料和吸声材料。

4.3 结构材料为形成公路声屏障的骨架材料，可以采用金属型材、混凝土柱等材料。

5 技术要求

5.1 基本要求

5.1.1 公路声屏障材料原材料品种、性能应符合现行国家产品标准要求。

5.1.2 公路声屏障材料原材料严禁使用易污染环境、损害人体健康的材料。

5.1.3 声学材料应具有防腐、防潮(水)、防老化、防火、防虫、防紫外线、安全性能。

5.1.4 结构材料应具有足够的强度和刚度。金属结构材料应具有防腐性能。

5.2 声学材料

5.2.1 声学性能指标

5.2.1.1 隔声材料隔声指数应大于 26dB。

5.2.1.2 吸声材料降噪系数应大于0.5,同时保证具有与隔声材料相同的隔声指数。

5.2.2 力学性能指标

5.2.2.1 板材形式声学材料在标准荷载作用下,最大挠度应小于$L/600$(L为板材长度)。

5.2.2.2 砌块形式声学材料强度应符合 GB 50003 材料下限值要求。异形(如H形、L形等)预制砌块强度应满足吊装要求。

5.2.3 构造

5.2.3.1 声学材料尺寸(长度、宽度、高度)可根据设计要求确定,但板材形式声学材料厚度宜小于100 mm。

5.2.3.2 板材形式声学材料采用金属板材制作,金属板材可以是镀锌钢板、不锈钢板、铝板,板材厚度应不小于1mm。

5.2.3.3 隔声材料采用透明材料,板厚可根据声学性能要求确定,一般板材厚度应不小于4.5mm,且应做封边处理。

5.2.3.4 吸声材料应设置排水孔,以避免材料内部积水。

5.2.3.5 板材形式吸声材料有吸声填充物的,应做封边密封处理;吸声填充物有防潮要求的,应做防水处理。

5.2.3.6 安装在公路桥梁上的板材形式声学材料应有防脱落装置。

5.2.4 防腐性能

5.2.4.1 板材形式声学材料应根据其使用条件和环境,选择相应的表面处理方法和防腐措施。

5.2.4.2 所有外露金属材料应做防腐处理,且应符合 GB/T 18226 的要求。

5.2.5 防火性能

板材形式声学材料燃烧性能应达到 GB 8624 的B级。

5.2.6 外观

根据工程设计要求,对金属材料表面需进行色彩处理的,可采用聚脂进行粉末喷涂。涂层性能应符合 GB/T 18226 的要求。

5.3 结构材料

5.3.1 构造

5.3.1.1 金属支承材料应符合 GBJ 17 的要求。

5.3.1.2 混凝土柱应符合 GB 50010 的要求。

5.3.2 防腐性能

金属结构材料防腐性能要求同5.2.4。

5.3.3 外观

外观要求同5.2.6。

6 检测方法

6.1 隔声指数检验按 GBJ 75 执行,降噪系数检测按 GBJ 47 执行。

6.2 板材形式声学材料挠度检测按附录A执行。

6.3 砌块形式声学材料强度性能检测按 GBJ 129 执行。

6.4 防腐层性能检验按 GB/T 18226 执行。

6.5 防火性能检验按 GB 8624 执行。

附 录 A
(规范性附录)
板材形式声学材料挠度试验方法

A.1 本方法适用于检测板材形式声学材料在均布荷载作用下的最大挠度。

A.2 检测挠度的试件应为设计幅宽为500 mm的长方体标准安装材料。

A.3 试件挠度采用位移计测量。位移计的测量精度不低于0.001mm。

A.4 将两块试件模拟现场安装方法,安装在支承体内,其中一块迎风面朝上,另一块背风面朝上,如图1所示。

A.5 在试件迎风面、背风面上分别采用堆载法加均布荷载,如图1所示。分级加载,分别测量跨中挠度,并记录试件外观变化情况。

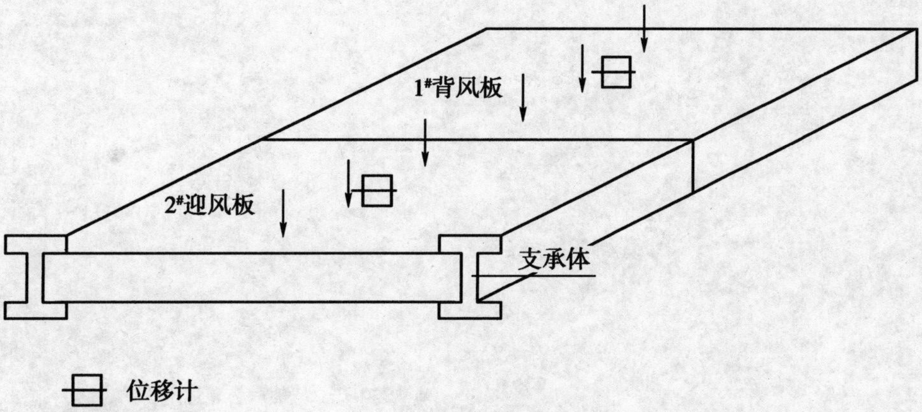

图1 加载示意图

ICS 03.220.20;ICS 01.100
R 04
备案号:

JT

中华人民共和国交通行业标准

JT/T 647—2005

公路绿化设计制图

Drawings for highway revegetation design

2005-09-21 发布　　2006-01-01 实施

中华人民共和国交通部　发布

公路绿化设计制图

1 范围

本标准规定了公路绿化设计制图的一般要求、图例图示和图样画法等内容。

本标准适用于公路绿化设计及专业工程的手工制图、计算机制图。

2 规范性引用文件

下列文件中的条款通过本标准的引用而成为本标准的条款。凡是注日期的引用文件，其随后所有的修改单(不包括勘误的内容)或修订版均不适用于本标准，然而，鼓励根据本标准达成协议的各方研究是否可使用这些文件的最新版本。凡是不注日期的引用文件，其最新版本适用于本标准。

GB/T 50001—2001 房屋建筑制图统一标准

GB 50162 道路工程制图标准

CJJ 67 风景园林图例图示标准

3 一般要求

3.1 工程设计中，本专业的图纸应单独绘制。

3.2 设计应以图样表示，不得以文字代替绘图。如需要对某部分进行说明时，说明文字应通俗易懂、简洁明晰。有关全工程项目的问题应在设计说明书中，局部问题应注写在本张图纸内。

3.3 在同一个工程项目的设计图纸中，图例、术语、绘图表示方法应一致。

3.4 在同一个工程子项的设计图纸中，图纸规格应一致，如有困难时，不宜超过两种规格。

3.5 图纸编号

a) 规划及方案设计可采用 F-××；

b) 初步设计采用 C9-××；

c) 施工图设计采用 S9-××。

3.6 图纸的排列

a) 初步设计的图纸目录应以工程项目为单位进行编写；施工图的图纸目录应以工程单体项目为单位进行编写；

b) 工程项目的图纸目录、使用标准图目录、图例、植物材料表、设计说明等，如一张图纸幅面不够使用时，可采用两张图纸编排；

c) 图纸图号应按下列规定编排：

——总平面图在前，施工放样图、放大图、详图依次在后；

——各分项工程工程数量表在前，相应图纸在后。

3.7 图纸幅面规格与图纸编排顺序

a) 图纸一般选用 A3 图幅，图纸幅面、标题栏会签栏的格式应符合 GB 50162 的规定；

b) 图纸编排顺序为：

——工程图纸应按分项工程顺序编排，一般应为重点路段或景点效果图、图纸目录、总说明书、绿化备选植物图例、公路绿化总体布置图、典型路段绿化布置示意图、中央分隔带绿化设计图、边坡植物防护设计图、护坡道(碎落台)及隔离栅内侧绿化设计图、互通立交绿化设计图、沿线设施绿化设计图等；

——各分项工程的图纸，应该按图纸内容的主次关系、逻辑关系，有序排列。

3.8 字体及书写方法

a) 字体及书写方法应符合 GB 50162 的规定；

b) 图纸封面以及在规划阶段或单独进行方案设计时可使用艺术字体表现图面效果。

3.9 图线

a) 图线的宽度 b，应根据图纸的类别、比例和复杂程度，按 GB/T50001—2001 中 3.0.1 的规定选用，线宽 b 宜为 0.7mm 或 1.0mm；

b) 公路绿化专业制图，常用的各种线型宜符合表 1 的规定。

表 1 图 线

名称		线型	线宽	用途
实线	粗		B	新建设施 ± 0.00 高度的可见轮廓线
	中		0.5b	1.新建园林小品设施、边坡、围墙的可见轮廓线； 2.场地、区域分界线、用地红线、建筑红线、尺寸起止符号； 3.新建园林设施 ± 0.00 高度以外的可见轮廓线； 4.绿篱、地被的分界线
	细		0.25b	1.新建园路路肩、人行道、树丛、草地、花坛的可见轮廓线； 2.坐标网格线、图例线、尺寸线、引出线、索引符号、植物种植点连线等； 3.填充线
虚线	粗		B	新建设施不可见轮廓线
	中		0.5b	计划扩建设施、建筑物、构筑物、预留用地、铁路、道路、桥涵、围墙、运输设施、管线的轮廓线
	细		0.25b	原有设施、建筑物、构筑物、道路、桥涵的不可见轮廓线
单点长画线	中		0.5b	地形设计中土方填挖区的零点线
	细		0.25b	中心线、对称线、定位轴线
折断线			0.5b	断开界线
波浪线			0.25b	断开界线
注：应根据图样中所标示的不同重点，确定不同的粗细线型。如绿化总体布置示意图中的拟建公路路线可选用加粗虚线，线宽可为 2 ~ 3mm。				

3.10 比例

a) 比例的标注应符合 GB/T 50001 的规定；

b) 规划图及方案图的比例宜根据所选用的“路线平面缩图”的比例确定；

c) 总平面图宜用 1∶500 ~ 1∶2000；

d) 施工图宜采用 1∶100 ~ 1∶500，面积大可分幅拼接；局部平面图可采用 1∶200 或 1∶100；

e) 详图用 1∶10 ~ 1∶50，一般采用 1∶20。

4 图例图示

4.1 公路绿化设计图例图示按 CJJ 67 的有关规定执行。

4.2 CJJ 67 中未规定的图例图示，宜根据该标准的原则和所列图例的规律性进行派生，图例图示的形象应以简明、清晰、美观为原则。

4.3　图例图示的尺度应根据图纸的比例、设计的深度和图面效果确定。

4.4　图例图示可进一步用字母、数字、文字等加以补充。

5　图样画法

5.1　图例图示

5.1.1　公路绿化树种图例应按公路绿化植物图例，按常绿乔木、落叶乔木、常绿灌木、落叶灌木、攀缘植物、草本植物的顺序分别绘制。

5.1.2　公路绿化植物图例图示的内容应包括：类型、编号、中文名、学名及图例等项，如需要还应增加植物英文名（见图1）。

类型	编号	中文名	学名	图例
常绿乔木	1	雪松	Cedrus-deodara	
	2	……	……	……

图1　公路绿化植物图例样式

5.2　公路绿化总体布置图

5.2.1　公路绿化总体布置图宜在“路线平面缩图”基础上绘制。

5.2.2　公路绿化总体布置图应标示出公路沿线绿化所包含的主要内容，如进行中央分隔带绿化的路段、进行边坡植物防护的路段、进行护坡道及隔离栅内侧绿化的路段、互通立交区绿化、沿线设施绿化等（见图2）。

图2　公路绿化总体布置图样式

5.3　典型路段绿化布置示意图

5.3.1　典型路段绿化布置示意图包含断面图及相应的平面图，应在“路基标准横断面图”基础上绘制。一般选取填方段、挖方段、半填半挖段作为绘图底图。

5.3.2　图面效果应力求简洁，内容表述清楚，应示出进行绿化设计的位置及采用的植物种类，应区分出乔、灌、草(见图 3)。

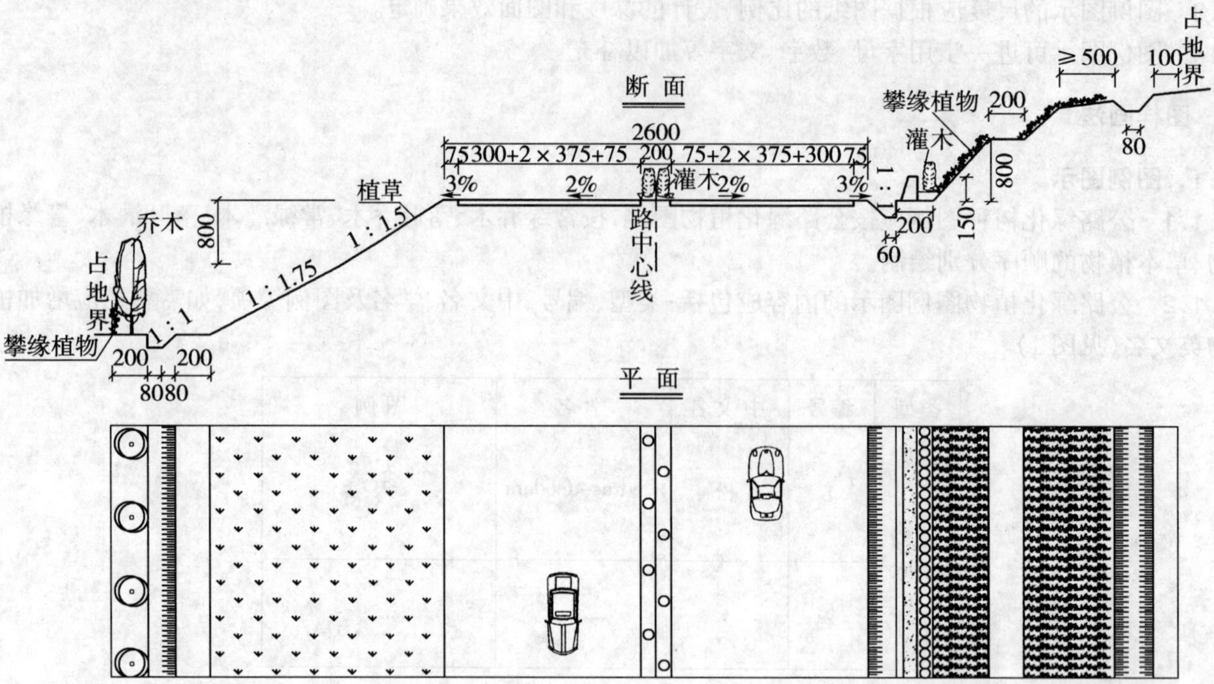

注

1.本图尺寸均以厘米为单位。

2.括号内数字为石质边坡尺寸,括号外为土质边坡尺寸。

3.本图适用于K0+000~K13+454 段。

4.本图仅为示意,中央分隔带、隔离栅、护坡道及边坡绿化施工图详见有关图纸。

5.未尽事宜按有关规定执行。

图 3　典型路段绿化布置示意图样式

5.4　中央分隔带绿化设计图

5.4.1　应绘制中央分隔带绿化的立面图及相应平面图,并用文字简要说明该图适用的公路路段,注明路段的起迄桩号。

5.4.2　明确所采用的绿化植物品种,立面图中应标注植物的高度(见图 4)。

单位为厘米

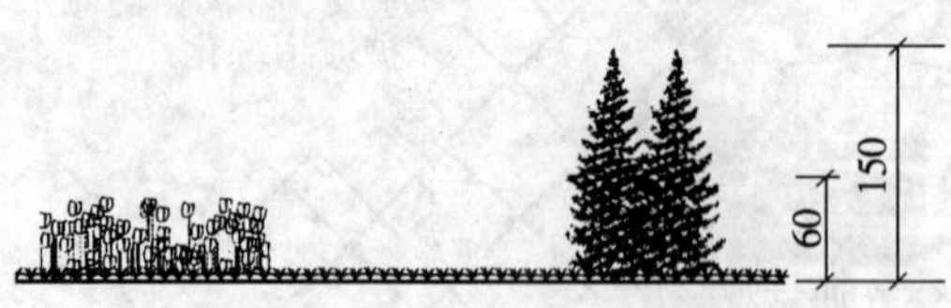

图 4　中央分隔带绿化设计立面图示例

5.4.3　平面图中应标注植物栽植的株距,采用百叶窗式栽植成组植物时应标注栽植点连线与道路中心线的夹角(见图 5)。

5.4.4　植物图例及中文名称列于图纸左下角区域内,简要文字说明列于图纸右下角、图标上方区域内。

5.5　边坡植物防护设计图

5.5.1　应绘制边坡植物防护设计的法向投影图及相应的剖面图。

5.5.2　单位面积边坡植物绿化工程数量表列于图纸左下角区域内,简要文字说明列于图纸右下角、图

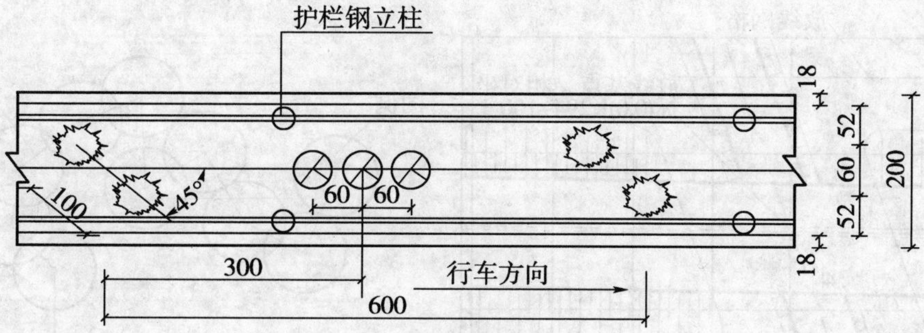

图5　中央分隔带绿化设计平面图示例(尺寸单位:cm)

标上方区域内。

5.6　护坡道及隔离栅内侧绿化设计图

5.6.1　应绘制护坡道及隔离栅内侧绿化的立面图及相应平面图,并用文字简要说明该图适用的公路路段,注明路段的起迄桩号。

5.6.2　明确所采用的绿化植物种类,平面图中应标注植物栽植的株距(见图6)。

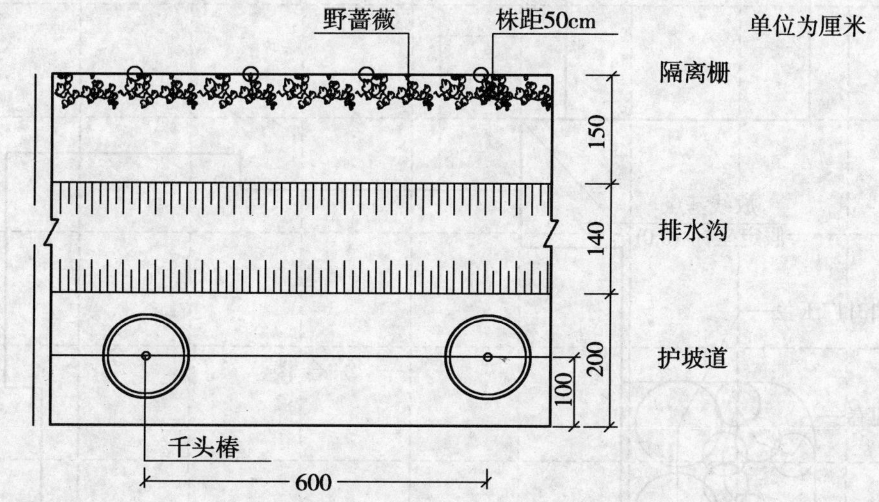

图6　护坡道及隔离栅内侧绿化设计图示例

5.6.3　植物图例及中文名称列于图纸左下角区域内,简要文字说明列于图纸右下角区域内。

5.7　互通立交绿化设计图

5.7.1　总平面图应明确互通立交的路基边缘、边坡线、排水沟、跨线桥、涵洞的位置及绿化用地的范围。

5.7.2　总平面图应随图附有绿化工程数量表,其中包含编号、中文名、学名、图例、规格、数量、备注等项内容。

5.7.3　互通立交绿化施工图设计宜以立交的中心桩号处或各绿化区域内较明显的构造物为放样基点,并绘制坐标方格网作为施工放线的依据(见图7)。

5.7.4　植物种植工程的施工图设计宜采用中心有圆心或小十字线的圆圈表示不同植物,并用细实线将较集中的同种植物连接起来,种植点连线末端标明植物的名称及数量。成丛栽植的灌木可用种植范围轮廓线表示,并注明植物的种类、数量、种植形式及密度等(见图8)。

5.8　沿线设施绿化设计图

5.8.1　总平面图应准确绘制园路、水体、种植范围以及各种建筑物、构筑物的位置及外形,并注明各建筑物的名称。

5.8.2　总平面图应随图附有绿化工程数量表,其中包含编号、中文名、学名、图例、规格、数量、备注等项内容。

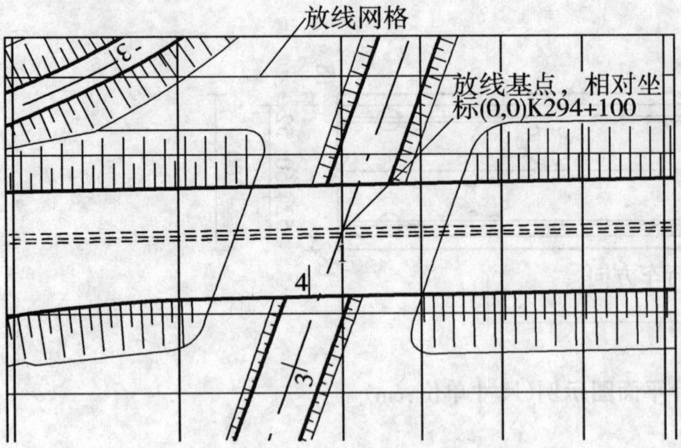

图 7　互通立交绿化施工图设计放样点样式

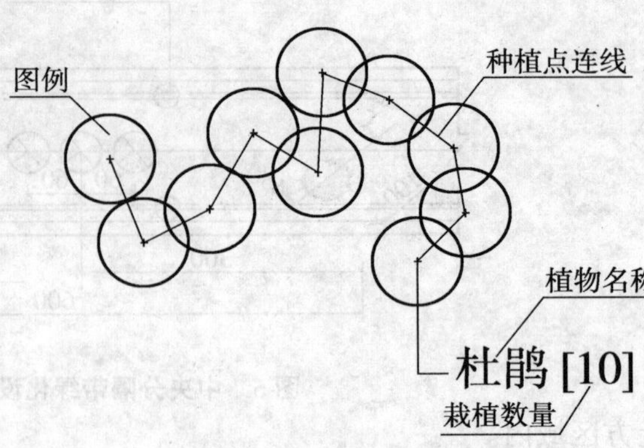

图 8　植物种植施工图设计样式

5.8.3　服务附属设施绿化施工图设计宜以较明显的固定建筑的角点或服务附属区的中心桩号处为放样基点，并绘制坐标方格网作为施工放线的依据(见图 9)。

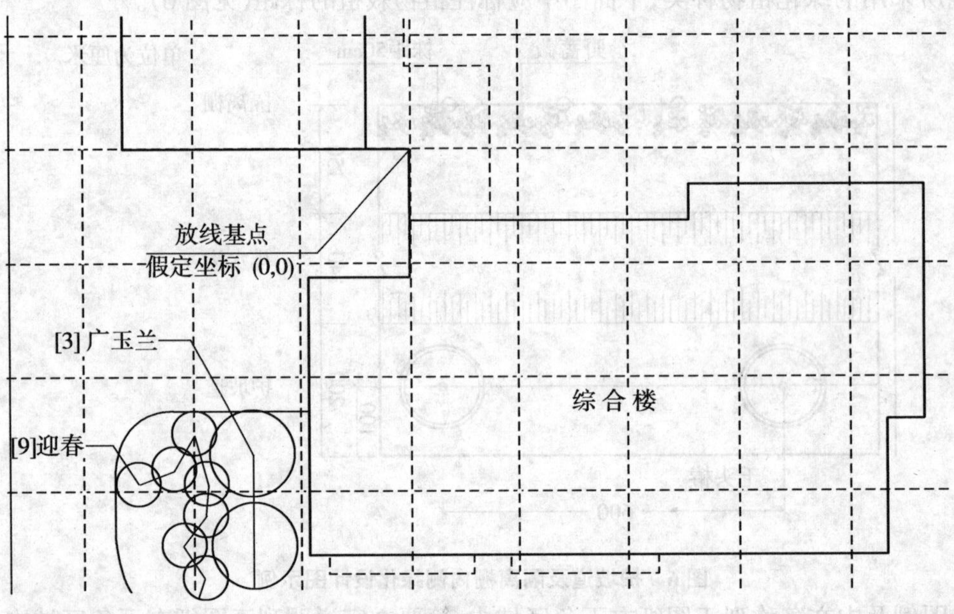

图 9　服务附属设施绿化施工图设计放样点样式

5.8.4　园路及铺装场地应标明材料，并应有平面图及结构做法详图。

5.8.5　沿线设施区的园林设施如花架、花坛、水池、园路、铺装场地等的画法应符合 GB/T 50001 中的有关规定。

5.8.6　植物种植工程的施工图设计应符合 5.7.4 的规定。